Die Geschichte der USA

Von der Kolonialzeit zu den Herausforderungen des 21. Jahrhunderts

Erarbeitet von Dr. Wolfgang Jäger
unter Mitarbeit der Verlagsredaktion

Cornelsen

KURSHEFTE GESCHICHTE

Impressum

KURSHEFTE GESCHICHTE

Die Geschichte der USA
Von der Kolonialzeit zu den Herausforderungen des 21. Jahrhunderts

Das Lehrwerk wurde erarbeitet von:
Dr. Wolfgang Jäger, Berlin
unter Mitarbeit der Verlagsredakion

Fachwissenschaftliche Beratung
Prof. Dr. Hans-Jürgen Schröder, Gießen

Redaktion: Dr. Christine Keitz
Grafik und Karten: Dr. Volkhard Binder, Berlin; Carlos Borrell, Berlin
Umschlaggestaltung: Knut Waisznor (Umschlagbild: Lucile Ward, History of Chicago: Fort Dearborn, 1940, Ölgemälde; Chicago Conservation Center, Peter J. Schulz)
Layout und technische Umsetzung: Uwe Rogal, Berlin

www.cornelsen.de

Die Webseiten Dritter, deren Internetadressen in diesem Lehrwerk angegeben sind, wurden vor Drucklegung sorgfältig geprüft. Der Verlag übernimmt keine Gewähr für die Aktualität und den Inhalt dieser Seiten oder solcher, die mit ihnen verlinkt sind.

1. Auflage, 5. Druck 2022

Alle Drucke dieser Auflage sind inhaltlich unverändert
und können im Unterricht nebeneinander verwendet werden.

© 2005 Cornelsen Schulverlage GmbH, Berlin
© 2022 Cornelsen Verlag GmbH, Berlin

Das Werk und seine Teile sind urheberrechtlich geschützt.
Jede Nutzung in anderen als den gesetzlich zugelassenen Fällen bedarf der vorherigen schriftlichen Einwilligung des Verlages.
Hinweis zu §§ 60a, 60b UrhG: Weder das Werk noch seine Teile dürfen ohne eine solche Einwilligung an Schulen oder in Unterrichts- und Lehrmedien (§ 60b Abs. 3 UrhG) vervielfältigt, insbesondere kopiert oder eingescannt, verbreitet oder in ein Netzwerk eingestellt oder sonst öffentlich zugänglich gemacht oder wiedergegeben werden.
Dies gilt auch für Intranets von Schulen.

Druck: Athesiadruck GmbH

ISBN 978-3-06-064225-0

PEFC zertifiziert
Dieses Produkt stammt aus nachhaltig bewirtschafteten Wäldern und kontrollierten Quellen.
www.pefc.de
PEFC/18-31-166

Inhalt

Zur Arbeit mit dem Kursheft 4

1. Einführung: Die USA – Vorbild oder Gegenwelt? 5
   Methodensonderseite: Die USA – Brainstorming und Vorwissenstest 6
   Methodensonderseite: Begriffe: „Amerikanisierung" – „Antiamerikanismus" 13

2. Koloniale Kultur und amerikanische Identität 14
   Themensonderseite: Über die puritanische Lebensauffassung in den USA 23
   Themensonderseite: Kirche und Staat, Religion und Gesellschaft – Deutschland und die USA im Vergleich 25

3. Amerikanische Revolution und Staatsgründung 43
   Methodensonderseite: Schriftliche Quellen interpretieren 50

4. „Who are we?" – Die Selbstfindung der amerikanischen Nation im 19. Jahrhundert 64

5. Der Aufstieg der USA zur Weltwirtschaftsmacht um 1900 83
   Methodensonderseite: Literatur als historische Quelle – Ein Tag bei „Ford" 98

6. Die Vereinigten Staaten – eine imperiale Macht? 101
   Methodensonderseite: Abiturklausur – Thema: Die USA im 19. Jahrhundert 116
   Themensonderseite: Konzepte der Außenpolitik – Vorstellungen in den USA und in Europa am Ende des Ersten Weltkriegs 120

7. „Aus vielen wird eins" – Die Gesellschaft der USA 123
   Themensonderseite: Selbstbilder der US-Gesellschaft: „The Four Freedoms" 135
   Themensonderseite: Massenkultur in den USA – ein Längsschnitt 136

8. Die USA im Zeitalter der Weltkriege: Neue Herausforderungen in Wirtschaft und Politik 139
   Themensonderseite: „Soziale Sicherheit" – die USA und Deutschland im Vergleich 152

9. Die USA im Kalten Krieg (1945 bis um 1965) 159
   Methodensonderseite: Die Ursachen des Kalten Krieges – kontroverse Deutungen 168

10. Epochenjahr 1968? Der Vietnamkrieg und die konservative Rückbesinnung der USA 179

11. Ausblick: Die USA am Beginn des 21. Jahrhunderts 197
    Methodensonderseite: „English Lesson" – Die USA, Europa und die neue Weltordnung 205

Zur Wiederholung und Abiturvorbereitung 206
„Wiedergeben, einordnen, beurteilen" – Arbeitsaufträge in der Abiturklausur 207
Grundwissen Daten 208
Grundwissen Begriffe 211
Grundwissen Personen und Personenregister 215
Facharbeiten: Methodische Tipps und Beispiele für Gegenstandsbereiche 219
Fachliteratur, Internethinweise, Hilfsmittel für Referate, Projekte, Facharbeiten 220
Sachregister 223
Bildquellenverzeichnis 224

Zur Arbeit mit dem Kursheft

Überblick über den Aufbau der Kapitel

Das Kursheft ist eine thematisch orientierte Materialsammlung für den Geschichtsunterricht in der Oberstufe. Im Zentrum eines jeden Kapitels steht eine umfangreiche Quellensammlung, die ergänzt wird durch einführende Darstellungen, „Methoden- und Themensonderseiten" (gelb umrandet) sowie „Weiterführende Arbeitsanregungen".

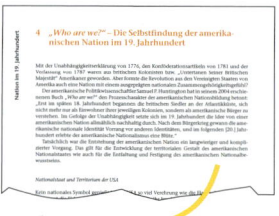

Einleitende Darstellungen

Probleme, Leitfragen, Überblick über die Quellenauswahl, Unterrichtseinstiege

Einzelarbeitsaufträge zu allen Materialien; das Zeichen 🏃 verweist auf besondere Arbeitsformen

Methoden- und Themensonderseiten

Am Ende eines Kapitels: Projekte, Referate, Buchtipps

Der Anhang: Wiederholungsaufgaben – Grundwissen – Facharbeiten

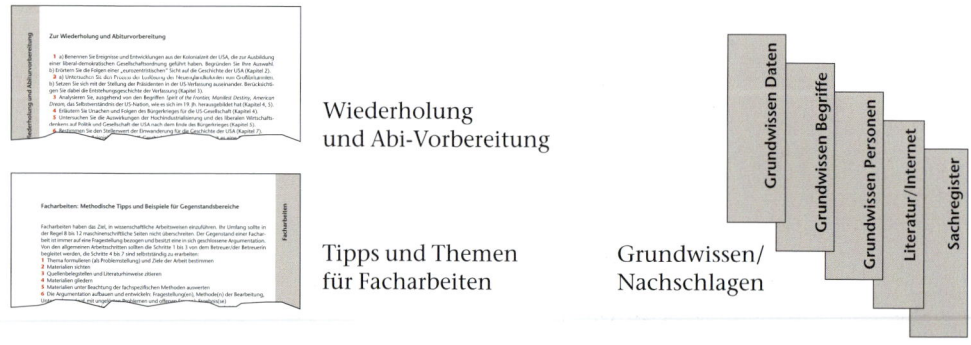

Wiederholung und Abi-Vorbereitung

Tipps und Themen für Facharbeiten

Grundwissen/ Nachschlagen

Aktuelle Materialien im Internet: www.cornelsen.de/aktualitaetendienste

1 Einführung: Die USA – Vorbild oder Gegenwelt?

„Andere werden unzufrieden mit Amerika", schrieb ein in Nordamerika angesiedelter Schweizer am 19. Juni 1835 in seine alte Heimat, „weil sie das Ziel ihres Strebens sehr verändert gefunden haben von dem Bilde, welches ihnen ihre Einbildungskraft vorgegaukelt hatte. Sehr häufig liegt die Ursache, was die Täuschung bei Einwanderern hervorbringt, in irrigen Vorstellungen, überspannten Begriffen von Amerika; und diese werden [dadurch] hervorgebracht, dass diese Leute Schriften, die über Amerika im Allgemeinen oder von einzelnen Gegenden darin handeln, nur oberflächlich durchgehen und nur dasjenige bemerkenswert finden, was zum Vorteil des Landes spricht; hingegen alles, was von großen Entbehrungen, harten Anfangsjahren, von Reisegefahren, von Mangel an gesellschaftlichem Leben, von anstrengenden Arbeiten, von Krankheiten etc. handelt, leichtsinnig und ohne Beachtung übergehen."

Tatsächlich wurden und werden bis heute viele Enttäuschungen über die Vereinigten Staaten von Amerika durch einseitige und daher falsche Bilder verursacht, die sich in den Köpfen der Menschen festgesetzt haben. Dies gilt weltweit, insbesondere nach dem Ende des Ost-West-Konflikts 1989/90 sowie nach den Terroranschlägen islamischer Fundamentalisten auf New York und Washington vom 11. September 2001. In den Debatten über die USA stehen sich manchmal glühende Verehrer und scharfe Kritiker des *American way of life* gegenüber. Begriffe wie „**Amerikanisierung**" und „**Antiamerikanismus**" fallen als Etiketten und Schlagworte in fast jeder Auseinandersetzung. Einseitige Bilder prägen auch die Diskussion in Europa.

Europa, die Amerikanische Revolution und die amerikanische Industriegesellschaft

Von Anfang an haben der Unabhängigkeitskampf der britischen Kolonien in Nordamerika und ihre Erfolge bei der Gründung eines republikanischen Staates in den 1770er-/80er-Jahren viele Europäer zutiefst beeindruckt. Das gilt auch für Deutschland, wo über das amerikanische Freiheitsideal intensiv diskutiert wurde. Die Debatte blieb jedoch sehr theoretisch, praktische Schlussfolgerungen wollte niemand ziehen. Dagegen erörterten Schriftsteller und Politiker in Frankreich sehr wohl, ob und inwieweit das republikanische **Verfassungsmodell Amerikas** als Vorbild für eigene Veränderungen tauglich sei. Die Erklärung der Menschen- und Bürgerrechte, mit der die Französische Revolution 1789 die moderne bürgerliche Gesellschaft auf eine unanfechtbare Grundlage stellte, war von der Amerikanischen Revolution beeinflusst. Von 1776 bis 1785 schickten die Amerikaner den in Europa bekannten und beliebten Aufklärer und Staatsmann Benjamin Franklin (1706–1790) als Gesandten und Propagandisten ihrer Werte nach Frankreich. Und der französische Politiker und Staatstheoretiker Condorcet (1743–1794) veröffentlichte bereits vor 1789, ausgehend vom Beispiel der USA, grundlegende Prinzipien der Menschenrechte.

Zugespitzter wurde die europäische Diskussion hundert Jahre später, als die USA zur wirtschaftlich und technisch überlegenen Industriemacht aufstiegen und 1917 auf Seiten Frankreichs und Englands in den Ersten Weltkrieg eintraten. Diese Debatte dauert bis heute an. Sie wurde und wird zusätzlich angefacht durch die Beschleunigung der **Globalisierung**, d. h. den durch moderne Kommunikationsmittel beschleunigten Austausch von Kapital, Waren, Dienstleistungen, Informationen und Alltagskultur. Gegner und Befürworter der USA streiten dabei über die Vor- und Nachteile der US-amerikanischen Wirtschafts-, Gesellschafts- und Außenpolitik. Doch geht es nicht im Kern um die Formulierung einer Vorstellung davon, wie die **Welt der Moderne** in Zukunft aussehen soll? Sind die USA mit ihrer Betonung der freien Entfaltung der Marktkräfte und der Hervorhebung individueller Verantwortung das zukunftsfähigere Land? Oder gehört die Zukunft eher Europa, wo staatliche Eingriffe in die Wirtschaft und sozialstaatliche Formen der Absicherung gegen Lebensrisiken weiter verbreitet sind?

Die USA – Brainstorming und Vorwissentest

🏃 Brainstorming

Das Brainstorming (wörtlich „Erstürmung des Gehirns") wurde zu Beginn der 1950er-Jahre von dem Werbefachmann Alex F. Osborn entwickelt, um kreative Werbekonzepte zu erarbeiten.

Beim Brainstorming geht es darum, dass zunächst jeder frei seine Gedanken zu einem Thema äußert. Alle Ideen werden sofort aufgeschrieben und für alle Teilnehmenden sichtbar angebracht.

Das Brainstorming eignet sich auch als Einstieg in ein Geschichtsthema. Wir können damit Probleme und Fragen erkunden, die uns an einem Thema besonders interessieren, oder jenen Vorstellungen auf die Spur kommen, die wir – häufig unbewusst – in uns tragen. Diese „Bilder im Kopf" haben unterschiedliche Quellen: Gespräche im Familien- und Freundeskreis, Nachrichtensendungen, Spielfilme, Bücher oder Vorwissen, das wir aus dem Geschichtsunterricht der Sekundarstufe I mitbringen.

1 Jeder Teilnehmer und jede Teilnehmerin erhält einen dicken Filzstift und mehrere Karten. Alle schreiben ihre Ideen, Thesen oder Fragen über die USA und ihre Geschichte auf die Karten, pro Gedanke eine Karte.

2 Nach ca. 15 Minuten heften alle ihre Karten an die Tafel oder eine Moderationswand.

3 Es folgen 10 Minuten, in denen sich alle die Karten ansehen und ggf. Ideen ergänzen.

4 Abschließend kann der Kurs die Ideen, Thesen und Fragen bündeln und Leitfragen oder Hypothesen zum Kursthema formulieren.

M 1 Islamische Fundamentalisten im pakistanisch-afghanischen Grenzgebiet, Fotografie, 23. September 2001

M 2 Plakat zu dem Dokumentarfilm „Bowling for Columbine" von Michael Moore, USA, 2002

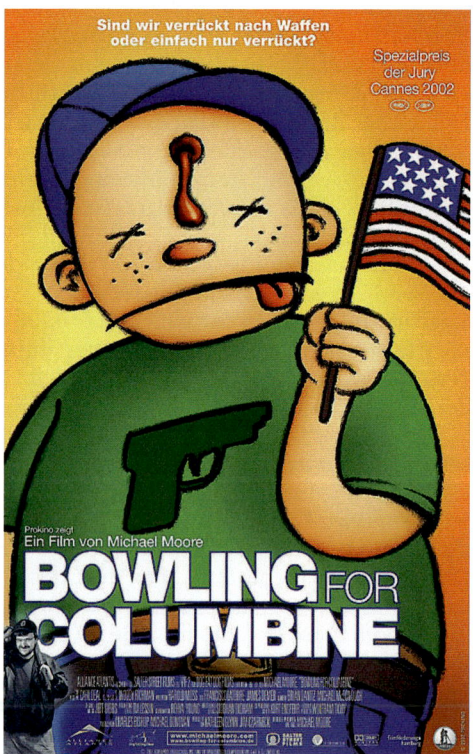

M 3 Die *Liberty-Statue*, errichtet 1886, Fotografie

M 4 Infobroschüre über ein Stipendienprogramm des Deutschen Bundestages und des US-Kongresses, 2000

Testen Sie Ihr Vorwissen zur Geschichte der USA

1 Wann wurde der erste dauerhafte britische Siedlungsort in Nordamerika gegründet?
A 1492 *B* 1607 *C* 1620

2 Die indianische Urbevölkerung Nordamerikas (USA und Kanada) umfasste vor der Ankunft der Europäer schätzungsweise 10 Mio. Wie viele Indianer lebten um 1900 in den USA?
A 0,2 Mio. *B* 0,5 Mio. *C* 2,1 Mio.

3 In welchem Jahrhundert trafen die ersten afrikanischen Sklaven in Nordamerika ein?
A 17. Jh. *B* 18. Jh. *C* 19. Jh.

4 Zwei der u. g. US-Staaten gehören nicht zu den 13 Gründerkolonien, die 1776 ihre Unabhängigkeit von Großbritannien erklärten: *Massachusetts, New Hampshire, New York, Maryland, Alaska, Louisiana, Pennsylvania*

5 Wann erkannte Großbritannien die Unabhängigkeit der USA an?
A 1778 *B* 1783 *C* 1814

6 Wie hieß der erste Präsident der USA?
A George Washington *B* Thomas Jefferson *C* Abraham Lincoln

7 Wann wurde in den USA das bundesweite Frauenwahlrecht eingeführt?
A 1787 *B* 1869 *C* 1920

8 Wann war der amerikanische Bürgerkrieg?
A 1861–1865 *B* 1898 *C* 1914–1918

9 Woher kamen zwischen 1820 und 1880 die meisten USA-Einwanderer?
A Italien *B* Deutschland *C* Asien

10 Um 1900 waren die USA die größte Industriemacht der Welt. Die Industrieproduktion konzentrierte sich aber zu 85 Prozent auf den
A Norden *B* Süden *C* Westen

11 Wann traten die USA dem von US-Präsident Th. Woodrow Wilson 1918 initiierten und 1919 gegründeten Völkerbund bei?
A 1919 *B* 1925 *C* gar nicht

12 Wie bezeichnete US-Präsident Franklin D. Roosevelt (Reg. 1933–1945) das politische Programm, mit dem er auf die Ende 1929 einsetzende Weltwirtschaftskrise reagierte?
A Great Society *B* New Frontier *C* New Deal

13 Wie viele US-Soldaten waren 1969, dem Höhepunkt des Vietnamkrieges, im Einsatz?
A 16 000 *B* 58 000 *C* 541 000

14 Welcher Präsident regierte in den USA, als im November 1989 die Berliner Mauer fiel?
A Ronald Reagan *B* George Bush *C* Bill Clinton

M 5 Europäische Amerikavorstellungen: Station I

Der deutsche Wirtschaftsjournalist Rainer Hank (2000):
Amerika ist das Modell. Ökonomisch. Das zuzugestehen fällt schwer. Doch Nachahmung des amerikanischen Modells ist für Europa die einzige Chance. Imitieren heißt nicht kopieren. In der souveränen Nachahmung aber läge die Chance der Emanzipation. [...]

„Amerika ist der Ofen, in dem die Zukunft geschmiedet wird", schrieb Leo Trotzki vor siebzig Jahren in seiner Autobiografie. Das gilt bis heute. Für Europa ist das Kränkung und Herausforderung zugleich. Seit das Schlagwort von der *„New Economy"* die Runde macht, hat sich der Vorsprung noch vergrößert, quantitativ und qualitativ. Denn *New Economy* meint vieles: Amerika ist der Ursprung jener neuen Industriellen Revolution, in deren Zentrum das Internet steht. [...]

Eine solche Revolution fällt nicht vom Himmel. Dass sich die Internetrevolution in den USA entfalten konnte, hängt auch damit zusammen, dass sie dort die idealen Marktbedingungen vorfand. Die aber wurden in den achtziger Jahren gelegt. Es hat sich im Nachhinein als ein demokratischer Glücksfall für den Kapitalismus herausgestellt, dass die amerikanischen Wähler so unzufrieden waren mit der damaligen Politik und radikale Reformer an die Macht wählten: Ronald Reagan und seine von Friedrich August von Hayek inspirierten Berater des Cato-Instituts.[1] [...]

Reagans große Tat war es, den Einfluss des Staates und der organisierten Interessengruppen (vor allem der Gewerkschaften) drastisch zu beschränken. Diese Reformen legten den Grundstein für eine machtvolle ökonomische Expansion [...]. Staatsversagen, nicht Marktversagen schien für die Anhänger der Reaganomics die bei weitem größere Gefahr zu sein. Denn der Markt unterwirft die Zukunft dem Entdeckungsverfahren des Wettbewerbs. Das ist ein Verfahren von *trial* und *error*.[2] Der Staat dagegen will die Zukunft dem Zugriff seines „anmaßenden Wissens" übertragen. Das ist westliche Planwirtschaft und deshalb meist *error*. Märkte, so lautet die Grundüberzeugung der Reaganomics, sind besser, effizienter und billiger als Regierungen in der Lage, viele von den Menschen gewünschte Leistungen zu erbringen. Das gilt auch für weite Teile der öffentlichen Güter (Erziehung, Sicherheit), die man über lange Zeit unter staatlicher Aufsicht sehen wollte. Umverteilende Eingriffe durch Steuern und Sozialabgaben setzen meist falsche Anreize, denen die Menschen sich durch Abwanderung entziehen. Wer dem Staatshaushalt Gutes tun will, soll deshalb die Steuern senken, und er wird seine Einnahmen erhöhen, so heißt eine der paradoxen Lehren des neuen Paradigmas[3]. Und Amerika hat vorgemacht, dass das geht.

Die Empfehlungen der Reagonomics setzten statt staatlicher Makrosteuerung auf Privatisierung, Deregulierung und Dezentralisierung der Güter-, Dienstleistungs-, Finanz- und Arbeitsmärkte. Dem nationalen Regime bleibt nur noch eine Aufgabe: Einrichtung einer unabhängigen Notenbank, die auf das Ziel der Geldwertstabilität verpflichtet wird und dazu das Instrument der Geldmengensteuerung zu beherrschen hat.

Rainer Hank, Europas Wirtschaftsverfassung ist kein Modell, in: Europa oder Amerika? Zur Zukunft des Westens, Sonderheft Merkur (Klett-Cotta), Sept./Okt. 2000, S. 931–939.

1 Friedrich August von Hayek (1899–1992): international angesehener Wirtschaftswissenschaftler. Cato-Institut: privates Forschungsinstitut in den USA („think tank"), das den neoliberalen Lehren Hayeks folgt.
2 trial and error: Versuch und Irrtum
3 Paradigma: umfassendes wissenschaftliches Lehrgebäude oder Weltbild

M 6 Europäische Amerikavorstellungen: Station II

Der Schweizer Soziologe Jean Ziegler (2003):
Von all den verschiedenen Oligarchien[1], die in ihrer Gesamtheit das Kartell der Herrscher der Welt bilden, ist die nordamerikanische bei weitem die mächtigste, kreativste und lebendigste. Schon lange vor 1991 hat sie sich den Staat unterworfen und aus ihm ein wertvolles und wirksames Hilfsmittel bei der

Durchsetzung ihrer privaten Interessen gemacht.

Es ist Unsinn, die Vereinigten Staaten als einfachen „National"-Staat zu betrachten. Die USA sind ein Imperium, das mit seinen Streitkräften – zu Wasser, zu Lande, in der Luft und im Weltraum –, internationalen Abhörsystemen und gigantischen Spionage- und Aufklärungseinrichtungen die ständige Expansion der oligarchischen Weltordnung garantiert. Ohne dieses Imperium und seine militärische und polizeiliche Schlagkraft könnte das Kartell der Gebieter der Welt nicht überleben.

Die militärische Macht, die einst aufgebaut wurde, um der Sowjetunion Paroli zu bieten, dient gegenwärtig dazu, die Ordnung des globalisierten Finanzkapitals zu schützen. Dieser kolossale imperialistische Apparat entwickelt gleichsam ein Eigenleben. Er hat seine eigenen Gesetze und eine einzigartige Dynamik. Diese Hinterlassenschaft des Kalten Krieges kommt zu neuen Ehren, indem sie ihre eigene Gewalt der Gewalt des Kapitals hinzufügt. […]

Die Arroganz des amerikanischen Imperiums ist grenzenlos. Hören wir, was es uns zu sagen hat: „Wir sind das Zentrum, und wir müssen es bleiben […]. Die Vereinigten Staaten müssen als leuchtendes Beispiel vorangehen und als moralische, politische und militärische Führungsmacht die Fackel von Recht und Ordnung in die Welt tragen."

Wer sagt das? […] Der Mann heißt Jesse Helms und war von 1995 bis 2001 Vorsitzender des Auswärtigen Ausschusses im amerikanischen Senat. In dieser Eigenschaft hat er die Außenpolitik Washingtons wesentlich mitbestimmt. […]

Noch unverblümter äußert sich Thomas Friedman, ehemaliger Sonderberater der Außenministerin Madeleine Albright unter der Regierung Clinton: „Wenn die Globalisierung funktionieren soll, darf sich Amerika nicht davor fürchten, als die unüberwindliche Supermacht zu handeln, die es in Wirklichkeit ist […]. Die unsichtbare Hand des Markts wird ohne sichtbare Faust nicht funktionieren. McDonald's kann nicht expandieren ohne McDonnel Douglas, den Hersteller der F-15. Und die sichtbare Faust, die die globale Sicherheit der Technologie des Silicon Valley verbürgt, heißt US-Armee, US-Luftwaffe, US-Kriegsmarine und US-Marinekorps."

Das ultraliberale Dogma, dessen Loblied die Herrschenden in Washington und an der Wall Street singen, speist sich aus einem ungeheuren Egoismus, der fast totalen Ablehnung jedes Gedankens einer internationalen Solidarität und dem unbedingten Willen, allen Völkern des Planeten die eigenen Ansichten aufzuzwingen.

So haben die USA die Welt mit ihrer Weigerung schockiert, das internationale Übereinkommen über das Verbot der Herstellung, der Verbreitung und des Verkaufs von Antipersonenminen zu ratifizieren.

Ebenso sind sie schon im Prinzip gegen eine internationale Justiz. Keine amerikanische Unterschrift unter dem Römischen Statut von 1998, das die gerichtliche Bestrafung von Völkermord, Verbrechen gegen die Menschheit und Kriegsverbrechen vorsah! Der Internationale Strafgerichtshof? Die USA sind dagegen!

Jean Ziegler, Die neuen Herrscher der Welt und ihre globalen Widersacher, München (Bertelsmann) 2003, S. 35–37.

1   Oligarchie: Herrschaft einer kleinen Gruppe

M7 Europäische Amerikavorstellungen: Station III

Der österreichische Politologe und Journalist Eric Frey (2004):

Die Vereinigten Staaten von Amerika könnten ein wunderbares Land sein. Sie wurden von Menschen gegründet, die religiöser Verfolgung, politischer Unterdrückung und der Armut in Europa entkommen wollten und sich bald von ihrem britischen Kolonialherren lossagten. Die Politiker der ersten Stunde wie Thomas Jefferson und James Madison waren Kinder der Aufklärung, die in ihrer Unabhängigkeitserklärung feststellten: „Wir halten diese Wahrheiten für selbstverständlich, dass alle Menschen gleich geschaffen und von ihrem Schöpfer mit gewissen unveräußerlichen Rechten ausgestattet wurden – darunter Leben, Freiheit und das Streben nach Glück." Zehn Jahre später schrieben sie eine Verfassung, die den Interessenausgleich verschiedener Gruppen zur Verhinderung jeder Tyrannei zum obersten Ziel erklärte, und schufen ein demokratisches System, das heuten noch hält. Sie garantierten in den Zusatzartikeln zur Verfassung das Recht auf Religions-, Meinungs- und Pressefreiheit und verabschiedeten zahlreiche Gesetze, um die Bürger vor der Willkür des Staates zu bewahren. Dank des ausgeprägten Schutzes der Eigentumsrechte entwickelten die USA eine freie Marktwirtschaft, die sie zum reichsten Land der Welt machten.

Die Amerikaner übernahmen auch Verantwortung für die Welt: Im 20. Jahrhundert schüttelten die USA ihren Isolationismus ab und griffen an der Seite Großbritanniens, inzwischen der engste Verbündete, in die europäischen Kriege ein. Präsident Woodrow Wilson trat 1917 in den Ersten Weltkrieg ein mit den Zielen, „einen Krieg zum Ende aller Kriege" zu führen und „die Welt sicher für Demokratie zu machen". […]

In der dunkelsten Stunde des alten Kontinents beteiligten sich die USA 1941 am Kampf gegen Nationalsozialismus und Faschismus und nützten ihren militärischen Triumph zu einer neuen Politik, die auch den Verlierern Freiheit und Wohlstand schenkte. Sie finanzierten mit dem Marshallplan das erfolgreichste Hilfsprogramm aller Zeiten, arbeiteten bereitwillig an einer multilateralen Weltordnung unter Führung der UNO mit, hielten vierzig Jahre lang den Kommunismus in Schach, bis dieser zusammenbrach und Europa sich unter dem Banner von Demokratie und Marktwirtschaft wieder vereinen konnte. Wenn irgendwo in der Welt die Menschenrechte mit Füßen getreten und Völker massakriert werden, dann ruft niemand nach russischen Truppen oder der Europäischen Union, sondern nach der demokratischen Supermacht Amerika.

Für Menschen aus aller Welt bleiben die USA das Land der Hoffnung, und mehr als eine Million betreten jedes Jahr als legale oder illegale Einwanderer die USA, um am „amerikanischen Traum" teilzuhaben. Auch Besucher sind rasch von der Dynamik der Wirtschaft, dem hohen Niveau der Universitäten und Forschungseinrichtungen, der Vielfalt der Gesellschaft, der Freiheit und Kritikfähigkeit der Presse und vor allem dem Optimismus und der Freundlichkeit der Amerikaner beeindruckt. Es ist ein Land, in dem Nachbarn einander kennen und jederzeit helfen, in dem Menschen den Glauben an Gott und dessen Gebote ernst nehmen […]; ein Land, in dem ein junger Polizistensohn aus der Steiermark Weltstar, Millionär und schließlich Gouverneur des bevölkerungsreichsten Bundesstaates werden kann.

All das ist Teil der amerikanischen Realität – doch es ist eben nur ein Teil der Realität. Es gibt zahlreiche Schattenseiten, die den amerikanischen Traum vielen als Albtraum erscheinen lassen. Die USA sind ein Land, in dem ein Fünftel aller Kinder in Armut lebt, in dem die Kriminalität durch unbeschränkten Waffenbesitz gefördert wird, in dem Justizskandale zum Alltag gehören, in dem zwei Millionen Menschen im Gefängnis sitzen – oft nur wegen geringer Vergehen –, in dem jedes Jahr Häftlinge ohne ausreichende Schuldbeweise hingerichtet werden, die religiöse Intoleranz zunimmt, die Demokratie zu einer tragischen Lachnummer verkommt und die Unternehmensbosse sich auf Kosten ihrer Mitarbeiter und Aktionäre bereichern. All das ist Amerika.

Durch ihre Außenpolitik sind die USA vor allem unter George W. Bush[1] zu einer Bedrohung des Weltfriedens geworden. Sie verachten das Völkerrecht, zertrümmern die internationalen Institutionen und beanspruchen das Recht, als einzige Hegemonialmacht eine unipolare Welt zu beherrschen. Sie predigen den Freihandel und verfallen selbst bei jeder Gelegenheit dem Protektionismus, sie halten sich für großzügig und geizen bei der Entwicklungshilfe. Sie verwüsten die eigene Umwelt und sind durch ihren ungezügelten Ausstoß von Treibhausgasen die Hauptverantwortlichen für den Klimawandel. Sie glauben, Gott an ihrer Seite zu haben, und üben sich dabei in Scheinheiligkeit. Ein Volk, das so gerne bewundert und geliebt werden möchte, wird zunehmend zum Ziel von Ablehnung und Hass – selbst unter den eigenen Verbündeten.

Eric Frey, Schwarzbuch USA, Frankfurt/M. (Eichborn) 2004, S. 7–9.

1 George W. Bush ist seit 2001 Präsident der USA.

M 8 Europäische Amerikavorstellungen: Station IV

Der deutsche Schriftsteller Peter Schneider (2001):
Die Neulinge – wenn sie es einmal geschafft haben, ins Land hereinzukommen – werden von der amerikanischen Gesellschaft sofort aufgenommen. Wer will, gehört nach vierzehn Tagen dazu. Und es zeigt sich, dass die frisch Hereingekommen die energischsten und begeisterungsfähigsten Amerikaner werden. Es ist fantastisch, wie lang die Deutschen das riesige Kapital an guter Laune, Risikobereitschaft und historischer Unbefangenheit, das die hier einheimischen Ausländer ihnen seit Jahrzehnten anbieten, ungenutzt gelassen haben.

Wir mögen – und sollen – uns darüber aufregen, dass ausgerechnet der *American way of life* das Modell für die sich herausbildende Weltkultur geworden ist. Es ist nicht gut, wenn ein Gesellschaftsmodell, das ganz und gar auf den Wettbewerb setzt und auf ihn angewiesen ist, plötzlich konkurrenzlos dasteht. Aber wir sollten uns auch fragen, was dieses Modell so attraktiv macht. Eben weil sie ungleich offener und integrationsfreudiger ist als jede europäische, ist die amerikanische Gesellschaft bislang die einzige, in der jeder Nichtamerikaner einen Teil von sich wieder erkennen kann.

Und die Verrottung der öffentlichen Schulen in den Städten, die zunehmende Kluft zwischen weißen und schwarzen Amerikanern, zwischen reichen und armen Weißen, die Rate der Kriminalität, die „McDonald's"-Kultur? Alles wahr. Nur ein Lump wird es leugnen. Die Kehrseite des amerikanischen Optimismus ist eine nahezu vorsätzliche Blindheit gegenüber den Schattenseiten der Gesellschaft und eine in Europa unvorstellbare soziale Indifferenz[1]. Wer in den USA arm ist, ist in den Augen vieler Amerikaner selber schuld.

Aber ich habe den Verdacht, dass die Negativnachrichten über die USA in unseren Medien keineswegs dem Informationsbedürfnis dienen. Sie zementieren die Angst vor der Veränderung: Mag sein, dass wir etwas ändern müssen, aber auf keinen Fall so wie die kaltherzigen Amerikaner! Das Bild von den USA gleicht in vieler Hinsicht jenem Bild, das die DDR-Medien von Westdeutschland zeigten. Die (negativen) Einzelheiten stimmen alle, aber das Gesamtbild ist falsch bis zur Lächerlichkeit. Was bei dieser Selektion verloren geht, ist zum Beispiel, dass die amerikanische Gesellschaft nach jedem ihrer chronischen Anfälle von Missionsdrang und Intoleranz […] eine Gegenbewegung hervorbringt. Die USA haben kaum eines der historischen Übel vermieden, das die Europäer ihnen vorlebten, aber sie haben sich im Unterschied zu den Europäern von den meisten dieser Übel aus eigener Kraft befreien können.

Peter Schneider, Deutschland und die USA. Zwischenbilanz, in: Ders., Die Diktatur der Geschwindigkeit, Reinbek (Rowohlt) 2001, S. 54–56.

1 Indifferenz = Gleichgültigkeit

M 9 Das Selbstverständnis der Europäer und der Westen

Helmut Däuble, deutscher Politologe (2004):
Was den ideellen Kern eines europäischen Selbstverständnisses ausmacht, ist oft deutlicher zu erkennen, wenn man den Blick von außen auf dieses Gebilde wirft. Getan hat das für uns der amerikanische Politologe Robert Kagan, der Europa in einem heftigst diskutierten Artikel wie folgt beschreibt: „Europa hat sich von der Macht losgesagt, es bewegt sich auf eine Welt zu, die fest in Gesetze und Regeln, in transnationale Vereinbarungen und Kooperationen eingebunden ist. Man betritt ein posthistorisches Paradies der Gewaltfreiheit und des relativen Wohlstands, in dem sich Immanuel Kants Ideal vom ewigen Frieden verwirklicht" (Die Zeit, 1. Juli 2002). Kagan betrachtet das pazifistisch gewordene und auf Multikulturalismus eingeschworene Europa, das nur noch die außenpolitischen Mittel der „Diplomatie, Verhandlungen, Geduld, wirtschaftliche(n) Beziehungen und politischen Bemühungen, die Anwendung von Anreizen statt Sanktionen, kleine Schritte und gezügelten Ehrgeiz" kennen würde, mit verständnisvollem Paternalismus. Letztlich hält er diese Grundhaltungen jedoch für naiv. […]

Doch gerade diese Orientierung an möglichst friedfertiger Beilegung von Konflikten, der strikten Beachtung von Völkerrecht, der Unterstützung der Vereinten Nationen als einer Institution, die zukünftig keiner Supermacht mehr unterlegen ist, der Absage an Unilateralismus und der Beförderung von multilateralem Handeln machen einen Kern an europäischem Selbstverständnis aus, der es gerade gegenüber den USA wert ist, verdeutlicht und verteidigt zu werden. [...] Eine Krieg-als-Fortsetzung-der-Politik-Ideologie steht dem europäischen Selbstverständnis diametral gegenüber.

Europäisches Selbstverständnis ist das gerade Gegenteil solcher fundamentalistischen Grundhaltungen. Nicht radikaler Pazifismus ist zu einer europäischen geteilten Überzeugung gegenüber martialischem Hegemonialstreben geworden, sondern der vorsichtige Umgang mit militärischen Mitteln, ihr Einsatz nur als *Ultima Ratio*.

Doch sind antimilitaristische und antiimperialistische Grundhaltungen nicht die einzigen Einstellungen, die zu einem europäischen Bindegewebe werden könnten. Vielleicht lässt sich das, was uns Europäer tatsächlich eng verbindet, als ein generelles Misstrauen und eine generelle Distanz zu fundamentalistischen Vorstellungen von Politik bezeichnen. Diese gemeinsame Haltung resultiert aus zahlreichen negativen Erfahrungen, die Europa in seiner Geschichte durchleben musste. Die Überwindung von Faschismus und Kommunismus, die konsequente Wehrhaftigkeit gegenüber Rechts- wie Linksextremismus lassen sich dabei als zentrale Schubkraft einer europäischen Integrationslokomotive benennen. [...]

Der andere gefährliche Fundamentalismus, den die Europäer gemeinsam abweisen müssen, ist der religiöse Fanatismus. Die bereits als Konsequenzen aus dem 30-jährigen Krieg sich allmählich entwickelnde Säkularisierung sowie Trennung von Kirche und Staat haben sich in Europa als Basisüberzeugungen durchgesetzt, und selbst wenn sich noch große europäische Volksparteien mit dem C des Christentums im Namen schmücken, so ist auch bei diesen Parteien die Trennung von Kirche und Staat weit gehend selbstverständlich geworden. Keine europäische Bewegung, die sich für einen Gottesstaat einsetzen würde, hätte heute eine Chance im Gegensatz zum arabischen Raum. [...] Bezeichnenderweise gilt für uns Europäer auch in dieser Frage, sich von der dominierenden US-amerikanischen Weltneuordnungsideologie zu distanzieren, die sich in göttlichem Auftrag einer Welt des Bösen gegenübersieht und damit selbst sehr nahe an religiösem Fundamentalismus steht. [...]

Eine europäische Identität muss deswegen nicht antiamerikanisch sein. Mit den USA bleiben wir gemeinsam westlichen Werten verpflichtet und teilen eine Demokratie und Menschenrechte prinzipiell achtende politische Kultur.

Helmut Däuble, Die Identität des alten Kontinents ist im Fluss, in: Das Parlament, Nr. 21/22, 17./24. Mai 2004.

Gruppenarbeit zu M5 bis M9

1 a) Skizzieren Sie in arbeitsteiliger Gruppenarbeit, welche Einzelaspekte und welche Entwicklungsmöglichkeiten der USA die europäischen Autoren in M5 bis M8 beschreiben.
b) Erläutern Sie die Bewertungen und die Argumente der Autoren (M5–M8).
c) Begründen Sie, ob die Thesen über Amerika Sie ansprechen oder nicht (M5–M8).
d) Präsentieren und diskutieren Sie die europäischen Sichtweisen auf Amerika (M5–M8) im Kurs. Ziehen Sie auch Text M9 heran, der sich mit dem Selbstbild der Europäer beschäftigt.

Leitfragen für die Kursarbeit

2 Nutzen Sie die Ergebnisse aus dem Brainstorming (S. 6) und der Untersuchung der europäischen Amerikavorstellungen (M5–M9), um Leitfragen für Ihre Kursarbeit zu formulieren.

Weiterführende Arbeitsanregung

3 Debatte: Der deutsche Essayist Heinz A. Joachim sagte 1930 mit Blick auf die Jahre nach dem Ersten Weltkrieg, als der *American way of life* nach Europa kam und als Furcht- und als Wunschbild diskutiert wurde: „Wie wir zu Amerika standen, zeigte, wo wir standen." Debattieren Sie hiervon ausgehend über die Frage: Sind unsere Haltungen zu den USA ein Spiegel unserer Vorstellungen, wie die moderne Welt aussehen sollte?

Begriffe: „Amerikanisierung" – „Antiamerikanismus"

M 10 Anselm Doering-Manteuffel, Historiker, über „Amerikanisierung" (1999)

Wir sprechen von Amerikanisierung, um die Über- oder Aufnahme von Einflüssen aus den USA in einem anderen Land, in dessen Wirtschaft, Gesellschaft und Kultur zu bezeichnen. Es handelt sich dabei um ein hochkomplexes Geschehen, das mit Erscheinungsformen kolonialer Herrschaft oder imperialer Vereinnahmung wenig gemein hat. Impulse aus den USA werden andernorts in die vorhandene Ordnung integriert, bleiben aber hinsichtlich Ursprung und Eigenart erkennbar. Einen wichtigen Bereich, wo sich die Übernahme von US-amerikanischen Impulsen deutlich vollzieht, bildet die Wirtschaft, weshalb mit Blick auf die Struktur, zum Beispiel einzelner Industriekonzerne in der Bundesrepublik, und auf das Führungshandeln von Managern in der Großindustrie von Amerikanisierung gesprochen wird. Den bekanntesten Bereich, in dem amerikanische Muster wirksam werden und die Entwicklung prägen, stellt die alltägliche Lebenswelt in der Massengesellschaft dar. Hier wird der Begriff Amerikanisierung mit der größten Selbstverständlichkeit gebraucht.

Amerikanisierung bezeichnet Kulturtransfer in einem sehr weit gespannten Verständnis. „Gegenstand dieses Transfers sind ‚Amerikanismen', d.h. Institutionen, Normen, Werte, Gebräuche, Verhaltensweisen und Verfahrensformen, aber auch Symbole […] und Bilder, die vermeintlich oder tatsächlich aus den Vereinigten Staaten übernommen, auf jeden Fall aber als amerikanisch empfunden werden." Eines ist dabei entscheidend: Dieser Kulturtransfer verläuft in einer und nur einer Richtung – von den USA nach Europa und in andere Regionen der Welt. Er bündelt die Dynamik der US-amerikanischen Gesellschaft, insoweit und solange sie als hoch entwickelte Industriegesellschaft und als multiethnische Massengesellschaft Kulturmuster für Menschen in anderen Ländern, Leitbilder für das Verhalten als Produzenten und Konsumenten bereithält. Amerikanisierung vollzieht sich unabhängig von den Epochen der politischen und politisch-ideologischen Entwicklung in den Staatenbeziehungen und begleitet als Unterströmung das Agieren der USA auf allen Feldern, wo das Land eine führende Stellung einnimmt; sie ist an den Weltmachtstatus der USA und an die damit zusammenhängende Dynamik der Gesellschaft gebunden.

Anselm Doering-Manteuffel, Wie westlich sind die Deutschen? Amerikanisierung und Westernisierung im 20. Jahrhundert, Göttingen (Vandenhoeck & Ruprecht) 1999, S. 11 f.

M 11 Eric Frey, Politologe und Journalist, über „Antiamerikanismus" (2004)

Angesichts dieser […] manchmal heftigen Feindschaft gegenüber den Vereinigten Staaten fällt es manchen Verteidigern Amerikas leicht, auch berechtigte Kritik als „Antiamerikanismus" abzutun. Der deutsch-amerikanische Historiker Konrad Jarausch betont daher die „Notwendigkeit einer klaren Unterscheidung zwischen Kritik an und Feindschaft gegenüber Amerika". Das eine sei eine punktuelle Opposition gegenüber einzelnen amerikanischen Maßnahmen oder Erscheinungen, das andere eine pauschale Verurteilung der Regierung, Lebensart oder Bevölkerung der USA, die auf jede Differenzierung verzichtet und die gewaltigen Unterschiede zwischen einzelnen Regionen, Bevölkerungsgruppen, politischen Einheiten und kulturell-gesellschaftlichen Strömungen im Land ignoriert. Wie es ihr Name schon ausdrückt, sind die Vereinigten Staaten eine höchst pluralistische Nation.

Eric Frey, Schwarzbuch USA, Frankfurt/M. (Eichborn) 2004, S. 10.

4 Erläutern Sie die Begriffe „Amerikanisierung" und „Antiamerikanismus" nach M10 und M11.
5 🚶 Unter welchen Aspekten wird zurzeit in Tageszeitungen (vgl. Internetausgaben) über die USA berichtet? Prüfen Sie, ob die Berichte den Begriffen „Amerikanisierung" oder „Antiamerikanismus" zugeordnet werden können.
6 Diskutieren Sie die Tragfähigkeit der Begriffe.

2 Koloniale Kultur und amerikanische Identität

Das Selbstverständnis der US-Amerikaner wird bis heute maßgeblich durch die **Kolonialzeit (17./18. Jahrhundert)** geprägt. Historiker haben diese Vorgeschichte der USA in den letzten Jahrzehnten neu bewertet. „Bis vor kurzem noch", schreibt der Historiker Jürgen Heideking, wurde die Geschichte der nordamerikanischen Kolonien und der **weißen Siedler** „fast ausschließlich aus europäischer Perspektive und mehr oder weniger in der Form eines Heldenepos erzählt, das die Entdeckung und Erschließung eines ‚jungfräulichen' Kontinents durch tapfere Seefahrer und Siedler verherrlicht. Die Kritik an diesem ‚Eurozentrismus' hat eine Verlagerung des Interesses und der Sympathien hin zu den Leidtragenden des epochalen Geschehens bewirkt, den indianischen Ureinwohnern *(**Native Americans**)* und den Amerikanern afrikanischer Herkunft *(**Afroamerikaner**)*, die bislang eher am Rande der historischen Betrachtung auftauchten. Es bleibt zwar unbestritten, dass sich die ‚weiße' Kultur durchsetzte, aber man fragt heute doch viel bohrender als früher nach den Schattenseiten und Kosten dieses Erfolges." Auch versuchen Historiker genauer die langfristigen Wirkungen zu ergründen, die die Begegnungen von indianischer, europäischer und afrikanischer Kultur zeitigten. In neuerer Zeit kommt die Erforschung der Kultur der Einwanderer aus Süd- und Lateinamerika (***Hispanics***; vgl. S. 200) hinzu, deren Zahl in den letzten Jahren stark zugenommen hat.

Die weißen Siedler

An der Ostküste Nordamerikas entstanden vom ausgehenden 16. bis zur Mitte des 18. Jahrhunderts 13 englische Kolonien. Die erste dauerhafte englische Siedlung war **Jamestown/Virginia (1607)**. Die Kolonien sollten nach dem Willen der englischen Krone das Mutterland mit Rohstoffen versorgen und Fertigprodukte aus England abnehmen. Aber es kamen nicht nur Kaufleute, Händler oder Landwirte nach Amerika. Einige Siedler suchten auf dem neuen Kontinent Schutz vor politischer Verfolgung. Die Puritaner, die gegen die Anglikanische Kirche aufbegehrten, weil der Protestantismus der Anglikaner sich nach ihrer Auffassung noch nicht stark genug vom Katholizismus gelöst hatte, flohen vor religiöser Unterdrückung. 1620 landeten die ersten, *Pilgrim Fathers,* mit der „**Mayflower**" in **New Plymouth/Massachusetts.** Andere nahmen die beschwerliche Überfahrt über den Atlantik in Kauf, um der Armut zu entgehen und sich durch Arbeit eine neue und bessere Existenz aufzubauen. Und es waren auch Abenteurer dabei, die sich von der unberührten Natur und der Wildnis angezogen fühlten oder das schnelle Geld als Goldsucher machen wollten.

In den englischen Kolonien begegneten sich Menschen mit den unterschiedlichsten Kenntnissen, Fertigkeiten und Berufen. Die stark voneinander abweichenden Boden- und Klimabedingungen förderten die Arbeitsteilung unter den Kolonien, sodass höchst unterschiedliche Wirtschaftsregionen entstanden. Vielfältig war auch das Bild der Konfessionen: puritanische Gruppierungen aus England und Schottland (Presbyterianer, Kongregationalisten, Separatisten), Quäker, Pietisten aus Deutschland, aber auch Anglikaner und Katholiken.

Die ethnische und religiöse Vielfalt förderte die Toleranz und begünstigte eine strikte Trennung von Staat und Kirchen. Obwohl die Neuenglandkolonien im 18. Jahrhundert noch keine modernen Demokratien waren, entstand hier doch ein feines Gespür für **politische Freiheiten und rechtsstaatliche Garantien.** Wie für die Engländer des Mutterlandes galten auch für die freien Einwohner der Kolonien die Rechtsgarantien der *Magna Charta* (1215) und der *Bill of Rights* (1689). Die weißen Siedler hatten Anspruch auf eine unabhängige Rechtsprechung und die Unverletzlichkeit des Eigentums. Die **Volksvertretungen** *(assemblies)* der Kolonien wirkten an der Gesetzgebung und an der Steuerbewilligung mit. Allmählich entwickelte sich ein Gemeinschaftsgefühl, das die Unterschiede zwischen den weißen Bewohnern abmilderte.

Der Puritanismus

Das Leben der Puritaner in Neuengland war von einer Ethik geprägt, die sich mit Erfolgsstreben, Ehrgeiz und rigorosen Moralvorstellungen verband. Hinzu kam ein spezifisches Sendungsbewusstsein, das bis heute in den USA wirksam ist. Die weißen Siedler betrachten sich danach als Erfüllungsgehilfen des göttlichen Heilsplans, der in ihren Augen die Errichtung eines „neuen Jerusalems" in einer bisher von der christlichen Zivilisation unberührten Weltgegend vorsah. Bekannte Vertreter waren der Anführer der „Mayflower"-Flüchtlinge, **William Bradford**, und **John Winthrop**, der 1630 in Salem landete.

Die Folgen des Puritanismus waren zwiespältig. Einerseits führte der Auserwähltheitsglaube zur Intoleranz, wie z. B. bei den Hexenprozessen in Salem 1692. Andererseits wurden der Forscherdrang und die Entwicklung einer hohen Schrift- und Diskussionskultur befördert. Die erste Universität entstand 1636 in Newtowne (ab 1638 Cambridge)/Massachusetts und wurde nach dem puritanischen Geistlichen John Harvard benannt. Auch Eliteuniversitäten wie Yale und Princeton haben konfessionelle, kolonialzeitliche Ursprünge.

M1 Anthonis van Dyck (1599–1641), John Winthrop (1588–1649), Ölgemälde, 1629 – *Winthrop, ein vom sozialen Abstieg bedrohter Grundbesitzer, kam 1630 nach Neuengland und wurde der erste Gouverneur der Kolonie Massachusetts.*

Die Indianer

Politische Freiheiten, Wohlstand und Bildung kamen in den Neuenglandkolonien nur den Weißen zugute, nicht aber den Ureinwohnern, den Indianern. Die Begegnung der ersten Siedler mit ihnen verlief friedlich. Beide Bevölkerungsgruppen trieben lebhaften Handel miteinander. Allerdings besaßen die Indianer gegen die aus Europa eingeschleppten Infektionskrankheiten, z. B. Pocken, keine Abwehrkräfte und starben daran zu Tausenden.

Die Situation der Indianer verschlechterte sich dramatisch mit der Zunahme der Siedler ab 1630 und besonders im 19. Jahrhundert. Die frühen Siedler kauften das benötigte Land häufig noch ordnungsgemäß von den Indianern mit Kaufvertrag. Diese besaßen jedoch ein völlig anderes Werte- und Normensystem. Sie kannten weder solche Regelungen noch die Vorstellung, dass Land Eigentum einer bestimmten Person ist. Es kam auf beiden Seiten zu Vertragsbrüchen, die wiederum heftige Kämpfe auslösten. Gegen die wachsende Zahl der Siedler und deren überlegene Waffentechnik hatten die Indianer keine Chance. Die „Erschließung des Westens", die so genannte *Frontier*-Bewegung (s. Kapitel 4), führte im Endergebnis zur Zerstörung der indianischen Kultur. In den Gebieten friedlichen Zusammenlebens nahmen die Indianer zeitweilig Kultur und Religion der Weißen an. Wo sie sich nicht anpassten, waren Tod und Vertreibung die Folge. Viele Indianer starben in den Kämpfen mit den Siedlern oder der amerikanischen Armee. Ganze Stämme verhungerten, weil die Weißen die Bisonherden abschlachteten. Seit 1886 wurden die Indianer in **Reservaten** zusammengetrieben. Der letzte große Übergriff auf die Indianer war das **Massaker der US-Armee bei Wounded Knee 1890**.

Die Afroamerikaner

Auch für die Schwarzen waren die nordamerikanischen Kolonien nicht das „gelobte Land" der Freiheit und des Wohlstands. Gewaltsam wurden sie von Sklavenhändlern in Afrika zusammengetrieben, nach Amerika verschifft und dort an die weißen Plantagenbesitzer verkauft. Als Sklaven waren sie Eigentum eines weißen Herrn und besaßen daher keinerlei Rechte.

Obwohl die Unabhängigkeitserklärung 1776 für alle Menschen das Freiheitsideal proklamierte, hatten die Menschen- und Bürgerrechte für die Afroamerikaner lange Zeit keine Gültigkeit. Die Amerikanische Revolution verbesserte das Los der Sklaven nicht. Im Gegenteil, wegen der großen Nachfrage nach der auf den **Südstaatenplantagen** produzierten Baumwolle stieg die Zahl der Sklaven zwischen 1790 und 1810 von 700 000 auf 1,2 Millionen.

Das Beharren der Südstaaten auf dem Recht zur Sklavenhaltung entwickelte sich zum Zankapfel zwischen dem Norden und dem Süden. Die Konflikte verschärften sich derart, dass sie zwischen 1860 und 1865 zum Bürgerkrieg führten (s. Kapitel 4). Der Kampf endete mit der Niederlage der Südstaaten und der **Abschaffung der Sklaverei 1865.**

Doch bewirkten die rechtlichen Fortschritte kaum reale soziale Verbesserungen. Und es gab den Terror des **Klu-Klux-Klans,** dem viele Schwarze und weiße Anhänger des Nordens zum Opfer fielen. Politisch setzte die Demokratische Partei, die seit den 1870er-Jahren zur bestimmenden Kraft im Süden aufgestiegen war, die **Segregation** (Rassentrennung) durch. Unterstützt wurde sie vom Obersten Gericht. Es legalisierte 1896 im **„Separate-but-equal"**-Urteil die Rassentrennung in Schulen, Theatern, öffentlichen Verkehrsmitteln, Hotels und Restaurants. Aus der Sklavenfrage wurde das Bürgerrechtsproblem der USA. Es dauerte bis 1954, bis das Oberste Bundesgericht *(Supreme Court)* die Rassentrennung an öffentlichen Schulen aufhob. Doch einige Südstaatenregierungen versuchten, die Integration zu verhindern. Im Jahre 1957 musste Präsident Eisenhower Soldaten der US-Armee in die Stadt Little Rock/Arkansas entsenden, um die Aufnahme schwarzer Schüler in eine öffentliche „weiße" Schule zu erzwingen.

Der Kampf der Afroamerikaner für Gleichberechtigung und Gleichstellung

Die Durchsetzung der Menschen- und Bürgerrechte war auch eine Angelegenheit der Afroamerikaner selbst. Im 19. Jahrhunderts gingen sie zunächst den Weg der Selbsthilfe und versuchten, z. B. mithilfe „schwarzer" Schulen, den Bildungsrückstand abzubauen.

Die **Bürgerrechtsbewegung,** die seit den 1950er-Jahren den Emanzipationskampf der Schwarzen maßgeblich bestimmte, nutzte die Mittel des gewaltfreien Protests. So organisierte 1955 der Prediger **Martin Luther King** den Boykott einer Buslinie in Montgomery/Alabama, die, wie im Süden üblich, Afroamerikaner nur auf den hinteren Sitzreihen beförderte. Nach einem Jahr hob die Gesellschaft ihre Beförderungspraxis auf. Der Erfolg machte King zur moralischen Autorität und zum Anführer der Bürgerrechtsbewegung. Ein Höhepunkt ihrer Aktionen war 1963 der **„Marsch auf Washington",** an dem sich 200 000 Menschen beteiligten und der mit zum **Bürgerrechtsgesetz von 1964** führte, das jede Rassendiskriminierung verbot.

Als die realen Fortschritte bei der sozialen und wirtschaftlichen Gleichstellung weit hinter den Erwartungen der Schwarzen zurückblieben, radikalisierten jüngere Schwarzenführer wie B. Stokeley Carmichael und Malcolm X ihren Kampf. Sie forderten die Schwarzen in der ***Black-Power*-Bewegung** zu aktivem Widerstand bzw. bei den ***Black Panthers*** zu militantem Vorgehen auf. 1965 bis 1968 kam es in den Großstädten zu schweren Rassenkrawallen, bei denen ein weißer Fanatiker Martin Luther King ermordete (1968). Erst in den 1970er-Jahren ließen die Konflikte nach, stieg die Zahl der Schwarzen unter Studenten, Bürgermeistern und Kongressabgeordneten. Die erste schwarze Bewerberin um die Nominierung als Präsidentschaftskandidatin war 1972 Shirley Chisholm. Der Prediger **Jesse Jackson** erhielt auf dem Parteikonvent der Demokraten 1984 zwar nicht die Mehrheit, wurde aber breit unterstützt. Gleichwohl ist die Rassendiskriminierung bis heute ein Grundproblem der US-Gesellschaft.

Hinweise zur Arbeit mit den Materialien

Das **nationale Selbstverständnis** der USA wird bis heute von den Werten und Normen der weißen angelsächsischen Protestanten geprägt, den *„WASPs": White Anglo-Saxon Protestants*. Die **Kolonialzeit** (17./18. Jh.) war für diese Prägungen von großer Bedeutung, insbesondere
1. die Erwartungen, Erfahrungen und Mentalitäten der weißen Siedler aus Europa,
2. die Beziehungen zwischen weißen Siedlern und *Native Americans,* d. h. den Indianern,
3. der Umgang der weißen Siedler mit den schwarzen Sklaven aus Afrika.

Das vorliegende Kapitel bietet die Möglichkeit, Entwicklungen und Probleme dieser Wurzeln des US-amerikanischen Selbstverständnisses aus verschiedenen Blickwinkeln zu untersuchen:

Abschnitt 1 thematisiert Gründung und Strukturen der Kolonien (M2–M8). Untersucht werden können die Bedeutung der Kolonien für das Mutterland, die Motive der Auswanderer, deren politisches und religiöses Leben. „Puritanismus" und „protestantische Ethik" stehen als *begriffsgeschichtliche Vertiefung* auf der *Themensonderseite 23 f.* zur Diskussion. Die *Themensonderseiten 25–27* beleuchten das Verhältnis von **Kirche und Staat, Religion und Gesellschaft** in den USA und in Deutschland; sie sind einige von mehreren Sonderseiten im *Kursheft,* die die **USA und Europa** vergleichend betrachten.

Abschnitt 2 behandelt die Beziehungen zwischen **Weißen und Indianern** (M17–M23). Der Einstieg in diesen kurzen Längsschnitt kann quellenkritisch (M17), mithilfe einer Bildfolge (M18–M20) oder aus der Sicht der Gegenwart (M23a–c) erfolgen.

Abschnitt 3 ist ein Längsschnitt zur Geschichte der **Afroamerikaner** (M24–M35). Er thematisiert den Beginn der Sklaverei in der Kolonialzeit, die Diskussion über die Sklaverei im 19. Jh., die Lage der Schwarzen nach der Befreiung 1865 (soziale Lage; Haltung der Weißen; Rolle der Justiz); die Methoden und Ziele des schwarzen Befreiungskampfes im 19. und 20. Jh.

Weiterführende Arbeitsanregungen S. 42: ***Living history*** *in Plymouth!*

M 2 Die englischen Koloniegründungen in Nordamerika – Hintergründe

2a) Englische Karikatur, 1641. – Die gezeigten Gruppen gehören nicht zur Anglikanischen Kirche, d. h. der in der Reformationszeit 1534 gegründeten englischen Staatskirche.

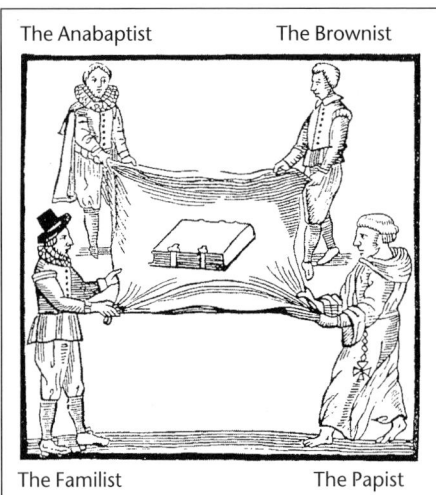

2b) Der Historiker Peter Wende über die Beziehungen zwischen England und seinen nordamerikanischen Kolonien (2001):

Bis zum Beginn des 19. Jahrhunderts war imperiale Politik in erster Linie darauf ausgerichtet, die globale Hegemonie britischen Handels zu gewährleisten und nicht zuletzt dadurch ökonomischen Fortschritt und politische Stabilität für die Metropole zu sichern. Auch die englischen Siedlungskolonien besaßen ihren Stellenwert in diesem Handelsimperium. [...]

Die Bedeutung der südlichen Kolonien an der nordamerikanischen Küste gründete auf Tabak und Baumwolle und sie waren ebenfalls Partner im einträglichen Sklavenhandel, der zwischen 1662 und 1807 mehr als 3,4 Millionen Menschen von Afrika in die britischen Besitzungen in Amerika transportierte. Und wenn die weiter nördlich gelegenen Neuenglandkolonien, die ihre Existenz konfessionellen¹ Motiven verdankten, auch keine direkte Ergänzung der Ökonomie des Mutterlandes bildeten, so sollten sie doch im 18. Jahrhundert wichtige Abnehmer der neuen Industrieprodukte werden. Doch die britischen Besitzungen in Übersee waren mehr als nur Positionen in der Handelsbilanz der Metropole. Seit der zweiten Hälfte des 17. Jahrhunderts wurde das *Empire* auch als Imperium, d. h. unter den Kategorien von Macht und Herrschaft, verstanden. Dies galt umso mehr, als im 18. Jahrhundert ein Strom von Einwanderern – nicht nur von den Britischen Inseln, sondern auch und vor allem aus den Territorien des Deutschen Reiches – die Zahl der Kolonisten von ca. 265 000 um 1700 auf 2,3 Millionen 1770 anwachsen ließ und die nordamerikanischen Kolonien zum Zentrum eines Reiches wurden, das im Wettbewerb mit dem der Spanier und Franzosen stand. Dabei kam den Niederlassungen an der amerikanischen Ostküste besondere Bedeutung zu, da sie als britische Siedlungen die politische Kultur Englands nach Übersee transportierten. In dem Maße, wie die britischen Zeitgenossen englisches Recht und englische Freiheit als Attribute[2] eigener Nationalität feierten, verstanden sie das *Empire* auch als nationale Mission bzw. als Ausweis der Überlegenheit britischer Freiheit, ohne die [...] das *Empire* nicht bestehen könne.

Peter Wende, Großbritannien 1500–2000, München (Oldenbourg) 2001, S. 97 f.

1 Konfession: (christliche) Glaubensgemeinschaft (z. B. Katholiken, Lutheraner, Anglikaner usw.)
2 Eigenschaft, Merkmal

1 Erläutern Sie mithilfe des Textes M2b und der Karte M3 den Stellenwert, den die nordamerikanischen Kolonien für das englische Mutterland im 17. und 18. Jahrhundert besaßen.

2 Welche Hintergründe der englischen Kolonisierung in Nordamerika beleuchtet M2a?

M3 Koloniale Entwicklung in Nordamerika bis 1750

M4 Die Koloniegründungen in zeitgenössischen Bildern

4a) Britische Kolonie in Nordamerika, Stich, ca. 17. Jh.

4b) Britische Kolonie in Nordamerika, Zeichnung, ca. 17. Jh.

M 5 Die Koloniegründungen in zeitgenössischen Textquellen

5 a) *Der „Mayflower-Vertrag" vom 11. November 1620:*

In Gottes Namen, Amen. Wir, deren Namen unterzeichnet sind, die getreuen Untertanen unseres erhabenen Herrschers König Jakob [I.], durch Gottes Gnade König von Großbritannien, Frankreich und Irland, Hüter des Glaubens etc., die wir zu Gottes Ruhm, zur Ausbreitung des christlichen Glaubens und zur Ehre unseres Königs und Landes eine Fahrt unternommen haben, um die erste Kolonie in den nördlichen Teilen von Virginia zu gründen, kommen durch Gegenwärtiges feierlich und gegenseitig vor Gottes Angesicht und einander überein und verbinden uns zu einem bürgerlichen Gemeinwesen *(Body Politick)* zu unserer besseren Ordnung und Bewahrung und Förderung der vorgenannten Zwecke: Und kraft dessen erlassen wir, setzen fest und entwerfen solche gerechten und billigen Gesetze, Verordnungen, Akte, Satzungen und Ämter, von Zeit zu Zeit, wie sie für am tauglichsten und zweckmäßigsten für das gemeine Wohl der Kolonie gehalten werden; welchen wir alle schuldige Unterwerfung und Gehorsam geloben.

Zit. nach Herbert Schambeck u. a. (Hg.), Dokumente zur Geschichte der Vereinigten Staaten von Amerika, Berlin (Duncker & Humblot) 1993, S. 20.

5 b) *Aus der Charter[1] König Karls I. von England für Maryland vom 20. Juni 1632:*

II. Da Unser lieber und getreuer Untertan Caecilius Calvert, Baron von Baltimore […], beseelt von löblichem und frommem Eifer für die Ausbreitung der christlichen Religion und Unseres Reiches, Uns untertänig um die Erlaubnis gebeten hat, auf eigene Verantwortung und Kosten eine zahlreiche Siedlungsgemeinschaft *(colony)* englischer Nation in eine bestimmte, unten näher beschriebene Gegend Amerikas zu überführen, die bisher noch unkultiviert und teilweise von Eingeborenen bevölkert ist, die von dem höchsten Wesen nichts wissen, und den Antrag gestellt hat, dass dieses ganze Gebiet mit bestimmten Privilegien und Hoheitsrechten *(jurisdiction)*, wie sie zu einer glücklichen Regierung und zur Wohlfahrt seiner besagten Kolonie und des erwähnten Gebietes gehören, ihm und seinen Erben durch Unsere Königliche Hoheit übertragen, verliehen und zugesichert werden möge. […]

V. Wir ernennen, setzen ein und bestimmen hiermit […], den Baron von Baltimore und seine Erben zu rechtmäßigen und unumschränkten Herren und Eigentümern *(true and absolute lords and proprietaries)* des vorgenannten Gebietes […], dabei Uns […] jederzeit die Uns zustehende Untertanentreue, Lehenspflicht und Oberhoheit […] vorbehalten. […]

XII. Da aber in einer so entlegenen Gegend zwischen zahlreichen wilden Stämmen Einfälle dieser Wilden oder anderer Feinde mit Sicherheit zu befürchten sind, geben Wir hiermit dem Baron von Baltimore, seinen Erben und Rechtsnachfolgern volle und unumschränkte Gewalt wie jedem Generalkapitän einer Armee, […] Krieg zu führen und die erwähnten Feinde und Wilden selbst über die Grenzen der Provinz hinaus zu verfolgen, sie zu Wasser und zu Lande zu bekriegen und (so Gott will) zu vernichten oder gefangen zu nehmen, die Gefangenen zu töten oder nach ihrem Ermessen auch am Leben zu lassen und alle sonstigen Dinge zu tun, die nach Gewohnheit zur Befehlsgewalt und zum Amt des Generalkapitäns einer Armee gehören.

Zit. nach: Fritz Dickmann (Bearb.), Geschichte in Quellen, Bd. 3, München (bsv) 1976, S. 408–410.

1 Urkunde, Freibrief

M 6 Die Anfänge des politischen Lebens in den nordamerikanischen Kolonien

6 a) *Aus der ersten Charter König Jakobs I. von England für Virginia vom 10. April 1606:*

7. Ebenso befehlen, bestimmen und genehmigen Wir, […], dass jede der besagten Kolonien einen Rat haben soll, der alle Angelegenheiten und Rechtssachen, die innerhalb der verschiedenen Kolonien entstehen, vorfallen oder sich ergeben, nach den Gesetzen, Verfügungen und Anweisungen, die dieserhalb erlassen werden und von Unserer Hand oder mit Unserer eigenhändigen Unter-

schrift gefertigt sind […], entscheiden und regeln soll; jeder Rat soll aus 13 Personen bestehen, die von Zeit zu Zeit bestimmt, ernannt und verabschiedet werden, wie es die betreffenden Anweisungen angeben und dartun; […].

8. Weiterhin soll ein Rat hier in England eingesetzt werden, der in gleicher Weise aus 13 Personen bestehen soll, die für diesen Zweck von Uns […] ernannt werden, und der Unser Rat von Virginia genannt werden soll; und er soll von Zeit zu Zeit die oberste Geschäftsführung und Verwaltung ausschließlich von und für alle Angelegenheiten versehen, welche die Regierung sowohl der besagten verschiedenen Kolonien betrifft.

Zit. nach: Herbert Schambeck u. a. (Hg.), Dokumente zur Geschichte der Vereinigten Staaten von Amerika, Berlin (Duncker & Humblot) 1993, S. 14.

6 b) Verordnung der Handelsgesellschaft „Virginia Company" (1621), der aufgrund eines königlichen Patentes das Land gehörte:
IV. Die andere Ratsversammlung, gemeinhin vom Gouverneur einmal jährlich und nicht öfter einberufen, außer bei ganz ungewöhnlichen und wichtigen Gelegenheiten, soll fürs Erste bestehen aus dem erwähnten Staatsrat und aus je zwei Abgeordneten aus jeder Stadt, Landgemeinde oder besonderen Ansiedlung, die jeweils von Einwohnern zu wählen sind; welcher Rat die allgemeine Versammlung genannt werden soll, worin (wie auch in besagtem Staatsrat) alle Angelegenheiten durch Stimmenmehrheit der je Anwesenden entschieden, bestimmt und angeordnet werden sollen; vorbehaltlich jederzeit eines Einspruches des Gouverneurs. Und diese Allgemeine Versammlung soll die freie Befugnis haben, sowohl über alle dringlichen Angelegenheiten bezüglich des öffentlichen Wohles der besagten Kolonie oder jedes ihrer Teile zu verhandeln, zu beraten und zu beschließen als auch solche allgemeinen Gesetze und Vorschriften zum Nutzen der besagten Kolonie und ihrer guten Regierung auszuarbeiten, zu verordnen und zu erlassen, wie sie von Zeit zu Zeit notwendig oder erfordert erscheinen.

V. Wohingegen wir bei allen anderen Angelegenheiten von der besagten Allgemeinen Versammlung wie auch dem genannten Staatsrat verlangen, dass sie der Politik der Regierungsform – Gesetzen, Bräuchen und Gerichtsverfahren sowie der übrigen Verwaltung des Rechts, wie sie im Königreich England in Übung sind –, so genau es geht nacheifern und folgen, so wie es von uns selbst durch das Patent Seiner Majestät verlangt wird.

Zit. nach: Erich Angermann (Hg.), Der Aufstieg der Vereinigten Staaten von Amerika. 1607–1914, Stuttgart (Klett) 1965, S. 2f.

M 7 **Das religiöse Leben in den Kolonien**

John Winthrop, erster Gouverneur der Massachusetts Bay Colony, in seiner Predigt „Ein Modell christlicher Nächstenliebe" (1630):
Denn wir müssen bedenken, dass wir wie eine Stadt auf dem Hügel sein sollen, die Augen aller Menschen sind auf uns gerichtet. Die Schaffung einer beispielhaften puritanischen Gemeinschaft wird England bekehren – und durch England die gesamte Welt.

Zit. nach: Horst Gründer, Eine Geschichte der europäischen Expansion, Stuttgart (Theiss) 2003, S. 80.

3 a) Vergleichen Sie die beiden Kolonialverträge in M5a und b. Benennen Sie Unterschiede und Gemeinsamkeiten in der Art der Kolonien.
b) Ordnen Sie die beiden Kolonien (M5a, b) den Kolonietypen in M4a, b zu. Benennen Sie die Typen, begründen Sie Ihre Bezeichnungen.
4 Charakterisieren Sie anhand von M6a, b die politischen Verhältnisse in der Kolonie Virginia.
5 a) Informieren Sie sich über den Autor der schriftlichen Quelle M7 (Hilfe: siehe Grundwissen „Personen" im Anhang).
b) Beschreiben Sie ausgehend von der Quelle M7a Entstehung und Merkmale des puritanischen Christentums. Recherchieren Sie ergänzend in Lexika, im Internet oder in USA-Handbüchern (Literaturverzeichnis im Anhang).
6 Skizzieren Sie anhand von M7 und M8 (siehe S. 22) die Rolle des Puritanismus in den Neuenglandkolonien.
7 Stellen Sie Merkmale US-amerikanischer Identität zusammen, die sich in der Kolonialzeit gebildet haben (zusammenfassend M4–M8).

M 8 Anne Hutchinson predigt in Boston/Mass., Zeichnung, 19. Jh. – *Hutchinson wurde mit Roger Williams und anderen wegen Opposition zur puritanischen Kirche aus Massachusetts verbannt. 1636 gründeten sie Providence, die erste Siedlung der Kolonie Rhode Island, deren Einwohner 1663 durch eine königliche Urkunde Glaubensfreiheit erhielten; 1665 vergab Rhode Island volle Bürgerrechte auch an Nichtchristen und trennte als erste Kolonie Kirche und Staat.*

Über die puritanische Lebensauffassung in den USA

M 9 Der Soziologe Max Weber über Puritanismus und Wirtschaft in den USA (1905)

Das sittlich wirklich Verwerfliche ist nämlich das Ausruhen auf dem Besitz, der Genuss des Reichtums mit seiner Konsequenz von Müßiggang und Fleischeslust,
5 vor allem von Ablenkung von dem Streben nach „heiligem" Leben. Und nur weil der Besitz die Gefahr dieses Ausruhens mit sich bringt, ist er bedenklich. […] Nicht Muße und Genuss, sondern nur Handeln dient
10 nach dem unzweideutig geoffenbarten Willen Gottes zur Mehrung seines Ruhmes. Zeitvergeudung ist also die erste und prinzipiell schwerste aller Sünden. […] Es heißt noch nicht wie bei Benjamin Franklin: „Zeit ist
15 Geld", aber der Satz gilt gewissermaßen im spirituellen Sinn: Sie ist unendlich wertvoll, weil jede verlorene Stunde der Arbeit im Dienst des Ruhmes Gottes entzogen ist. […]
   Wir suchen uns nun noch speziell die
20 Punkte zu verdeutlichen, in welchen die puritanische Auffassung des Berufs und die Forderung asketischer Lebensführung direkt die Entwicklung des kapitalistischen Lebensstils beeinflussen musste. Mit voller Gewalt
25 wendet sich die Askese […] vor allem gegen eins: das unbefangene Genießen des Daseins und dessen, was es an Freuden zu bieten hat. […]
   Die innerweltliche protestantische Askese
30 […] wirkte also mit voller Wucht gegen den unbefangenen Genuss des Besitzes, sie schnürte die Konsumtion, speziell die Luxuskonsumtion, ein. Dagegen entlastete sie im psychologischen Effekt den Gütererwerb
35 von den Hemmungen der traditionalistischen Ethik, sie sprengte die Fesseln des Gewinnstrebens, indem sie es nicht nur legalisierte, sondern (in dem dargestellten Sinn) direkt als gottgewollt ansah. […]
40   Denn der Besitz als solcher war Versuchung. Aber hier war nun die Askese die Kraft, „die stets das Gute will und stets das Böse" – das in ihrem Sinn Böse: den Besitz und seine Versuchungen – „schafft". Denn
45 nicht nur sah sie, mit dem Alten Testament und in voller Analogie zu der ethischen Wertung der „guten Werke", zwar in dem Streben nach Reichtum als Zweck den Gipfel des Verwerflichen, in der Erlangung des
50 Reichtums als Frucht der Berufsarbeit aber den Segen Gottes. Sondern, was noch wichtiger war: Die religiöse Wertung der rastlosen, stetigen, systematischen, weltlichen Berufsarbeit als schlechthin höchsten asketischen
55 Mittels und zugleich sicherster und sichtbarster Bewährung des wiedergeborenen Menschen und seiner Glaubensechtheit musste ja der denkbar mächtigste Hebel der Expansion jener Lebensauffassung sein, die
60 wir hier als „Geist des Kapitalismus" bezeichnen. Und halten wir jetzt noch jene Einschnürung der Konsumtion mit dieser Entfesselung des Erwerbsstrebens zusammen, so ist das äußere Ergebnis nahe liegend:
65 Kapitalbildung durch asketischen Sparzwang. Die Hemmungen, welche dem konsumtiven Verbrauch des Erworbenen entgegenstanden, mussten ja seiner produktiven Verwendung: als Anlagekapital, zugute kommen. […] In Neuengland tritt der Zusammenhang […] greifbar hervor.

Max Weber, Die protestantische Ethik und der „Geist" des Kapitalismus (1905), in: ders., Soziologie. Universalgeschichtliche Analysen. Politik, Stuttgart (Kröner) 1973, S. 357.

M 10 Über Lebenseinstellungen in den USA um 2000

10 a) Aus einer Untersuchung des Politologen Samuel P. Huntington (2004):
In den neunziger Jahren des 20. Jahrhunderts waren die Amerikaner nach wie vor ein Arbeitsvolk. Sie arbeiteten länger und machten kürzer Ferien als die Menschen in anderen demokratischen Industriegesellschaften.
5 In den anderen Ländern wurde nach und nach weniger gearbeitet, in Amerika, soweit sich etwas veränderte, wurde mehr gearbeitet. Die durchschnittliche Jahresarbeitszeit in den Industrieländern sah 1997 so aus:
10 Amerika 1966 Stunden, Japan 1889, […] Deutschland 1560, Norwegen 1399. Im Durchschnitt arbeiteten die Amerikaner

350 Stunden mehr im Jahr als die Europäer. […] Die Amerikaner haben traditionell ein ambivalentes Verhältnis zur Freizeit, oft fühlen sie sich schuldig, wenn sie nichts tun, und sie müssen sich anstrengen, Muße mit ihrer Arbeitsethik in Einklang zu bringen. Wie Cindy Aron in ihrem Buch *Working at Play* geschrieben hat, blieben die Amerikaner im 20. Jahrhundert Gefangene des „beharrlich fortbestehenden amerikanischen Misstrauens gegenüber der Zeit, die man nicht mit Arbeit verbringt". Die Amerikaner neigen vielfach zu der Auffassung, sie dürften ihre Ferien nicht dem unproduktiven Müßiggang widmen, sondern müssten Gutes tun und an sich selbst arbeiten.

10b) Bill Clinton (US-Präs. 1993–2001) vor dem „Democratic Leadership Council" (1993):
Der amerikanische Traum, mit dem wir alle aufgewachsen sind, ist einfach, aber mächtig: Wenn du hart arbeitest und dich an die Spielregeln hältst, dürftest du die Chance erhalten, so weit zu kommen, wie deine von Gott verliehenen Fähigkeiten dich bringen.

M10a und b zit. nach: Samuel P. Huntington, Who are we? Die Krise der amerikanischen Identität, Hamburg (Europaverlag) 2004, S. 98 und 100.

10c) „Stolz auf Arbeit?" – eine Meinungsumfrage (1998)

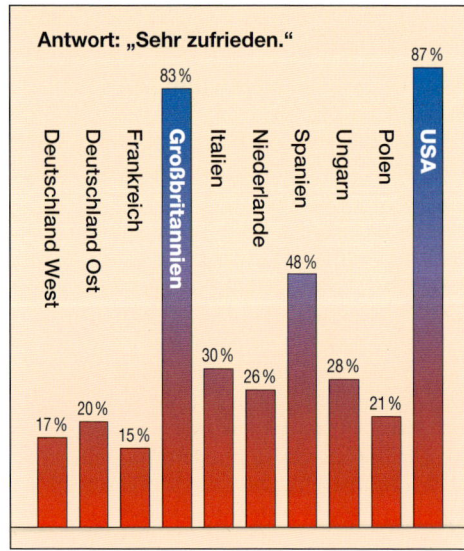

Nach: Institut für Demoskopie Allensbach, 1998.

10d) Aus einem Essay des englischen Historikers Niall Ferguson (2004):
Für Max Weber war es ein Kernpunkt, dass die protestantische Ethik den kapitalistischen Geist erscheinen ließ. Protestanten neigten nämlich nicht nur zum Arbeitseifer, sondern auch zur Askese, zum Sparen und damit zur Kapitalbildung. In Webers eigenen Worten arbeitete die „innerweltliche Askese mit voller Wucht gegen den unbefangenen Genuss des Besitzes". Beten, arbeiten und sparen waren der Weg zur Seligkeit.
Leider ist dies eine denkbar schlechte Beschreibung der amerikanischen Volkswirtschaft der vergangenen 20 Jahre. Mehr Amerikaner als damals mögen heute devote Protestanten sein, doch ihre Askese und Sparneigung hat dies nicht stimuliert. Im Gegenteil erscheint ungezügelter Konsum heute als der Schlüssel zum amerikanischen Wachstum. Seit der Mitte der achtziger Jahre sind die persönlichen Sparraten stetig gefallen. In den sechziger und siebziger Jahren lagen sie durchschnittlich bei zehn Prozent, heute unter vier Prozent. Persönlicher Verbrauch machte damals 64 Prozent des Bruttoinlandsprodukts aus, heute 70 Prozent. Die Gesamtschulden der Privathaushalte stiegen von einem Drittel des Bruttoinlandsprodukts auf drei Viertel. 20 Jahre lang hat nicht das Ersparte, sondern schuldenfinanzierter Privatverbrauch die amerikanische Wirtschaft vorangejagt, fast ohne Atempause. Die USA – eine Ökonomie der Völlerei statt der Askese.

Niall Ferguson, Arbeitswut gegen Lebenslust, in: Die Zeit, 7. Oktober 2004, S. 27.

8 a) Entwerfen Sie eine Gesellschafts- und Wirtschaftsordnung, in der die puritanische Lebensauffassung verwirklicht ist. Zeichnen Sie eine große Grafik (s. wiederholend M4–M8).
b) Erörtern Sie ihre Leistungen und Grenzen.
9 Untersuchen Sie (M10a, b, d), inwieweit der von Weber skizzierte Puritanismus (M9) bis heute in der US-Gesellschaft nachwirkt.
10 Diskutieren Sie, ob die aus dem Puritanismus hervorgegangene Arbeitsethik eine Besonderheit der US-Gesellschaft war und ist (M10c).
11 Hausaufgabe: Hätte das Zitat von Clinton (M10b) so auch von einem europäischen Politiker stammen können? Erörtern Sie.

Kirche und Staat, Religion und Gesellschaft – Deutschland und die USA im Vergleich

M 11 Straßenschild bei Shreveport/Louisiana, Fotografie, November 2001

M 12 Hans-Dieter Gelfert, Anglist, über die Bedeutung von Kirche und Religion in den USA (2002)

Der Name Gottes ist in den USA allgegenwärtig. *In God we trust* wurde 1956 durch den Kongress zum nationalen Wahlspruch erklärt, der schon seit 1864 auf verschiedenen Münzen stand und inzwischen auf jeder Dollarnote zu lesen ist. Noch unüberhör- und unübersehbarer ist der Satz *God bless America*, mit dem bei öffentlichen Anlässen so gut wie jede Rede endet [...]. 96 Prozent aller Amerikaner glauben an Gott oder ein göttliches Wesen; 87 Prozent sagen, dass Religion in ihrem Leben eine Rolle spielt; 78 Prozent bekennen, dass sie wenigstens einmal in der Woche beten, und 69 Prozent glauben an die Existenz des Teufels, während dies nur 18 Prozent der Westdeutschen tun. Die Meinungsumfragen der letzten Jahrzehnte weisen einen deutlichen Wiederanstieg der Religiosität in den 90er-Jahren aus. Wenn eine beliebig herausgegriffene Kleinstadt von ca. 5000 Einwohnern wie Bowie in Texas 22 Kirchen besitzt, lässt sich ausrechnen, dass selbst unter Berücksichtigung eines größeren Einzugsgebiets auf 400–500 Einwohner eine Kirche kommt. Da deren Bau und Betrieb allein durch die freiwilligen Beiträge der Gemeindemitglieder finanziert werden, setzt das starke aktive Teilnahme am Gemeindeleben voraus. [...]

Die große Masse der Amerikaner, selbst der Gebildeten, ist mit einer einfachen, volkstümlichen und bibeltreuen Form des Christentums zufrieden und zahlt bereitwillig Beiträge, ohne dass ihnen diese durch eine Kirchensteuer aus der Tasche gezogen werden müssen. Angesichts dessen muss es sonderbar anmuten, dass an amerikanischen Schulen der Religionsunterricht verboten ist. Schulgebete und christliche Symbole wurden nach längerem Streit ebenfalls aus der Schule verbannt. Die USA praktizieren eine strikte Trennung von Kirche und Staat. [...]

So eifrig und eifernd die Amerikaner ihren jeweiligen Glauben bekennen, so entschieden bestehen sie auf der absoluten Neutralität des Staates und aller staatlichen Einrichtungen. Der Argwohn gegenüber jeder staatlichen Einflussnahme geht auf die Zeit zurück, als die englischen Puritaner sich dem Druck der [...] anglikanischen Staatskirche durch die Auswanderung entzogen. Seitdem ist den protestantischen Amerikanern jeder Klerikalismus verhasst. Sie wollen einer Gemeinde angehören, die sich selbst regiert. Deshalb sind alle protestantischen Richtungen in zahlreiche Teilkirchen aufgesplittert.

So gibt es beispielsweise 15 baptistische, 10 lutherische und 9 presbyterianische Organisationen, die sich als selbstständige Kirchen verstehen. Diese Vielfalt bewirkt, dass keine Kirche genug Macht hat, auf das Ganze Einfluss zu nehmen, dass aber alle zusammen das Denken und Fühlen der Amerikaner fest an die Grundwerte des Christentums binden.

Hans-Dieter Gelfert, Typisch amerikanisch. Wie die Amerikaner wurden, was sie sind, München (C. H. Beck) 2002, S. 15 ff.

M 13 Der Politologe und Verfassungsrechtler Konrad Löw über das Verhältnis von Kirche und Staat in der Bundesrepublik Deutschland (1997)

Im Gegensatz zu den USA, Frankreich […] ist die Trennung von Kirche und Staat in der Bundesrepublik kein Verfassungsgrundsatz. Vielmehr geht man einen Mittelweg, denn es gibt auch keine Staatskirche […] wie z. B. in Großbritannien, den skandinavischen Staaten und – früher – Spanien. Diese Mittelposition kommt dadurch zum Ausdruck, dass einerseits keine Religion oder Konfession bevorzugt wird, andererseits aber der Staat die religiösen Gemeinschaften auf mannigfache Weise fördert, insbesondere jene, die Körperschaften des öffentlichen Rechts sind, wie die evangelische Kirche, die katholische Kirche, die Israelitischen Kultusgemeinden, durch Einziehen der Kirchensteuer und Berücksichtigung der Kirchensteuer als Sonderausgabe im Rahmen der Einkommenssteuer.

Konrad Löw, Der Staat des Grundgesetzes, München (Bayerische Landeszentrale für politische Bildungsarbeit) 1997, S. 133 f.

M 15 Der evangelische Theologe Rolf Schieder über die Bedeutung von Religion im öffentlichen Leben der Bundesrepublik Deutschland (2001)

Die optimistische Unbefangenheit amerikanischer Religiosität steht in deutlichem Kontrast zur kulturkritisch-pessimistischen Variante in Deutschland. Religionskriege, Staatskirchentum, konfessionelle Konkurrenz, Kulturkampf und politisch-weltanschaulicher Terror sind Erfahrungen, die Deutsche im öffentlichen Gebrauch von Religion haben vorsichtig werden lassen. Sie wissen, was religiöser Eifer anrichten kann. Die Unterscheidung von Letztem und Vorletztem, von staatsbürgerlicher Pflicht und Gottesdienst, von Politik und Religion gehört zu den Errungenschaften der Reformation und der Aufklärung. Diese sinnvolle Unterscheidung zwischen Religion und Politik kam aber nicht so zustande, dass die Religion gegen ihren Willen aus dem politischen Raum verdrängt wurde. Vielmehr war die Unterscheidung von Politik und Religion selbst ein Anliegen zumindest protestantischer politischer Ethik.

Rolf Schieder, Wie viel Religion verträgt Deutschland, Frankfurt/M. (Suhrkamp) 2001, S. 21.

M 14 US-Dollar-Schein, 2005

• **Themen** • Methoden • **Themen** • Methoden • **Themen** • Methoden • **Themen** • Methoden •

M 16 „Ein jegliches hat seine Zeit ...", Karikatur von Gerhard Mester aus „Das Sonntagsblatt", 1996. – *Im Auftrag der evangelisch-lutherischen Gemeinden in München untersuchte die Unternehmensberatung McKinsey das Verhältnis von Kirche und Gläubigen. McKinsey bescheinigte der Kirche ein empfindliches Defizit bei der Erfüllung der Mitgliedererwartungen.*

12 Beschreiben Sie auf der Grundlage der Bilder M11 und M14 die Rolle von Religion in der US-amerikanischen Öffentlichkeit. Ziehen Sie den Sekundärtext M12 (Z. 1–29) hinzu.

13 Erläutern Sie anhand von M12 das Verhältnis von Kirche und Staat in den USA. Beachten Sie, dass Sie den Begriff „Staat" nicht mit „Gesellschaft" oder „Alltag" verwechseln.

14 Charakterisieren Sie mithilfe von M13 das Verhältnis von Kirche und Staat in der Bundesrepublik Deutschland. Stellen Sie dabei Unterschiede zu den USA heraus.

15 a) Arbeiten Sie auf der Basis von M15 und der Karikatur M16 in einem ersten Schritt die Rolle von Kirchen und Religion in der bundesrepublikanischen Wirklichkeit heraus.
b) Formulieren Sie anschließend Ihr Ergebnis in einer kurzen und prägnanten These.

16 ⚑ Überprüfen Sie Ihre These aus Aufgabe 15 anhand eigener Recherchen:
a) Sammeln Sie dafür in Gruppen- oder Partnerarbeit Beispiele für Religiosität in der deutschen Öffentlichkeit (z. B. Fernsehen, Rundfunk, Schule, Kindergarten, Freizeit, öffentliche Gedenk- und Feiertage).
b) Erörtern Sie, ob und inwieweit diese Beispiele Ihre These aus Aufgabe 15 bestätigen oder widerlegen.
c) Formulieren Sie eventuell eine neue These.

17 ⚑ Stellen Sie das Verhältnis von Kirche und Staat, Religion und Gesellschaft in den USA und Deutschland in einem zusammenfassenden Vergleich (M11–M16) gegenüber. Überlegen Sie sich für Ihre Ergebnisse eine Präsentationsform, die bei der späteren Vorbereitung auf das Abitur hilfreich ist.

M 17 Das Erbe der Kolonialzeit – Teil I: Indianer und weiße Siedler in Neuengland – eine „einseitige" Geschichte?

Die Amerikaforscher Werner Arens und Hans-Martin Braun zur Quellenlage (2004): Wer über die europäische Geschichte der frühen Neuzeit schreibt, kann sich zahlreicher Quellen bedienen, in denen die geschichtlich Handelnden selber zu Wort
5 kommen. Im Falle der indianischen Völker Nordamerikas stammen historische Quellen so gut wie nie von ihnen selber, sondern von Europäern; sie enthalten, wenn überhaupt, nur verzerrt die indianische Sicht der Dinge.
10 Auch archäologische Funde geben nur begrenzt Auskunft über Geisteshaltung und Welteinstellung eines Volkes. Daher ist es im Grunde unmöglich, aus den vorhandenen Quellen den indianischen Standpunkt zu
15 ermitteln. Vor dem gleichen Problem stehen auch indianische Autoren. Hier und da finden sich heute zwar noch Überreste indianischer Traditionen, doch der Großteil der Mythen und Geschichten, der Sitten und Riten der indianischen Völker ist mit der
20 erzwungenen Übernahme der weißen Kultur und dem gleichzeitigen Verlust der eigenen Sprache verloren gegangen. Dort, wo die Mythen und Geschichten dennoch aufgezeichnet wurden, taten dies weiße Ethnolo-
25 gen, und noch dazu in der Regel auf Englisch. [...]
Der Vielfalt und dem Reichtum indianischer Kulturen – in vorkolumbianischer Zeit lebten etwa 1000 indianische Völker in
30 Nordamerika – und ihrem Schicksal beim Zusammenprall mit den europäischen Siedlern auch nur annähernd gerecht zu werden, ist kaum möglich.

Werner Arens/Hans-Martin Braun, Die Indianer Nordamerikas, München (C. H. Beck) 2004, S. 7f.

M 18 Jean L. G. Ferris (1863–1930), *Thanksgiving* im Herbst 1621, Ölgemälde, USA, 1919. – Im Herbst 1621 luden in Plymouth die weißen „Mayflower"-Pilger Häuptling Massasoit mit 90 seiner Untertanen von den Wampanoag zu einem Festmahl ein, um ihnen für ihre Überlebenshilfe zu danken (aus dem Fest wurde der „Thanksgiving Day", das amerikanische Erntedankfest). Im selben Jahr schlossen die Siedler und Massasoit einen Friedensvertrag, der 50 Jahre hielt.

M 19 „Eine Prämie für Skalps", Plakat, Denver, 1867

VETERANS TO THE RESCUE.
20 MORE MEN WANTED!
TO FILL UP
D. J. COOK'S COMPANY
Of Mounted Militia. OLD SOLDIERS preferred. We start to the front TO-MORROW.
A PREMIUM FOR SCALPS!
Apply at BOB WILSON'S OFFICE, No. 7 Notional Block.

18 Charakterisieren Sie anhand der Bilder M18–M20 das Verhältnis zwischen Indianern und Weißen bis zur Gegenwart. Achten Sie
– auf die jeweilige Entstehungszeit der Quelle,
– auf die unterschiedlichen Bildquellenarten,
– auf die Grenzen der Aussagekraft (siehe M17).

M 21 Die Indianer und die Ankunft der weißen Siedler: Perspektiven der Indianer

21 a) Sioux-Häuptling Großer Adler (ca. 1862):
Die Weißen haben immer versucht, die Indianer dazu zu bewegen, ihr Leben aufzugeben und wie die weißen Männer zu leben – Land zu bebauen, schwer zu arbeiten und zu tun, was sie taten –, doch die Indianer wussten nicht, wie man das tut, und wollten es auch nicht […]. Hätten die Indianer versucht, die Weißen dazu zu bringen, so zu leben wie sie, dann hätten die Weißen sich gewehrt, und das taten auch viele Indianer.
Dee Brown, Begrabt mein Herz an der Biegung des Flusses, Übers. Helmut Degner, München (Knaur) 1999, S. 50.

21 b) Der Indianer Mel Tom (1964):
Wir sind das einzige Volk, das der amerikanische Schmelztiegel nicht verschmelzen kann. Wir sind die einzigen in der amerikanischen Nation, die nicht als Flüchtlinge hierher gekommen sind. Und wenn wir auch wieder und wieder geschlagen wurden, auf die Dauer kann man uns nicht besiegen. Amerika ist eine wurzellose Nation von Einwanderern; […] wir sind die ursprünglichen Amerikaner.
Zit. nach: Joyce M. Erdmann, Handbook on Wisconsin Indians, Madison (State of Winconsin) 1966, S. 96. Übers. d. Verf.

Kolonialzeit

M 20 Im Navajo-Reservat in Arizona, Fotografie, 1998

21c) Die Amerikaforscher Werner Arens und Hans-Martin Braun über den Eigentumsbegriff bei den Indianern und bei den weißen Siedlern aus England (2004):

Auch die nordamerikanischen Indianer kannten die Institution des Eigentums. Die Vorstellung aber von Grundeigentum oder die Idee privaten Landbesitzes hat es bei ihnen nur selten gegeben. Doch finden sich von Stamm zu Stamm wechselnde Eigentumsvorstellungen hinsichtlich persönlicher Dinge wie Kleidung, Werkzeuge, Waffen und zeremonieller Geräte. Bei den Prärieindianern gehörten Zelte zum beweglichen Privat- oder Familieneigentum, nicht aber das Land, auf dem sie standen. Verwandtschaftliche Gruppen oder Stammesgemeinschaften hatten freilich ein Recht auf Land, sie brauchten es zur Sicherung ihrer Existenz, allerdings im Sinne der Nutznießung, nicht des persönlichen Besitzes. Dass dieser Unterschied im Vergleich zu europäischen Vorstellungen über Jahrhunderte zu Missverständnissen und tödlichen Auseinandersetzungen führte, belegt die Geschichte weiß-indianischer Beziehungen zur Genüge. […]

Die Engländer kamen nicht wie die Spanier als Eroberer, sondern als Siedler; doch auch sie erhoben Anspruch auf indianisches Land. Sie waren überzeugt, sie besäßen einen gesetzlichen Titel allein schon deshalb, weil das Land im Namen eines christlichen Königs entdeckt worden war. Dann gab ihnen ein königliches Patent ein Vorkaufsrecht. Zudem gehörte nach eigenem Rechtsverständnis alles nicht dauerhaft besiedelte, bebaute oder eingezäunte Land demjenigen, der sich darauf niederließ. Schließlich kauften sie das Land auch noch von den umliegenden Stämmen, um das finanzielle Abenteuer einer militärischen Eroberung zu vermeiden. Und wenn es doch zu kriegerischen Auseinandersetzungen kam, dann ging es offiziell nie um Landbesitz, sondern etwa, wie im Falle des Pequot-Krieges von 1636 bis 1638, um die Bestrafung von Indianern, die Weiße gemordet hatten. Eine der Strafklauseln zwang die Pequot zum Verzicht auf ganz Connecticut.

Werner Arens/Hans-Martin Braun, Die Indianer Nordamerikas, München (C. H. Beck) 2004, S. 45 und 89 f.

M 22 Weiße und Indianer in Nordamerika vom 17. bis zum 19. Jahrhundert – ein Bericht aus der Forschung

Die Amerikaforscher Werner Arens und Hans-Martin Braun (2004):

Es ist den Indianern immer wieder der Vorwurf gemacht worden, sie hätten sich der Europäer leicht erwehren können, wenn sie nur einig gewesen wären. Allerdings sieht das Argument völlig von der Tatsache ab, dass es *die* Indianer gar nicht gab, sondern nur eine Vielfalt unterschiedlich großer indianischer Nationen und Stämme, die alle ihre eigenen Interessen hatten. Und es gehörte zur Politik der Kolonisatoren, die Interessen dieser Völker zum eigenen Vorteil gegeneinander auszuspielen. Einigungsversuche der Stämme hat es durchaus gegeben, doch sie sind letztlich alle gescheitert. Ein Grund dafür ist sicher gewesen, dass es in der historischen Erfahrung der Indianer nie Kriege gegeben hatte, die Jahrzehnte währten.

Die ersten Kontakte mit Europäern waren eher punktuell: Sie fanden statt in Neumexiko, Florida, Virginia, Neuengland, am St. Lorenz, auf den Aleuten. Doch bereits im 17. Jahrhundert wurde fast die gesamte Atlantikküste von Europäern besiedelt, und die dort lebenden Indianer sahen sich einem starken Verdrängungsdruck ausgesetzt. Die Besiedlungsgrenze rückte immer weiter nach Westen und hatte kurz nach der amerikanischen Unabhängigkeit fast überall den Mississippi erreicht.

1804/05 durchquerten Meriwether Lewis und William Clark im Auftrag der amerikanischen Regierung als erste Weiße den nordamerikanischen Kontinent, knüpften Kontakte mit Völkern am Wege und schrieben einen umfangreichen Bericht. Seither bildet Nordamerika geografisch eine Einheit in den Köpfen der Amerikaner. Ab 1825 wird der Begriff „Indianerland" nur noch für die Gebiete westlich des Mississippis benutzt. Die Stammesgebiete der östlich lebenden Völker waren bereits von weißen Siedlern eingeschlossen; doch auch das verbleibende indianische Land erregte Begehrlichkeit, sodass der Kongress 1830 beschloss, alle östlich des Mississippis lebenden Stämme in das so genannte Indianerterritorium umzusiedeln, das weit gehend mit dem heutigen östlichen Nebraska, mit Kansas und Oklahoma identisch war und später auf Oklahoma reduziert wurde. Damit war das Grenzgebiet, in dem Indianer und Weiße aufeinander stießen, weit nach Westen verschoben.

Von Westen, vom Pazifik her, drangen Siedler ebenfalls in den Kontinent vor. 1846 wurden das heutige Oregon und Washington amerikanisch, 1848 der spanische Südwesten einschließlich Kaliforniens. 1848/49 wurde in Kalifornien Gold entdeckt, und der Goldrausch begann. Damit stieg das Interesse an einer Landverbindung zwischen Ost- und Westküste; zunächst durchquerten Wagenkolonnen das Indianergebiet in der Mitte des Kontinents, ab 1869 war es die Eisenbahn. Mit der Einrichtung von Reservaten für alle im Westen lebenden Stämme und dem Massaker von Wounded Knee (1890) endete endgültig das unabhängige Leben der indianischen Völker.

Werner Arens/Hans-Martin Braun, Die Indianer Nordamerikas, München (C. H. Beck) 2004, S. 84 f.

M 23 Die Indianer in der US-Gesellschaft der Gegenwart – ein kontroverser Ausblick

23 a) Auszug aus einem Handbuch über die USA (2002):
Die Zustände in den Reservaten sind zum Teil nach wie vor trostlos: Drogen- und Alkoholmissbrauch, eine hohe Selbstmordrate, vor allem unter Jugendlichen, sowie eine hohe (Gewalt-)Kriminalitätsrate sind nichts Ungewöhnliches. Die Arbeitslosigkeit in den Reservaten liegt zum Teil bei weit über 50 Prozent. Und auch bei der indianischen Bevölkerung außerhalb dieser Gebiete ist die Arbeitslosigkeit mit 15 Prozent (1999) rund dreimal so hoch wie bei Weißen.

29 Prozent der *Native Americans* sind obdachlos und zwei Drittel ihrer Kinder erreichen keinen *High-School*-Abschluss. […] Zwischen 50 und 60 Prozent der Indianer leben in Städten. […] Andererseits soll auch nicht unerwähnt bleiben, dass seit den 1970er-Jahren die indianischen Traditionen wieder in stärkerem Maße gepflegt werden.

Siegbert Sonnenberg, USA, Berlin (Cornelsen) 2002, S. 80 f.

23 b) Die Amerikaforscher Werner Arens und Hans-Martin Braun (2004):
Immer wieder wurden die Indianer Nordamerikas als aussterbende Rasse bezeichnet. Wer dennoch Krankheit, Krieg und Vertreibung überlebte, den würde, so glaubte man, der Schmelztiegel Amerika zu einem Weißen machen. Umso größer war dann das Erstaunen, als die letzten Volkszählungen einen starken Anstieg des indianischen Bevölkerungsanteils in den USA zeigten. Bezeichneten sich 1960 erst 523 000 Amerikaner als Indianer, so waren es 1990 bereits über 2 Millionen. Zu erklären ist diese Vervierfachung nur als Ergebnis eines neu erwachten Selbstbewusstseins, das seine Wurzeln nicht länger verleugnete. Der Versuch, die Ureinwohner Amerikas auszulöschen oder zu Weißen zu machen, war gescheitert.

Werner Arens/Hans-Martin Braun, Die Indianer Nordamerikas, München (C. H. Beck) 2004, S. 87.

23 c) Das „National Museum of the American Indian (NMAI)", Washington, Fotografie, 2004. – Das größte Indianermuseum der USA wurde 2004 eröffnet. Es liegt in der Nähe des Capitols.

19 Setzen Sie die Ergebnisse der Forscher in M22 in eine Zeittafel zur Beziehung von Indianern und Weißen vom 17. bis zum 19. Jh. um.
20 Erörtern Sie mithilfe von M21a–c die Ursachen für das weit gehende Misslingen der Integration der Indianer in die US-Kultur.
21 Skizzieren Sie die Situation der US-Indianer in der Gegenwart und beurteilen Sie die Chancen ihres Emanzipationskampfes (M23a–c).
22 🚶 Referat: „Die Indianer in den USA heute im Spiegel des neuen *National Museum of the American Indian*" (Internet: www.nmai.si.edu).

M 24 Das Erbe der Kolonialzeit – Teil II: Afroamerikaner in Nordamerika. Von der Sklaverei in den Neuenglandkolonien zur Bürgerrechtsbewegung in den USA

24 a) Zeichnung aus Nordamerika, undatiert

24 b) Bericht der „New York Tribune" vom 9. September 1859 über eine Sklavenauktion:

Das Angebot bestand aus 436 Männern, Frauen und Kindern. […] Die Auktion wurde Wochen vorher in allen größeren Zeitungen der Südstaaten angezeigt. […] Tagelang vorher waren alle Hotels in Savannah bis zum Dachboden besetzt, vorwiegend von Negerspekulanten aus Nord- und Südcarolina, Virginia, Georgia, Alabama und Louisiana, die ein gutes Geschäft zu machen hofften. […] Die Sklaven blieben Tag und Nacht auf der Rennbahn, ein Teil von ihnen über eine Woche lang. […] Man hatte sie möglichst früh dorthin geschafft, um den Käufern Gelegenheit zu geben, sie genau zu besichtigen und zu prüfen. […] Der Käufer öffnete ihnen den Mund, prüfte die Zähne, kniff sie in Arme und Schenkel, um Muskeln zu probieren, ließ sie auf und ab gehen und alle möglichen Verrenkungen machen, um zu sehen, ob sie lahm oder wund waren, und stellte eine Menge Fragen, die sich auf ihre Kenntnisse und Fähigkeiten bezogen.

New York Tribune, 9. September 1859. Übers. d. Verf.

M 25 Interview mit Nordamerika-Historiker Norbert Finzsch über die Entstehung der Sklaverei in Nordamerika (2004)

GEO Epoche: Herr Professor Finzsch, wie kam es zur Einführung der Sklaverei in Nordamerika?

Finzsch: Die Sklaverei hat sich aus der so genannten „Indentur" entwickelt, einem freiwilligen Arbeitsverhältnis, bei dem sich *Indentured Servants* – anfangs ausschließlich Weiße – für mehrere Jahre verpflichteten, einem Herrn Dienst zu leisten. Während dieser Zeit waren ihre persönlichen Freiheitsrechte eingeschränkt, auch die Möglichkeit, Besitz zu erwerben.

Und diese Indentur begann mit der Kolonisierung?

Sie war entscheidend dafür, dass überhaupt Arbeitskräfte in die Kolonien kamen. Als die englischen Siedler nach Virginia kamen, waren sie nämlich überhaupt nicht darauf vorbereitet, dort auch zu arbeiten. Sie waren Angehörige der Oberschichten, zum Teil Adelige, und gingen davon aus, dort schon irgendwelche Dienstboten zu finden, etwa Indianer – was natürlich nicht der Fall war.

Aber es gab doch eine starke Migration von nicht-adeligen Engländern, die durchaus zu arbeiten verstanden.

Gewiss, aber mit der englischen Revolution 1688 und den größeren Freiheiten, welche die Puritaner danach in England genossen, verebbte der Zustrom von Menschen, die aus religiösen Gründen nach Nordamerika kamen. Zudem bildeten sich dort im Laufe des 18. Jahrhunderts die Monokulturen als landwirtschaftliche Produktionsformen heraus – vor allem die ungemein arbeitsintensive Baumwollproduktion. […]

Und die ersten Afrikaner, die 1619 nach Nordamerika gebracht wurden, …

…waren auch nichts anderes als solche *Indentured Servants*. Sie kamen unter dem Eindruck, nach einigen Jahren der Dienstverpflichtung die Freiheit zu erhalten. Aus dieser Identur entwickelte sich im Zusammenhang mit den ersten Theorien über Rassenabstammungen dann nach und nach die Sklaverei. Das war eine allmähliche Entwicklung, die etwa 100 Jahre dauerte. Sie wurde dadurch eingeleitet, dass für Afrikaner die Dienstzeiten verlängert wurden, dass sie nur mit besonderer Genehmigung die Plantagen verlassen durften, dass ihnen sexuelle Kontakte mit Weißen oder gar Heirat verboten wurden.

Ist die Vorstellung, die Afrikaner seien von Anfang an gegen ihren Willen verschleppt worden, demnach falsch?

Ja, man muss dabei vor allem beachten, welche Vorstellung Afrikaner damals gemeinhin von Sklaverei hatten. Es gab einen innerafrikanischen Menschenhandel. Oft handelte es sich bei den Sklaven um „Kriegsbeute", die in die Haushalte der Sieger übernommen wurde. Diese Menschen hatten durchaus die Chance, in die neue Familie integriert zu werden, ja sogar dort einzuheiraten.

Möglicherweise haben also die ersten Afrikaner in Nordamerika gedacht, dass sie dort eine ähnlich „weiche" Form der Sklaverei erwarte.

Und im Prinzip hatten sie damit ja auch Recht, denn die Indentur verwandelte sich ja erst langsam in ein System, in dem Unfreiheit, Ausbeutung und Gewalt vorherrschten.

Wie war der transatlantische Sklavenhandel organisiert?

In der hohen Zeit des Menschenhandels vor 1808 entführten afrikanische Sklavenhändler ihre Opfer aus deren Dörfern im Innern des Kontinents und brachten sie an die Küsten, wo sie von weißen Kapitänen übernommen wurden – anfangs vor allem von Niederländern, später auch von Briten, die 1673 in den Sklavenhandel einstiegen. […]

Wie viele Menschen wurden zwischen 1619 und 1808 – dem offiziellen Ende des Sklavenimports in die USA – ihrer Freiheit beraubt?

Etwa 15 Millionen. Man darf aber nicht vergessen, dass fast ebenso viele in Richtung Osten entführt wurden, nach Arabien und Asien. Und von den 15 Millionen Sklaven im Westen kam die Mehrheit nach Mittel- und Lateinamerika und nur ein kleiner Teil nach Nordamerika.

Interview der Zeitschrift GEO Epoche, in: GEO Epoche Nr. 11, 2004, S. 91.

M 26 Schwarze in den USA 1760–1860 (in 1000; Zahlen vor 1790 unsicher)

Jahr	Schwarze gesamt	versklavt	frei
1760	326	*	*
1770	460	*	*
1780	575	*	*
1790	757	698	60
1800	1002	894	108
1810	1378	1191	186
1820	1772	1538	234
1830	2329	2009	320
1840	2874	2487	386
1850	3639	3204	435
1860	4442	3954	488
* keine Angaben vorhanden			

Nach: United Bureau of the Census, Historical Statistics, Washington 1975, Serie A 94, A. 119, Z. 1.

23 Verfassen Sie (M24a, b, M26) einen Zeitungsbericht zur Lage der Sklaven bis zum Anfang des 19. Jahrhunderts.

24 a) Erläutern Sie die Thesen zur Entstehung der Sklaverei, die in M25 erörtert werden.
b) Kommentieren Sie eine der Thesen.
c) Prüfen Sie, ob die Zahlen von Finzsch in M25 (Z. 84–93) der Statistik M26 widersprechen oder nicht. Begründen Sie Ihr Urteil.

M 27 Die Auseinandersetzung in den USA über die Sklaverei im 19. Jahrhundert

27 a) Aus der Präambel der Verfassung der amerikanischen Antisklavereigesellschaft vom 4. Dezember 1833:
Da der allerhöchste Gott „alle Nationen der Menschen aus einem Blut gemacht hat, damit sie auf dem ganzen Angesicht der Erde wohnen", und ihnen befohlen hat, ihre Nächsten wie sich selbst zu lieben; und da unsere nationale Existenz auf dieses Prinzip gegründet ist, wie es in der Unabhängigkeitserklärung anerkannt wird, „dass alle Menschen gleich geboren sind und dass sie von ihrem Schöpfer mit gewissen unveräußerlichen Rechten begabt sind, zu welchen Leben, Freiheit und das Streben nach Glück gehören"; und da nach dem Verstreichen von fast 60 Jahren, seitdem der Glaube und die Ehre des amerikanischen Volkes in diesem Bekenntnis vor Gott dem Allmächtigen und der Welt verkündet worden ist, fast ein Sechstel der Nation von seinen Mitbürgern in Banden der Knechtschaft gehalten wird: und da Sklaverei gegen die Grundsätze der natürlichen Gerechtigkeit, unserer republikanischen Staatsform und der christlichen Religion ist und dem Gedeihen unseres Staates schadet, während sie den Frieden, die Union und die Freiheiten des Staates gefährdet; und da wir glauben, dass es die Pflicht und das Interesse der Herren ist, ihre Sklaven sofort zu emanzipieren (freizusetzen), und dass kein Ausbürgerungsplan, beruhe er auf Freiwilligkeit oder auf Zwang, dieses große und sich steigernde Übel beseitigen kann; da wir glauben, [...] durch die rasche Abschaffung der Sklaverei eine allgemeine Erschütterung zu verhindern; und da wir glauben, dass wir es den Unterdrückten, unseren Mitbürgern, welche Sklaven halten, unserem ganzen Land, der Nachwelt und Gott schuldig sind, alles zu tun, was rechtmäßig ist und in unserer Macht steht, um die Auslöschung der Sklaverei herbeizuführen, kommen wir hiermit, indem wir mit Gebeten auf die göttliche Hilfe vertrauen, überein, gemeinsam eine Gesellschaft zu bilden.

Zit. nach: Herbert Schambeck u. a. (Hg.), Dokumente zur Geschichte der Vereinigten Staaten von Amerika, Berlin (Duncker & Humblot) 1993, S. 315 f.

27 b) Aus einem Buch des Juristen George Stuart Fitzhugh zur Sklaverei (1854):
Nun, es ist deutlich, dass die athenische Demokratie für ein Negervolk nicht passen würde, noch wird eine Regierung durchs bloße Gesetz für den einzelnen Neger genügen. Er ist nur ein erwachsenes Kind und muss als Kind beherrscht werden, nicht als Geisteskranker oder Verbrecher. Der Herr nimmt ihm gegenüber die Stelle des Vaters oder Vormunds ein. [...]
Zum Zweiten ist der Neger ohne Voraussicht; er wird nicht im Sommer für die Bedürfnisse des Winters zurücklegen; er wird nicht in der Jugend für die Not des Alters ansammeln. Er würde zu einer unerträglichen Last für die Gesellschaft. [...]
Letztlich, die Negerrasse ist minderwertig gegenüber der weißen, und die Neger, wenn sie inmitten der Weißen leben, würden in der Hetze der freien Konkurrenz bei weitem überholt oder überlistet. Allmähliche, aber sichere Vernichtung wäre ihr Los. Wir nehmen an, dass selbst der tollste Abolitionist[1] nicht meinen wird, die gewohnheitsmäßige Voraussicht und die Befähigung des Negers zum Geldverdienen könnten sich überhaupt mit denen der Weißen messen. [...]
Wir möchten die, die das Sklaventum des Negers bedauern und bemitleiden, daran erinnern, dass diese Sklaverei ihn befreit von einer weit grausameren Sklaverei in Afrika oder von Götzendienst und Menschenfresserei und allen brutalen Lastern und Verbrechen, welche die Menschheit schänden können; und dass sie ihn christianisiert, beschützt, erhält und zivilisiert; dass sie ihn weit besser regiert, als die weißen Arbeiter im Norden regiert werden.

Zit. nach: Erich Angermann (Hg.), Der Aufstieg der Vereinigten Staaten von Amerika. 1607–1914, Stuttgart (Klett) 1965, S. 31 f.

1 Abolition: Abschaffung der Sklaverei in den USA; ein Abolitionist ist ein Anhänger der Sklavenbefreiung.

25 Arbeiten Sie aus M27a und b die Argumente für bzw. wider die Sklaverei heraus; halten Sie Ihre Ergebnisse tabellarisch fest.
26 Diskutieren Sie im Kurs, welche ethischen, philosophischen oder politischen Anschauungen hinter den jeweiligen Argumenten stehen.

M 28 John Hope Franklin und Alfred A. Moss zur Lage der Afroamerikaner nach der Sklavenbefreiung von 1865 (1999)

Da mehr als 75 Prozent der Afroamerikaner in den Vereinigten Staaten auch 1880 noch in den früheren konföderierten Staaten lebten und hauptsächlich in der Landwirtschaft
5 beschäftigt waren, sah es ganz danach aus, als ob die meisten von ihnen gezwungen sein würden, sich auf den Farmen irgendwie wirtschaftlich einzurichten. Sie hatten kein Kapital, um Land zu kaufen, und waren
10 deshalb weiterhin auf die verschiedenen Formen von Pachtverhältnissen und *Sharecropping*[1] angewiesen, die sich während der Wiedereingliederung entwickelt hatten. [...]
   Nach der Abschaffung der Institution der
15 Sklaverei betrachteten Weiße Grund und Boden als ihre einzige wichtige Kapitalinvestition. Sie zögerten, Land an Schwarze zu verkaufen, weil sie ihnen nicht die Macht einräumen wollten, die im Süden mit dem
20 Eigentum an Grund und Boden verbunden war. Die Anzahl schwarzer Farmbesitzer

M 29 Der Ku-Klux-Klan in einer Selbstdarstellung, ca. 1870

M 30 Lynchmorde in den USA 1882–1970

Jahr	Weiße	Schwarze	Insgesamt
1882[1]	64	49	113
1885	110	74	184
1890	11	85	96
1895	66	113	179
1900	9	106	115
1905	5	57	62
1910	9	67	76
1920	8	53	61
1930	1	20	21
1940	1	4	5
1950	1	1	2
1965/70	0	0	0

1 *Jahr der ersten Erfassung von Lynchmorden*

Nach: Thomas A. Bailey u. a., The American Pageant, Lexington/Mass. (Heath & Comp.) 1994, S. 503.

blieb in der Zeit vor dem Ersten Weltkrieg gering. Im Süden, wo die Schwarzen im Jahr 1900 annähernd 50 Prozent der Bevölkerung ausmachten, besaßen sie 158 479 Farmen,
25 während die Weißen 1 078 635 Farmen besaßen. Vor 1890 war fast nichts getan worden, um die Afroamerikaner mit den Methoden der modernen Landwirtschaft vertraut zu machen. [...] Trotz der Bemühungen der
30 afroamerikanischen Farmer, sich besser auf die Landwirtschaft und ihre Bedingungen einzustellen, verlor das Leben auf der Farm für viele an Anziehungskraft. Die Rückkehr von Ex-Konföderierten an die Macht, spora-
35 disch auftretende Rückschläge in der Landwirtschaft, die unfaire und zuweilen brutale Behandlung durch Pachtherren und Händler und Gerüchte von den großen Möglichkeiten in der Stadt und in anderen Landestei-
40 len setzten eine enorme Abwanderung von Schwarzen aus dem ländlichen Süden in Gang, die schon 1879 begann. [...]
   Einige Schwarze erwogen ernstlich die Möglichkeit, nach Afrika auszuwandern.
45

John Hope Franklin/Alfred A. Moss, Jr., Von der Sklaverei zur Freiheit. Die Geschichte der Schwarzen in den USA, Übers. Angela Adams, Berlin (Ullstein) 1999, S. 397 ff.

1 Sharecropper: Landarbeiter/Pachtbauer, dem der Großgrundbesitzer Land, Geräte, Saat zur Verfügung stellte; als Gegenleistung musste er einen Teil der Ernte abgeben. Das System ähnelte der Leibeigenschaft.

M 31 Aus dem Urteil *„Separate but equal"* des Obersten Bundesgerichts der USA 1896

Richter Brown: Dieser Fall *[Plessy vs. Ferguson]* bezieht sich auf die Verfassungsmäßigkeit eines Gesetzes des Parlaments von Louisiana vom Jahr 1890, das getrennte Eisenbahnwaggons für Weiße und Farbige vorsieht. […]

Das Ziel des [14.] Verfassungszusatzes [von 1863] war ohne Zweifel, die absolute Gleichheit beider Rassen vor dem Gesetz zu erzwingen, aber der Natur der Sache nach konnte damit nicht beabsichtigt sein, Unterschiede, die auf der Hautfarbe beruhen, auszumerzen oder soziale Gleichheit, die von der politischen zu unterscheiden ist, durchzusetzen oder gar eine Vermengung der Rassen unter für beide Seiten unbefriedigenden Bedingungen. Gesetze, die die Rassentrennung dort erlauben oder sogar verlangen, wo beide Seiten in Kontakt kommen müssen, besagen nicht notwendigerweise auch, dass eine Rasse der anderen unterlegen sei. Solche Gesetze sind im Allgemeinen, wenn auch nicht überall, anerkannt als in die Kompetenz der Staatenlegislativen und in den Bereich der Polizeigewalt gehörend. Das bekannteste Beispiel hierfür sieht man bei der Errichtung von getrennten Schulen für weiße und farbige Kinder. Dies ist immer als rechtmäßige Ausübung der Gesetzgebungsbefugnis gewertet worden, selbst von den Gerichten jener Einzelstaaten, die die politischen Rechte der farbigen Rasse am längsten und nachdrücklichsten verwirklicht haben. […]

Die Beweisführung unterstellt ferner als zwingend, dass dann, wenn die Farbigen die Vormacht in der Staatslegislative erhielten […] und ein entsprechendes Gesetz beschlössen, die weiße Rasse dadurch auf eine untergeordnete Position verwiesen wäre. Wir könnten uns vorstellen, dass die weiße Rasse sich, gelinde gesagt, mit dieser Annahme nicht abfinden würde. Die Beweisführung unterstellt auch, dass man soziale Vorurteile mithilfe der Gesetzgebung überwinden könne und dass die Gleichberechtigung des Negers nur hergestellt werden könne durch eine Vermengung der zwei Rassen. Wir können dieser Auffassung nicht zustimmen. Wenn sich die zwei Rassen auf der Basis gesellschaftlicher Gleichheit treffen sollen, dann muss dies das Resultat natürlicher Affinität, gegenseitiger Wertschätzung der Verdienste des jeweils anderen und freiwilliger Übereinstimmung von Einzelnen sein. […] Diese Gesetzgebung kann nicht rassische Instinkte auslöschen oder Unterschiede aufgrund physischer Merkmale aufheben; jeder Versuch, dies zu tun, kann nur die Schwierigkeiten der gegenwärtigen Situation unterstreichen. Wenn bürgerliche und politische Gleichberechtigung für beide Rassen besteht, kann die eine gegenüber der anderen weder bürgerlich noch politisch niedriger gestellt sein. Wenn die eine Rasse gegenüber der anderen Rasse jedoch sozial niedriger steht, kann die Verfassung der Vereinigten Staaten sie auch nicht auf eine gemeinsame Ebene heben.

Richter Harlan, abweichend: […] Wenn aus der Vermengung der zwei Rassen auf öffentlichen Straßen, die zum Nutzen aller gebaut sind, Übles entstände, wäre dies unendlich geringer als jenes, das mit Sicherheit aus einer staatlichen Gesetzgebung resultiert, die den Genuss der Bürgerrechte auf rassischer Grundlage regelt. Wir rühmen uns der Freiheit, die unser Volk im Unterschied zu allen anderen Völkern genießt. Aber man kann dies Rühmen schwerlich mit dem Stand einer Gesetzgebung in Einklang bringen, die in der Praxis einem großen Teil unserer Mitbürger, unseren Gleichberechtigten vor dem Gesetz, den Stempel der Knechtschaft und der Erniedrigung aufdrückt. Die fadenscheinige These, dass Fahrgästen in Eisenbahnwaggons „gleiche" Transportbedingungen gewährt werden, wird keinen täuschen oder etwa aussöhnen mit dem Unrecht, das dieser Tag gebracht hat.

Zit. nach: Henry S. Commager (Hg.), The Struggle for Racial Equality, New York 1967, S. 29 ff. Übers. Verf.

27 Afroamerikaner nach der Befreiung 1865: Untersuchen Sie M28–M31 unter der Frage,
a) wie sich das Leben der Afroamerikaner auf den Farmen der Südstaaten veränderte,
b) wie sich ihre wirtschaftliche Lage veränderte,
c) wie sich das Gewaltproblem darstellte,
d) wie sich die rechtliche Situation entwickelte.
28 a) Erläutern Sie das Urteil *„Separate but equal"* (M31). b) Bewerten Sie es.

M 32 Das Urteil des Obersten Bundesgerichts der USA zur Rassentrennung von 1954 – Erfolg oder Misserfolg?

32 a) Aus dem Urteil des Obersten Bundesgerichts zur Rassentrennung an Schulen von 1954 (Brown vs. Board of Education of Topeka):
Das Erziehungswesen ist heutzutage vielleicht die wichtigste Funktion der einzelstaatlichen und lokalen Regierungen. Gesetze über den Schulzwang und große Ausgaben demonstrieren unsere Anerkennung der Bedeutung der Schulbildung für unsere demokratische Gesellschaftsordnung. […]

Damit kommen wir zu der aufgeworfenen Frage: Beraubt die Trennung von Kindern in öffentlichen Schulen einzig aufgrund der Rasse die Kinder der Minderheitsgruppe gleicher Bildungsmöglichkeiten, obwohl die sachlichen Einrichtungen und anderen „greifbaren" Faktoren gleich sein mögen? Wir glauben, dass sie es tut. […]

Solche Erwägungen treffen mit verstärkter Kraft für Kinder in Grund- und höheren Schulen zu. Sie allein wegen ihrer Rasse von anderen ähnlicher Altersstufe und Befähigung zu trennen, erzeugt ein Unterlegenheitsgefühl hinsichtlich ihrer Stellung in der Gemeinschaft, das Herz und Sinn bei ihnen in einer Weise in Mitleidenschaft ziehen kann, dass es wahrscheinlich nie mehr ungeschehen gemacht werden kann. Der Effekt dieser Trennung auf die Bildungsmöglichkeiten wurde gut formuliert in einem Befund im Kansas-Fall durch ein Gericht, das sich gleichwohl gezwungen fühlte, gegen die Klage führenden Neger zu entscheiden: „Die Trennung weißer und farbiger Kinder in öffentlichen Schulen hat eine abträgliche Wirkung auf die farbigen Kinder. Der Druck ist noch größer, wenn sie die Sanktion des Gesetzes besitzt; denn die Politik der Rassentrennung wird gewöhnlich so ausgelegt, dass sie eine Inferiorität der Negergruppe anzeige. Ein Unterlegenheitsgefühl beeinflusst den Lernantrieb eines Kindes. Rassentrennung mit gesetzlicher Billigung hat daher die Tendenz, die bildungsmäßige und geistige Entwicklung der Negerkinder zu hemmen und sie einiger der Vorteile zu berauben, die sie in einem rassenmäßig integrierten Schulsystem genießen würden. […]

Wir ziehen den Schluss, dass auf dem Gebiet des öffentlichen Bildungswesens die Doktrin des *„Separate but equal"* keinen Platz

M 33 Waschsalon in New Orleans, Fotografie, 1964

mehr hat. Getrennten Bildungseinrichtungen ist die Ungleichheit inhärent. Deshalb halten wir dafür, dass die Kläger [...] des gleichmäßigen Schutzes der Gesetze beraubt sind, der durch das Vierzehnte Amendent gewährleistet wird.

Hartmut Wasser, Die USA – der unbekannte Partner, Paderborn (Schöningh) 1983, S. 95.

32b) Der Amerikahistoriker Manfred Berg schreibt anlässlich des 50. Jahrestages des Gerichtsurteils von 1954 über dessen Folgen (2004):

Nach anfänglich verhaltener Reaktion entfesselten die politischen Führer des weißen Südens eine beispiellose Kampagne gegen die Integration in den Schulen. Ein von fast allen Kongressmitgliedern aus dem Süden unterzeichnetes Manifest rief offen zum Widerstand „mit allen gesetzlichen Mitteln" auf. Gruppen wie der terroristische Geheimbund des Ku-Klux-Klan wollten es dabei nicht belassen. Schwarze Eltern, die ihre Kinder an weißen Schulen anmelden wollten, sahen sich Repressalien und Drohungen, nicht selten brutaler Gewalt ausgesetzt.

Der Süden erlebte eine Orgie der Rassenhetze, die 1957 ihren vorläufigen Höhepunkt erreichte, als nach bürgerkriegsähnlichen Ausschreitungen gegen die Integration der *Central High School* in Little Rock, Arkansas, neun schwarze Schulkinder monatelang von Fallschirmjägern der US-Armee geschützt werden mussten. [...]

Noch zehn Jahre nach dem ersten Brown-Urteil ging gerade einmal rund ein Prozent der knapp drei Millionen schwarzen Schulkinder des Südens auf integrierte Schulen. Erst als die Bundesregierung und die Gerichte seit der zweiten Hälfte der sechziger Jahre einen schärferen Ton anschlugen, machte die Integration Fortschritte. [...]

Es entbehrt nicht der Ironie, dass die Integration an den Schulen im Süden letztendlich am erfolgreichsten war. Bis 1980 sank dort die Zahl der afroamerikanischen Schüler, die eine rein schwarze Schule besuchten, auf knapp unter 25 Prozent, während die Zahl im Nordosten doppelt so hoch blieb. Danach begann sie jedoch überall in den USA wieder leicht zu steigen, sodass immer öfter von einer „Resegregation"

gesprochen wurde. Gleichzeitig machte sich auch unter vielen Schwarzen Enttäuschung breit. Die hoch gesteckten Erwartungen, die man an die Öffnung des Bildungswesens geknüpft hatte, haben sich nur zum Teil erfüllt. Zwar ist eine vitale schwarze Mittelklasse entstanden, aber noch immer liegt die Armutsrate der Afroamerikaner wesentlich höher als die der Weißen. [...]

Dennoch war das Brown-Urteil ein wichtiger Meilenstein auf dem Weg zur Gleichberechtigung der schwarzen Amerikaner. Es entfaltete Wirkungen, die weit über das Schulwesen hinausgingen. In den frühen sechziger Jahren forderte die Bürgerrechtsbewegung unter Martin Luther King die weiße Vorherrschaft mit gewaltlosem Protest frontal heraus und zwang den Kongress 1964 zur Verabschiedung eines Gesetzes, das die Rassentrennung im öffentlichen Leben endgültig untersagte. 1967 erklärte der Oberste Gerichtshof schließlich alle Gesetze, die Heirat und intime Beziehungen zwischen den Rassen verboten, für verfassungswidrig.

Manfred Berg, Gleich und frei, in : Die Zeit, 13. Mai 2004, zit. nach: www.zeit.de (28. Oktober 2004).

29 a) Erläutern Sie das Gerichtsurteil in M32a. b) Vergleichen Sie die Argumente mit denjenigen aus dem Urteil „*Separate but equal*" von 1896 (M31). c) Erklären Sie den Wandel.

30 Wie beurteilt der Autor in M32b die Trennung von Schwarzen und Weißen nach 1954? b) Beurteilen Sie selbst Leistungen und Grenzen des Urteils von 1954 (M32a). Ziehen Sie hierfür M32b und Bild M33 mit heran.

31 🚶 Der 1947 aus Polen in die USA eingewanderte Schriftsteller Louis Begley schrieb in der „Süddeutschen Zeitung" im Oktober 2004: „Unter nahezu allseitigem Beifall haben es die Afroamerikaner auf glänzende Weise bis an die Spitze unserer Gesellschaft geschafft. Und anders als früher sind es auch nicht mehr nur Spitzensportler und Persönlichkeiten der Unterhaltungsbranche [...]: Einer der angesehensten Amtsträger Amerikas [ist] der US-Außenminister und Vierstenegeneral Colin Powell." Prüfen Sie das Urteil von Louis Begley anhand einer Biografie zum Beispiel über Colin Powell oder Condoleezza Rice (Hilfe: Recherche im Internet; Präsentation: mündlicher Vortrag).

M 34 Der Kampf der Afroamerikaner um Gleichberechtigung und Integration

34a) Studenten am „Tuskegee Institut (Industrieschule für Schwarze in Alabama), Fotografie, Ende 19. Jh. – Gegründet 1881 von Booker T. Washington (1856–1915), der als Sohn von Sklaven geboren worden war, wirkte die Schule auch als Beratungseinrichtung für Farmer. Sie war nach der Sklavenbefreiung eine der ersten Bildungseinrichtungen für Schwarze. Washington stellte allerdings politische Ziele zugunsten wirtschaftlicher Gleichberechtigung zunächst zurück.

34b) Der Historiker Jürgen Heideking über die 1909 gegründete „National Association for the Advancement of Colored People" (1996):
[Die NAACP wollte] alle politischen und rechtlichen MIttel ausschöpfen […], um die Rassendiskriminierung zu beenden. [William E. B.] Du Bois fungierte als Herausgeber der Zeitschrift *The Crisis,* aber die Führung der NAACP, die 1914 50 Zweigstellen mit ca. 6000 Mitgliedern hatte, lag überwiegend in der Hand reformerisch gesinnter weißer Anwälte. Ein Problem bestand darin, dass sich die Organisationen wie die NAACP oder die *National Urban League (NUL)* mehr um die aufstrebenden Afroamerikaner in den Städten kümmerten als um die *Sharecroppers* und Pächter auf dem flachen Land, obwohl auch 1920 immer noch 80 Prozent aller Schwarzen im Süden lebten. Mit öffentlichen Kampagnen gegen die Lynchjustiz und mit der Verteidigung von Afroamerikanern vor Gericht wurden einige praktische Erfolge erzielt. An der Segregation, der Armut in den Gettos und der Verschuldung und Abhängigkeit der *Sharecroppers* änderte das aber kaum etwas.

Jürgen Heideking, Geschichte der USA (1996), 3. Aufl., Tübingen u. a. (UTB) 2003, S. 256.

34c) Martin Luther King (1929–1968) über den Bürgerrechtskampf (1965):
Unserer Generation ist von der Geschichte eine unbeschreiblich wichtige Aufgabe zugeteilt worden: Wir sollen den Prozess der Demokratisierung abschließen, der sich in unserer Nation viel zu langsam vollzieht. Damit könnten wir uns die Achtung der Welt erringen und sie zur Nacheiferung

ansporn. Wie wir mit dieser kritischen Situation fertig werden, das wird entscheidend sein für die moralische Gesundheit jedes Einzelnen von uns, für die kulturelle Gesundheit unseres Landes, für die politische Gesundheit unserer Nation und für unser Prestige als führende Macht der freien Welt. Die Zukunft Amerikas hängt von der Überwindung der augenblicklichen Krise ab. Der Zustand, in dem sich die Welt gegenwärtig befindet, gestattet uns nicht den Luxus einer unbeständigen, schwankenden Demokratie. Die Vereinigten Staaten können sich die Achtung der vitalen und wachsenden farbigen Nationen der Welt nur erhalten, wenn sie ihre Rassenprobleme im eigenen Hause in Ordnung bringen. Wenn Amerika eine erstklassige Nation bleiben will, darf es keine zweitklassige Bürgerschaft haben. [...]

Schließlich muss auch der Neger selbst entscheidend dazu beitragen, dass die Integration Wirklichkeit werden kann. Will er ein Bürger erster Klasse werden, so muss er sich in erster Linie selbst darum bemühen. Die Integration ist kein üppiges Mahl, das die Bundesregierung oder der Weiße freigiebig auf einer silbernen Platte präsentiert, während der Neger nur den Appetit mitzubringen braucht. Eine der schädlichsten Auswirkungen der Segregation auf den Charakter des Negers ist wohl die, dass er sich der Täuschung hingegeben hat, andere müssten sich mehr um seine Bürgerrechte kümmern als er selbst. [...]

Gewalt ist ein unbrauchbares Mittel, Rassengerechtigkeit zu erreichen, weil am Ende alle in ihren vernichtenden Strudel gezogen werden und umkommen. Das alte Gesetz „Auge um Auge" hinterlässt nur Blinde. Gewalt ist auch ein unmoralisches Mittel, weil sie den Gegner demütigen, sich aber nicht mit ihm verständigen will. Sie will den anderen vernichten, nicht gewinnen. Gewalt ist unmoralisch, weil sie nicht aus der Liebe, sondern aus dem Hass geboren ist. Sie zerstört die Gemeinschaft und schließt die Bruderschaft aus. [...] Aus Angst vor der Drohung, dass es zu Aufruhr und Blutvergießen kommen wird, wagt niemand, die Teilnehmer zu unterstützen oder ihnen Sympathie zu zeigen. [...]

Unser nächstes Programm muss folgendermaßen aussehen: gewaltloser Widerstand gegen jede Form der Rassenungerechtigkeit einschließlich staatlicher oder lokaler Gesetze und Methoden, selbst wenn wir dafür ins Gefängnis geworfen werden; und schöpferisches, kühnes und aufbauendes Handeln, um die Demoralisierung zu beenden, die durch Sklaverei und Segregation, durch minderwertige Schulen, Slums und eine zweitrangige Bürgerschaft verursacht worden ist.

Martin Luther King, Freiheit. Aufbruch der Neger Nordamerikas, Übers. Ruth Rostock/Alfred Schmidt, Kassel (Oncken) 1965, S. 158 ff.

34 d) Aus einem Interview der deutschen Zeitschrift „Der Spiegel" mit dem Anführer der „Black-Power"-Bewegung, Stokeley Carmichael, April 1969:

Carmichael: Ich kann doch keinen Gesetzen gehorchen, die mich am Boden niederhalten wollen. Wie soll ich da gewinnen? Das ist doch lächerlich.

SPIEGEL: Sie wollen also gewinnen, indem Sie die Weißen notfalls „zertreten". Denn das sind doch Ihre Worte: „Wir werden die Macht übernehmen. Und wenn die Weißen das nicht wollen, dann werden wir sie zertreten." Wie wollen Sie an die Macht kommen? Mit Gewehren?

Mein lieber Herr…

„Um zu überleben", so haben Sie doch auch verkündet, „muss man sich ein paar Gewehre besorgen." [...] Sie selbst sprechen von Macht, von „schwarzer Macht". „Black Power" bedeutet also auch Gewalt?

Ich stimme mit Mao Zedong überein, dass die Macht aus den Mündungen von Kanonen erwächst.

Und Sie glauben wirklich, Mr. Carmichael, dass Sie für diese Theorien eines Tages genügend Gefolgsleute finden – von den Kadern des „Schwarzen Panther" einmal abgesehen?

Die Massen der Schwarzen werden uns folgen, denn die Widersprüche in den USA werden deutlicher, es wird mehr Konflikte geben. [...]

Manche Leute, Mr. Carmichael, nennen Sie einen „herrlichen Barbaren". Werden Sie mit barbarischen Mitteln, mit Schießen und Brennen, für Ihre Sache kämpfen?

Ja, und ich will Ihnen auch sagen, warum: Die zivilisierten Methoden, etwas zu erreichen, ekeln mich an. Die Amerikaner beispielsweise sind zivilisiert. Und wie wollen sie ihren Sieg in Vietnam erringen? Indem sie Kinder mit Napalm verbrennen! Ich zweifle, ob ich je so weit gehen könnte. Ich bleibe lieber barbarisch und töte mit einem Messer oder mit einem Gewehr. Zivilisation ist schlecht, sehr schlecht. Bedenken Sie, was die Zivilisation den Indianern angetan hat. Man hat die Indianer zivilisiert, Sie wissen. [...]

Und was hätten Sie erreicht, wenn Sie das Land bis auf den Grund niederbrennen? Nichts.

Das ist nicht wahr. Sie können mir doch nicht erzählen, dass jemand, der ein Land wie Amerika bis auf den Grund niederbrennt, nichts erreicht. Das wäre eine fantastische Leistung Amerika bis auf den Grund niederzubrennen.

Der Spiegel, Nr. 17, 21. April 1969, S. 124 ff.

M 35 **Demonstration der US-amerikanischen Bürgerrechtsbewegung in Washington am 28. August 1963.** – *Der „Marsch auf Washington" führte 200 000 Demonstranten vom Washington Monument über die Constitution Avenue zur Lincoln-Gedenkstätte, wo die Abschlusskundgebung stattfand und King seine berühmte Rede „I have a Dream" hielt.*

32 🚶 Arbeitsteilige Gruppenarbeit:
a) Charakterisieren Sie anhand von M34a–d die Methoden, mit denen Afroamerikaner ihre rechtliche und soziale Situation in den USA im 19./20. Jahrhundert zu verbessern suchten.
b) Präsentieren Sie Ihre Ergebnisse im Kurs und finden Sie für die einzelnen Methoden (oder alle Methoden) Begriffe (einen Begriff). Begründen Sie Ihre Entscheidung.

33 a) Bestimmen Sie die Gründe, mit denen Martin Luther King die Aufhebung der Rassentrennung fordert (M34c).
b) Benennen Sie die Mittel und Ziele der schwarzen Bürgerrechtsbewegung nach Martin Luther King (M34c).

34 a) Analysieren Sie Ziele und Mittel der *Black-Power*-Bewegung (M34d). b) Vergleichen Sie mit denen von King (M34c). c) Setzen Sie sich mit beiden Positionen auseinander.

35 🚶 Facharbeit: Die Afroamerikaner Ende des 20./Anfang des 21. Jahrhunderts – Integration oder Parallelgesellschaft? Literaturhinweis: *Willi Paul Adams, Die USA im 20. Jahrhundert, München (Oldenbourg) 2000.*

36 🚶 Hans-Jürgen Massaquoi, ein nach 1945 aus Deutschland in die USA eingewanderter schwarzer Journalist, war Chefredakteur des afroamerikanischen Massenmagazins „Ebony". In den 1970er-Jahren wurde die Kritik vorgebracht, das Magazin schenke gesellschaftlichen Problemen zu wenig Beachtung. Massaquoi antwortete mit dem Argument, dass die rund 10 Millionen Leserinnen und Leser „keine Zeitschrift brauchten oder wollten, die ihnen ständig das soziale Elend vor Augen führte, das ihnen aus persönlicher Erfahrung nur allzu bekannt sei" (Hans-Jürgen Massaquoi, „*Hänschen klein ging allein…" Mein Weg in die Neue Welt, Frankfurt/M. [Scherz] 2004, S. 186*). – Stellen Sie sich vor, Sie seien Mitglied der „Ebony"-Chefredaktion, in der vor dem Hintergrund der Kritik heftig über Konzeption und „Ausrichtung" der Zeitschrift debattiert wird. Welche Richtung würden Sie favorisieren? Verfassen Sie eine Stellungnahme. Beziehen Sie Ihre Kenntnisse aus M24–M35 mit ein.

Weiterführende Arbeitsanregungen zur Kolonialzeit

M 36 *Plimoth Plantation*, Fotografien von der Homepage des Museums, 2005

Living History in Plymouth!
Plimoth Plantation ist eines von 700 *Living-History*-Museen in Nordamerika. Auf dem Gelände des heutigen US-Staats Massachusetts wird der Alltag der puritanischen „Pilgerväter" simuliert, die 1620 mit der „Mayflower" hier ankamen und ihre Siedlung New Plymouth errichteten.

Die Besucherinnen und Besucher finden hier nicht nur Häuser, Zäune, Felder oder einen Nachbau der „Mayflower", sondern auch Schmutz und Gestank sind nachgestellt. Und man sieht die Menschen bei der Arbeit, beim Nachbarschaftsstreit oder bei der Ausübung ihrer Religion. Bei dieser Form der Geschichtsdarstellung durch so genannte *First-Person-Interpreter* schlüpften zeitgenössisch gekleidete und gut ausgebildete „Bewohner" der Siedlung in die Rollen historischer Personen. Auf Fragen der Besucher antworten sie ausschließlich aus zeitgenössischer Sicht. Wer den Darstellern Vergleiche mit der Gegenwart entlocken will, wird auf Unverständnis stoßen, denn die Personen agieren bewusst nur in ihrem Zeithorizont. Die historische Erkenntnisleistung muss der Besucher erbringen. Hierfür hält das Museum weitere Informationsangebote bereit.

In Deutschland sind *Living-History*-Konzepte noch nicht sehr verbreitet, meist nur Formen der Simulation alltäglichen Lebens. Das Konzept ist auch stärker umstritten: Kann es wirklich das historische Lernen unterstützen und helfen, Geschichte besser zu *begreifen*? Oder sind diese Museen nur ein historisch ungenaues Disneyland, geeignet, um Touristen anzulocken?

Plimoth Plantation im Internet
www.plimoth.org. Die Seite ist in Englisch, bietet aber auch einführende Seiten in deutscher Sprache.

1 🚶 Eine Internetrecherche
Recherchieren Sie auf der Internetseite der *Plimoth Plantation* (s. o.) über das Leben der Menschen in einer der ersten Neuenglandkolonien im 17. Jahrhundert. Teilen Sie sich in Arbeitsgruppen auf (Politik, Wirtschaft, Soziales, Umwelt, Religion, Kultur). Welche Aspekte sind für Sie – nachdem Sie das Kapitel 2 dieses *Kursheftes* durchgearbeitet haben – neu, was ist bekannt, was wird im Museum nicht abgebildet? Präsentieren Sie Ihre Ergebnisse in Form einer Dokumentation.

2 🚶 *Living History* – lebendige Lernstation oder geschicktes Tourismusmarketing?
Debattieren Sie am Beispiel der *Plimoth Plantation* im Kurs über Leistungen und Grenzen des *Living-History*-Konzepts. Gehen Sie dabei auch auf die Frage ein, warum es in Europa im Vergleich zu Nordamerika wesentlich weniger solcher Museen gibt.

3 Amerikanische Revolution und Staatsgründung

John Adams, einer der „Gründerväter" der USA und von 1797 bis 1801 ihr zweiter Präsident, notierte am 17. Dezember 1773 in seinem Tagebuch: „Gestern Abend wurden drei Ladungen Bohea-Tee ins Meer geschüttet. [...] Dieses letzte Unternehmen der Patrioten hat eine Würde, eine Majestät, eine Erhabenheit an sich, die ich bewundere. Das Volk sollte sich nie erheben, ohne etwas Erinnerungswürdiges zu tun [...]. Die Vernichtung des Tees ist eine so kühne, entschlossene, furchtlose und kompromisslose Tat, und sie wird notwendigerweise so wichtige und dauerhafte Konsequenzen hervorrufen, dass ich sie als Epoche machendes Ereignis betrachten muss." Was war geschehen? Aus Protest gegen eine von der britischen Regierung verlangte Importsteuer auf Tee hatten am 16. Dezember 1773 etwa fünfzig als Indianer verkleidete weiße Siedler die Teelieferung eines englischen Schiffes ins Meer gekippt. Adams feierte dieses als **Boston Tea Party** bezeichnete Ereignis als revolutionäre Tat. Einige Historiker haben später die Aktion als Auftakt des Unabhängigkeitskampfes der nordamerikanischen Kolonien und der Amerikanischen Revolution interpretiert, vergleichbar dem Sturm auf die Bastille vom 14. Juli 1789 in der Französischen Revolution. Das wirft die Frage auf: Wie entwickelte sich aus einem Streit um das Recht des englischen Mutterlandes, die Kolonien mit Zöllen zu belasten, eine mächtige Unabhängigkeitsbewegung und dann eine Revolution?

Der Bruch mit dem Mutterland

Seit Ende des 18. Jahrhunderts haben Revolutionen die Welt verändert und waren häufig mit Kriegen verbunden. So auch bei der Amerikanischen Revolution. Die nordamerikanischen Kolonien mussten sich ihre Unabhängigkeit nicht nur gegen die englischen Truppen erkämpfen. Die Auswirkungen des Siebenjährigen Krieges (1756–1763) haben die Entfremdung zwischen den Kolonien und Großbritannien vorangetrieben. Nachdem das britische Militär Kanada erobert hatte, musste Frankreich seine dort gelegenen Besitzungen an Großbritannien abtreten. London stand vor der Aufgabe, die Verwaltung der neuen Gebiete zu organisieren und reguläre Truppen im Lande zu stationieren. Das belastete die durch den Krieg erschöpften britischen Staatsfinanzen zusätzlich. Die Regierung wollte daher die Kolonien an der Schuldentilgung beteiligen.

Seit dem 17. Jahrhundert hatten britische Handels- und Schifffahrtsgesetze dem Mutterland größeren wirtschaftlichen Nutzen gebracht als den Kolonien. So bestimmte die **Navigationsakte** (1651), dass nur englische Schiffe Waren aus und nach Übersee transportieren durften. Diese Politik löste Unmut, aber keinen Widerstand bei den Siedlern aus. Eine für das Mutterland bedrohliche Opposition entstand erst, als das Londoner Parlament nach dem Siebenjährigen Krieg neue Steuern und Zölle einführte: Das **Stempelsteuergesetz** (1765) belastete alle Drucksachen und Dokumente in den Kolonien mit Abgaben, das **Townshendgesetz** (1767) sah Einfuhrsteuern auf das Nationalgetränk Tee und andere Waren vor. Aufgrund der sich radikalisierenden Proteste in den Kolonien (Stempelsteuerkongress 1765: *„no taxation without representation"*) zogen Regierung und Parlament in London die Gesetze zurück. Doch die Entfremdung zwischen Mutterland und Kolonien schritt voran.

Als nach der *Boston Tea Party* das englische Parlament Strafgesetze gegen die Kolonie Massachusetts erließ, versammelten sich 1774 Vertreter aller Kolonien zu einem **Kontinentalkongress in Philadelphia** und beschlossen einen Boykott britischer Waren. Der Militärgouverneur von Massachusetts wollte einige Anführer der rebellierenden Siedler verhaften. Um das zu verhindern, stellten sich den Soldaten der englischen Krone bewaffnete Kolonisten entgegen und lieferten ihnen 1775 bei Lexington ein Gefecht. Der offene Krieg hatte begonnen.

Im Mai 1775 übernahm der **zweite Kontinentalkongress** die Regierungsfunktionen für die Kolonien und ernannte **George Washington** (1732–1799, Präs. 1789–1797) zum Oberbefehlshaber der Streitkräfte. Aus einem Konflikt um Wirtschafts- und Steuerfragen war ein Kampf um Grundsatzfragen von Recht und Verfassung geworden. Die führenden amerikanischen Politiker nahmen das im englischen Rechtsdenken verankerte Widerstandsrecht gegen illegale Akte der Obrigkeit für sich in Anspruch. Der Gedanke einer völligen Trennung vom Mutterland setzte sich aber erst im Januar 1776 in weiten Teilen der weißen Siedler durch. Wegbereiter dieser Befreiungsrevolution mit stark antimonarchistischen Zügen war der britisch-amerikanische Publizist **Thomas Paine** (1737–1809) mit seiner Streitschrift *„Common Sense"*.

Die demokratische Verfassung

Mit der **Unabhängigkeitserklärung vom 4. Juli 1776** trennten sich die nordamerikanischen Kolonien vom Mutterland. Es dauerte noch bis 1783, bis das kriegsmüde Großbritannien im **Frieden von Paris** die Unabhängigkeit der USA anerkannte.

Die Unabhängigkeitserklärung, die von **Thomas Jefferson** (1743–1826, Präs. 1801–1809) entworfen worden war, enthielt einen umfangreichen Katalog an Grundrechten. Aber sie war nicht das erste Verfassungsdokument in der Geschichte der Vereinigten Staaten, das den Bürgern die Menschen- und Bürgerrechte garantierte. Diese waren vielmehr bereits vorher in die einzelstaatlichen Verfassungen aufgenommen worden, allen voran in der *Bill of Rights* von **Virginia**.

1781 verabschiedete der Kongress mit den *Articles of Confederation* die erste Verfassung der USA, die aus den Kolonien einen lockeren Staatenbund formte. Es zeigte sich jedoch schon bald, dass diese Verfassung zur Lösung der kriegsbedingten sozialen und wirtschaftlichen Probleme nicht ausreichte. Besonders Unruhen unter den armen und hoch verschuldeten Farmern in Massachusetts – nach ihrem Anführer *Shay's Rebellion* genannt – machten die Stärkung der gesamtstaatlichen Zentralgewalt aus der Sicht des wirtschaftlich führenden Bürgertums der Hafenstädte notwendig. Die Bundesregierung sollte in den Einzelstaaten eingreifen, wenn Recht und soziale Ordnung gefährdet waren.

Ein von den Parlamenten der Einzelstaaten beschickter Delegiertenkonvent arbeitete einen neuen Verfassungsentwurf aus, der im September 1787 verabschiedet und den Einzelstaaten vorgelegt wurde. Während der Beratungen kam es zu heftigen Auseinandersetzungen, in denen das Fundament für die Entstehung moderner politischer Parteien gelegt wurde. Damals stritten Föderalisten und Antiföderalisten bzw. Republikaner um die Kompetenzen der Regierung in Washington. Wollten die einen eine starke Bundesgewalt, traten die anderen für einen lockeren Bund möglichst starker Einzelstaaten ein. In der **Verfassung von 1787** fanden beide Gruppen einen tragfähigen Kompromiss.

M 1 Herbert Block (geb. 1909), Karikatur zum 4. Juli, 1978. – *„Ah, Unabhängigkeitstag – der glorreiche 4. [Juli]! Müssen den Ureinwohnern ein schönes Feuerwerk bereiten."* Die US-Hauptstadt Washington bildet den „District of Columbia" (D.C.) und untersteht direkt dem US-Kongress.

Hinweise zur Arbeit mit den Materialien

Kapitel 3 beschäftigt sich mit der Amerikanischen Revolution und der Staatsgründung.

Zwei *Einstiege* bieten sich an: a) die Erarbeitung von *Hypothesen oder Leitfragen* anhand einer modernen Karikatur (M1); b) eine Kartenarbeit (M2) zur geografischen und politischen *Ausgangssituation* nach dem Siebenjährigen Krieg (1756–1763).

Der erste Quellenabschnitt (M3–M5) ist den **Ursachen der Unabhängigkeitsbestrebungen** gewidmet. Die Text- und Bildquellen bieten sich für eine *Fallanalyse* zur Entfremdung zwischen Großbritannien und seinen Kolonien an. Die *Methodensonderseite 50f.* zur **Interpretation schriftlicher Quellen** ist inhaltlich in diese Sequenz eingebunden.

Der zweite Abschnitt (M7–M10) beschäftigt sich mit dem politisch-sozialen **Selbstverständnis der Unabhängigkeitsbewegung**. Das Thema kann mithilfe zentraler Dokumente wie der *Virginia Bill of Rights* (M7) und der Unabhängigkeitserklärung (M8) untersucht werden. Als *Vertiefung* bietet sich eine *Analyse von Bildern* zur Unterzeichnung der Unabhängigkeitserklärung von 1776 an (M9, M10).

Der dritte Abschnitt (M11–M17) geht dem Aufbau des **politischen Systems** nach, das die USA nach der Unabhängigkeit errichten mussten. *Gemälde* des ersten Präsidenten der USA, **George Washington** (M17a–c), zeigen, wie amerikanische Zeitgenossen eine historische Persönlichkeit aus der Revolution und der Staatsgründung sahen bzw. sehen wollten.

Der vierte Abschnitt (M18, M19) untersucht die Folgen der Amerikanischen Revolution: M18 betrachtet das **US-Parteiensystem**; M19a–c bietet drei **moderne Deutungen**.

Weiterführende Arbeitsanregungen S. 63: Personen in der Geschichte – **Benjamin Franklin**.

M2 Entstehung der USA 1763–1795

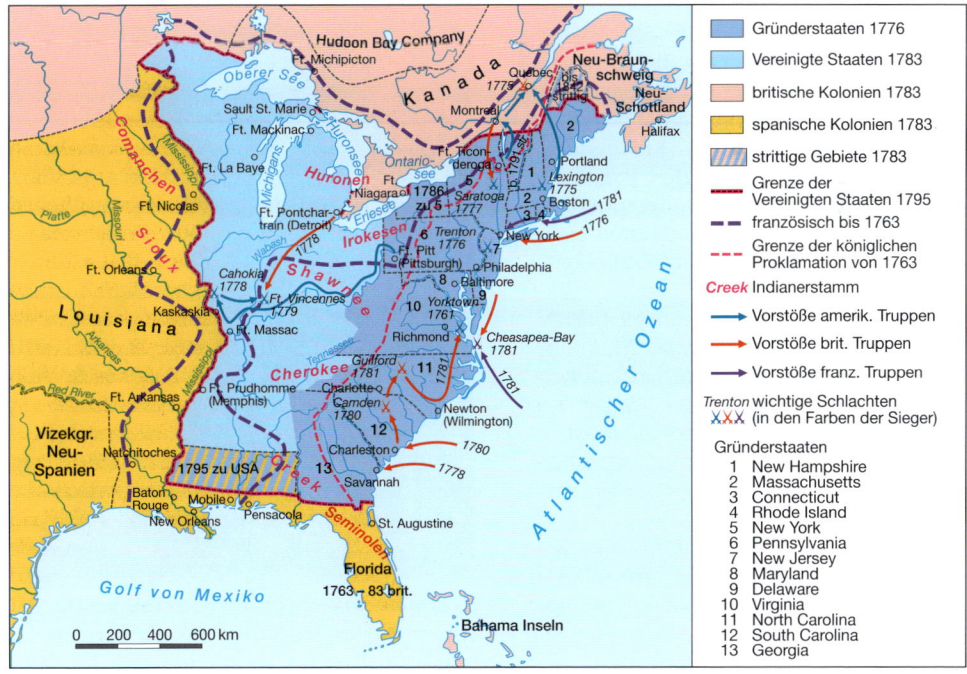

1 Skizzieren Sie die geografische Situation der Neuenglandkolonien vor der Revolution (M2).

2 Erläutern Sie die politischen Verhältnisse der Neuenglandkolonien vor der Revolution (M2).

M3 Die britischen Kolonien in Nordamerika rebellieren – eine Fallanalyse am Beispiel des englischen Stempelsteuergesetzes von 1765

3 a) Aus dem britischen Stempelsteuergesetz vom 22. März 1765:
Da durch ein Gesetz der letzten Session des Parlaments einzelne Abgaben verordnet, beibehalten und bestimmt wurden, um die Kosten der Verteidigung, des Schutzes und der Sicherheit der britischen Kolonien und Pflanzungen in Amerika zu decken, und da es gerecht und notwendig ist, Vorkehrungen für die Erhebung weiterer Einkünfte in Eurer Majestät Besitzungen in Amerika zur Deckung der genannten Ausgaben zu bedenken […], wird in Kraft gesetzt […],
dass von und nach dem [1. November 1765] errichtet, erhoben, gesammelt und gezahlt werde an Seine Majestät, seine Erben und Nachfolger in allen Kolonien und Pflanzungen in Amerika, die jetzt bestehen oder späterhin unter der Herrschaft Seiner Majestät, seiner Erben und Nachfolger sein mögen,
für jede Packung oder jedes Stück Schreibpergament, Pergament oder Blatt oder Stück Papier, auf das gepresst, geschrieben oder gedruckt werden soll irgendeine Erklärung, ein Gesuch, eine Replik, eine Erwiderung, ein Rechtseinwand oder andere Prozessakten oder eine Abschrift davon an irgendeinem Gerichtshof in den britischen Kolonien und Pflanzungen in Amerika, eine Stempelgebühr von drei Pence.
Es folgen weitere Stempelanordnungen, deren Höhe von einem halben Penny bis 20 Shilling schwanken. Erfasst sind sämtliche Zeitungen, Anschläge, Pamphlete, Lizenzen, Handelswechsel, Schuldscheine, Schuldverschreibungen, Reklamen, Almanache, Pachtverträge, gesetzliche Dokumente und ähnliche Papiere.

3 b) Aus den Entschließungsanträgen der Kolonie Virginia zum Stempelsteuergesetz (30. Mai 1765). Es wurden nur die ersten fünf Anträge angenommen, aber die Anträge insgesamt fanden in allen Kolonien rasche Verbreitung:
1) Entschließung, dass die ersten Ankömmlinge und Siedler in Seiner Majestät Kolonie und Herrschaft Virginia alle Freiheiten, Privilegien, Gerechtsame und Immunitäten mit sich gebracht und ihren Nachkommen und allen anderen Untertanen Seiner Majestät, die seither in besagter Kolonie Seiner Majestät gelebt haben, überliefert haben, die von jeher das Volk von Großbritannien innegehabt, genossen und besessen hat […].

3) Entschließung, dass die Besteuerung des Volkes durch es selbst oder durch von ihm selbst zu seiner Repräsentation gewählte Personen, die allein wissen, was an Steuern das Volk zu tragen imstande oder welches die billigste Weise der Erhebung ist und selbst betroffen werden durch jede dem Volke auferlegte Steuer, die einzige Sicherheit gegen untragbare Besteuerung und das unterscheidende Charakteristikum der britischen Freiheit ist, ohne welches die überlieferte Verfassung nicht weiter bestehen kann […].

3 c) Daniel Chodowiecki (1726–1801), „Die Amerikaner widersetzen sich der Stempelakte und verbrennen das aus England nach Amerika gesandte Stempelpapier zu Boston/Massachusetts im August 1765", kolorierter Stich, Berlin, Ende 18. Jh.

5) Entschließung, dass die Generalversammlung dieser Kolonie das einzige und völlig ausschließliche Recht und die Vollmacht besitzt, den Einwohnern dieser Kolonie Steuern und Abgaben aufzuerlegen, und dass jeder Versuch, irgendeine andere Person oder andere Personen, wer auch immer es sei, als die genannte Generalversammlung mit einer solchen Macht zu bekleiden, geeignet ist, sowohl die britische als auch die amerikanische Freiheit zu zerstören.

6) Entschließung, dass Seiner Majestät untertäniges Volk, die Einwohner dieser Kolonie, nicht gebunden ist, irgendeinem Gesetz oder einer wie immer gearteten Verordnung Gehorsam zu leisten, deren Bestimmung es ist, ihnen irgendeine Steuer welcher Art auch immer aufzuerlegen, es seien denn die Gesetze und Verordnungen der vorgenannten Generalversammlung.

3 d) Aus einer Entschließung des Stempelsteuerkongresses (19. Okt. 1765). – Vom 7. bis 25. Oktober 1765 hielten Neuenglandkolonien in New York den sog. Stempelsteuerkongress ab, an dem 27 Abgeordnete aus neun Kolonien teilnahmen. Das britische Parlament in London weigerte sich, die folgende Entschließung zur Kenntnis zu nehmen (Auszug):

I. Dass die Untertanen Seiner Majestät in diesen Kolonien der Krone Großbritanniens die Ergebenheit schulden, die für seine innerhalb des Reichs geborenen Untertanen Pflicht ist, und dass sie der erhabenen Körperschaft des Parlaments von Großbritannien alle schuldige Unterordnung zu leisten haben. […]

III. Dass es ein unzertrennlicher Bestandteil der Freiheit eines Volkes und das unzweifelhafte Recht von Engländern ist, dass ihnen Steuern nur mit ihrer eigenen, persönlich oder durch ihre Vertreter erteilten Zustimmung auferlegt werden.

IV. Dass die Bevölkerung dieser Kolonien im Unterhaus von Großbritannien nicht vertreten ist und wegen der räumlichen Entfernung nicht vertreten sein kann. […]

VIII. Dass die Stempelsteuerakte, die den Einwohnern dieser Kolonien Steuern auferlegt, und mit ihr verschiedene andere Akte, die die Gerichtshoheit der Admiralitätsgerichte über die althergebrachten Grenzen ausdehnen, offenbar den Umsturz der Rechte und Freiheiten der Kolonisten erstreben.

IX. Dass die durch verschiedene Parlamentsgesetze kürzlich auferlegten Abgaben wegen der besonderen Umstände dieser Kolonien außerordentlich schwere und drückende Lasten mit sich bringen; und dass ihre Bezahlung wegen der Knappheit an Metallgeld völlig undurchführbar ist.

X. Da die Gewinne aus dem Handelsverkehr der Kolonien letztlich in Großbritannien zusammenfließen und sie ihrerseits die Fabrikate bezahlen, die sie nur von dort beziehen dürfen, so leisten sie dadurch praktisch einen sehr großen Beitrag zu allen Geldbewilligungen, die der Krone dort gewährt werden. […]

XII. Dass Wachstum, Wohlergehen und Glück dieser Kolonien vom vollen und freien Genuss ihrer Rechte und Freiheiten sowie von einem gegenseitig freundschaftlichen und Gewinn bringenden Verkehr mit Großbritannien abhängen.

XIII. Dass den britischen Untertanen in diesen Kolonien das Recht zusteht, Bittschriften beim König sowie bei jedem Parlamentshaus einzureichen.

Schließlich ist es die unabweisbare Pflicht dieser Kolonien gegenüber dem Besten der Souveräne, dem Mutterland und sich selbst, auf einer loyalen und ehrfürchtigen Adresse an Seine Majestät und demütige Bitten an beide Häuser des Parlamentes zu bestehen, um die Zurücknahme des Gesetzes über die Bewilligung und Auflegung gewisser Stempelgebühren zu erreichen, dazu aller Klauseln anderer Gesetze des Parlaments, durch welche die Jurisdiktion der Admiralität im oben genannten Sinne ausgedehnt wird, und der jüngst erlassenen Gesetze zur Einschränkung des amerikanischen Handels.

3 e) Aus dem britischen Gesetz zum Verhältnis zwischen den nordamerikanischen Kolonien und Großbritannien vom 18. März 1766:
Da verschiedene Repräsentantenhäuser in Seiner Majestät Kolonien und Pflanzungen vor kurzem für sich selbst oder für die dortigen allgemeinen Versammlungen das alleinige und ausschließliche Recht in Anspruch nahmen, den Untertanen Seiner Majestät in den genannten Kolonien und Pflanzungen

Steuern und Abgaben aufzuerlegen; und da sie im Verfolg dieses Anspruchs gewisse Abstimmungen und Beschlüsse vornahmen und Verordnungen erließen, die der gesetzgebenden Gewalt des Parlaments abträglich und mit der Abhängigkeit der genannten Kolonien und Pflanzungen von der Krone Großbritannien unvereinbar sind, so wird erklärt:

Die genannten Kolonien und Pflanzungen in Amerika waren und sind rechtmäßig und notwendig der Reichskrone und dem Parlament von Großbritannien untergeordnet und von ihnen abhängig; und des Königs Majestät, durch und mit Rat und Zustimmung der geistlichen und weltlichen Lords und der Gemeinen von Großbritannien im versammelten Parlament, besaß und besitzt rechtmäßig und notwendig volle Gewalt und Vollmacht, Gesetze und Statuten zu erlassen, kraft deren die Kolonien und das Volk von Amerika, Untertanen der Krone Großbritannien, in allen erdenklichen Fällen verpflichtet werden. […] Und alle Beschlüsse, Abstimmungen, Anordnungen und Verfahren in irgendeiner der genannten Kolonien und Pflanzungen, wodurch die Macht und Vollmacht des Parlaments von Großbritannien, Gesetze und Statuten wie oben gesagt zu erlassen, geleugnet oder bezweifelt wird, sind vollständig nichtig und kraftlos bezüglich aller und jeder Absichten und Zwecke, und sie werden hiermit dazu erklärt.

M3a, b, d, e zit. nach: Wolfgang Lautemann (Bearb.), Geschichte in Quellen, Bd. 4, München (bsv) 1981, S. 72–76.

M4 Daniel Chodowiecki (1726–1801), „Die Einwohner von Boston/Massachusetts werfen den englisch-ostindischen Tee ins Meer ... 1773", kolorierter Stich, Berlin, Ende 18. Jh.

M 5 Aus der Schrift „Common Sense" von Thomas Paine (1776)

Thomas Paine (1737–1809) war 1774 von England nach Amerika ausgewandert. Durch seine Schrift „Common Sense" (1776), die weite Verbreitung erfuhr, gelang es ihm, in Nordamerika zum Sprecher der Massen zu werden:
Da man die Sache von der Beweisführung auf die Waffen verwiesen hat, ist eine neue Zeitrechnung für die Politik angebrochen, ist eine neue Denkweise entstanden. Alle Pläne, Vorschläge usw., die vor dem 19. April [1775], also vor dem Beginn der Feindseligkeiten, liegen, sind wie Kalender vom vergangenen Jahr, die damals taugten, heute aber überholt und nutzlos sind. […] Wir haben mit dem Schutz durch Großbritannien geprahlt, ohne daran zu denken, dass dessen Beweggrund der eigene Vorteil und nicht Zuneigung war, und dass es uns nicht unsertwegen vor unseren Feinden schützte, sondern seinetwegen vor seinen Feinden. […]

Europa, nicht England, ist das Stammland Amerikas. Diese Neue Welt ist die Zuflucht für die verfolgten Freunde der bürgerlichen und religiösen Freiheit aus allen Teilen Europas gewesen. […] Eigene Regierung ist unser natürliches Recht. […]

Ihr, die ihr euch jetzt gegen Unabhängigkeit wendet, ihr wisst nicht, was ihr tut; ihr öffnet ewiger Tyrannei die Türe, denn ihr haltet den Sitz der Regierung leer. Tausende und Zehntausende würden es für ruhmvoll halten, von diesem Erdteil die barbarische und höllische Macht zu verjagen, die zu unserer Vernichtung die Indianer und Neger aufreizte. […]

O ihr, die ihr die Menschheit liebt! Ihr, die ihr nicht bloß der Tyrannei, sondern dem Tyrannen selbst zu trotzen wagt, haltet stand! In jedem Fleck der Alten Welt herrscht Unterdrückung. Die Freiheit ist über die ganze Erde gehetzt worden. Asien und Afrika haben sie schon seit langem vertrieben, Europa betrachtet sie als Fremde, und England hat ihr das Zeichen zur Abfahrt gegeben. O nehmt die Flüchtlinge auf und bereitet der Menschheit rechtzeitig eine Zufluchtsstätte. […] Wer sich Natur zum Führer nimmt, kann nicht leicht in seiner Beweisführung irregemacht werden, und auf dieser Grundlage stehe ich allgemein dafür ein: Unabhängigkeit ist eine gerade, einfache Richtlinie, die in unserer Hand liegt, Versöhnung aber ist eine außerordentlich verwirrte und verwickelte Sache, bei der sich ein verräterischer, launenhafter Hof einmischen muss […]. Kurz, Unabhängigkeit ist das einzige Band, das uns verknüpfen und zusammenhalten kann. […]

Lasst die Namen Whig und Tory ausgetilgt sein, lasst keine anderen unter uns erklingen als die eines guten Bürgers, eines offenen und beherzten Freundes, eines tugendhaften Beschützers der Rechte der Menschheit und der freien und unabhängigen Staaten von Amerika!

Zit. nach: Wolfgang Lautemann (Bearb.), Geschichte in Quellen, Bd. 4, München (bsv) 1981, S. 99.

3 Finden Sie heraus, warum es zwischen Großbritannien und seinen nordamerikanischen Kolonien zu einer Entfremdung kam (M3a–e):
a) Erläutern Sie die Motive für das britische Stempelgesetz von 1765 (M3a).
b) Charakterisieren Sie die Reaktionen der Siedler anhand von Textquelle M3b und Bild M3c.
c) Signalisierte die Entschließung M3d eine Verschärfung oder Abschwächung des Konflikts? Vergleichen Sie in Partnerarbeit M3d mit M3c.
d) Erläutern Sie, wie das Mutterland Großbritannien auf den Widerstand der nordamerikanischen Kolonien gegen die britische Steuer- und Zollpolitik reagierte (M3e).

4 a) Fassen Sie nach Ihrer Quellenarbeit (Aufgabe 3) Motive und Ziele der Proteste der Neuenglandkolonien gegen die britische Steuerpolitik zusammen und erörtern Sie sie.
b) Setzen Sie sich mit der Frage auseinander, ob man das Verhalten und die Ziele der Kolonisten, wie sie sich in den Quellen M3a–e darstellen, als „revolutionär" bezeichnen kann.

5 a) Informieren Sie sich über den Autor von M5 (s. Grundwissen „Personen" S. 217f.).
b) Arbeiten Sie die zentralen Argumente heraus, mit denen der Autor die Unabhängigkeit der nordamerikanischen Kolonien fordert.
c) Beurteilen Sie seine Argumentation.

6 a) Erläutern Sie den Aufbau und die Elemente des Bildes M4.
b) Interpretieren Sie das Bild im historischen Zusammenhang.

Schriftliche Quellen interpretieren

Für die Erforschung der Neuzeit, also der Epoche seit etwa 1500, stehen den Historikerinnen und Historikern viele **Arten schriftlicher Quellen** (= Textquellen) zur Verfügung:
- *Urkunden, Gesetze, Verordnungen*
- *Geschäftsschriftgut* (= Akten und ihre Bestandteile: Eingaben, Memoranden, Protokolle)
- *propagandistische Texte* (Reden, Aufrufe, Flugblätter, Plakate, Programme, politische Lieder)
- *Presseerzeugnisse* (Zeitungs- und Zeitschriftenbeiträge)
- *Inschriften* (= epigrafische Quellen: Texte auf Grabsteinen, Monumenten usw.) und *Graffiti*
- *Briefe* (private, öffentliche, informative, verwaltungstechnische usw.)
- *Selbstzeugnisse* (Autobiografien, Augenzeugenberichte, Tagebücher, Reiseberichte usw.)
- *Gebrauchstexte* (Kochbücher, Hinweisschilder usw.)
- *zeitgenössische Sachtexte* (aus Philosophie, Religion oder anderen Fachgebieten)
- *zeitgenössische literarische Texte* (Theaterstücke, Romane, Gedichte usw.)

Bei der Interpretation von Quellen ziehen Historiker auch **Sekundärliteratur** hinzu. Mithilfe der Sekundärliteratur informieren sie sich über historische Hintergründe eines Themas (Ereignisse, Prozesse, Personen, zentrale Begriffe); die Ergebnisse anderer Forscher werden teilweise übernommen, korrigiert, zurückgewiesen oder weitergeführt.

Beim kritischen Umgang mit Textquellen geht es im Kern immer um drei **Untersuchungsschritte** (s. Kasten). In ihnen spiegeln sich auch die Anforderungsbereiche der Abiturklausur.

- Interpretieren Sie M6 nach den drei Grundschritten und den Einzelaufträgen im Kasten unten. Nutzen Sie die Randnotizen zu M6; bedenken Sie, dass die Notizen nur erste Hinweise enthalten.

Anforderungsbereich I – Analyse der formalen und inhaltlichen Merkmale
Die formalen Merkmale einer Textquelle können mithilfe der „fünf W-Fragen" ermittelt werden:
1 WER? Bestimmen Sie die Persönlichkeit des **Autors/der Autorin**. Bekleidete er/sie eine öffentliche Stellung, ein Amt? Aus welcher sozialen Schicht kam er/sie? In welchem Verhältnis stand er/sie zum Geschehen und zu Beteiligten? Aus welcher Perspektive/Weltanschauung urteilt bzw. wertet er/sie?
2 WAS? Bestimmen Sie das **Thema**, über das der Autor/die Autorin spricht.
3 WANN? Bestimmen Sie **Entstehungsort** und **Datierung** der Quelle.
4 WIE? Bestimmen Sie **Textart** (s. o.) und **Sprachstil** (polemisch, argumentativ, beschreibend).
5 WARUM? Bestimmen Sie den **Adressaten** (Freunde, Öffentlichkeit, Machtträger, Nachwelt).
Bei der Analyse der inhaltlichen Merkmale wird Folgendes erwartet:
6 Kernaussagen, Hauptanliegen, Leitgedanken sind zu erfassen. Dies soll mit eigenen Worten geschehen. **Zentrale Begriffe** und Aussagen sind mit Zitaten aus der Textquelle zu belegen.

Anforderungsbereich II – Einordnung in den historischen Zusammenhang
7 Sie sollen einen Sachverhalt, der in einer Textquelle thematisiert wird, durch zusätzliche historische Informationen (Ereignisse, Personen, Prozesse, Begriffe) verständlich machen und sinnvoll zu Entwicklungen oder Strukturen verknüpfen. Erläutern Sie **Anlässe/Ursachen** und **Wirkungen**; unterscheiden Sie zwischen (kurzfristigen) Anlässen und (längerfristigen) Ursachen, kurz- und langfristigen Wirkungen. Vergleichen Sie ggf. mit anderen Quellen und Sichtweisen.

Anforderungsbereich III – Historische Beurteilung des Sachverhalts und Bewertung
8 Die Textquelle und der historische Sachverhalt sind zu problematisieren. Es soll eine strukturierte, verschiedene Standpunkte berücksichtigende Argumentation vorgebracht werden. Thesen können unterstützt, verworfen oder differenziert werden. Aus Vergleichen sind Schlüsse zu ziehen. Urteile und Wertungen können auch andere Epochen oder die Gegenwart einbeziehen.

M 6 Aus den Anweisungen der Stadt Braintree/Massachusetts zum britschen Stempelgesetz, von John Adams, 14. Oktober 1765

Wir können nicht länger die Klage zurückhalten, dass viele Maßnahmen des letzten Ministeriums und einige der letzten Akte des Parlaments nach unserer Meinung die Neigung haben, uns unserer wichtigsten Rechte und Freiheiten zu berauben. Wir werden uns gleichwohl auf den Parlamentsakt beschränken, der gewöhnlich das Stempelgesetz genannt wird, durch den eine sehr lästige und unserer Meinung nach verfassungswidrige Steuer uns allen auferlegt werden soll und durch den wir zahlreichen und hohen Strafen unterworfen werden, gerichtlich belangt sowie Recht erlangen sollen, nach Belieben eines Anklägers in einem Admiralitätsgericht, dem keine Jury zur Seite steht. Wir haben dies eine lästige Steuer genannt, weil die Auflagen so zahlreich und so hoch und die Behinderungen für das Geschäftsleben in diesem jungen und dünn besiedelten Land so groß sind, dass es für das Volk völlig unmöglich wäre, darunter zu leben, selbst wenn keine Auseinandersetzungen über das Recht und die Machtbefugnis, ein solches Gesetz zu erlassen, bestünden. Weiterhin erklären wir diese Steuer für verfassungswidrig. Wir haben es zu jeder Zeit für ein großes und grundlegendes Prinzip der Verfassung gehalten, dass kein freier Mann irgendeiner Steuer unterworfen werden darf, der er nicht selbst persönlich oder durch seinen Vertreter zugestimmt hat. Und die Maxime des Gesetzes, wie wir es immer anerkannt haben, kommt zu demselben Schluss, dass nämlich kein freier Mann, es sei denn durch seinen Willen oder durch sein Vergehen, seines Eigentums beraubt werden darf. Wir halten es daher für eindeutig, dass es unvereinbar mit dem Geist des Gemeinen Rechtes und dem wesentlichen fundamentalen Prinzip der britischen Verfassung ist, wenn wir einer durch das britische Parlament auferlegten Steuer unterworfen werden sollen, da wir in dieser Versammlung in keiner Weise vertreten sind, es sei denn aufgrund eines fiktiven Rechtes, so sinnlos in der Theorie wie ungerecht in der Praxis, wenn sich solch eine Besteuerung darauf gründen sollte. [...]

Zit. nach: Wolfgang Lautemann (Bearb.), Geschichte in Quellen, Bd. 4, München (bsv) 1981, S. 73 f.

Autor: J. Adams, Mitautor der Verfassung von Massachusetts, 1797–1801 US-Präsident (Grundwissen „Personen").

Entstehungsort: Stadt in der Neuenglandkolonie Massachusetts; Massachusetts war puritanisch (vgl. Kap. 2).

Datierung: 14. Okt. 1765, d. h. sieben Monate nach dem Stempelsteuergesetz und während des Stempelsteuerkongresses (vgl. M3 und Grundwissen „Daten").

Zentrale Begriffe:
– Rechte, Freiheiten rauben
– Verfassungswidrigkeit
– Behinderung des Geschäftslebens (Handel, Verkehr)
– Recht und Machtbefugnis des Mutterlandes
– Recht auf Eigentum
– fiktives Recht

Hist. Zusammenhang:
Belastung der Kolonie durch das Stempelgesetz (Anlass); seit langem steigende Steuer- und Zolllasten der Neuenglandkolonien (Ursache); Beginn der Widerstände gegen die Kolonialpolitik der brit. Krone (vgl. M3a bis d);
1767: Townshendgesetz;
1773: *Boston Tea Party*;
1775: Beginn des Unabhängigkeitskrieges mit England;
1776: Unabhängigkeitserklärung/Revolution;
1781: Konföderationsartikel;
1783: Kriegsende (vgl. Darstellung S. 43 f. und Grundwissen „Daten").

Thema: brit. Stempelsteuergesetz (vgl. M3a); brit. Neuenglandpolitik.

Textart: amtliches Schriftstück der Stadt; Auszug, evtl. aus der Einleitung; die Anweisungen fehlen.

Sprachstil: argumentativ.

Adressat: die Einwohner der Stadt; die Öffentlichkeit der Neuenglandkolonien. **Gegner:** Regierung und Parlament in London.

Kernaussagen:
Die Stempelsteuer sei unrechtmäßig. Ziel: Abschaffung der finanziellen Belastungen. Bezug auf das Prinzip *no taxation without representation*; Repräsentation der Kolonien im brit. Parlament sei nur „fiktiv". Bezug auf brit. Widerstandsrecht gegen illegale Akte der Obrigkeit. Autor spricht im Namen des Volkes.

Beurteilung:
Die Quelle ist repräsentativ für die Neuenglandkolonien (vgl. Virginia, M3b). Argumentation/zentrale Begriffe/Quellenart zeigen fundamentale Probleme und Bereitschaft an, brit. Gesetzen zuwiderzuhandeln. Fragen: Reformwunsch oder Revolution? Sind Merkmale des nationalen Selbstverständnisses der späteren USA sichtbar?

M 7 Aus den *Bill of Rights* der Kolonie Virginia vom 12. Juni 1776

Im Mai 1776 forderte der Zweite Kontinentalkongress die trennungswilligen Kolonien auf, sich eigene Verfassungen zu geben. Virginia stellte seiner Konstitution eine „Bill of Rights" voran; die Kerninhalte fanden 1791 als Zusatzartikel 1 bis 10 Eingang in die US-Verfassung:

I. Dass alle Menschen von Natur aus gleich frei und unabhängig sind und bestimmte angeborene Rechte besitzen, die sie ihrer Nachkommenschaft durch keinen Vertrag rauben oder entziehen können, wenn sie eine staatliche Verbindung eingehen, nämlich das Recht auf den Genuss des Lebens und der Freiheit, auf die Mittel zum Erwerb und Besitz von Eigentum, das Streben nach Glück und Sicherheit und das Erlangen beider.

II. Dass alle Gewalt im Volke ruht und folglich von ihm abgeleitet ist, dass die Behörden seine Bevollmächtigten und Diener sind und ihm zu aller Zeit verantwortlich.

III. Dass eine Regierung eingesetzt ist oder eingesetzt sein sollte zum allgemeinen Wohle, zum Schutz und zur Sicherheit des Volkes, der Nation oder der Gemeinde; dass von all den verschiedenen Regierungsformen diejenige die beste ist, die fähig ist, den höchsten Grad von Glück und Sicherheit hervorzurufen, und die am wirksamsten gegen die Gefahr schlechter Verwaltung gesichert ist; und dass die Mehrheit einer Staatsgemeinde ein unzweifelhaftes, unveräußerliches und unverletzliches Recht hat, eine Regierung zu reformieren, zu verändern oder abzuschaffen, wenn sie diesen Zwecken unangemessen oder entgegengesetzt befunden wird, und zwar in einer Weise, die für das Allgemeinwohl am dienlichsten scheint. [...]

V. Dass die gesetzgebenden und vollziehenden Gewalten eines Staates getrennt und von der richterlichen unterschieden werden sollen. [...]

VI. Dass die Wahlen der Mitglieder, die als Vertreter des Volkes in der Versammlung dienen sollen, frei sein sollten und dass alle Menschen, die genügend ihr dauerndes Interesse an der Allgemeinheit und ihre Bindung an die Staatsgemeinde nachweisen können, das Recht zur Wahl haben, dass ihnen ihr Eigentum nicht zu öffentlichen Zwecken besteuert oder genommen werden kann ohne ihre eigene Einwilligung oder die der so gewählten Volksvertreter; dass sie ferner durch kein Gesetz gebunden werden können, dem sie nicht in gleicher Weise im Interesse der Allgemeinheit zugestimmt haben. [...]

VIII. Dass bei allen hochnotpeinlichen oder peinlichen Prozessen jedermann das Recht hat, nach Ursache und Natur seiner Anklage zu fragen, seinen Anklägern und deren Zeugen gegenübergestellt zu werden, Zeugen zu seinen Gunsten herbeizurufen und eine sofortige Untersuchung durch einen unparteiischen Gerichtshof aus zwölf Leuten seiner Nachbarschaft zu verlangen, ohne deren einmütige Zustimmung er nicht schuldig befunden werden kann. [...]

IX. Dass keine übermäßige Bürgschaft verlangt werden, keine übermäßigen Geldbußen und auch keine grausamen oder ungewöhnlichen Strafen auferlegt werden sollten. [...]

XII. Dass die Pressefreiheit eins der stärksten Bollwerke der Freiheit ist und nur durch despotische Regierungen beschränkt werden kann.

XIII. Dass eine wohlgeordnete Miliz, die aus dem Volke gebildet und im Waffendienst geübt ist, die natürliche und sichere Verteidigung eines freien Staates ist; dass man stehende Heere in Friedenszeiten, als für die Freiheit gefährlich, vermeiden sollte; und dass auf alle Fälle die militärische Gewalt in strenger Unterordnung unter der zivilen stehen und von dieser geleitet werden sollte. [...]

XVI. Dass die Religion oder die Ehrfurcht, die wir unserem Schöpfer schulden, und die Art, wie wir uns dieser Pflicht entledigen, nur durch unsere Vernunft und Überzeugung bestimmt werden kann, nicht durch Machtspruch oder Gewalt; und dass daher alle Menschen zur freien Religionsausübung gleicherweise berechtigt sind, entsprechend der Stimme ihres Gewissens, und dass es die gegenseitige Pflicht aller ist, christliche Milde, Liebe und Barmherzigkeit aneinander zu üben.

Zit. nach: Wolfgang Lautemann (Bearb.), Geschichte in Quellen, Bd. 4, München (bsv) 1981, S. 107–109.

M 8 Die Unabhängigkeitserklärung der USA vom 4. Juli 1776

8a) Aus der Unabhängigkeitserklärung der USA vom 4. Juli 1776 (Entwurf: Thomas Jefferson): Folgende Wahrheiten erachten wir als selbstverständlich: Dass alle Menschen gleich geschaffen sind; dass sie von ihrem Schöpfer mit gewissen unveräußerlichen Rechten ausgestattet sind; dass dazu Leben, Freiheit und das Streben nach Glück gehören; dass zur Sicherung dieser Rechte Regierungen unter den Menschen eingerichtet werden, die ihre rechtmäßige Macht aus der Zustimmung der Regierten herleiten; dass, wenn irgendeine Regierungsform sich für diese Zwecke als schädlich erweist, es das Recht des Volkes ist, sie zu ändern oder abzuschaffen und eine neue Regierung einzusetzen und sie auf solchen Grundsätzen aufzubauen und ihre Gewalten in der Form zu organisieren, wie es zur Gewährleistung ihrer Sicherheit und ihres Glücks geboten zu sein scheint. Gewiss gebietet die Vorsicht, dass seit langem bestehende Regierungen nicht um unbedeutender und flüchtiger Ursachen willen geändert werden sollten, und demgemäß hat noch jede Erfahrung gezeigt, dass die Menschen eher geneigt sind zu dulden, solange die Übel noch erträglich sind, als sich unter Abschaffung der Formen, die sie gewöhnt sind, Recht zu verschaffen. Aber wenn eine lange Reihe von Missbräuchen und Übergriffen, die stets das gleiche Ziel verfolgen, die Absicht erkennen lässt, sie absolutem Despotismus zu unterwerfen, so ist es ihr Recht, ist es ihre Pflicht, eine solche Regierung zu beseitigen und sich um neue Bürgen für ihre zukünftige Sicherheit umzutun. Solchermaßen ist das geduldige Ausharren dieser Kolonien gewesen und solchermaßen ist jetzt die Notwendigkeit, welche sie treibt ihre früheren Regierungssysteme zu ändern. Die Geschichte des gegenwärtigen Königs von Großbritannien ist die Geschichte wiederholten Unrechts und wiederholter Über-

M 9 John Trumbull (1756–1843), *„The Declaration of Independence"*, Ölgemälde, **1786 bis 1794.** – *Vor dem Schreibtisch das Komitee (von links nach rechts): John Adams, Roger Sherman, Robert Livingston, Thomas Jefferson, Benjamin Franklin. Am Tisch sitzend: John Hancock.*

griffe, die alle auf die Errichtung einer absoluten Tyrannei über die Staaten zielen. [...]

In jenem Stadium dieser Bedrückungen haben wir in den untertänigsten Ausdrücken um Abhilfe ersucht; unser wiederholtes Ersuchen ist lediglich durch wiederholtes Unrecht beantwortet worden. Ein Fürst, dessen Charakter durch jede Handlung in solcher Weise gekennzeichnet ist, kann als ein Tyrann bezeichnet werden, der als Herrscher über ein freies Volk ungeeignet ist.

Auch haben wir es nicht unterlassen, unserer britischen Brüder hinlänglich eingedenk zu sein. Wir haben sie von Zeit zu Zeit von den Versuchen ihrer gesetzgeberischen Gewalt in Kenntnis gesetzt, eine gesetzwidrige Rechtsprechung über uns zu errichten. Wir haben sie an die näheren Umstände unserer Auswanderung und unserer Siedlung hier erinnert. [...] Wir müssen uns daher mit der Notwendigkeit abfinden, welche unsere Trennung gebietet, und sie, wie die übrige Menschheit, für Feinde im Krieg, für Freunde im Frieden halten.

Daher tun wir, die Vertreter der Vereinigten Staaten von Amerika, versammelt in einem allgemeinen Kongress, an den Obersten Richter der Welt betreffs der Rechtlichkeit unserer Absichten appellierend, im Namen und kraft der Autorität des rechtlichen Volkes dieser Kolonien feierlich kund und erklären, dass diese Vereinigten Kolonien freie und unabhängige Staaten sind und es von Rechts wegen sein sollen; dass sie von jeglicher Treuepflicht gegen die britische Krone entbunden sind und dass jegliche politische Verbindung zwischen ihnen und dem Staate Großbritannien vollständig gelöst ist und sein soll und dass sie als freie und unabhängige Staaten Vollmacht haben, Kriege zu führen, Frieden zu schließen, Bündnisse einzugehen, Handel zu treiben und alle anderen Akte und Dinge zu tun, welche unabhängige Staaten von Rechts wegen tun können. Und zur Stütze dieser Erklärung verpfänden wir alle untereinander in festem Vertrauen auf den Schutz der göttlichen Vorsehung unser Leben, unser Gut und unsere heilige Ehre.

Zit. nach: Adolf Rock, Dokumente der amerikanischen Demokratie, 2. Aufl., Wiesbaden (Limes) 1953, S. 102 ff.

8b) Die folgende Passage entfernte der Kongress aus dem Entwurf Jeffersons:

Er [Georg III.] hat einen grausamen Krieg gegen die menschliche Natur selbst geführt, indem er die heiligsten Rechte des Lebens und der Freiheit in den Angehörigen eines fernen Volkes verletzt hat, das ihn nie beleidigt hat, indem er sie gefangen nahm und als Sklaven in eine andere Hemisphäre verschleppte oder sie auf ihrem Transport dorthin einem elenden Tode preisgab. Diese seeräuberische Kriegsführung, die Schmach heidnischer Völker, ist die Kriegsführung des Christlichen Königs von Großbritannien, der entschlossen ist, seinen Markt einzurichten, wo Menschen gekauft und verkauft werden sollen. Er hat sein Einspruchsrecht preisgegeben durch Unterdrückung jedes gesetzgeberischen Versuchs, solchen schändlichen Handel zu verhindern oder einzuschränken.

M 10 Daniel Chodowiecki (1726–1801), „Der Kongress erklärt die 13 Vereinigten Staaten von Nordamerika für *independent* am 4. Juli 1776", Stich, Berlin, Ende 18. Jh.

Und damit diese Häufung von Scheußlichkeiten eines Zuges ungewöhnlicher Färbung nicht entbehre, treibt er jetzt die gleichen Menschen an, mitten unter uns die Waffen zu erheben, um sich jene Freiheit zu erkaufen, deren er sie beraubte, indem sie die morden, denen er sie auch aufgedrängt hatte: So bezahlt er für frühere Verbrechen gegen die Freiheit eines Volkes mit Verbrechen, die er dieses gegen das Leben eines anderen begehen ließ.

Zit. nach: Wolfgang Lautemann (Bearb.), Geschichte in Quellen, Bd. 4, München (bsv) 1981, S. 92.

7 🚶 Staatliche Grundrechte heute: Skizzieren Sie in knapper Form, was aus Ihrer Sicht heute in einen Grundrechtekatalog gehört. Halten Sie Ihre Ergebnisse auf einem Wandbild fest.

8 a) Analysieren Sie die grundlegenden Aussagen der *Virginia Bill of Rights* von 1776 (M7).
b) Vergleichen Sie mit Ihren Vorstellungen heute. Erklären Sie die Unterschiede.

9 🚶 Referat: Die *Glorious Revolution* in England 1688 und die *Bill of Rights* von 1689 – Vorreiter der Amerikanischen Revolution?

10 Untersuchen Sie (M8a) die Unabhängigkeitserklärung der USA (1776) im Hinblick auf
a) die natürlichen Rechte der Menschen,
b) das Prinzip der Volkssouveränität,
c) die Gewaltenteilung und ihre Organe,
d) die Freiheitsrechte,
e) die Regierungsgewalt.
Beziehen Sie die gestrichene Passage M8b ein.

11 a) Informieren Sie sich über die Künstler der Bilder M9 und M10.
b) Vergleichen Sie die Bilder über die Unterzeichnung der Unabhängigkeitserklärung.

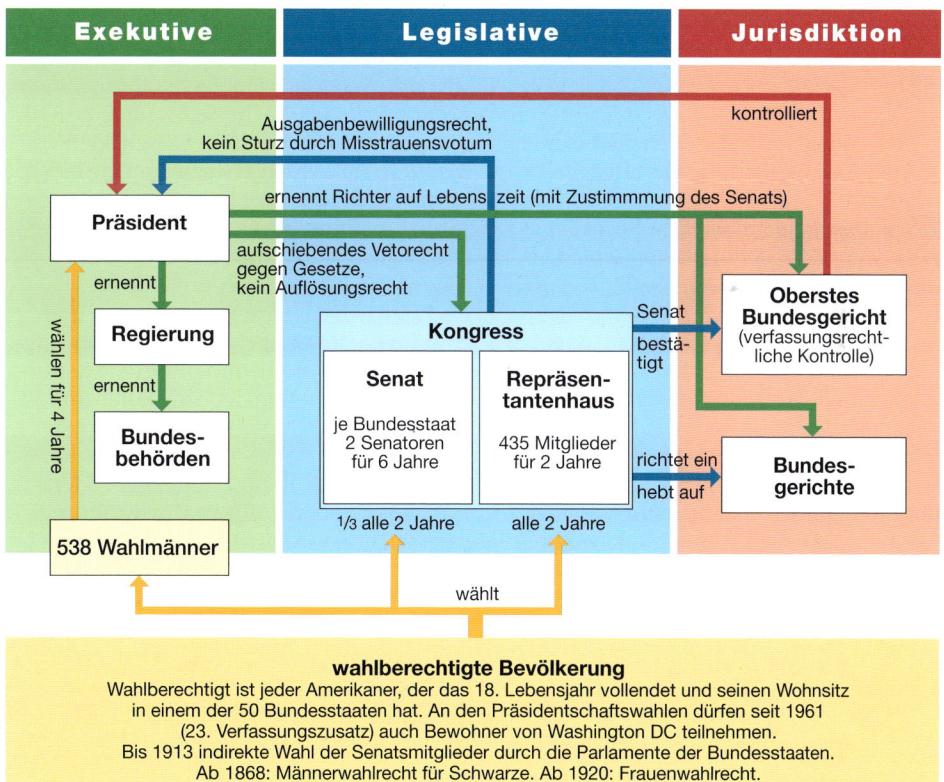

M 11 Die Verfassung der USA. – *Die Verfassung wurde 1787 beschlossen, 1789 durch zehn Verfassungszusätze, die „Bill of Rights", ergänzt und 1791 ratifiziert. Sie ist – ergänzt durch 17 weitere Verfassungsgrundsätze – bis heute in Kraft.*

M 12 Der Weg zur Verfassung: Aus den 13 *Articles of Confederation*

Art. 1: Die Form dieser Konföderation soll sein „Die Vereinigten Staaten von Amerika".

Art. 2: Jeder Staat behält seine Souveränität, Freiheit und Unabhängigkeit und jede Gewalt. Rechtsprechung und Recht, die nicht durch diese Konföderation ausdrücklich delegiert worden sind, sind auf die Vereinigten Staaten im Kongress versammelt.

Art. 3: Die genannten Staaten treten hiermit einzeln und gemeinsam in eine feste Gemeinschaft *(league)* der Freundschaft untereinander ein. Zu ihrer gemeinsamen Verteidigung, zur Sicherung ihrer Freiheiten und zu ihrer gegenseitigen und allgemeinen Wohlfahrt. Sie verpflichten sich, einander beizustehen gegen alle angedrohte Gewalt oder Angriffe auf sie. […]

Zit. nach: Richard B. Morris (Hg.), Basic Documents in American History, Princeton (Krieger) 1965, S. 32. Übers. d. Verf.

M 13 Die Verfassung in der Diskussion – Station I: Eine Verfassung für alle?

Brief von Abigail Adams an ihren Mann John vom 31. März 1776. John Adams aus Massachusetts war einer der Anführer im Unabhängigkeitskampf und 1797 bis 1801 US-Präsident:

Ich sehne mich nach der Nachricht, dass Ihr die Unabhängigkeit erklärt habt. Und, nebenbei, in dem neuen Gesetzbuch, das Ihr – meiner Meinung nach – notwendig machen müsst, solltet Ihr – wie ich wünsche – an die Frauen denken und sie großzügiger und günstiger behandeln, als eure Vorfahren es taten. Gebt keine solche unberenzte Macht mehr in die Hände der Ehemänner. Erinnert euch, dass alle Männer Tyrannen wären, wenn sie könnten. Wenn den Frauen keine besondere Sorge und Berücksichtigung zuteil wird, sind wir entschlossen, einen Aufruhr zu schüren. Wir werden uns nicht durch irgendwelche Gesetze gebunden fühlen, bei denen wir kein Stimm- oder Vertretungsrecht haben.

Zit. nach: Gerold Niemetz (Hg.), Vernächlässigte Fragen der Geschichtsdidaktik, Hannover (Wochenschau Verlag) 1992, S. 96.

M 14 Die Verfassung in der Diskussion – Station II: Wie mächtig soll die Bundesregierung sein?

Alexander Hamilton (1755–1804), der maßgeblichen Einfluss auf den Verfassungsentwurf ausübte, über die Macht der Bundesregierung (1787):

Verzichten wir auf alle Pläne für eine Bundesregierung, so würde uns das zu einer einfachen offensiven und defensiven Allianz führen und uns in eine Lage bringen, in der wir uns abwechselnd als Freunde oder Feinde gegenüberständen, je nachdem, was uns unsere gegenseitige Rivalität – von den Intrigen fremder Mächte geschürt – gerade vorschriebe. […]

Wenn […] die Maßnahmen der Föderation nicht ohne Mitwirkung der Regierungen der Einzelstaaten durchgeführt werden können, besteht wenig Aussicht, dass sie überhaupt durchgeführt werden. Die leitenden Männer der verschiedenen Mitgliedstaaten werden, ob sie dazu ein verfassungsmäßiges Recht haben oder nicht, selbst über die Richtigkeit der Maßnahmen zu entscheiden trachten. Sie werden Erwägungen anstellen, ob die Beschlüsse oder Erlässe ihrem Interesse oder ihren unmittelbaren Zielen entsprechen und ob deren Annahme ihnen im Augenblick gelegen oder ungelegen erscheint. All das wird getan werden, und zwar im Geiste einer eigennützigen und argwöhnischen Prüfung und ohne jene Kenntnis der gesamtnationalen Umstände und Gründe, die für ein richtiges Urteil nötig sind. […]

In unserem Falle, also unter der Föderation, bedarf es zur völligen Durchführung jeder wichtigen Maßnahme, die von der Föderation ausgeht, der Übereinstimmung des souveränen Willens von dreizehn Staaten. Es ist geschehen, was vorzusehen war: Die Maßnahmen der Union sind nicht durchgeführt worden; die Pflichtverletzungen der Staaten haben Schritt für Schritt ein solches Ausmaß erreicht, dass schließlich alle Räder der nationalen Regierung zu einem betrüblichen Stillstand gekommen sind. Der Kongress besitzt derzeit kaum die Möglichkeit, die Formen der Verwaltung so lange aufrechtzuerhalten, bis die Staaten Zeit

haben werden, sich über einen leistungsfähigen Ersatz für den gegenwärtigen Schatten der Bundesregierung zu einigen.
Zit. nach: Herbert Schambeck u. a. (Hg.), Dokumente zur Geschichte der Vereinigten Staaten von Amerika, Berlin (Duncker & Humblot) 1993, S. 20.

M 15 Die Verfassung in der Diskussion – Station III: *Checks and Balances*

James Madison (1751–1836) schrieb über das Prinzip der „Checks and Balances" (1788):
Zu den Haupteinwänden, welche die achtenswerten Gegner der Verfassung vorbringen, gehört die ihr angelastete Verletzung jenes politischen Grundsatzes, der besagt, dass die gesetzgebende, die vollziehende und richterliche Gewalt deutlich voneinander getrennt sein müssen. Es wird behauptet, dass diese für die Freiheit wesentliche Vorsichtsmaßregel beim Aufbau der Zentralregierung nicht berücksichtigt worden sei. Die verschiedenen Machtbefugnisse seien in einer Weise verteilt und miteinander vermischt, die nicht nur jede Symmetrie und Schönheit der Form zerstöre, sondern auch die Gefahr heraufbeschwöre, dass wichtige Teile des Gebäudes unter dem Übergewicht anderer Teile zusammenbrechen können. […] Schon bei oberflächlicher Betrachtung der britischen Verfassung werden wir bemerken, dass gesetzgebende, vollziehende und richterliche Gewalt keineswegs gänzlich voneinander getrennt und unterschieden sind. Der Träger der vollziehenden Gewalt bildet einen integrierenden Bestandteil der gesetzgebenden Autorität. Er allein hat das Recht, mit fremden Souveränen Verträge abzuschließen, die nach ihrem Abschluss mit gewissen Einschränkungen Gesetzeskraft erlangen. Alle Mitglieder des richterlichen Zweiges der Regierung werden von ihm ernannt, können auf Antrag der beiden Häuser des Parlaments von ihm abgesetzt werden und bilden, wenn es ihm beliebt, sie zu konsultieren, ein ihm verfassungsmäßig zustehendes Ratskollegium. Ein Zweig der gesetzgebenden Körperschaft stellt aufgrund der Verfassung ein zweites, größeres Ratskollegium für den Träger der vollziehenden Gewalt dar. Der gleiche Zweig ist jedoch andererseits in Fällen von Hochverrat der einzige Träger der richterlichen Gewalt, während er in allen übrigen Fällen die höchste Berufungsinstanz darstellt. Die Richter sind wieder so eng mit der gesetzgebenden Körperschaft verbunden, dass sie häufig an deren Beratungen teilnehmen, wenn ihnen auch keine gesetzgebende Stimme zusteht.
   Aus diesen Tatsachen, von denen Montesquieu ausging, kann mit voller Klarheit Folgendes geschlossen werden: Wenn Montesquieu sagt, „es kann keine Freiheit geben, wo gesetzgebende und vollziehende Gewalt in ein und derselben Person oder in ein und derselben Körperschaft vereinigt sind oder wo die richterliche Gewalt von der gesetzgebenden und von der vollziehenden Gewalt getrennt ist", so meint er damit keineswegs, dass die drei Zweige der Regierung untereinander auf ihre spezifische Tätigkeit nicht ein gewisses Maß von Einfluss ausüben oder einander nicht wechselseitig kontrollieren sollten. […] Wenn wir die Verfassungen unserer Einzelstaaten betrachten, so finden wir, dass […] in keiner einzigen von ihnen die drei Zweige der Regierung absolut getrennt sind.
Zit. nach: Alexander Hamilton u. a., Der Föderalist. Artikel 47, hg. von Felix Ermacora, Wien (Manzsche Verlagsbuchhandlung) 1958, S. 277 ff.

M 16 Die Verfassung in der Diskussion – Station IV: Eine pragmatische Verfassung?

Benjamin Franklin (1706–1790), der an der Unabhängigkeitserklärung und an der Verfassung mitgearbeitet hatte, in seiner Schlussrede im Verfassungskonvent 1787:
Herr Präsident, ich gestehe, dass ich mit dieser Verfassung zur Zeit nicht ganz einverstanden bin. Aber, mein Herr, ich bin nicht sicher, ob ich *nie* mit ihr einverstanden sein werde. Ich habe lange genug gelebt, um bei vielen Gelegenheiten zu erfahren, dass ich infolge besserer Information oder vollständigerer Überlegung dazu gebracht wurde, Meinungen zu ändern (selbst in Bezug auf wichtige Sachen), Meinungen, die ich einst für richtig gehalten hatte – und nun nicht mehr so fand. Daher kommt es, dass, je älter ich werde, ich desto geneigter bin, mein eigenes

Urteil in Zweifel zu setzen und dem Urteil anderer mehr Gehör zu schenken. Die meisten Menschen freilich – auch die meisten religiösen Sekten – glauben im Besitz aller Wahrheit zu sein, und dass, wo immer andere von ihnen abweichen, sie insofern irren. Steele, ein Protestant, sagte dem Papst in einer Widmung: „Der einzige Unterschied zwischen unseren beiden Kirchen in Betreff ihrer Meinungen von der Gewissheit ihrer Lehren ist der, dass die römische Kirche unfehlbar und die Kirche von England niemals im Unrecht ist." […]

In solchen Gefühlen, mein Herr, erkläre ich mein Einverständnis mit dieser Verfassung einschließlich aller ihrer Fehler, falls solche bestehen, denn ich halte dafür, dass wir eine Regierung nötig haben. Und jede Regierungsform ist schließlich derart, dass sie ein Segen sein kann, wenn sie gut ausgeübt wird. Und ferner glaube ich, dass diese da die Wahrscheinlichkeit für sich hat, für eine Reihe von Jahren gut ausgeübt zu werden – und nur dann (nach dem Vorgang anderer Regierungsformen) in Despotismus enden wird, wenn unser Volk in eine derartige Korruption fallen wird, dass es eine despotische Regierung benötigt, weil es keiner anderen mehr fähig ist. Ich bezweifle auch, ob irgendeine andere Konvention, die beschickt werden könnte, in der Lage wäre, eine bessere Verfassung zu schaffen. Denn wie Sie eine Anzahl Menschen versammeln, um sich des Vorteils ihrer vereinigten Weisheit zu bedienen, so versammeln Sie unvermeidlich zusammen mit diesen Menschen alle ihre Vorurteile, ihre Leidenschaften, ihre selbstischen Absichten. […]

So stimme ich denn, mein Herr, dieser Verfassung zu, weil ich keine bessere erwarte und weil ich nicht sicher bin, ob es nicht die beste ist. Die Meinungen, die ich in Betreff ihrer Fehler unterhalten habe, opfere ich auf im Interesse des öffentlichen Wohls. Ich

M 17 George Washington in zeitgenössischen Bildern

17 a) Charles W. Peale (1741–1827), Washington und seine Generäle in Yorktown, Ölgemälde, um 1781

habe draußen nie eine Silbe darüber verlauten lassen. Innerhalb dieser Wände sind sie geboten worden, hier sollen sie enden. Wenn bei der Rückkehr zu unseren Wählern ein jeder von uns die Einwände, die er dagegen hatte, feststellte und danach strebte, Parteigänger zur Unterstützung zu gewinnen, so könnten wir eben dadurch verhindern, dass sie allgemein angenommen wird, und damit würden wir alle die heilsamen Wirkungen und großen Vorteile in Verlust geraten lassen, die der Eindruck unserer wirklichen *(real)* oder scheinbaren *(apparent)* Einmütigkeit natürlicherweise sowohl bei den auswärtigen Nationen wie unter unserer eigenen zu unseren Gunsten hervorbringen wird.

Zit. nach: Wolfgang Lautemann (Bearb.), Geschichte in Quellen, Bd. 4, München (bsv) 1981, S. 114 f.

12 Interpretieren Sie die Kerninhalte von M12.
13 Untersuchen Sie den Aufbau der US-Verfassung (M11).
14 🚶 Verdeutlichen Sie die Rolle des Präsidenten und des Kongresses in der US-Verfassung anhand von Beispielen aus der Gegenwart, z. B. bei Wahlen, außenpolitischen Entscheidungen, der Arbeit von Kongressausschüssen (s. Tagespresse, Internet).
15 Arbeitsteilige Gruppenarbeit über Merkmale und Probleme der US-Verfassung:
a) Eine Verfassung für alle (M13)?
b) Eine mächtige Bundesregierung (M14)?
c) Das Prinzip der *Checks and Balances* (M15).
d) Eine pragmatische Verfassung (M16)?
16 a) Finden Sie für die Darstellungen Washingtons in M17a–c charakteristische Begriffe.
b) George Washington im Bild – historische Dokumentation oder Konstruktion (M17a–c)?

17 b) Charles W. Peale, Washington bei der Schlacht von Princeton 1777, Ölgemälde, 1783

17 c) Jean Antoine Houdon, George Washington, Marmorstatue, 1788

M 18 Peter Lösche, Politologe, über die Geschichte des US-Parteiensystems (1995)

Ähnlich wie in parlamentarischen Regierungssystemen gingen auch in Amerika die einzelnen Parteien und das Parteiensystem insgesamt aus Gruppierungen im Parlament, also im Kongress, hervor. Im ersten Jahrzehnt der Republik standen sich die *Federalists* um Alexander Hamilton, gestützt von George Washington und John Adams, und die *Jeffersonian-Republicans* um Thomas Jefferson gegenüber, die häufig auch als *Democratic-Republicans* bezeichnet wurden und als Vorläufer der heutigen Demokraten angesehen werden. Während die *Federalists* Handels- und Landbesitzerinteressen des Nordens repräsentierten und für eine Stärkung der Bundesgewalt sowie außenpolitisch für die Aufrechterhaltung besonderer Verbindungen zu Großbritannien eintraten, vertraten die *Jeffersonian-Republicans* eher die Bauern und Plantagenbesitzer im Süden. Sie betonten die Rechte der Einzelstaaten und plädierten außenpolitisch eher für eine Anlehnung an Frankreich. Organisatorisch stellten diese frühen Parteien nicht viel mehr als eine lockere Föderation lokaler Honoratiorenvereine dar.

Relativ gut organisierte, breitere Wählerschichten integrierende Parteien entwickelten sich nach der Wende vom 18. zum 19. Jahrhundert, als [...] die Jefferson-Republikaner, die sich bald als Demokraten bezeichneten, zur Mehrheitspartei wurden. Sie betonten politische Gleichheit und wandten sich – ihre Opponenten, die *Federalists* bzw. *Whigs*, damit angreifend – gegen „aristokratische" Privilegien. Sie appellierten an den „kleinen Mann" im Volk und setzten wichtige Reformen des politischen Willensbildungsprozesses wie die Demokratisierung der Verfahren zur Nominierung und Wahl des Präsidenten durch. [...]

Mit dem Konflikt um die Sklaverei und dem Bürgerkrieg zwischen Nord- und Südstaaten (1861–1865) strukturierte sich das amerikanische Parteiensystem erneut um. Die Demokraten wurden zur Minderheits-, die 1854 gegründeten Republikaner unter Abraham Lincoln zur Mehrheitspartei. Mit der sich nach dem Bürgerkrieg durchsetzenden Industrialisierung entwickelten sich die Republikaner zur Partei der Unternehmer und Bankiers, der Industriearbeiter und der Großstädter, aber auch der Farmer im Norden und Westen. Demgegenüber repräsentierte die Demokratische Partei im Wesentlichen die Interessen der armen Weißen und der Großgrundbesitzer im Süden. Die Schwarzen unterstützten zumeist die Republikaner, die in den 1860er-Jahren im Kongress die Abschaffung der Sklaverei und das Verbot einer Beeinträchtigung von Wahlrechten aufgrund von Rasse, Hautfarbe oder früherer Zwangsdienstbarkeit durchgesetzt hatten. Dieses verfassungsrechtlich verankerte Diskriminierungsverbot wurde jedoch in mehreren Bundesstaaten durch die Festsetzung von bestimmten Wahlrechtsvoraussetzungen (zum Beispiel Nachweis der Lese- und Schreibfähigkeit) umgangen, die von den Schwarzen zumeist nicht erfüllt werden konnten. [...]

Die demokratische Wählerkoalition blieb aber nicht auf die Südstaaten beschränkt, sondern umfasste auch einige Großstädte im Nordosten, Radikaldemokraten im Westen und von Industrialisierung und Finanzkapital sich bedroht fühlende Farmer im Mittleren Westen. [...] Die Republikaner beherrschten jedoch zwischen 1861 und 1931 nicht nur die Parlamente der Einzelstaaten und den Kongress, sondern stellten auch 14 von 18 Präsidenten. Der Erfolg demokratischer Präsidentschaftskandidaten wurde 1884, 1892, 1912 und 1916 nur dadurch möglich, dass die Republikaner zerstritten waren. Dies war zugleich jene Phase der amerikanischen Parteiengeschichte, in der sich in vielen Großstädten so genannte Parteimaschinen *(party machines)* herausbildeten, die die für eine erfolgreiche Bewerbung um ein öffentliches Amt erforderliche Stimmenmehrheit mit zum Teil korrupten Praktiken zu beschaffen vermochten. [...] Die bürgerlichen Reformer hatten aber eine Reihe von Neuerungen durchzusetzen vermocht (zum Beispiel die Einführung von Vorwahlen), die dazu beitrugen, dass die Verbindung zwischen Partei und Wählern geschwächt wurde. [...]

Unter den Bedingungen der Weltwirtschaftskrise, die mit dem New Yorker Börsenkrach 1929 begann, ist es dann zur bisher letzten markanten Umstrukturierung des amerikanischen Parteiensystems gekommen. Die Demokraten wurden 1932 zur Mehrheitspartei. Die 1936 endgültig etablierte *New-Deal*-Koalition umfasste sowohl die auf den Eingriff des Zentralstaates zur Verbesserung ihrer sozialen und wirtschaftlichen Situation angewiesenen Wählergruppen, nämlich die Industriearbeiter des Nordostens und Mittleren Westens, häufig katholische Einwanderer aus Süd- und Osteuropa, die in jenen Jahren in die Industriegewerkschaften strömten, Schwarze und Juden als auch jene traditionell demokratisch wählenden Schichten in den Südstaaten. Die *New Deal*-Koalition ist heute bei Präsidentenwahlen nicht mehr mehrheitsfähig. Viele städtische Industriearbeiter und mit ihnen einige Einwanderergruppen wie Italiener und Polen sowie Teile der Katholiken und Juden sind in den fünfziger und sechziger Jahren sozial und wirtschaftlich aufgestiegen und daher auf die Hilfe des Sozialstaates nicht mehr unmittelbar angewiesen. Sie gehören heute zu den Wechselwählern bzw. zu den Anhängern der Republikaner.

Peter Lösche, Die politischen Parteien, in: Wolfgang Jäger/Wolfgang Welz (Hg.), Regierungssystem der USA, München (Oldenbourg) 1995, S. 270 f.

M 19 Moderne Deutungen der Revolution

19 a) Hans-Ulrich Wehler, Historiker (1987):
Als 1775 der schwelende Interessengegensatz zwischen den nordamerikanischen Kolonien und dem englischen Mutterland in den offenen Konflikt überging, begann im Grunde die Kette der europäischen Revolutionen, die bis 1848 andauern sollten. Denn diese achtjährige Auseinandersetzung stellte nicht nur den ersten siegreichen Befreiungskampf neuzeitlicher Kolonien dar, die sich von der Vorherrschaft der Metropole lösen konnten, sondern in derselben Zeit vollzog sich auch eine Revolution, mit der eine in die westliche Hemisphäre verpflanzte okzidentale Siedlergesellschaft der Alten Welt voranging. Schon die Zeitgenossen waren sich des Doppelcharakters der Ereignisse bewusst: Der „Unabhängigkeitskrieg" nach außen war unauflöslich verquickt mit der „Amerikanischen Revolution" im Innern. Ihre Ergebnisse gingen über den Erfolg, den sich die aufbegehrenden Kolonien mit der staatlichen Selbstständigkeit ihrer „neuen Nation" errangen, noch weit hinaus. „Dies war eine größere Revolution, als früher je eine in der Welt gewesen war", hat Ranke über sie geurteilt. „Früher war es der König von Gottes Gnaden …, jetzt tauchte die Idee auf, dass die Gewalt von unten aufsteigen müsse." „Jetzt erst bekam die Repräsentationstheorie ihre volle Bedeutung, nachdem sie einen Staat gebildet hatte." In der Tat ist die Amerikanische Revolution ihrer universalhistorischen Wirkung und Bedeutung nach hauptsächlich eine Verfassungsrevolution gewesen. Im Vergleich mit dieser politischen Quintessenz machten die sozialen Veränderungen nur eine untergeordnete Komponente aus. Das entscheidende Resultat bildete die Gründung eines großen Flächenstaats in der Form einer föderativ organisierten Republik, welche auf die neuartige Legitimationsbasis der Volkssouveränität gestellt wurde, die öffentliche Ordnung in einer schriftlichen Verfassung regelte, gewählte Volksvertretungen einführte und außer der strikten Gewaltenteilung ein ungeahntes Maß von liberalen Freiheits- und demokratischen Gleichheitsrechten verwirklichte. Die einzelstaatlichen Verfassungen, bald auch die Unionsverfassung, garantierten unveräußerliche Menschen- und Bürgerrechte; das Recht auf Widerstand gegen ein rechtsverletzendes Regime, die Eigentumsrechte und zahlreiche naturrechtlich fundierte Zielvorstellungen der Aufklärung wurden gesetzlich verankert, darüber hinaus wurden sie feste Bestandteile jenes *American Creed*, der das neue Gemeinwesen als Integrationsideologie überwölbte.

Hans-Ulrich Wehler, Deutsche Gesellschaftsgeschichte, Bd. 1, München (C. H. Beck) 1987, S. 347.

19 b) Der Historiker Udo Sautter (1998):
Die Halbheit der amerikanischen Revolution äußerte sich besonders deutlich in der Beibehaltung der Sklaverei als Institution. Die volltönende Eingangspassage der Unabhängigkeitserklärung war mit Blick auf die imperiale Verfassungsfrage geschrieben worden. Zu einer Verwirklichung des ihr zugrunde

liegenden naturrechtlichen Konzepts innerhalb der amerikanischen Gesellschaft selbst konnte man sich nicht entschließen. Die Unangemessenheit dieses Verhaltens wurde von nicht wenigen Zeitgenossen schmerzlich empfunden. Einige nördliche Staaten gingen auch mit gutem Beispiel voran. In Pennsylvania, Connecticut, Rhode Island, New York und New Jersey verabschiedete man in den 1780er-Jahren Gesetze, die auf ein allmähliches Auslaufen der Sklaverei abzielten. Aber nur in Massachusetts und, durch Bundesgesetz, im Nordwest-Territorium schaffte man die Einrichtung sofort ab. Hier konnte man es sich wirtschaftlich leisten, hatte die Sklaverei doch nie eine bedeutende Rolle gespielt. In allen Staaten von Maryland an südwärts hielt man am Hergebrachten fest. […]

Die Beziehungen zum Schöpfer selbst behielten vielfach ebenfalls unterschiedlichen Wert. Zwar wurde die bevorzugte Stellung der anglikanischen Kirche in den südlichen Staaten durch die Revolution erschüttert oder sogar ganz aufgegeben, aber meist bedeutete dies nur die Erweiterung der Zahl der bevorrechtigten Konfessionen. Virginias *Statute for Religious Freedom* (1786), von Jefferson konzipiert, blieb vorerst noch ein einsames Manifest sonst nicht angewandter Aufklärung. Wo die Kirche nicht direkt mit dem verhassten britischen Regime hatte identifiziert werden müssen, war man wesentlich weniger emanzipatorisch gesinnt. Der Pluralismus der Konfessionen schuf in den Mittelstaaten die im Ganzen tolerantere Atmosphäre, obwohl zum Beispiel auch ein so liberaler Staat wie Pennsylvania noch das passive Wahlrecht zur Volksvertretung auf Protestanten beschränkte. Im puritanischen Neuengland hingegen war man so unduldsam wie je und sicherte durch erzwungene Kirchensteuern und ähnliche Mittel die Sonderstellung des Establishments. […]

Wenn von einer weiter gehenden revolutionsbedingten Veränderung der amerikanischen Verhältnisse die Rede sein soll, so ist eher auf die durch die politische Umwälzung eröffneten Möglichkeiten zu verweisen als auf vollendete Entwicklungen.

Udo Sautter, Geschichte der Vereinigten Staaten von Amerika, 6. Aufl., Stuttgart (Kröner) 1998, S. 93 f.

19 c) Die amerikanischen Politologen Kenneth Janda, Jeffrey M. Berry, Jerry Goldman (1989):
Die Erschaffung der US-Verfassung war eine bemerkenswerte Leistung einer jungen Nation. Jedoch nur eines ihrer politischen Grundprinzipien war „made in America". Die anderen drei waren beeinflusst von Ideen, die sich zuerst auf fremdem Boden entwickelten:

Republikanismus: Bei dieser Staatsform liegt die Macht beim Volk und wird von dessen gewählten Vertretern ausgeübt; der Staat ist das gemeinsame Geschäft der Bürger zum Zwecke des Gemeinwohls. Die Idee des Republikanismus kann auf den griechischen Philosophen Aristoteles (384–322 v. Chr.) zurückgeführt werden […].

Föderalismus: Die Staatsmacht ist zwischen einem zentralen Körper und territorialen Einheiten geteilt. In einem föderalen Staat sind die Bürger Subjekte zweier unterschiedlicher Gesetzgebungskörperschaften. Der Föderalismus ist die ureigene amerikanische Idee, die die verfassunggebende Versammlung 1787 hervorgebracht hat.

Gewaltenteilung: Die Verantwortlichkeitsbereiche des Staates sind in getrennte Zweige aufgeteilt. Diese Idee wurde in Teilen von John Locke und anderen formuliert, ihre vollständige Ausgestaltung erfuhr sie hingegen durch den französischen Philosophen Charles-Louis de Secondat Montesquieu (1689–1755).

„Checks and balances": Die Zweige der staatlichen Gewalt kontrollieren und beschränken sich gegenseitig. Diese Idee wurde zuerst von zwei Engländern vorgetragen, dem Staatsmann Henry St. John Bolingbroke (1678–1751) und dem Rechtsgelehrten William Blackstone (1723–1780).

Kenneth Janda u. a., The Challenge of Democracy. Government in America, 2. Aufl., Boston u. a. (Hufton Mifflin) 1989, S. 86. Übers. Christine Keitz.

17 a) Erläutern Sie die Entwicklung des US-Parteiensystems (M18).
b) Entwerfen Sie ein Schaubild.
18 a) Fassen Sie die Hauptthesen zur Amerikanischen Revolution in M19a–c zusammen.
b) Welche Position bezieht der Karikaturist in Abbildung M1, S. 44?
c) Diskutieren Sie die einzelnen Deutungen.

Weiterführende Arbeitsanregungen zur Amerikanischen Revolution

Benjamin Franklin: Philosoph – Naturwissenschaftler – Staatsmann
Benjamin Franklin wurde 1706 in Boston/Massachusetts geboren. Mit zehn Jahren verließ er die Schule und wurde Buchdrucker und Papierwarenhändler; seit 1729 gab er die *„Pennsylvania Gazette"* heraus. 1736 bis 1764 war er Schriftführer des Parlaments von Pennsylvania, 1751 bis 1764 Abgeordneter. Im Jahre 1754 veröffentliche er Pläne zur Bildung einer Union der nordamerikanischen Kolonien und gehörte 1776 zu den Mitunterzeichnern der Unabhängigkeitserklärung der USA. 1776 bis 1785 war er amerikanischer Gesandter in Paris, wo er 1783 den Friedensvertrag mit England mit aushandelte. Seit 1785 bekleidete er den Posten des Gouverneurs von Pennsylvania. Neben seinen politischen und verlegerischen Tätigkeiten war Franklin auch Naturwissenschaftler, der zur Elektrizitäts- und Wärmelehre forschte; er erfand den Blitzableiter und begründete die erste amerikanische Feuerversicherungsgesellschaft. In England, Frankreich und Deutschland (Göttingen) war er Mitglied berühmter wissenschaftlicher Akademien. Franklin starb 1790 in Philadelphia.

Literatur- und Internethinweise
Benjamin Franklin, Autobiografie. Nachwort von Klaus Harpprecht, München (C. H. Beck) 2003 (TB).
Internet: www.ushistory.org/franklin (engl. Projektseite der „Independence Hall Association").

🚶 Powerpoint-Präsentationen
Recherchieren Sie über Benjamin Franklin. Untersuchen Sie die folgenden (oder andere) Teilthemen in arbeitsteiliger Gruppenarbeit. Stellen Sie Ihre Ergebnisse als Powerpoint-Präsentation vor.
a) Benjamin Franklin über Erziehung, Schule, Studium
b) Ein Leben als Erfinder und Naturwissenschaftler (siehe M20)
c) Franklin in bildlichen Darstellungen (zeitgenössisch/aus späteren Epochen) (siehe M21)
d) Franklins Wirken im amerikanischen Unabhängigkeitskampf (siehe M8, M16)
e) Franklin als amerikanischer Diplomat in Europa
f) Ein amerikanischer Held? Das Franklin-Bild in den USA (vgl. oben die Internetseite)

M20 Sonderausgabe der Zeitschrift „Time" vom 7. Juli 2003

M21 Jean B. C. Richard de Saint-Non (1727–1791), Franklin wird von der Freiheit gekrönt, 1788

4 „Who are we?" – Die Selbstfindung der amerikanischen Nation im 19. Jahrhundert

Mit der Unabhängigkeitserklärung von 1776, den Konföderationsartikeln von 1781 und der Verfassung von 1787 waren aus britischen Kolonisten bzw. „Untertanen Seiner Britischen Majestät" Amerikaner geworden. Aber formte die Revolution aus den Vereinigten Staaten von Amerika auch eine Nation mit einem ausgeprägten nationalen Zusammengehörigkeitsgefühl?

Der amerikanische Politikwissenschaftler Samuel P. Huntington hat in seinem 2004 erschienenen Buch „Who are we?" den Prozesscharakter der amerikanischen Nationsbildung betont: „Erst im späten 18. Jahrhundert begannen die britischen Siedler an der Atlantikküste, sich nicht mehr nur als Einwohner ihrer jeweiligen Kolonien, sondern als amerikanische Bürger zu verstehen. Im Gefolge der Unabhängigkeit setzte sich im 19. Jahrhundert die Idee von einer amerikanischen Nation allmählich nachhaltig durch. Nach dem Bürgerkrieg gewann die amerikanische nationale Identität Vorrang vor anderen Identitäten, und im folgenden [20.] Jahrhundert erlebte der amerikanische Nationalismus eine Blüte."

Tatsächlich war die Entstehung der amerikanischen Nation ein langwieriger und komplizierter Vorgang. Das gilt für die Entwicklung der territorialen Gestalt des amerikanischen Nationalstaates wie auch für die Entfaltung und Festigung des amerikanischen Nationalbewusstseins.

Nationalstaat und Territorium der USA

Kein nationales Symbol genießt in den USA so viel Verehrung wie die Flagge. Jeder Amerikaner kennt die Eidesformel, mit der die Loyalität zu ihr beschworen wird, auswendig, und für viele amerikanische Schüler beginnt der Schultag mit dem *Pledge of Allegiance to the Flag,* dem Ableisten des **Treueides auf die Fahne:** „Ich gelobe Treue der Fahne der Vereinigten Staaten von Amerika und der Republik, die sie repräsentiert, einer Nation unter Gott, mit Freiheit und Gerechtigkeit für ihn." Der Zusatz „unter Gott" kam allerdings erst 1954 durch ein Gesetz des Kongresses hinzu.

Das **Sternenbanner,** die *Stars and Stripes* oder *The Red, White, and Blue,* wie die Amerikaner ihre Flagge auch nennen, dokumentiert anschaulich die territoriale Geschichte der Vereinigten Staaten von Amerika. Die 13 Streifen stehen für die 13 englischen Kolonien, die im Jahre 1776 ihre Unabhängigkeit erklärten und die USA gründeten. Und die 50 Sterne versinnbildlichen die 50 Bundesstaaten, aus denen sich die Vereinigten Staaten von Amerika heute zusammensetzen.

Diese Erweiterung des Staats- und Siedlungsgebietes der USA fiel im Wesentlichen in das 19. Jahrhundert. Bis 1783 gehörte das Land westlich der Appalachen bis zum Mississippi zu den Vereinigten Staaten. Sie erwarben 1803 von Frankreich **Louisiana**, das heißt die riesigen Gebiete zwischen dem Mississippi und den Rocky Mountains *(Louisiana Purchase)*. Mit diesem Landkauf begann das Jahrhundert der Pionierzeit, in dem immer mehr Siedler nach Westen vordrangen, bis schließlich der Pazifik erreicht war. Erstreckte sich das amerikanische Siedlungsgebiet von 1790 bis 1850 bis zum Mississippi, folgte bis 1890 die Erschließung des „fernen Westens" bis zur Pazifikküste.

Die Grenzen neuer Territorien bestimmte der Kongress der USA. Hatte ein Land eine Bevölkerungszahl von 60 000 Männern erreicht, wurde es als Staat mit allen Rechten und Pflichten in die Union aufgenommen. Nicht alle Gebiete kamen dabei friedlich durch Abtretung oder Kauf an die Vereinigten Staaten. Die von Mexiko abgefallene Republik **Texas** wurde 1845 annektiert, **Kalifornien** und **Neu-Mexiko** kamen nach einem zweijährigen Krieg mit Mexiko an die USA (siehe Kapitel 6, S. 105 ff.).

M1 A.A. Lamb, „Emancipation Proclamation", Gemälde, 1864

Die Zerreißprobe der Nation: Der Bürgerkrieg 1861–1865

Die Sklaverei in den USA (siehe S. 32 ff.) war mit den Menschen- und Bürgerrechten nicht vereinbar. Dennoch scheuten die „Gründungsväter" der USA vor einem Verbot zurück. Bewusst klammerten sie während der Verfassungsberatungen die **Sklavenfrage** aus (siehe S. 54 f.), damit die Sklaven haltenden Südstaaten in die USA integriert werden konnten. Auch ein anderes Problem blieb ungeklärt: Wer besaß bei Konflikten zwischen **Einzelstaat und Bundesregierung** die letzte Entscheidungsgewalt? Das betraf besonders die Frage, ob ein Staat aus dem Bundesstaat wieder austreten konnte, dem er freiwillig beigetreten war. Für die Zeitgenossen waren das keine theoretischen Debatten, was die Geschichte des Bürgerkrieges zeigt.

Mit der Erschließung des Westens verschob sich während der ersten Hälfte des 19. Jahrhunderts das wirtschaftliche und politische Gewicht innerhalb der USA immer mehr zugunsten der sklavenfreien Staaten im Norden und Westen. Sowohl die industrialisierten Nordstaaten als auch die Farmwirtschaften des Westens konnten auf Sklavenarbeit verzichten. Ihre politischen Repräsentanten bekannten sich zu dem in der Unabhängigkeitserklärung 1776 verankerten Grundsatz, nach dem alle Menschen frei geboren seien. Dagegen hielten die Südstaaten an der Rechtmäßigkeit und Notwendigkeit der Sklaverei fest. Auf den Plantagen ihrer Länder war billige Sklavenarbeit höchst profitabel. Zum offenen Bruch zwischen Nord- und Südstaaten kam es, als im November 1860 **Abraham Lincoln** (1809–1865) die Präsidentschaftswahlen gewann. Er gehörte der Republikanischen Partei an, die hohe Schutzzölle für die aufstrebende Industrie, preiswerten Landerwerb im Westen, eine rasche Einbürgerung von Einwanderern sowie die Abschaffung der Sklaverei forderte.

Im Dezember 1860 erklärte daraufhin South Carolina den Austritt aus der Union (**Sezession**); im Januar und Februar 1861 folgten Mississippi, Florida, Alabama, Georgia, Louisiana und Texas. Diese sieben Staaten bildeten im Februar 1861 einen eigenen Bund unter Jefferson Davis. Den „**Konföderierten Staaten von Amerika**" schlossen sich im Verlauf des Jahres Virginia, North Carolina, Tennessee und Arkansas an. In einem erbittert geführten und verlustreichen Bürgerkrieg zwangen Lincoln und die Nordstaaten die elf abgefallenen Staaten in die Union zurück. Damit war die Frage nach dem Vorrang von Bundeskompetenz oder Rechten der Einzelstaaten *(states' right)* entschieden: Eine Sezession einzelner Staaten war nach 1865 nicht mehr denkbar. Außerdem verfügten Verfassungsänderungen die Abschaffung der Sklaverei (13. Verfassungszusatz) und die Verleihung des Bürgerrechts an die Afroamerikaner im Zuge der Einführung einer **amerikanischen Staatsbürgerschaft** unabhängig von den Einzelstaaten (14. Verfassungszusatz). Wirtschaftlich vergrößerte der Krieg die Unterschiede zwischen Norden und Süden. Während die Nordstaaten mit der Industrialisierung einen gewaltigen Aufschwung erlebten, entwickelte sich der Süden zum „Armenhaus der Nation".

Grundlagen des amerikanischen Selbstverständnisses

Das nationale Selbstverständnis, das sich im 19. Jahrhundert herausbildete und festigte, wurde erstens geprägt durch den Pioniergeist der *Frontier*-Bewegung, den **Spirit of the Frontier.** *Frontier* (Grenze) meint dabei weniger eine feste Grenzlinie als vielmehr das Gebiet, das sich mit der Westexpansion ständig verschob. Die Siedler handelten in dem Bewusstsein, sie müssten sich immer neue Ziele setzen, um die menschliche Kultur und Zivilisation zu verbreiten.

Außerdem glaubten die Siedler, dass sie ein vorbestimmtes Schicksal des weißen Mannes erfüllten. Dieses Auserwähltheits- und Sendungsbewusstsein, das in der Kolonialzeit entstand (siehe S. 15 ff.) und bis in die Gegenwart hinein den Zug nach Westen bis zur Küste des Pazifiks zur nationalen Bestimmung Amerikas, zu seiner **Manifest Destiny,** verklärt, ist ein zweites zentrales Merkmal US-amerikanischer Identität.

Ein drittes ist bis heute das Bekenntnis zu individueller Entfaltung und **Leistungsbereitschaft** sowie zum Ideal einer **Gesellschaft rechtlich freier und gleicher Staatsbürger.**

Hinweise zur Arbeit mit den Materialien

Nach dem Ende des Ost-West-Konflikts sind die USA die einzige verbliebene Supermacht. Stärker als in der Zeit des Ost-West-Gegensatzes wird seither über das Selbstverständnis dieser Nation debattiert, insbesondere auch nach den Reaktionen der republikanischen Regierung unter Präsident George W. Bush auf die Terroranschläge vom 11. September 2001.

1. Ein gut Teil der Selbstfindung der amerikanischen Nation vollzog sich im 19. Jahrhundert. Mit der Besiedlung des Westens entstanden Mythen, die sich in Westernromanen und Westernfilmen niederschlugen und die die nationale Identität der Amerikaner mitgeprägt haben. Was am **„Wilden Westen"** Legende und Wirklichkeit ist, kann mithilfe von M2–M7 erörtert werden. Die Frage, wie die Verschiebung der Grenze nach Westen das demokratische Bewusstsein der Amerikaner bestimmt hat, steht im Zentrum von M7a, b (**„Turner-Thesen"**).

2. Weiterentwicklung und Festigung des bereits in der Kolonialzeit entstandenen **Sendungsbewusstseins** lassen sich anhand von Textquellen (M8a–d) und Gemälden (M9a–c) untersuchen. Das gegenwärtige Selbstverständnis dokumentiert *vertiefend* M10.

3. M11 bis M16 sind den Ursachen, dem Charakter und den Folgen des **Amerikanischen Bürgerkrieges** gewidmet. *Methodische Schwerpunkte:* die Analyse von *Kriegsfotos* (M14a–e) und ein *Vergleich von Textquellen* von Abraham Lincoln, der 1861 bis 1865 Präsident war (M15a–c).

Weiterführende Arbeitsanregungen S. 82: Symbole der Nation – **Nationalhymne, Flagge, Freiheitsstatue.**

M2 Die „Erschließung des Westens" im 19. Jahrhundert

M 3 Bilder vom „Wilden Westen"

Viviana Zarbo, Historikerin, über einen „Helden des Westens": Wyatt Earb (1997):
Vom Gesetzlosen zum Mann des Gesetzes. So lautet eine […] Legende, die von Wyatt Earb. Er war die Hauptfigur bei einer der bekanntesten Bluttaten des Westens, die als „Gefecht am OK Corral" berühmt wurde. Sie ereignete sich am 26. Oktober 1881 auf den Straßen der kleinen Stadt Tombstone, im Südosten von Arizona, und außer Wyatt waren daran auch dessen Brüder Morgan und Virgil sowie der dubiose Doc Hollyday gegen die Brüder Clanton und McLaury beteiligt. Wyatt Earb hatte einen zweifelhaften Ruf, war in der Vergangenheit ein Pferdedieb (als solcher 1871 in Oklahoma verhaftet) und der Geschäftsführer anrüchiger Saloons gewesen, wurde aber trotzdem stellvertretender Sheriff seines Bruders Virgil in Tombstone. Obwohl er als Mann des Gesetzes in die Erinnerung eingegangen ist, widmete er lediglich sechs Jahre seines Lebens der öffentlichen Sicherheit. Er war eine elegante und vornehme Person und äußerst zurückhaltend: seine Geschichte ist das klassische Beispiel eines verhältnismäßig unbedeutenden Menschen der amerikanischen Geschichte, der zu einem Volkshelden uminterpretiert wurde. Er lebte von Gelegenheitsarbeiten und häufte ein kleines Vermögen mit Erzspekulationen und auch als Geschäftsmann an.

1877 begegnete Wyatt Doc Hollyday, einem Zahnarzt, der zum Glücksspieler, Pistolero und Alkoholiker wurde; sie wurden enge Freunde.

Die Clantons und die McLaurys, ihre Gegner, waren durch jahrzehntelange Freundschaft verbunden. Sie besaßen eine Ranch außerhalb von Tombstone. Gewöhnlich kamen sie in die Stadt, um Vieh zu verkaufen, das sie gelegentlich in Mexiko gestohlen hatten. Ihr Verhalten während des Aufenthalts in der Stadt, die zweifelhafte Methode, wie sie zu ihren Herden kamen, und nicht zuletzt ihre zunehmende Macht führten zur Feindschaft mit den Earb-Brüdern, deren Höhepunkt das berühmte Duell war.

Das „Gefecht am OK Corral" dauerte etwa dreißig Sekunden und endete mit dem Tod von Billy Clanton und Frank McLaury.

Die Rache war grausam: Bei zwei Attentaten zwischen 1881 und 1882 wurde Morgan Earb getötet und Virgil schwer verletzt. Nachdem sie zwei von Clantons Männern ermordet hatten, flohen Doc und Wyatt nach New Mexico, um sich dem Gesetz von Arizona zu entziehen. Dort trennten sie sich. Doc starb, ausgezehrt von Tuberkolose, am 8. November 1887 in einem Sanatorium in Colorado. Wyatt starb am 13. Januar 1928 in Los Angeles, nachdem er in seinen letzten Lebensjahren die Freundschaft der großen Stars von Hollywood genossen hatte.

Viviana Zarbo, Die wahre Geschichte des Wilden Westen, Berlin (Wagenbach) 1997, S. 115 f.

M 4 Clint Eastwood in dem Film „Der Texaner", 1976, Standfoto.
– Während des amerikanischen Bürgerkriegs überfallen Unionisten die Farm des Südstaatlers Josey Wales und töten dessen gesamte Familie. Aus Rache schließt sich Josey daraufhin einer Gruppe von Südstaaten-Guerillas an, die an der Grenze zwischen „Zivilisation" und „Wildness" leben.

M 5 Der „Wilde Westen" – Legende und Wirklichkeit in der amerikanischen Geschichte

5 a) Die Publizisten Norbert Grob und Bernd Kiefer schreiben über die Helden in Westernfilmen (2003):

Die Männer des Western bewegen sich da – mit Revolver im Gürtel – auf Pferden durch weite, oft raue und kantige Landschaften, suchen […] einen Pass oder ruhen am Lagerfeuer in der Prärie. Dann, auf Ranches oder Farmen oder in kleinen Städten, geraten sie in einen Konflikt und werden zum Handeln gezwungen – und gewinnen durch dieses Handeln zugleich ihre Identität und zeigen, wer und was sie im Innersten sind. Diese Westerner mögen dabei sterben oder schwer verwundet werden oder einfach weiterziehen, immer setzen ihre Taten ein Signal, das von Mut und Entschlossenheit kündet; und von individueller Würde, die sie dem Wirrwarr aus Gier, Intrige und Gewalt, aus Geschäfts- und Machtinteressen entgegensetzen.

Westerner sind positive Helden, die in einem Spannungsfeld agieren zwischen ihrem Sinn für die Gemeinschaft und ihrem Hang zu einsamen Entscheidungen und Alleingängen. […]

Der Westerner ist eine in der historischen Ära des Wild West entwickelte amerikanische Form der Männlichkeit. Als *Hunter* (Trapper und Jäger) oder als einsamer Waldläufer und Indianerkämpfer *(Scout)*, als herumziehender Revolvermann *(Gunfighter)* oder später als Ordnungshüter (Sheriff oder Marshall) oder als Kopfgeldjäger *(Bounty Hunter)*. Männer ziehen los, auf der Suche nach Abenteuern, nach Gelegenheiten, sich zu bewähren: *Go west, young man, and grow up with your country.* Sie agieren im Rahmen der mythisierten historischen Landnahme: Der Zug von Osten nach Westen; der Krieg gegen die Ureinwohner des Landes, die Indianer […]; die langsame Zivilisierung in den Siedlungen, die Befriedung der noch rauen und wilden Städte; der Kampf zwischen Bürgern und Gesetzlosen.

Bernd Kiefer/Norbert Grob, Einleitung, in: dies. (Hg.), Filmgenres. Western, Stuttgart (Reclam) 2003, S. 12–17.

5 b) Die Historikerin Viviana Zarbo über Lebensbedingungen im „Wilden Westen" (1997):

Ursache für die Schwierigkeiten mit dem Gesetz im Westen war nicht das Fehlen offizieller Richtlinien, sondern ihre Unangemessenheit.

Der Westen wurde von Menschen aus dem Osten „kolonisiert", damit erhielt er auch seine Rechtsnormen aus dem Osten des Landes. Doch diese Normen konnten in einem Territorium mit völlig anderen Problemen und mit grundverschiedenen gesellschaftlichen Erfordernissen nicht umgesetzt werden.

Zum Beispiel: Im östlichen Texas war es den Männern untersagt, Waffen zu tragen, doch das westliche Texas konnte dieser Vorschrift so lange nicht nachkommen, wie die Indianer in diesem Abschnitt des Territoriums verblieben. Jedes Gesetz in dieser Richtung wäre fraglos missachtet worden.

Oder: Entsprechend dem Gesetz der Regierung, das *Homestead Act* genannt wurde, sollte die Verteilung von Land aus staatlichem Besitz jeden berücksichtigen, gleichgültig, ob er aus dem Osten oder aus dem Westen kam. Dieses Land sollte 80 Hektar umfassen. Der Untersuchung eines Armeemajors zufolge war aber in den Regionen des Westens, die vorwiegend trocken waren, zum Überleben eine Größe von 1325 Hektar notwendig.

Anstelle des Gesetzbuches bildete sich jenes Phänomen heraus, das unter dem Begriff „Gesetz des Wilden Westens" bekannt wurde, eine Reihe von Gepflogenheiten, die auf Treue, Ehrlichkeit und gesundem Menschenverstand beruhten. Diese nicht geschriebene Ordnung sah unter anderem vor, dass man auf keinen Mann, der einem mit dem Rücken zugewandt war, und auf keinen Unbewaffneten schoss. Im Fall einer Meinungsverschiedenheit musste jemand seine Absichten zu erkennen geben, bevor er das Feuer eröffnete. Nach dem Duell musste der, der am Leben blieb, für die Familie des Erschossenen aufkommen: Diese Regel ist von der Verfassung der Vereinigten Staaten erst mit dem 1. Januar 1994 abgeschafft worden, wie auch die, die das Anbringen von Steckbriefen gesuchter Krimineller *(Wanted:*

M 6 Roy Lichtenstein, *„Fastest Gun"* (Schnellstes Schießeisen), 1963

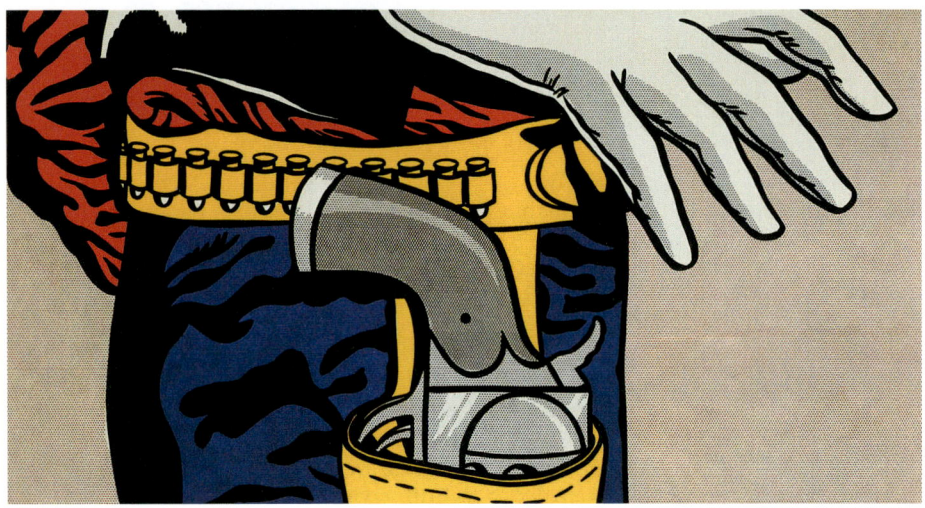

Dead or Alive) nur an bestimmten Orten vorsah. Eine andere Gepflogenheit sah vor, dass ein Pferdedieb zum Tod verurteilt wurde. Eine Regel dieser Art war im Osten völlig unverständlich, nicht aber im Westen, wo das Pferd das Überleben des Reiters bedeutete: Wenn man in den endlosen Weiten der Ebenen kein Pferd mehr hatte, bedeutete das den Tod. Viehdiebstahl war ein weniger schweres Verbrechen, und andere Arten von Diebstahl gab es praktisch nicht.

Einem Fremden oder einem Reisenden wurde immer geholfen, sofern sie sich nicht unwürdig zeigten.

Das Gesetz des Westens bestrafte die Feiglinge, weil das Leben selbst dies verlangte: Nur wer Mut und Treue besaß, galt als Mann.

Diese „hausgemachte" Rechtsmethode zur Aufrechterhaltung der Ordnung mag vielleicht ungewöhnlich und roh erscheinen, war aber sicher die wirksamste.

Der Kodex des Westens wurde im Allgemeinen respektiert.

Die Gesetzlosen, die Pistoleros, die Banditen waren nicht nur eine zahlenmäßig unerhebliche Gruppe, sie waren auch unsicher, labil, unfähig, die eigenen Probleme anzugehen oder sich anders einen Namen zu machen als durch Gewalt.

Da im Westen die Gesetze nichts anderes waren als ungeschriebene Übereinkünfte über einige Verhaltensnormen im Rahmen besonderer Notwendigkeiten und als solche den Menschen aus dem Osten unbegreiflich, haben die Neuankömmlinge aus dem Osten den Westen für ein absolut gesetzloses Land gehalten. Diese Meinung wurde durch die Zeitungen noch unterstützt, die jedes Vorkommnis aufbauschten und oft genug falsch darstellten.

Viviana Zarbo, Die wahre Geschichte des Wilden Westen, Berlin (Wagenbach) 1997, S. 111 ff.

M 7 Der Historiker Frederick Jackson Turner (1861–1932) über die Bedeutung der *Frontier*-Bewegung für Demokratie, Freiheit und Nation in den USA

7 a) Auszug aus einem Vortrag, den Turner 1893 auf einer historischen Fachtagung anlässlich der Weltausstellung in Chicago hielt:
Die Eigentümlichkeit amerikanischer Einrichtungen besteht darin, dass sie gezwungen waren, sich den Veränderungen anzupassen, die eine Durchquerung des Kontinents durch eine sich ausbreitende Bevölkerung, eine Erschließung der Wildnis und eine Entwicklung auf jeder Stufe des Fortschritts aus den primitiven wirtschaftlichen und politischen Bedingungen der Grenze zur Kompliziertheit städtischen

Lebens bewirkten. [...] So zeigt die amerikanische Entwicklung nicht nur den Fortschritt längs einer einzelnen Grenze, sondern eine Rückkehr zu primitiven Bedingungen an einer sich laufend vorschiebenden Grenzlinie, worauf eine neue Entwicklung in dieser Zone einsetzt. Die amerikanische soziale Entwicklung hat an der Grenze fortlaufend neu begonnen. Diese dauernde Wiedergeburt, dieser fließende Zustand amerikanischen Lebens, diese Ausbreitung westwärts mit ihren neuen Gelegenheiten, ihre fortwährende Berührung mit der Einfachheit primitiver Gesellschaften liefern die den amerikanischen Charakter beherrschenden Kräfte. Den wahren Angelpunkt in der Geschichte dieser Nation bildet nicht die Atlantikküste, sondern der Große Westen. [...] Bei diesem Vordringen bildet die Grenze den äußeren Rand der Ausdehnungswelle, den Punkt, wo Wildnis und Zivilisation aufeinander stoßen. [...] Die Grenze war die Linie, auf der sich die Amerikanisierung am schnellsten und wirksamsten vollzog. Die Wildnis meistert den Kolonisten. [...]

An der Grenze ist der Einfluss der Umgebung zunächst überstark für den Menschen. [...] So bedeutet das Vordringen der Grenze ein stetiges Entfernen vom europäischen Einfluss, ein ständiges Wachsen der Unabhängigkeit im amerikanischen Sinne. Dieses Fortschreiten zu erforschen, die Menschen zu studieren, die unter diesen Bedingungen aufwuchsen, und die politischen, wirtschaftlichen und gesellschaftlichen Ergebnisse dieser Entwicklung zu untersuchen heißt: den wirklichen amerikanischen Teil unserer Geschichte zu erforschen.

Wenn man begreifen will, warum wir Amerikaner heute eine Nation an Stelle einer Ansammlung von Staaten sind, so muss man diese wirtschaftliche und gesellschaftliche Struktur des Landes studieren. In diesem Vorwärtsschreiten aus den Bedingungen der Wildnis heraus liegen die Grundzüge für den Anhänger der Entwicklungstheorie.

Aus den Bedingungen des Grenzlebens formten sich geistige Charakterzüge von größter Wichtigkeit. [...] Es ist eine Tatsache, dass der amerikanische Geist seine auffallenden Eigenschaften der Grenze verdankt. Jene Derbheit und Kraft, verbunden mit Scharfsinn und Wissbegier, jene praktische, erfinderische Geistesrichtung, die sich schnell mit Notbehelfen abfindet, jenes meisterhafte Erfassen materieller Dinge, dem zwar das Künstlerische fehlt, das aber zu großen Endzielen führt, jene ruhelose, nervöse Tatkraft, jener ausgesprochene Individualismus, der das Gute und das Böse schafft, und vor allem jene Spannkraft und Lebensfülle, die aus der Freiheit strömt – dies sind die Charakterzüge der Grenze.

Frederick Jackson Turner, Die Grenze. Ihre Bedeutung in der amerikanischen Geschichte (1893), Übers. Charlotte von Cossel, Bremen (Dorn) 1947, S. 11–42.

7 b) *Aus einem Essay von Turner, geschrieben für die Zeitschrift „Atlantic Monthly" (1903):*
Die Wildnis im Westen, von den Alleghenies bis zum Pazifik, stellte das größte Geschenk dar, das je vor dem zivilisierten Menschen ausgebreitet wurde. Dem Bauern und Handwerker der Alten Welt, der in die Zwänge seiner gesellschaftlichen Klasse eingebunden war, aus alter Gewohnheit und so unabänderlich wie das Schicksal, bot der Westen einen Ausweg in ein freies Leben und in ein größeres Wohlergehen inmitten der Freigebigkeit der Natur und all der Schätze, die nach menschlichem Bemühen verlangten und als Gegenleistung die Chance zum unbegrenzten Aufstieg auf der Leiter des gesellschaftlichen Erfolges boten. [...]

Die amerikanische Demokratie ist im Grunde das Ergebnis der Erfahrungen des amerikanischen Volkes in der Auseinandersetzung mit dem Westen. Die westliche Demokratie förderte während der ganzen früheren Zeit die Entstehung einer Gesellschaft, deren wichtigster Zug die Freiheit des Individuums zum Aufstieg im Rahmen sozialer Mobilität und deren Ziel die Freiheit und das Wohlergehen der Massen waren. Diese Vorstellungen haben die gesamte amerikanische Demokratie mit Lebenskraft erfüllt und sie in scharfen Gegensatz zu den Demokratien der Geschichte gebracht und zu den modernen Bemühungen in Europa, ein künstliches demokratisches Ordnungssystem mit Hilfe von Gesetzen zu errichten.

Zit. nach: Günter Moltmann, Die Vereinigten Staaten von Amerika von der Kolonialzeit bis 1917, Paderborn (Schöningh, Schroedel) 1980, S. 41 f.

M8 Amerikanische Zeitgenossen des 19. Jahrhunderts über die *Manifest Destiny*

8a) Thomas Jefferson (1743–1826), US-Präsident 1801 bis 1809, sagte im Jahre 1809:
Ich habe mit besonderem Dank die wohlwollende Dankadresse der Bürger von Washington erhalten, und in den patriotischen Empfindungen, die sie ausspricht, erkenne ich den wahren Charakter der nationalen Metropole.
   Die Stellung, die wir unter den Völkern der Erde einnehmen, ist ehrenvoll, aber auch Furcht erregend. Denn uns sind die Geschicke dieser einzigartigen Republik in der Welt anvertraut, dieses einzigen Mahnmals der Menschenrechte; wir sind die einzigen Hüter der heiligen Flamme der Freiheit und der Selbstregierung, von hier aus muss sie in anderen Regionen entzündet werden, wenn andere Regionen der Erde jemals ihres segensreichen Einflusses gewahr werden. Die ganze Menschheit sollte sich daher an ihrer gedeihlichen Entwicklung freuen und an ihren widrigen Geschicken Anteil nehmen, denn hier ist alles in Mitleidenschaft gezogen, was dem Menschen teuer ist. Und zu was für Opfern an Interessen oder Bequemlichkeit sollten diese Betrachtungen nicht erst uns selbst aufrufen? Zu wie viel Kompromissen zwischen unseren Meinungen und Neigungen, geht es doch darum, Harmonie und Einigkeit unter uns selbst zu erhalten, um diese heilige Arche menschlicher Hoffnung und Glückseligkeit vor allen Gefahren zu bewahren.
Zit. nach: Peter Alter (Hg.), Nationalismus, München (Piper) 1994, S. 133.

8b) Der New Yorker Journalist John L. O'Sullivan (1839):
Wir dürfen zuversichtlich daran glauben, dass unser Land dazu bestimmt ist, die große Nation der Zukunft zu sein. […] Wir sind die Nation des menschlichen Fortschritts, und wer will oder was kann unser Vorwärtsschreiten aufhalten? […] Amerika ist auserwählt zu einer heiligen Mission gegenüber den Nationen der Welt, die ausgeschlossen sind vom Leben spendenden Licht der Wahrheit.

8c) Der New Yorker Journalist John L. O'Sullivan (1845):
Es ist unsere offensichtliche Bestimmung *(manifest destiny)*, den gesamten Kontinent einzunehmen und zu besitzen, den uns die Vorsehung zur Entfaltung des großen Experiments der Freiheit übergeben hat.
M8b und c zit. nach: Heinz D. Schmid, Fragen an die Geschichte, Bd. 3, 4. Aufl., Frankfurt/M. (Cornelsen/ Hirschgraben) 1981, S. 129.

8d) Der amerikanische Schriftsteller Herman Melville (1850):
Dem Hause der Knechtschaft entronnen, folgte Israel vor Zeiten nicht den Wegen der Ägypter. Ihm wurde eine besondere Offenbarung zuteil; ihm wurden neue Dinge unter der Sonne anvertraut. Und wir Amerikaner sind das einzige auserwählte Volk, das Israel der Gegenwart; wir tragen die Bundeslade mit den Freiheiten der Welt. Vor siebzig Jahren entrannen wir der Knechtschaft und außer unserem Erstgeburtsrecht – ein ganzer Erdteil ist ja unser – hat uns Gott als künftiges Erbe die weiten Reiche der politischen Heiden gegeben, die erst noch kommen und im Schatten unserer Bundeslade Ruhe finden sollen und keine blutbefleckten Hände erheben werden. Gott hat vorherbestimmt, die Menschheit erwartet große Dinge von unserer Rasse und große Dinge keimen in unserer Seele. Die übrigen Nationen müssen bald hinter uns zurückbleiben. Wir sind die Pioniere der Welt, die Vorhut, die durch die Wildnis unversuchter Dinge geschickt wurde, um in der Neuen Welt, der unsrigen, einen neuen Pfad zu bahnen. In unserer Jugend liegt unsere Kraft, in unserer Unerfahrenheit unsere Weisheit. […] Lang genug haben wir an uns selbst gezweifelt und uns gefragt, ob der politische Messias wirklich erschienen sei. Doch er ist da, in uns, und wir müssen nur seine Eingebungen zu Wort kommen lassen. Und wir wollen nie vergessen, dass mit uns zum ersten Mal beinah in der Geschichte der Erde nationale Selbstsucht zur schrankenlosen Menschenliebe wird; denn wir können Amerika selber nichts Gutes tun, ohne zugleich der Welt eine Wohltat zu erweisen.

Herman Melville, Weißjacke (1850), Übers. Walter Weber, Zürich (Manesse) 1948, S. 263 ff.

M 9 Selbstbilder der USA aus dem 19. Jahrhundert

9a) *Emanuel Gottlieb Leutze (1816–1868), „Westwärts geht der Weg des Imperiums", 1862, Fresko aus dem Kapitol in Washington*

9b) *Nathaniel Currier (1813–1888)/James Merritt Ives (1824–1890), „Quer über den Kontinent. Nach Westen dehnt sich das Imperium aus", Farblithografie, 1868*

9c) John Gast, Amerikanischer Fortschritt, 1872, Ölgemälde

1 a) Umfrage: „Typisch amerikanisch!" Finden Sie in einer Umfrage an Ihrer Schule heraus, was man dort spontan für „typisch amerikanisch" hält. Werten Sie die Ergebnisse aus.
b) Vergleichen Sie das von Ihnen ermittelte „Fremdbild" über die USA mit dem „Selbstbild" der US-Amerikaner im 19. Jahrhundert. Bearbeiten Sie dafür Aufgabe 2–5 (M3–M9).

2 a) Erarbeiten Sie Merkmale von Westernfilmen. Nutzen Sie die Beispiele M3, M4 sowie Ihre eigenen Anschauungen von Westernfilmen. Literaturtipp: *Bernd Kiefer/Norbert Grob (Hg.), Filmgenres. Western, Stuttgart 2003 (TB).*
b) Erläutern Sie, was die Fachleute (M5a, b) über das Leben im „Wilden Westen" berichten.
c) Vergleichen Sie das in Westernfilmen gezeichnete Bild von der Besiedlung des Westens (M3, M4) mit den Befunden in M5a und b.
d) Diskutieren Sie in diesem Zusammenhang über die moderne Sichtweise in Gemälde M6.

3 a) Fassen Sie die Turner-Thesen (M7a, b) zum Selbstverständnis der USA zusammen.
b) Benennen Sie die „nationalen Charaktereigenschaften" der US-Amerikaner, die Turner auf die *Frontier*-Bewegung zurückführt.

c) Turner wurde vorgeworfen, er überschätze die Bedeutung der Grenze und unterschätze die europäischen Einflüsse auf die Ausbildung der Demokratie in den USA. Setzen Sie sich kritisch mit dieser Auffassung auseinander.

4 a) Stellen Sie die Argumente zusammen, mit denen die Autoren in M8a–d den amerikanischen Führungsanspruch legitimieren.
b) Vergleichen Sie die Thesen in M8a–d mit dem puritanischen Sendungsbewusstsein, wie es Max Weber in M8, S. 23, beschrieben hat.
c) Inwieweit gehen die Gedanken in M8a–d über den religiös motivierten Auserwähltheitsgedanken (Weber in M8, S. 23) hinaus?

5 a) Beschreiben Sie den Bildaufbau (Personen, Landschaft) in den Gemälden M9a–c.
b) Interpretieren Sie die Darstellung der Erschließung des Westens in M9a–c unter Berücksichtigung der jeweiligen Bildtitel.
c) Vergleichen Sie die Bildaussagen: Welche Unterschiede/Gemeinsamkeiten gibt es?

6 Hausaufgabe: Kartenarbeit. Wiederholen Sie, wie die Besiedlung des Kontinents durch US-Amerikaner geografisch verlief und in welcher Zeit (M2). Skizzieren Sie die Probleme.

M 10 Das US-amerikanische Selbstverständnis heute

Der Politologe Peter Lösche (1989):
Zu den Prinzipien der amerikanischen Demokratie gehören:

1. Demokratie, nämlich eine Verbindung von repräsentativen Elementen, wie sie sich in den Parlamenten der Einzelstaaten und im Kongress sowie in der Wahl von Mitgliedern der Exekutive und des Präsidenten zeigen, und von plebiszitären Elementen, die sich u. a. im Lokalismus amerikanischer Politik, in der direkten Wahl und (in einigen Staaten) Abwahlmöglichkeiten von Richtern, Sheriffs oder Bürgermeistern zeigen. Demokratie heißt dann auch Herrschaft der Gesetze im Rahmen der Verfassung, also Rechtsstaatlichkeit. Gemeint ist zudem die republikanische Staatsform, für die man sich in der Revolution bewusst in Abgrenzung von den europäisch-monarchischen [Staatsformen] entschieden hatte.

2. Freiheit, nämlich *liberty* und *freedom*, zwei Begriffe, die als Symbole ideologisch wohl am stärksten von allen zentralen Elementen der weltlichen Religion überhöht worden sind. Zunächst bedeutete *liberty* recht konkret die Trennung vom Mutterland und damit zugleich die Abgrenzung von absolutistischen Herrschaftsformen der Alten Welt. Der Begriff schließt dann aber auch die Freiheit des Einzelnen gegenüber dem Staat, frei sein von staatlicher Reglementierung, ein und ist dadurch mit dem Widerstandsrecht verbunden, sich nämlich bewusst staatlicher Kontrolle – und sei es in einem Akt der Rebellion – zu entziehen.

3. Damit ist die fundamentale Skepsis, ja Opposition gegen jede Art der Machtanhäufung angesprochen, ein weiteres Prinzip amerikanischer Ideologie, das sich aus dem Freiheitsverständnis und den plebiszitären Elementen des Demokratiebegriffs sowie historisch aus der Ablehnung absolutistischer Tyrannei im alten Europa ergibt. […]

4. Individualismus. […] Die einzelne Persönlichkeit konstituiert sich überhaupt erst dadurch, dass zu ihr Eigentum gehört. Eigentum wird als Teil der persönlichen Sphäre angesehen und ist dadurch vor Übergriffen eigens geschützt, ja wird nachgerade heilig gesprochen. Konkret: Nach wie vor gelten in einigen Staaten des Mittleren Westens und des Westens Gesetze, dass, wer Privatgrundstücke trotz entsprechender Warntafeln betritt, auch mit Waffengewalt vom Eigentümer vertrieben, ja selbst erschossen werden darf. Die calvinistische Komponente zeigt sich dann darin, dass in diesem Verständnis derjenige von Gott ausersehen ist, der Reichtümer besitzt. Die an den europäischen Besucher gestellte Frage „*How much are you worth?*" mag diesen schockieren, bedeutet aber nichts anderes, als dass der Fragesteller wissen will, mit welcher Art von Persönlichkeit, zu der auch sein Eigentum direkt gehört, er es zu tun hat. Anders als bei uns gibt es in den Vereinigten Staaten daher auch kaum Hemmungen, jemandem zu erzählen, wie viel man verdient, wie viel „man macht", eben wie viel „man wert ist". […]

5. Schließlich gehört ein ungebrochener, ja uns Europäer zuweilen naiv anmutender Fortschrittsglaube zu den Prinzipien amerikanischer Ideologie, der nämlich in einem Missionarismus gipfeln kann, nach dem in dem von Gott ausersehenen Land, in Amerika, das „Neue Jerusalem", das Reich Gottes auf Erden, errichtet werden wird. Amerikanischer Imperialismus und Expansionismus (sowohl auf dem eigenen Kontinent als auch in der ganzen Welt) haben hier ihre ideologische Legitimation erhalten. Der Fortschrittsglaube hat sich im 19. Jahrhundert in eigenartiger Weise mit dem *Frontier*-Mythos verbunden. Der Ausruf „*Go West, young man*", „Schmiede dein Glück, indem du nach Westen ziehst", berief sich auf die konkrete Erfahrung großer geografischer Mobilität und suggerierte zugleich doch auch sozialen Aufstieg, eben den amerikanischen Traum des Aufstiegs vom Tellerwäscher zum Millionär. […]

Aus dem Verständnis amerikanischer Geschichte als Heilsgeschichte entspringt und legitimiert sich auch das, was den amerikanischen Missionarismus ausmacht.

Peter Lösche, Amerika in Perspektive, Darmstadt (Wissenschaftliche Buchgesellschaft) 1989, S. 271 ff.

7 Charakterisieren Sie das Selbstverständnis der USA heute (M10). Erklären Sie einige Elemente mit Erfahrungen aus der US-Geschichte.

M 11 Der Amerikanische Bürgerkrieg (1861–1865)

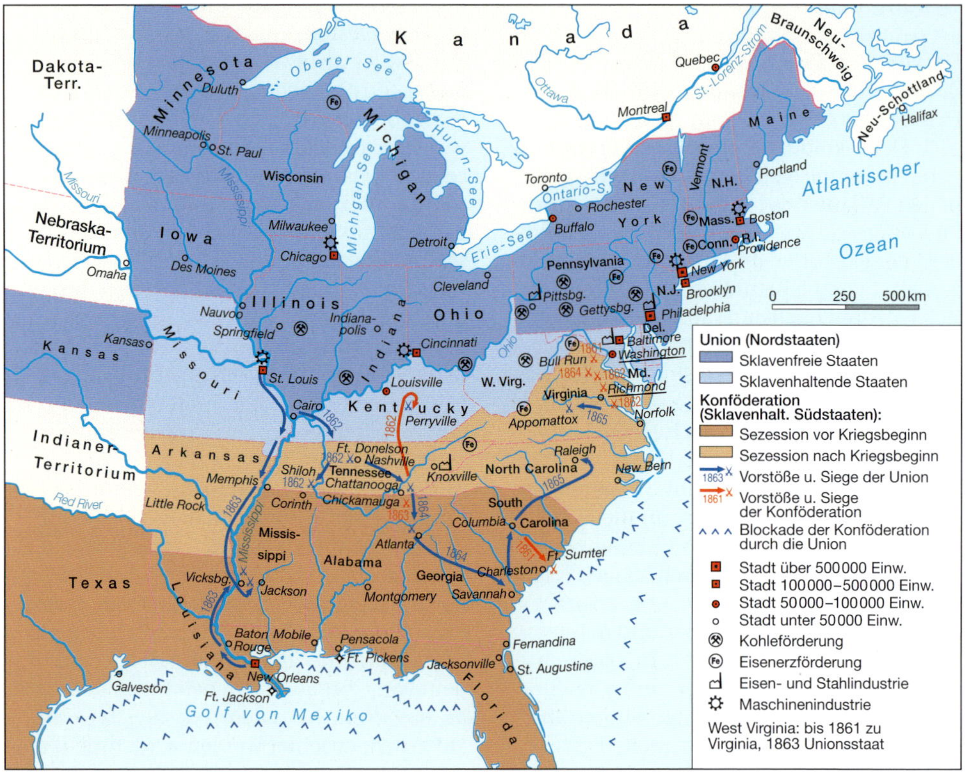

M 12 Horst Dippel, Historiker, über die Gründe und die Ziele des Bürgerkrieges (2000)

Während im Norden Industrialisierung und Verstädterung um sich griffen und daneben – zumal im Westen – die Einzelfarm wesentlicher Teil von Wirtschaft und Gesellschaft
5 wurde und die Bevölkerung aufgrund massiver Einwanderung aus Nordwesteuropa (insbesondere Engländer, Iren und Deutsche) immer heterogener [= verschiedenartiger] wurde, wurde der Süden in wachsendem
10 Maße das Reich der Baumwolle *(King Cotton)*. […]

Umso wichtiger war im Interesse des Gesamtstaates das politische Gleichgewicht zwischen ihnen, das dem Süden seine Eigen-
15 tümlichkeiten, darunter seine „besondere Institution" *(peculiar institution)* der Sklaverei beließ. Die Aufnahme neuer Staaten in die Union erfolgte daher während der ersten Hälfte des 19. Jahrhunderts stets unter dem Gesichtspunkt des Nord-Süd-Proporzes, um 20 das Stimmenverhältnis im Senat nicht einseitig zu verändern. […]

Doch die Rechnung des Südens, der immer unverhohlener von Sezession [= Abtrennung] sprach, ging nur zum Teil auf. 1850 25 wurde Kalifornien als „freier" Staat in die Union aufgenommen, während es dem Süden gelungen war, im Gegensatz zu allen vorausgegangenen Kompromissen und Prinzipien, die Sklavenfrage in den neu organi- 30 sierten Territorien von Neu-Mexiko und Utah offen zu halten.

Die Situation verschärfte sich, als der Kongress 1854 das sog. Kansas-Nebraska-Gesetz verabschiedete. Entgegen dem Kom- 35 promiss von 1820[1] und obwohl sie nördlich des 36. Breitengrades lagen[2], wurde mit diesem Gesetz beiden künftigen Staaten freigestellt, ob sie die Sklaven auf ihrem Gebiet zulassen wollten oder nicht. Als daraufhin 40 die Auseinandersetzung zwischen Anhängern und Gegnern der Sklaverei in Kansas immer blutiger wurde und das Oberste Bundesgericht 1857 in einer seiner bedeutendsten und umstrittensten Entscheidungen *(Dred Scott Case)*[3] den Kompromiss von 1820 für verfassungswidrig erklärte und damit den gesamten Westen den Sklavenhaltern zu öffnen schien, war der bewaffnete Konflikt kaum noch aufzuhalten.

Längst ging es nicht mehr allein um die Sklaverei, sondern zunehmend um die zentrale Frage, ob die Nation weiter auf zwei grundsätzlich antagonistischen Prinzipien und Kulturen *(house divided)* bestehen könne. Abraham Lincoln, aufstrebender Politiker aus Illinois und Mitglied der soeben erst gegründeten Republikanischen Partei, verneinte diese Frage und strebte einen Ausgleich an, doch der Süden radikalisierte sich zusehends, sodass es im Vorfeld der Präsidentschaftswahlen von 1860 zur Spaltung der seit langem unangefochten regierenden Demokratischen Partei kam. Als Ergebnis wurde Lincoln zum neuen Präsidenten gewählt – ohne dass er eine einzige Stimme aus den elf Sklavenstaaten des Südens erhalten hätte.

Die Antwort des Südens kam prompt. Noch im Dezember 1860 verkündete South Carolina öffentlich seinen Austritt aus der Union; in den nächsten Monaten folgten alle übrigen zehn Sklavenstaaten der Region diesem Schritt und schlossen sich zu den *Confederate States of America* mit Jefferson Davis als Präsidenten an ihrer Spitze zusammen. Sie setzten sich sogleich in den Besitz der Waffenarsenale der Union auf ihrem Gebiet. Lediglich Fort Sumter, auf einer Insel im Hafen von Charleston/South Carolina gelegen, verweigerte die Übergabe. Mit dem bewaffneten Angriff auf das Fort (12. April 1861) war für Lincoln der Fall des Aufstandes eingetreten, der Bürgerkrieg nahm seinen Anfang.

Lincoln hatte bislang recht geschickt taktiert und damit erreicht, dass die vier nördlichsten Sklavenstaaten (Delaware, Maryland, Kentucky und Missouri) zuzüglich des von Virginia sezedierten nordwestlichen Landesteils, des zukünftigen West Virginia, […] bei der Union verblieben. In Zukunft musste er darauf bedacht sein, ihre Loyalität nicht zu verlieren. Radikale Zielsetzungen verboten sich daher von selbst, sodass sein Kriegsziel lautete: Erhalt der Union, was gleichbedeutend war mit der Eroberung des Südens, während dieser sich darauf beschränken konnte, die Anerkennung seiner Unabhängigkeit anzustreben.

Horst Dippel, Die amerikanische Geschichte im Abriss, in: Hartmut Wasser (Hg.), USA, 4. Aufl., Opladen (Leske & Budrich) 2000, S. 74 ff.

1 *Der Missouri-Kompromiss des Jahres 1820 erlaubte die Aufnahme von Missouri als möglichen Sklavenhalterstaat in die Union, während gleichzeitig auch Maine als sklavenfreier Bundesstaat aufgenommen wurde.*
2 *In den Regionen nördlich des 36. Breitengrades konnte Baumwollanbau aus Klimagründen nicht betrieben werden.*
3 *Das Urteil aus dem Jahre 1857 hatte folgenden Hintergrund: Der Sklave Dred Scott aus dem Sklavenstaat Missouri hatte einige Zeit für seinen Herrn in dem sklavenfreien Staat Illinois gearbeitet. Als Scott nach Missouri zurückkehrte, wollte er wie in Illinois als freier Mann anerkannt werden und rief, als der Staat Missouri ihm dies verweigerte, das Oberste Bundesgericht der Vereinigten Staaten an. Die Klage wurde abgewiesen. Die Mehrheit der Bundesrichter des Obersten Bundesgerichts vertrat die Ansicht, dass jeder weiße Amerikaner das Recht habe, sich mit seinem Eigentum, zu dem auch Sklaven zählten, in alle Gebiete der Union zu begeben, da die Verfassung der Vereinigten Staaten von Amerika das Eigentum schütze. Als Schwarzer habe Scott überdies kein Klagerecht.*

M 13 Lithografie aus der satirischen Zeitschrift *„Punch"*, Großbritannien, 1856

M 14 „Bilder des Krieges" 1861–1865

14a) Der Historiker Gerhard Paul über Medien und Bilder im Bürgerkrieg der USA (2004):
Der Bürgerkrieg [fand] ein außerordentlich großes Medieninteresse. Zeitweise waren über 500 Kriegsreporter im Einsatz. Die Zeitungen vervielfachten ihre Auflagen. Die Militärs indes waren noch überfordert, die Gruppe der Kriegsreporter für ihre Zwecke zu nutzen. Lediglich der Kriegsminister der Union stellte Zensurregeln auf, ließ unbequeme Redakteure verhaften und Korrespondenten von der Front verbannen. Um das Informationsbedürfnis der Öffentlichkeit zu befriedigen, gab man ein tägliches Kriegsbulletin heraus, in dem die Situation an den unterschiedlichen Frontabschnitten schöngefärbt wurde: Militärische Rückschläge fanden nicht statt, Verlustzahlen wurden zu Ungunsten des Gegners manipuliert. […]

Vor allem aber brachte der Bürgerkrieg einen neuen Blick auf das Geschehen. […] Zwar wurden die Auseinandersetzungen zwischen den Nord- und den Südstaaten dominant weiterhin in der Tradition der europäischen Genremalerei und der frühen Kriegsfotografie als gemütlicher Waffengang romantisiert, zwar sprach man auch hier gelegentlich vom *„picknick-war"*, daneben aber traten gänzlich neue Perspektiven auf die modernen Destruktionslandschaften und auf die Opfer des Krieges. Mathew B. Brady und seine Mitarbeiter nutzten das Abbildungspotenzial der Fotografie erstmals zu dem Zweck, ein möglichst realistisches Bild der Gräuel des Krieges zu zeichnen. Mit den Aufnahmen von den Schlachtfeldern von Antietam vom September 1862 sowie von Gettysburg aus dem folgenden Jahr gerieten zwar aufgrund der begrenzten fototechnischen Möglichkeiten auch jetzt die Gefechte selbst nicht in den Blick, wohl aber das unaufgeräumte Schlachtfeld und die Folgen des Krieges für die Beteiligten. […] Zum Schlüsselbild dieser neuen Perspektive und zu einem der am meisten reproduzierten Bilder des Bürgerkrieges avancierte das Bild von Timothy O'Sullivan *A Harvest of Death, Gettysburg.*

Gerhard Paul, Bilder des Krieges. Krieg der Bilder, Paderborn u.a. (Schöningh) 2004, S. 66–68.

14b) Der Fotograf Samuel A. Colley und seine Mitarbeiter mit einem pferdebespannten Laborwagen, Fotografie, USA, 1861 (Ausschnitt)

14c) Richmond/Virginia, Fotografie, 1865 (Ausschnitt)

14d) Alexander Gardner (1821–1882), Camp der US-Armee bei Warrenton/Virginia, Fotografie, November 1862

14e) Timothy O'Sullivan (1840–1896), „A Harvest of Death, Gettysburg", Fotografie, 4. Juli 1863

M 15 Die Haltung von Präsident Abraham Lincoln in zeitgenössischen Dokumenten

15 a) Lincoln an den Journalisten Horace Greeley über seine Ziele (22. August 1862):
An der Politik, die „ich zu verfolgen scheine", wie Sie sagen, habe ich nicht den geringsten Zweifel gelassen. Ich will die Union retten. Ich will sie möglichst schnell im Rahmen der bestehenden Verfassung retten. Je schneller man die staatliche Autorität für das ganze Land wiederherstellt, desto mehr wird die Union wieder vollständig sein. Wenn jemand nicht die Union retten wollte, ohne gleichzeitig die Sklaverei auszurotten, so wäre ich damit nicht einverstanden. Mein Hauptziel in diesem Kampf ist die Rettung der Union und nicht die Erhaltung oder Aufhebung der Sklaverei. Wenn ich die Union bewahren könnte, ohne einen einzigen Sklaven zu befreien, so täte ich dies, und wenn es nur durch die Befreiung aller Sklaven möglich wäre, würde ich es auch tun. Was ich für die Sklaven und die Farbigen tue, tue ich nur für die Union, und was ich unangetastet lasse, lasse ich, weil es meiner Überzeugung nach nicht zur Aufrechterhaltung der Union beitragen würde. Ich unterlasse alles, was der Sache schaden könnte, und ich unternehme alles, was der Sache dienen könnte. Ich versuche, Fehler zu korrigieren, die sich als Fehler erwiesen haben, und ich akzeptiere neue Meinungen, sobald sie sich als richtig herausgestellt haben. Das ist meine Zielsetzung, wie sie mir mein Amt meiner Meinung nach auferlegt, und davon ist mein persönlicher, oft geäußerter Wunsch, dass alle Menschen frei sind, nicht betroffen. An einem gewissen Punkt habe ich erkannt, dass die Sklaverei sterben muss, damit die Nation leben kann.

Zit. nach: Giampiero Carocci, Kurze Geschichte des amerikanischen Bürgerkriegs, Berlin (Wagenbach) 1998, S. 99.

15 b) Aus der Gettysburg-Rede von Lincoln vom 19. November 1863 („Gettysburg Address"):
Vor 87 Jahren gründeten unsere Väter auf diesem Kontinent einen neuen Staat – in Freiheit gebildet und dem Gedanken geweiht, dass alle Menschen gleich geschaffen sind. Gegenwärtig führen wir einen großen Bürgerkrieg, in dem erwiesen werden wird, ob dieser Staat oder irgendein so gebildeter und solchen Gedanken geweihter Staat Bestand haben kann. Wir sind hier auf einem großen Schlachtfelde dieses Krieges versammelt. Wir sind hierher gekommen, einen Teil dieses Schlachtfeldes den Kämpfern als letzten Ruheplatz zu weihen, die hier ihr Leben hingaben, damit dieser Staat leben könne. Dies zu tun ist nicht mehr als recht und billig. Aber in weiterem Sinne können wir diesen Boden gar nicht weihen, heiligen oder segnen. Die tapferen Männer, Lebende und Tote, die hier gekämpft haben, gaben ihm eine Weihe, die weit darüber hinausgeht, was unsere Kraft hinzutun oder wegzunehmen vermag. Was wir hier sagen, wird die Welt wenig beachten und kaum lange in Erinnerung behalten; aber was jene taten, kann sie nie vergessen.

An uns, den Lebenden, ist es vielmehr, uns an dieser Stätte der von jenen schon so heldenmütig vorangebrachten Aufgabe zu weihen. An uns ist es vielmehr, uns an dieser Stätte den verbliebenen großen Aufgaben zu weihen, damit wir uns angesichts der ehrwürdigen Toten noch stärker als zuvor jener Sache hingeben, für die sie hier das höchste Maß an Opfer gegeben haben; damit wir uns feierlich geloben, dass sie nicht vergebens gefallen sein sollen, dass diese Nation unter Gottes Fügung zu neuer Freiheit geboren werde und dass die Herrschaft des Volkes durch das Volk und für das Volk nicht von dieser Erde verschwinde.

15 c) Aus der zweiten Antrittsrede Lincolns (4. März 1865):
Mit Groll gegen niemanden und mit Nächstenliebe für alle, mit Festigkeit im Rechten, wie uns Gott das Rechte zu sehen gewährt, wollen wir danach streben, das begonnene Werk zu vollenden, die Wunden der Nation zu verbinden, für den zu sorgen, der die Last des Kampfes getragen hat, und für seine Witwe und seine Waisen – wenn wir alle das tun, können wir zu einem gerechten und dauerhaften Frieden unter uns und mit allen Nationen gelangen und ihn bewahren.

M15b und c zit. nach: Herbert Schambeck u. a. (Hg.), Dokumente zur Geschichte der Vereinigten Staaten von Amerika, Berlin (Duncker & Humblot) 1993, S. 375 und 378.

M 16 Der Historiker Giampiero Carocci über den Charakter des Krieges (1998)

Es hatte ein Krieg begonnen, der wegen seiner langen Dauer von genau vier Jahren, wegen der Anstrengungen und Opfer auf beiden Seiten, wegen des großen Material-
5 einsatzes und wegen der technischen Neuerungen als der erste moderne Krieg angesehen wird, der viele Aspekte der beiden „totalen" Kriege des 20. Jahrhunderts vorwegnahm. [...]
10 Handelte es sich um einen Bürgerkrieg, um einen Sezessionskrieg oder um einen Krieg zwischen Staaten? Alle drei Begriffe sind von Historikern verwendet worden. „Sezessionskrieg" betont die Weigerung eini-
15 ger Staaten zur Anerkennung der Bindung an die Union und damit die verfassungsrechtlichen Ursachen des Krieges. Doch dieser Begriff, der nicht zufällig als erster von den meisten Historikern verwendet wurde,
20 gibt die Sicht der Sieger wieder, für die die Sezessionisten Rebellen waren. Die Bezeichnung „Krieg zwischen Staaten" reflektiert wohl am besten das Bewusstsein der Mehrheit der Beteiligten, d. h. aller Konföderier-
25 ten und der Gegner der Sklaverei im Norden (die sich später Radikale nannten), dass es sich um einen Krieg zwischen zwei Völkern handelte. Ein Senator aus Virginia sagte: „Ich betrachte den Krieg [...] als einen Krieg der
30 Gefühle und Meinungen, den eine Gesellschaftsform einer anderen erklärt." Wenn es sich wirklich darum handelte, wenn wirklich zwei Gesellschaftsformen, zwei Nationen einander gegenübergestanden hätten, würde
35 die Bezeichnung „Krieg zwischen Staaten" wirklich am besten zutreffen. Trotzdem wurde der Krieg von seinen führenden Köpfen wie Lincoln, wenn nicht sogar von der Mehrheit, als ein Bürgerkrieg empfunden,
40 als eine Tragödie, als ein notwendiger Krieg, aber als ein Bruderkrieg innerhalb eines gemeinsamen Vaterlandes. Das Tragische jedes Bürgerkrieges war Lincoln ständig bewusst. Aus diesem Grund und auch weil
45 der Begriff „Bürgerkrieg" die Gleichwertigkeit der Kontrahenten zum Ausdruck bringt, verwenden wir ihn.

Giampiero Carocci, Kurze Geschichte des amerikanischen Bürgerkriegs, Berlin (Wagenbach) 1998, S. 54 f.

8 Sizzieren Sie mithilfe von M12 die Gründe, die zum Ausbruch des Bürgerkrieges führten. Unterscheiden Sie zwischen Anlässen und Ursachen. Berücksichtigen Sie die Befürchtungen bzw. Hoffnungen der Nord- und Südstaaten.
9 Interpretieren Sie die Sicht der britischen Karikatur auf den Konflikt in den USA (M13).
10 🚶 Der Krieg in den Medien (M14a–e):
a) Informieren Sie sich anhand von 14a, b über die Bedeutung der Medien im Bürgerkrieg.
b) Untersuchen Sie in arbeitsgleicher Gruppenarbeit, welche Eindrücke die Fotografien M14b–e von dem Bürgerkrieg vermitteln.
c) „*Picknick-war*" (M14a, Z. 26) oder der erste „totale Krieg"(M16, Z. 8)? Diskutieren Sie die Frage im Kurs. Berücksichtigen Sie die Ergebnisse Ihrer Fotoanalyse; siehe auch Karte M11.
11 🚶 Erstellen Sie eine Dokumentation zur Kriegsberichterstattung im Krieg USA – Irak 2003 (Rolle von Journalisten, US-Regierung, Nachrichtensendungen). Vergleichen Sie mit der Rolle der Medien im Bürgerkrieg.
12 Erläutern Sie die Haltungen von US-Präsident Abraham Lincoln während des Bürgerkrieges anhand von M15a–c. Erklären Sie diese aus der jeweiligen historischen Situation heraus.
13 Diskutieren Sie anhand von M16 über Vorzüge und Nachteile der Begriffe, die die Auseinandersetzungen 1861–1865 bezeichnen.
14 🚶 Schlussdebatte: Der Historiker James M. McPherson schrieb 1988: „Beide Seiten im amerikanischen Bürgerkrieg beteuerten, für die Freiheit zu kämpfen. Der Süden war – so Jefferson Davis im Jahre 1863 – gezwungen, die Waffen zu ergreifen, um die politischen Rechte sowie die Freiheit, Gleichheit und Souveränität der Einzelstaaten zu verteidigen, die ‚unsere Vorfahren in der Revolution mit ihrem Blut erkauft und uns als Erbteil hinterlassen haben'. Lincoln aber hielt dagegen, wenn der Konföderation dies gelänge, dann würde sie die Union zerstören, die ebenjene revolutionären Vorfahren ‚in Freiheit ersonnen' hätten als ‚die letzte und einzig wahre Hoffnung' auf den Erhalt republikanischer Unabhängigkeit in der Welt. ‚Wir müssen diese Frage unverzüglich klären [...], ob in einem frei gewählten Staatswesen die Minderheit das Recht hat, nach eigenem Gutdünken die Regierung zu stürzen.'"
a) Klären Sie das Freiheitsverständnis von Davis und Lincoln. b) Bewerten Sie die Bedeutung des Bürgerkrieges für die Geschichte der USA.

Weiterführende Arbeitsanregungen zur nationalen Symbolik der USA

1 🚶 **Die Nationalhymne der USA („Star-Sprangled Banner") – ein Lied als Quelle**
a) Besorgen Sie sich den Text der Hymne und übertragen Sie ihn ins Deutsche.
b) Recherchieren Sie mit Hilfe eines Lexikons oder des Internets, wann der Text entstand, wer ihn dichtete, wann das Abspielen des Liedes bei feierlichen Angelegenheiten des Militärs angeordnet und wann es zur offiziellen Nationalhymne der Vereinigten Staaten erklärt wurde.
c) Interpretieren Sie den Text des Liedes aus der historischen Situation, in der es entstand.

Übersetzungen, Musik- und Hintergrundinformationen
usa.usembassy.de/government-anthem.htm und
www.usa-westen.info/nationalhymne.htm

2 🚶 **Der Fahnenappell – ein Kommentar**
Informieren Sie sich (Internet, Lexika) über die Geschichte der US-Flagge und die Rolle des Fahnenappells in der US-Gesellschaft: „Ich gelobe Treue zur Fahne der Vereinigten Staaten von Amerika und der Republik, für die die Fahne steht, eine Nation unter Gott, unteilbar, mit Freiheit und Gerechtigkeit für alle." Gehen Sie auch auf die Hintergründe der Einfügung „under God" im Jahre 1954 ein.

Einführende Information
Siehe vorne Darstellung S. 64.

3 🚶 **Die Freiheitsstatue – ein Bildessay**
Verfassen Sie einen „Essay in Bildern" über die Geschichte der Freiheitsstatue und über die Verwendung dieses Motivs in modernen Abbildungen (Werbung, Gemälde, Karikaturen usw.). Recherchieren Sie im Internet, in Reiseführern und Lexika. Unterscheiden Sie zwischen Darstellungen aus den USA und Darstellungen aus dem Ausland.

Literatur- und Internethinweise
Zur Geschichte:
Rudolf Walter, Die leuchtende Ägypterin, in: Die Zeit Nr. 41, 30. September 2004.
Abbildungen z. B. in:
Peter Schneider, Amerika und Europa, in: Cicero, Juni 2004, S. 46–51.
Bildrecherche z. B. über:
www.google.de/imghp (Stichwort: Freiheitsstatue).

M 17 Schulklasse in Austin/Texas, Fotografie, ca. 1993

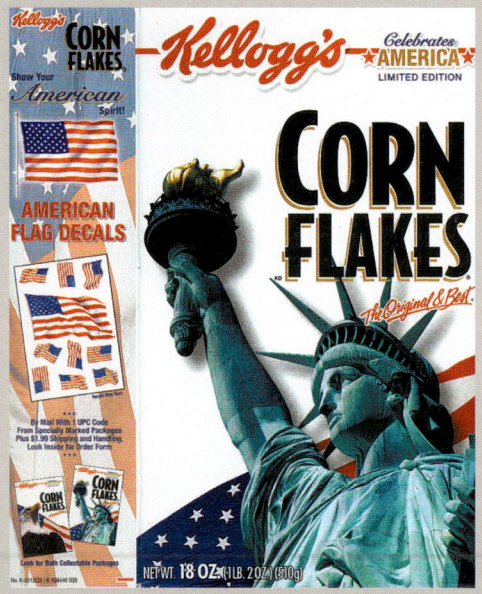

M 18 Kelloggs-Verpackung aus den USA, Oktober 2004

5 Der Aufstieg der USA zur Weltwirtschaftsmacht um 1900

„Strebe nach dem Höchsten; gehe nie in eine Bar; rühre keinen Alkohol an, es sei denn bei Mahlzeiten; spekuliere nie; investiere nie mehr als das, was dir an überschüssigem Geld zur Verfügung steht; identifiziere dich mit den Interessen deiner Firma, missachte Anordnungen immer dann, wenn dadurch Unternehmer gerettet werden; konzentriere dich auf eine Sache; lege alle Eier in einen Korb und hüte diesen allein; halte deine Ausgaben immer im Rahmen deiner Einkünfte; und schließlich: sei geduldig, denn keiner kann dich [...] um den letzten Erfolg bringen als du selbst." Diese Sätze stammen nicht aus einem Benimmbuch, sondern von **Andrew Carnegie** (1835–1919), einem der erfolgreichsten Unternehmer in den USA während des 19. Jahrhunderts. Seinen Aufstieg hat der Politikwissenschaftler und Journalist Eric Frey einmal treffend so zusammengefasst: „1848 betrat ein zwölfjähriger Schotte den Boden der USA. Für 1,20 Dollar die Woche fand Andrew Carnegie Arbeit in einer Baumwollfabrik in Pittsburgh und wechselte etwas später in ein Telegrafenbüro. Der tüchtige Jugendliche fiel Thomas Scott auf, einem Manager der Pennsylvania Railroad, der ihn zu seinem Assistenten machte. Gemeinsam stiegen die beiden in der großen Eisenbahngesellschaft auf; mit 24 Jahren war Carnegie bereits Abteilungsleiter. Seinen Verdienst investierte er in verschiedene Industriezweige, vor allem in die Eisen- und Stahlproduktion. 1874 wurde Scott Präsident von *Pennsylvania Railroad,* sein Protegé [= Günstling] wurde selbst Unternehmer. Carnegie legte seine Investitionen zusammen und baute südlich von Pittsburgh das größte Stahlwerk des Landes. Eigene Konzernunternehmen förderten Kohle sowie Eisenerz und sorgten für den Transport von Rohstoffen und Gütern zu Wasser wie per Bahn. 1878 lieferte Carnegie den Stahl für die Brooklynbrücke in New York und in den folgenden Jahren den Stahl für den Bau der ersten Wolkenkratzer in New York und Chicago. Die Gewinne und Umsätze explodierten, im Jahr 1900 war *Carnegie Steel* der größte Industriekonzern der Welt."

Diese Biografie verkörpert eindrucksvoll den **American Dream.** Dieser Traum beruht auf dem Glauben an die Erfolgschancen der Tüchtigen bei Chancengleichheit. Dem entspricht die amerikanische Hochschätzung des *Selfmademan*. Die USA werden dabei zum „Land der unbegrenzten Möglichkeiten" erklärt, in dem eine Karriere vom Tellerwäscher zum Millionär möglich ist. Aber hat in den USA nur derjenige Erfolg, der sich an die Regeln der puritanischen Lebensauffassung hält (siehe S. 15 ff.), wie es Carnegie behauptet? Oder gab es weitere Voraussetzungen, die diesen Lebensweg ermöglichten? Die Beschäftigung mit dem Aufstieg der USA vom Agrarland zur Weltindustriemacht kann helfen, die Frage zu beantworten.

Industrialisierung und Industriekapitalismus in den USA

Den Prozess der Industrialisierung in den Vereinigten Staaten kann man grob in zwei Phasen unterteilen: die Anfänge, die vom Ende des 18. Jahrhunderts bis in die 1850er-Jahre reichen, und den Aufstieg zur Weltwirtschaftsmacht, der sich in der Zeit zwischen den 1860er- und den 1920er-Jahren vollzog. Die zweite Phase steht im Zentrum dieses Kapitels.

Der Amerikanische Bürgerkrieg (1861–1865) endete mit einem Sieg des industriell weit entwickelten Nordens über den agrarischen Süden. Nun konnten die USA ihre Stärken nutzen, um bis zum Ende des 19. Jahrhunderts eine Spitzenstellung in der Weltindustrieproduktion zu erreichen. Die wichtigsten Grundlagen des industriellen Aufschwungs waren reichhaltige **Rohstoffvorkommen** und zunächst importierte, dann aber zunehmend im Land selbst entwickelte technische **Erfindungen** und Verfahren zu ihrer Ausbeutung. Für die Ausdehnung des Binnenmarktes sorgte der rasche Ausbau des **Verkehrsnetzes** aus Wasserstraßen und Eisenbahnen. Die ersten Eisenbahnen wurden in den 1830er-Jahren im Nordosten gebaut, die

Wirtschaft um 1900

erste transkontinentale Strecke entstand 1869, um 1910 erreichte das Netz seine nahezu größte Ausdehnung. Ein ausgeprägtes **Wachstums- und Wettbewerbsdenken**, große Innovationsbereitschaft, zunehmende Produktivität sowie Unternehmergeist und Fortschrittsglaube beschleunigten die Modernisierung der US-Volkswirtschaft. Hinzu kam ein wachsendes Angebot an leistungsbereiten Arbeitskräften durch die **Einwanderer** (siehe S. 123–129).

Das beschleunigte Wirtschaftswachstum sicherte den USA um 1900 nicht nur den Rang einer Weltwirtschaftsmacht. Darüber hinaus nahm im Innern der Vereinigten Staaten die Konzentration von Unternehmen und Kapital in den Händen des so gennannten *Big Business* zu. Das waren einige wenige mächtige Industrielle, zu denen z. B. **John D. Rockefeller** (1839–1937) oder Andrew Carnegie (siehe oben) zählten.

Damit stand die Frage nach dem Verhältnis von Staat und Wirtschaft auf der politischen Tagesordnung. Wie groß durfte der Einfluss der Industrie auf den Staat sein? Musste der Staat die Macht industrieller Interessen beschneiden? Würden staatliche Reglementierungen das Wirtschaftswachstum gefährden?

Massenproduktion – Massenkonsum

Wir leben heute in einer Massengesellschaft. Darunter verstehen die Sozialwissenschaftler eine Gesellschaft, die alle Volksschichten in die politische Willensbildung einbezieht. Darüber hinaus werden Möglichkeiten der wirtschaftlichen und der sozialen Interessenvertretung eröffnet und erhalten und Möglichkeiten der Teilhabe an Kultur und Konsum geschaffen. Die so genannte **Massenkonsumgesellschaft** ist ein Ergebnis der Industrialisierung.

Bei der Förderung des Massenkonsums leisteten amerikanische Unternehmer Pionierarbeit. An erster Stelle ist **Henry Ford** (1863–1947) zu nennen. Durch die **Fließbandproduktion** ließ er die Herstellung von Autos so preisgünstig gestalten, dass auch Bezieher von Durchschnittseinkommen ein Automobil kaufen konnten. **Kauf- und Versandhäuser** befriedigten ebenfalls die Wünsche eines Massenpublikums. Aber war der Reichtum der Massenkonsumgesellschaft in den USA auch gleich verteilt?

M 1 Nathaniel Currier (1813–1888)/James Merritt Ives (1824–1890), „The Progress of the Century", Lithografie, USA, 1876

Hinweise zur Arbeit mit den Materialien

Kapitel 5 beschäftigt sich mit dem Aufstieg der USA zur Weltwirtschaftsmacht am Ende des „langen" 19. Jahrhunderts. Als *Einstieg* bietet sich ein Bild von 1875 an (M1), das unter anderem die Bedeutung der Wirtschaft für das nationale Selbstverständnis der USA thematisiert.

1. Nach dem Einstieg können im ersten Abschnitt mithilfe von M2–M5 die **Rahmenbedingungen** der US-Wirtschaftsentwicklung untersucht werden:
– M 2 bietet einen Überblick über die Anfänge der Industrialisierung bis in die 1850er-Jahre;
– der Sekundärtext M3 thematisiert zentrale Voraussetzungen;
– M4 und M5 betrachten die Ausgangslage um 1860 in verschiedenen Regionen und Sektoren.

2. Das **Wirtschaftswachstum** der großen Aufschwungphase beleuchten im zweiten Teil die *Statistiken* M6–M8. Sie geben Aufschlüsse über die Dimensionen des Wachstums und die Position der USA unter den Industriemächten (mit *Bezügen zur Gegenwart*).

3. Das Verhältnis zwischen **Staat und Unternehmern** untersucht der dritte Abschnitt (M9–M11). Dabei können unter anderem am Beispiel von Rockefeller, Ford und Carnegie *exemplarisch* Mentalitäten und Strategien erfolgreicher Wirtschaftsführer untersucht werden.

4. Der Wandel zur **Massenkonsumgesellschaft** lässt sich anhand einer *exemplarischen Auswahl zeitgenössischer Bilder* aus Chicago und eines Sekundärtextes erarbeiten (M12, M13).

5. M14a–d behandeln die „sozialen Kosten" der wirtschaftlichen Modernisierung.
Methodensonderseite 98 f.: Literatur als historische Quelle – Ein Tag bei Ford.
Weiterführende Arbeitsanregungen S. 100: „**Wirtschaftsarchitektur erzählt Geschichte**".

M 2 Über die Anfänge der Industrialisierung in den USA (bis in die 1850er-Jahre)

Die Historiker Jürgen Heideking und Vera Nünning (1998):
Die Entwicklung eines marktwirtschaftlichen Systems in Nordamerika darf nicht als rein ökonomisches Faktum betrachtet werden, denn sie hat das politische, soziale und kulturelle Leben der USA tief greifend beeinflusst. Schon in der Kolonialzeit waren die Kaufmannseliten der Küstenstädte fest in das Netzwerk des atlantischen Handelssystems eingebunden, und zwischen Küste und Hinterland fand ein reger Warenaustausch statt. [...] Die kleinen Gemeinden in Küstennähe und entlang der schiffbaren Flüsse waren [...] keine in sich ruhenden Oasen, sondern ihre Farmer, Handwerker und Händler suchten energisch den Zugang zu lokalen und regionalen Märkten. [...]

Im frühen 19. Jahrhundert vollzog sich der Übergang vom agrarischen zum frühindustriellen Kapitalismus sowie der Zusammenschluss regionaler zu überregionalen Märkten. Die in Landwirtschaft und Handel erwirtschafteten Gewinne stimulierten die gewerbliche Produktion und – beginnend mit Textil- und Schuhfabriken in Neuengland – den Aufbau von Manufakturen. Die napoleonischen Kriege und der Krieg gegen England 1812/14 förderten diesen Trend, weil sie vorübergehend den Import von Fertigwaren aus Europa erschwerten. Hinzu kamen technische Neuerungen und Durchbrüche, etwa in Form der *Cotton Gin* (für *engine*), die das Ernten der Baumwolle erleichterte, und des mechanischen Webstuhls. Der *Louisiana Purchase* von 1803 und die Verdrängung der Indianer hinter den Mississippi [...] in den 1830er-Jahren [...] öffneten riesige neue Gebiete für Besiedlung, Ackerbau und Handel. Der Bau von Kanälen und Eisenbahnen, bei dem sich die Staatenregierungen massiv engagierten, löste eine veritable „Transportrevolution" aus. Zum Symbol dieser Zeit wurde der Eriekanal, den der Staat New York bis 1825 vom Hudson River nach Buffalo am Lake Erie bauen ließ. Er verband die Atlantikküste mit dem Gebiet der Großen Seen und den Flussläufen des Ohio und Mississippi, auf denen nun auch Dampfschiffe verkehrten. [...] Während New York allen anderen Städten an der Ostküste wirtschaftlich den Rang ablief, stieg Chicago geradezu kometenhaft zum Verkehrs- und Handelszentrum des „Mittleren Westen" auf. Reiche Goldfunde in Kalifornien, das nach dem Krieg gegen Mexiko an die USA fiel, signalisierten ab 1849 die beginnende Einbindung der Pazifikregion in das amerikanische Wirtschaftssystem. Der Süden profitierte vom Baumwollboom, doch die Massenkultur des *King Cotton* und die Sklaverei wirkten einer strukturellen Modernisierung der Wirtschaft entgegen.

Jürgen Heideking/Vera Nünning, Einführung in die amerikanische Geschichte, München (C. H. Beck) 1998, S. 30 ff.

M 3 Voraussetzungen der Industrialisierung in den USA

Der Historiker David S. Landes über Ressourcen und Innovationen in den USA (1998):
Die amerikanischen Siedlungsgebiete besaßen unendlich viel natürlichen Reichtum […]. In diesem Punkt waren die Vereinigten Staaten am besten dran: riesige Flächen fruchtbaren, unbebauten Landes; ein großartiges Klima zur Gewinnung eines für den Einstieg in die Industrialisierung entscheidenden Rohstoffes, der Baumwolle; große Vorkommen an Bodenschätzen, wie sie die Eisenindustrie benötigt; Brennstoffe – Holz und Kohle – im Überfluss plus reichlich Wasserkraft an der gesamten Ostküste; massenweise Petroleum, das sich seit der Mitte des 19. Jahrhunderts als Lichtquelle, Schmiermittel und vor allem als Treibstoff für Verbrennungsmotoren bewährt; und große Mengen Kupfererze, die Ende des Jahrhunderts für die neu entstehende Nachfrage nach Dynamomaschinen, Elektromotoren und Kabelanlagen zur Verfügung standen. Hinzu kamen relativ bequeme Zugangs- und Kommunikationswege: eine Küste mit vielen schönen Buchten und prachtvollen Häfen, große Flüsse (zumal der Mississippi und seine Nebenflüsse) sowie weite Ebenen. Die einzige ernst zu nehmende Gebirgsschranke zwischen Atlantik und den Rocky Mountains waren die Appalachen, aber selbst hier gab es eine Reihe von Lücken für Handels- und Reiserouten, besonders dort, wo der Hudson durchfließt und wo sich zu den Großen Seen hin flaches Land erstreckt. Hier konnten die Menschen mit dem Eriekanal und der Eisenbahn die Verbindung zwischen Mittlerem Westen und den Häfen an der Atlantikküste herstellen und damit über die natürlichen Grenzen hinausgehen. […]

Die entscheidende und recht eigentlich amerikanische Innovation war aber gar kein besonderes Gerät (so wichtig das auch sein mochte), sondern eine Produktionsweise – das später so genannte amerikanische Fabrikwarensystem. Es war eine kreative Reaktion erstens auf einen Markt, auf dem die in Europa vorherrschenden lokalen und regionalen Präferenzen ebenso fehlten wie Klassen- und Standesunterschiede, der also standardisierte Artikel aufnehmen konnte; und zweitens auf den im Verhältnis zu den Arbeitsmaterialien erheblichen Mangel an Arbeitskräften. Beides hing zusammen. In einer Volkswirtschaft mit wenig Arbeitskräften bot die Standardisierung eine Möglichkeit, die Arbeit zu teilen und damit zu vereinfachen und zu repetitiven Handgriffen zu machen, um auf diese Weise die Produktivität zu steigern. […]

So war schon in Kolonialzeiten der Bau vieler amerikanischer Wohnhäuser nicht mehr Sache des Zimmerhandwerks, sondern der Fabrik. Türen und Fenster wurden auf eine Standardgröße zugeschnitten und zusammengesetzt; Glas war entsprechend vorgeschnitten. […] Dann, in den dreißiger Jahren des 19. Jahrhunderts, führte die Erfindung des Nagel- oder Schwartenrahmenhauses zur Normierung und Dequalifizierung des Hausbaus selber. Vorbei waren die Zeiten, in denen man schwere Bauteile für die traditionellen Scheunen und Wohnhäuser brauchte. Vorbei waren die Zeiten des Verzapfens, der Maurer- und Verputzarbeiten […], die die Bauten in der Alten Welt erforderten. Stattdessen verwendete man vorgefertigte 2 × 4-Inch-Balken und nagelte sie zusammen, dann verschalte man das Balkenwerk und setzte die Schindelfassade an, die sich als praktisch und gefällig anbot. Die neuen Gebäude waren weder besonders schön noch wiesen sie irgendwelche ortsgebundenen Stileigenheiten auf; aber sie waren billig, wurden mit Material errichtet, das im Überfluss vorhanden war, und waren von nüchterner Zweckgebundenheit. […]

Auf all diesen Gebieten der industriellen Fertigung waren die Vereinigten Staaten wenn nicht Pioniere, so doch mindestens die großen Praktiker. So entstanden gleich mit dem Übergang zur Maschinerie in der Textilmanufaktur Mechanikerwerkstätten, in denen die Anlagen gewartet und gebaut wurden; und diese Werkstätten, jede eine kleine Welt aus zusammengesetzten und austauschbaren technischen Fertigteilen, machten sich häufig auch an die Produktion anderer Maschinen: Dampfmaschinen, Hochöfen und Kessel, Lokomotiven und vor allem Werkzeugmaschinen. Letztere wiederum, ursprünglich für diesen oder jenen speziellen Zweck gedacht, fanden später in verschiedensten Industriezweigen Verwendung. […] Anders als in Europa setzte Amerika diesem Vorgang einer dequalifizierenden und vereinfachenden Technik wenig Widerstand entgegen. In einem Land der permanenten Revolution hatte das Alte wenig Macht. […]

[U]nd die Europäer taten sich in der Regel schwerer als die Amerikaner mit der Übernahme der unbarmherzigen Produktivitätslogik. […] Nur weil Maschinen noch arbeiten können, ist das kein Grund, sie arbeiten zu lassen. Diese Logik ist eigentlich widersinnig, aber dem Pionierdenken (der Raubrittermentalität) kam sie entgegen. Standardbeispiele sind Andrew Carnegie und Henry Clay Frick […]: Als sie beschlossen, in der Stahlproduktion vom Bessemer- zum Siemens-Martin-Verfahren zu wechseln, rangierten sie die alten Anlagen einfach aus. […]

Das „amerikanische System" setzte Produktivitätsstandards für die gesamte industrielle Welt. Jede Technologie war ein Sprungbrett zur nächsten. Wanduhren und Gewehre ebneten den Weg zu Taschenuhren und Nähmaschinen, Mäh- und Erntemaschinen führten zu Sämaschinen und schließlich den kombinierten Mähdreschern; Fahrräder zu Automobilen; Registrierkassen zu Schreibmaschinen und Rechnern.

David S. Landes, Wohlstand und Armut der Nationen, Übers. Ulrich Erwitz, Berlin (Siedler) 1998, S. 306 f. und 312 ff.

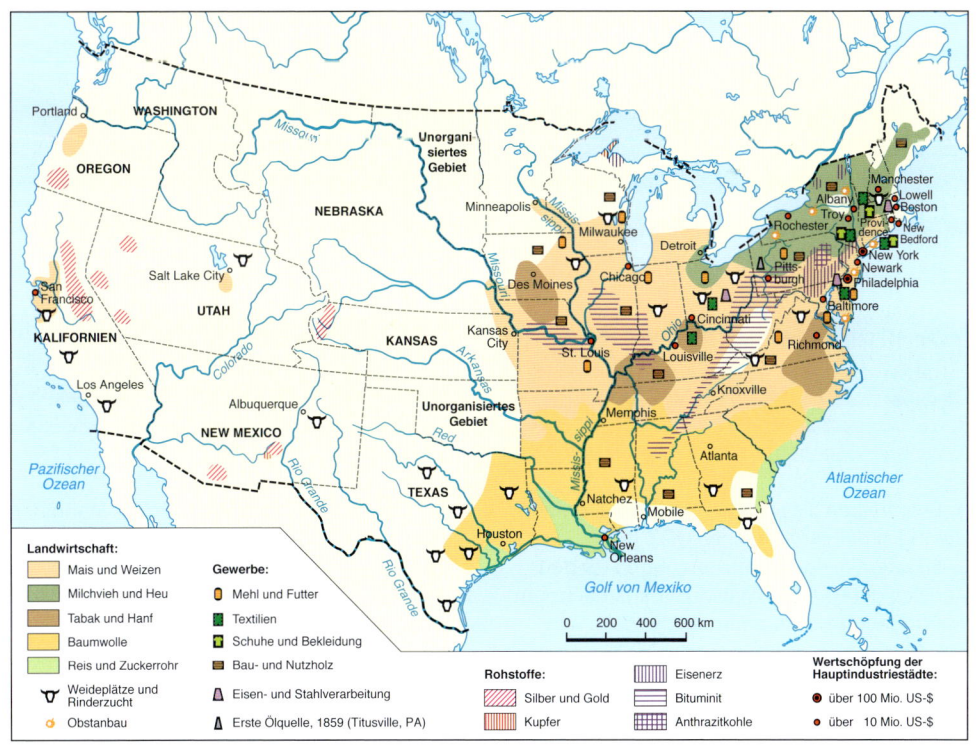

M 4 Landwirtschaft, Gewerbe und Rohstoffe in den USA 1860

Wirtschaft um 1900

M 5 Industrieproduktion in den USA nach Regionen 1860

Regionen	Zahl der Betriebe	Investiertes Kapital in (in Mio. US-$)	Durchschn. Zahl der Arbeiter	Jährl. Wertschöpfung (in Mio. US-$)	Anteil a. d. Wertschöpfg. insges. in %
Neuengland	20 671	257	392 000	469	24
Mittlere Staaten	53 387	435	546 000	802	42
Westliche Staaten	36 785	194	210 000	385	20
Südstaaten	20 631	96	111 000	155	8
Pazifikstaaten	8 777	23	50 000	71	3
Sonst. Gebiete	282	4	2 000	4	1

Nach: Thomas Bailey u. a., The American Pageant, 10. Aufl., Lexington (Heath & Company) 1994, S. 447.

M 6 Indikatoren des Wachstums in der US-Wirtschaft 1860–1910

Jahr	Fabrikarbeiter (in Mio.)	Kohle (in Mio. t)	Roheisen (in Mio. t)	Gold (in Mio. Unzen)	Eisenbahngleise (in km)	Weizen (in Mio. Scheffel)	Baumwolle (in Mio. Ballen)
1860	1,3	16	0,8	2,4	49 000	173	4,5
1890	4,1	141	8,5	1,6	246 000	504	7,1
1910	ca. 7,0	441	28,9	4,8	386 000	684	10,0

Erich Angermann, Der Aufstieg der Vereinigten Staaten von Amerika. 1607–1914, Stuttgart (Klett) 1965, S. 37.

M 7 Industrieproduktion 1880–1938 (Großbritannien 1900 = 100)

	1880	1900	1913	1928	1938
Großbritannien	73	100	127	135	181
USA	47	128	298	533	528
Deutschland	27	71	138	158	214
Frankreich	25	37	57	82	74
Russland	25	48	77	72	152
Österreich-Ungarn	14	26	41	–	–
Italien	8	14	23	37	46
Japan	8	13	25	45	88

Nach: Paul Kennedy, Aufstieg und Fall der großen Mächte, Frankfurt/M. (Fischer) 1989, S. 311.

1 Beschreiben Sie anhand von M2 die Anfänge der Industrialisierung in den USA.
2 Erläutern Sie die Voraussetzungen für den Aufstieg der USA zur Weltwirtschaftsmacht um 1900. Gehen Sie auf politische, soziale, wirtschaftliche, kulturelle Faktoren ein (M2, M3).
3 Die Ausgangslage in den 1860er-Jahren:
a) Skizzieren Sie die regionale Verteilung der Produktion (Landwirtschaft, Gewerbe) und der Rohstoffe in den USA um 1860 (M4).
b) Erklären Sie den unterschiedlichen Stand der Wirtschaftsentwicklung in den Regionen (M5).
4 Hauptmerkmal der modernen Industriegesellschaft ist ein bis dahin unvorstellbares, dauerhaftes, sich selbst tragendes Wirtschaftswachstum: a) Charakterisieren Sie, ausgehend von dieser These, die US-Wirtschaftsentwicklung um 1900 (M6, M7). b) Vergleichen Sie sie mit den wichtigsten Industriemächten um 1900 (M7) und im langen Trend (M8).

M 8 Weltindustrieproduktion 1800–1997 (Anteile in %; ausgew. Länder)

	1800	1830	1860	1880	1900	1913	1928	1938	1953	1997
Großbrit.	4,3	9,5	19,9	22,9	18,5	13,6	9,9	10,7	8,4	*
USA	0,8	2,4	7,2	14,7	23,6	32,0	39,3	31,4	(45,0)[1]	24,8
dt. Staaten	3,5	3,5	4,9	8,5	13,2	14,8	11,6	12,7	5,9[2]	11,8
Russland	5,6	5,6	7,0	7,6	8,8	8,2	5,3	9,0	10,7	*
Habsb. Reich	3,2	3,2	4,2	4,4	4,7	4,4	–	–	–	–
Japan	3,5	2,8	2,6	2,4	2,4	*	*	*	*	20,0
China	33,3	29,8	19,7	12,5	6,2	*	*	*	*	*
Ind./Pak.	19,7	17,6	8,6	2,8	1,7	*	*	*	*	*

* keine Angaben vorhanden   1 Zirka-Angabe   2 nur Bundesrepublik

Nach: Paul Kennedy, Aufstieg und Fall der großen Mächte, Frankfurt/M. (Fischer) 1989, S. 237, 309–311. Wolfram Fischer (Hg.), Handbuch der europäischen Wirtschafts- und Sozialgeschichte, Bd. 6, Stuttgart (Klett-Cotta) 1987, S. 136. UNIDO, Industrial Development. Global Report 1997.

M 9 Unternehmer und Unternehmen um 1900 – Station I: John D. Rockefeller

Der Wirtschaftsjournalist Wolfgang Uchatius (2004):
Einen Mann, der als kleiner Junge kiloweise Süßigkeiten ersteht und sie mit Gewinn an seine Geschwister weiterverkauft.
Einen Mann, der jedes Jahr seinen „Jobday" feiert: den Tag, an dem er seine erste Arbeitsstelle antrat.
Einen Mann, der sagt: „Die Gabe, Geld zu verdienen, ist eine Gabe Gottes, ein Pfund, mit dem wir wuchern müssen, so gut wir können."
Einen Mann, der der reichste Mensch der Welt werden sollte. Sein Name ist John Davison Rockefeller. [...]
Die Arbeit und der Glaube an Gott sind die Pfeiler in Rockefellers noch jungem Leben und werden es bis zum Ende bleiben, weitere Stützen braucht er nicht, um den Beifall der Menschen kümmert er sich wenig. Der Psychoanalytiker Carl Gustav Jung wird Rockefeller in einer Vorlesung einmal als einen Menschen bezeichnen, in dessen Bewusstsein nur Platz für ein einziges Wort war: ich.
Dreieinhalb Jahre nach dem ersten Jobday verweigert sein Chef ihm die gewünschte Gehaltserhöhung. Rockefeller glaubt, genug gelernt zu haben, er gibt seine Stelle auf und gründet ein eigenes Handelshaus, gemeinsam mit einem englischen Freund, Maurice Clark.
Die Geschäfte laufen glänzend. [...]
Mit dem Öl verhält es sich in diesen Tagen ähnlich wie Jahrzehnte später mit Computern oder dem Internet: Die einen glauben, es sei von nun an ein anderes Wort für Gold, die anderen fürchten, besonders lange werde sich damit kein Geschäft machen lassen. Auch Rockefeller zweifelt zunächst, doch dann kaufen er und Clark eine kleine Raffinerie, und da sie Gewinn abwirft, nimmt Rockefeller einen Kredit nach dem anderen auf, um das Ölgeschäft zu erweitern. Die Raffinerie wächst und wächst. Als Clark ob der schnellen Expansion Bedenken anmeldet, kommt es zum Bruch. Die Firma wird aufgelöst und zur Auktion angeboten. Sowohl Clark als auch Rockefeller beschließen, das Unternehmen zu ersteigern.
So kommt es, dass Anfang Februar 1865 [...] zwei gegensätzliche junge Männer ihre finanziellen Kräfte messen. Der eine, Clark, fürchtet das unternehmerische Risiko, gibt sich privat aber gern pompös. Der andere, Rockefeller, hebt jede Paketschnur und jedes Stück Packpapier auf, aber wenn er einmal

an eine Geschäftsidee glaubt, scheut er keine Gefahr. Clark nennt ihn den „größten Schuldenmacher, dem ich je begegnet bin". Dieser asketische Erzkapitalist pariert ungerührt jedes Gebot seines Gegners mit einem höheren Betrag, sagt schließlich „72 500 Dollar!" – und hat gewonnen. Clark gibt auf, Rockefeller ist Herr über die bei weitem größte Raffinerie der Stadt. [...]

Worauf Rockefeller baut, ist so banal wie revolutionär. Es ist die Macht der Masse. Mit seinem neuen Partner Henry Flagler [...] gründet er die *Standard Oil Company,* die erste Erdölgesellschaft der Vereinigten Staaten. Als eines der ersten Industrieunternehmen der Geschichte macht sich *Standard Oil* im großen Stil zunutze, was heute zum Grundwissen jedes Betriebswirtschaftlers gehört: die *Economies of Scale,* die Vorteile der Größe.

Rockefeller kauft Wälder und Dampfschiffe, er produziert eigene Ölfässer und verfrachtet sie selbst über die Kanäle und Seen, um sich nicht mehr von plötzlich steigenden Holz- oder Transportpreisen die Gewinnmargen verkleinern zu lassen. Er arbeitet mit Strohmännern und Spionen, kauft konkurrierende Raffinerien auf, legt einige still, legt andere zusammen. Er erhöht die Produktion, senkt dadurch zuerst die Stückkosten und dann die Preise, wodurch er weitere Rivalen zur Aufgabe und zum Verkauf zwingt. Innerhalb eines Jahres übernimmt *Standard Oil* allein in Cleveland 22 seiner 26 Konkurrenten.

Die riesigen Mengen an Öl, über die Rockefeller bald befiehlt, machen ihn zum begehrten Verhandlungspartner der Eisenbahngesellschaften, die sich darum reißen, das Öl Amerikas zu transportieren. Nur Rockefeller kann garantieren, ihre Züge zu füllen, und so muss sich im April 1868 der ergraute Eisenbahnmagnat Cornelius Vanderbildt, genannt der Commodore, in das Büro dieses 29-jährigen gefühlskalten Emporkömmlings begeben, um ihn zum Vertragsabschluss zu bewegen. Rockefeller schlägt ein, die Eisenbahn gewährt ihm großzügigen Rabatt, was er dazu nützt, die Preise weiter zu senken und weitere Konkurrenten „zum Schwitzen zu bringen", wie er sagt. Wenige Jahre später hat sich das Spielfeld verändert, Öl wird jetzt in Pipelines quer durchs Land befördert, die wichtigste Spielregel aber ist immer noch dieselbe: Der Größte gewinnt. Rockefeller kauft ganze Landstriche auf, damit die Konkurrenz dort keine Rohre verlegen kann, und überzieht den Westen Pennsylvanias mit einem riesigen eigenen Pipelinenetz. [...]

Die mächtige Unternehmensmasse wächst zum Monopol. Anfang der 1880er-Jahre kontrolliert die *Standard Oil* mit ihren Tochterfirmen [...] rund 90 Prozent des amerikanischen Raffineriegeschäfts. Rockefeller konzentriert fast die gesamte Produktion auf drei riesige Raffinerien, die viel rentabler arbeiten als die zuvor übliche Vielzahl kleinerer Anlagen. Jahrzehnte später wird der Harvard-Ökonom Alfred D. Chandler zu dem Schluss kommen, dass dieser Schritt die Gewinnspannen noch einmal fast verdoppelt und damit das Fundament gelegt habe für eines der größten Vermögen der Industriegeschichte.

Rockefeller verkauft sein Petroleum bis nach Asien und vor allem nach Europa.

Wolfgang Uchatius, „Geld verdienen ist eine Gottesgabe", in: Uwe Jean Heuser/John F. Jungclaussen (Hg.), Schöpfer und Zerstörer. Große Unternehmer und ihre Momente der Entscheidung, Reinbek (Rowohlt) 2004, S. 94 ff.

M 10 Unternehmer und Unternehmen um 1900 – Station II: Henry Ford

10 a) Der Autohersteller Henry Ford (1863 bis 1947) in seinen Memoiren über die Grundprinzipien seines Unternehmens (1923):
Gäbe es ein Mittel, um zehn Prozent Zeit zu sparen oder die Resultate um zehn Prozent zu erhöhen, so bedeutete die Nichtanwendung dieses Mittels eine zehnprozentige Steuer (auf alle Produktion): [...] Man erspare zwölftausend Angestellten täglich zehn Schritte und man hat eine Weg- und Kraftersparnis von fünfzig Meilen erzielt. Dies waren die Methoden, nach denen die Produktion meines Unternehmens eingerichtet wurde. [...] Unsere gelernten Arbeiter und Angestellten sind die Werkzeughersteller, die experimentellen Arbeiter, die Maschinisten und die Musterhersteller. Sie können es mit jedem Arbeiter auf der Welt aufnehmen – ja,

sie sind viel zu gut um ihre Zeit in Dinge zu vergeuden, die mithilfe der von ihnen gefertigten Maschinen besser verrichtet werden. Die große Masse der bei uns angestellten Arbeiter ist ungeschult; sie lernen ihre Aufgabe innerhalb weniger Stunden oder Tage. Haben sie sie nicht innerhalb dieser Zeit begriffen, so können wir sie nicht gebrauchen. [...]

Ein Fordwagen besteht aus rund 5000 Teilen – Schrauben, Muttern usw. mitgerechnet. Einige sind ziemlich umfangreich, andere hingegen nicht größer als Uhrteilchen. Bei den ersten Wagen, die wir zusammensetzten, fingen wir an, den Wagen an einem beliebigen Teil am Fußboden zusammenzusetzen, und die Arbeiter schafften die dazu erforderlichen Teile in der Reihenfolge zur Stelle, in der sie verlangt wurden, ganz so, wie man ein Haus baut. [...] Das rasche Wachstum und Tempo der Produktion machte jedoch sehr bald das Ersinnen neuer Produktionspläne erforderlich, um zu vermeiden, dass die verschiedenen Arbeiter übereinander stolperten. Der ungelernte Arbeiter verwendet mehr Zeit mit Suchen und Heranholen von Material und Werkzeugen als mit Arbeit und erhält dafür geringen Lohn, da das Spazierengehen bisher immer noch nicht sonderlich hoch bezahlt wird. Der erste Fortschritt in der Montage bestand darin, dass wir die Arbeit zu den Arbeitern hinschafften statt umgekehrt.

Henry Ford, Mein Leben und Werk, Übers. Curt Thesing, Leipzig (List) 1923, S. 89 ff.

10b) Der amerikanische Wirtschaftswissenschaftler John K. Galbraith über Ford (1960):
Ford gehörte nur wenige Jahre zu den Arbeitgebern, die hohe Löhne zahlten. [...] Auch angesichts der Inflation während des Ersten Weltkriegs blieben die Löhne bei Ford lange Zeit auf gleicher Höhe. [...] Inzwischen war Fords Wagen veraltet, aber Ford war weiterhin überzeugt, dass die Leute ihn kaufen würden, wenn nur der Preis niedrig genug bliebe. Der lag tatsächlich niedrig. [...] Ebenso niedrig lagen die Kosten. Sie wurden herabgedrückt, indem man die Leute ausnützte.

John Kenneth Galbraith, Tabus in Wirtschaft und Politik der USA (1960), Übers. Gerald Frodl, Reinbek (Rowohlt) 1964, S. 116 ff.

10c) John Dos Passos (1896–1970), Schriftsteller aus den USA, in seinem Roman „The Big Money" über die Arbeit bei Ford (1936):
Das ist die amerikanische Idee: Wohlstand durch das Auto, der von oben herabrieselt; es stellt sich heraus, dass er an Fäden wie Marionetten hing. [...] Bei Ford wurde die Produktion ständig verbessert: Weniger Ausschuss, mehr Aufseher, mehr kontrollierende Vorarbeiter, mehr Überwacher (15 Minuten Frühstückspause, drei Minuten auf den Gang zur Toilette, überall die tayloristische Antreiberei, greife darunter, setze die Unterlegscheibe auf, ziehe die Schraube fest, schlage den Bolzen fest, greifedarunter, setzedieunterlegscheibeauf, ziehedieschraubefest, greifedaruntersetzeaufschraubefestgreifedaruntersetzeauf, bis jeder Funke Leben für die Produktion aufgesaugt wurde und die Arbeiter in der Nacht nach Hause gehen wie graue, zitternde, leere Hülsen).

John Dos Passos, The Big Money, New York 1969, S. 73 und 75. Übers. Hartmann Wunderer.

10d) Ford-Werk „Highland Park", Fotografie, USA, 1914. – Montage des Modells „Tin Lizzy".

5 a) Arbeitsteilige Gruppenarbeit: Beschreiben Sie die Strategien der folgenden Unternehmer beim Aufbau ihrer Unternehmen:
Gruppe A: Rockefeller (M9),
Gruppe B: Ford (M10a–d),
Gruppe C: Carnegie (Darstellung S. 83).
b) Arbeiten Sie Unterschiede und Gemeinsamkeiten heraus (Mentalität, Handeln, Strategie).
6 a) Definieren Sie den Begriff „Fordismus" (Lexika). b) Erläutern Sie die Position seiner Kritiker (M10c).

M 11 US-Unternehmer und ihr Verhältnis zur Politik

11 a) Richard Hofstadter, amerikanischer Historiker, über das US-Unternehmertum zwischen 1865 und Ende des 19. Jahrhunderts (1954):
Es gibt keine andere Periode in der Geschichte der Nation, wo die Politik durch die wirtschaftlichen Veränderungen so völlig zwergenhaft erschien, keine, in der das Leben des
5 Landes so vollständig in den Händen des industriellen Unternehmers ruhte. […]
　In Geschäft und Politik taten die Industriekapitäne ihre Arbeit dreist, freundlich und zynisch. Arbeiter ausbeutend und Farmer
10 schröpfend, Kongressabgeordnete schmierend, Gesetzgebungen kaufend, Konkurrenten ausspionierend, bewaffnete Wachmannschaften mietend, Besitztümer in die Luft sprengend, Drohungen und Intrige und
15 Gewalt brauchend, machten sie ein Gespött aus den Idealen der schlichten Honoratioren, die sich eingebildet hatten, die Entwicklung der Nation könne mit Würde und Zurückhaltung unter dem Regime des *Laisser-faire* vor sich gehen […].
20
　Dennoch wäre es ein Missverständnis anzunehmen, das Gewissen sei unter den Geschäftsbaronen abgestorben gewesen. Was ihnen ermöglichte, in den Grenzsphären von Politik und Gewerbe mit solch 25 munterer und schrankenloser Raubgier zu operieren, war die Tatsache, dass sie – ausgedrückt in jenen letztendlichen Rationalisierungen, auf denen das Gewissen ruht – die einleuchtendsten, die gewichtigsten Gründe 30 hatten zu glauben, was sie taten, werde schließlich zum Guten wirken. Wenn sie Kongressabgeordnete ohne Entschuldigung, auch nur vor sich selbst, kaufen konnten, so war es, weil sie für einen wohltätigen Wan- 35 del von gewaltigem Ausmaß wirkten – oder doch der Meinung waren. […]
　Die redlichen Rationalisierungen der Industriekapitäne waren vielfältig. Vielleicht ihre primäre Verteidigung war, dass sie ein 40 großes Industriereich aufzubauen im Begriff seien. […]

11 b) Horace Taylor (1881–1934), „Die Sicht der Trustgiganten: Was für eine nette kleine Regierung", Karikatur aus der US-Zeitschrift „The Verdict" vom 25. September 1899.

Ferner standen sie breitbeinig auf der amerikanischen Mythologie von der Gelegenheit für den einfachen Mann. Die großen Industrieführer hatten ihr Leben in der Unterschicht oder unteren Mittelklasse begonnen; die meisten von ihnen konnten auf frühere Laufbahnen von Entbehrung, harter Arbeit und Sparsamkeit hinweisen […]. Solche Männer konnten sich und der Welt erzählen, ihre Reichtümer und ihre Macht seien das Ergebnis harter Arbeit und besonderer Begabung, konnten sich selbst dem aufstrebenden amerikanischen Mittelstand als Schulbeispiel einer Wirtschaft von großartigen Möglichkeiten vorhalten. Und da sie nur in einer Weise erfolgreich waren, wie jedermann es erstrebte, genossen sie mehr Freiheit von moralischer Verurteilung, als man in der angekränkelten Rückschau vom 20. Jahrhundert würdigen kann. Sie hatten das Gefühl, einen guten Anspruch auf alles zu haben, was sie bekommen konnten.

Zit. nach: Erich Angermann, Der Aufstieg der Vereinigten Staaten von Amerika. 1607–1914, Stuttgart (Klett) 1965, S. 37 f.

11 c) Aus dem Sherman-Anti-Trust-Gesetz vom 2. Juli 1890:

1. Jeder Vertrag, jeder Zusammenschluss in Form eines Trusts oder dergleichen, jede geheime Absprache zur Einschränkung des zwischenstaatlichen Handels oder des Außenhandels wird hierdurch für ungesetzlich erklärt. Jede Person, die solch einen Vertrag abschließt oder sich an einem solchen Zusammenschluss oder an einer geheimen Absprache beteiligt, soll eines Vergehens für schuldig gehalten werden und im Falle ihrer Überführung mit einer Geldstrafe bis zu 5000 Dollar oder mit Gefängnis bis zu einem Jahr oder mit beiden besagten Strafen, je nach Ermessen des Gerichts, belegt werden.

2. Jede Person, die ein Monopol aufrichtet oder versucht, dies zu tun, oder sich mit einer oder mehreren anderen Personen zusammenschließt beziehungsweise heimlich abspricht, um den zwischenstaatlichen Handel zu monopolisieren oder dies mit fremden Nationen zu tun, soll eines Vergehens für schuldig gehalten werden und im Falle ihrer Überführung mit einer Geldstrafe bis zu 5000 Dollar oder mit Gefängnis bis zu einem Jahr oder mit beiden besagten Strafen, je nach Ermessen des Gerichts, belegt werden.

3. Jeder Vertrag, jeder Zusammenschluss in Form eines Trusts oder dergleichen, jede geheime Absprache zur Einschränkung des Handels […] wird hiermit für illegal erklärt. Jede Person, die solch einen Vertrag abschließt oder sich an einem Zusammenschluss oder einer geheimen Absprache beteiligt, soll eines Vergehens für schuldig gehalten werden und bei Überführung mit einer Geldstrafe bis zu 5000 Dollar oder mit Gefängnis bis zu einem Jahr oder mit beiden besagten Strafen, je nach Ermessen des Gerichts, belegt werden. […]

7. Jede Person, die in ihrem Geschäft oder in ihrem Eigentum durch eine andere Person oder Handelsgesellschaft aufgrund von Handlungen, die nach diesem Gesetz verboten oder für ungesetzlich erklärt sind, geschädigt wird, kann deswegen ohne Rücksicht auf den Streitwert bei jedem Bezirksgericht der Vereinigten Staaten, in dessen Bereich der Beklagte wohnt oder angetroffen wird, Klage erheben und soll den ihm zugefügten Schaden dreifach und dazu die Gerichtskosten und ein angemessenes Anwaltshonorar ersetzt bekommen.

8. Das Wort „Person" oder „Personen" soll, wo immer es in diesem Gesetz benutzt wird, Handelsgesellschaften einschließen, die aufgrund der Gesetze der Vereinigten Staaten, der Gesetze eines Territoriums, der Gesetze eines Einzelstaates oder der Gesetze eines fremden Landes existieren oder registriert worden sind.

Zit. nach: Herbert Schambeck u. a. (Hg.), Dokumente zur Geschichte der Vereinigten Staaten von Amerika, Berlin (Duncker & Humblot) 1993, S. 408 f.

7 a) Beschreiben Sie die Einstellungen der US-Unternehmer zu Politik und Gesellschaft ihrer Zeit (M11a).
b) Wie sieht der Karikaturist Taylor die Beziehungen zwischen Kapital und Staat (M11b)?
c) Erläutern Sie, wie die USA auf die unternehmerische Macht reagierten (M11c).
8 🏃 Hausaufgabe (M11a–c): Erörtern Sie das Verhältnis von Staat und Wirtschaft in den USA um 1900.

M 12 Massenkonsum und Massengesellschaft um 1900 – das Beispiel Chicago

12 a) Werbeplakat, Chicago, ca. 1902

12 b) Cola-Werbung, Fotografie, Chicago, 1900

M 13 Dudley E. Baines, Historiker, zu den USA in den 1920er-Jahren (1977)

Die wichtigsten Merkmale des Wirtschaftsaufschwungs waren die Massenfabrikation von Kraftfahrzeugen, besonders von Personenwagen, und die Erzeugung und Verwendung von Elektrizität. Diese beiden Neuerungen haben entscheidend dazu beigetragen, dass auch weiterhin große Kapitalmengen investiert wurden und die Wirtschaft expandierte. Sie haben die Wirtschaft aus vier Gründen beherrscht. Sie waren neu. Ihre Herstellung, besonders die von Kraftfahrzeugen, hatte das Entstehen zahlreicher Zubringer- und Nebenindustrien zur Folge, die wiederum zu Investitionen anregten und zur Expansion der Wirtschaft beitrugen. Das Auto und die billige elektrische Energie erlaubten es dem Verbraucher, sein Einkommen auf neue Art auszugeben. Und schließlich beeinflusste der Erfolg dieser neuen Produkte die Wertvorstellungen und Auffassungen vieler Menschen, die jetzt eine von der Wirtschaft beherrschte Gesellschaft als durchaus wünschenswert akzeptierten.

Streng genommen waren Auto und Elektrizität keine neuen Produkte. Beide waren vor dem Krieg entwickelt worden. Aber 1919 gab es erst 6,75 Millionen Kraftfahrzeuge und es bestand noch ein großer potenzieller Bedarf. Bis 1929 hatte sich die Zahl der Personenwagen fast vervierfacht und auf fünf Personen kam ein Wagen. Natürlich unterschied sich das typisch amerikanische Auto 1929 wesentlich von dem des Jahres 1919. Dies war das Geheimnis seines Erfolges: Das Auto wurde den sich wandelnden Bedürfnis-

sen des Verbrauchers angepasst. Mit der Zeit kam es so weit, dass neue Modelle bereits angeboten wurden, bevor alte technisch überholt waren. Hier lag ein Teil – aber nur
40 ein Teil – der Bedeutung der Werbung. Die Werbung nahm zu mit dem Entstehen der Boulevardpresse und des Rundfunks. Die ersten Radioprogramme wurden 1919 eingesetzt, um den Verkauf von Radioapparaten
45 zu fördern. 1919 gab es 606 Rundfunkstationen, die alle durch Werbesendungen finanziert wurden. Anfangs informierte die Reklame den Verbraucher über neue Produkte („Esst mehr Orangen!"), aber als die Wirt-
50 schaft expandierte und die Konkurrenz zwischen den großen Unternehmen zunahm, wurde sie mehr und mehr zu einem Mittel, den Markt zu differenzieren. Das heißt, die Reklame versuchte den Verbraucher davon
55 zu überzeugen, dass äußerlich gleiche Produkte sich in Wirklichkeit unterschieden. Hier zeigte sich das Problem der Massenproduktion: Der niedrige Preis hing davon ab, dass ein standardisiertes Produkt auf einem
60 großen Markt verkauft wurde. Auf die Dauer ließ sich diese Nachfrage nur aufrechterhalten, wenn man das Produkt verbesserte, es dem sich wandelnden Geschmack anpasste und wenn man neue Bedürfnisse im Ver-
65 braucher weckte.

Dudley E. Baines, Die Vereinigten Staaten zwischen den Weltkriegen 1919–1941, in: Willi Paul Adams (Hg.), Die Vereinigten Staaten von Amerika, Frankfurt/M. (Fischer) 1977, S. 291 f.

9 a) Geben Sie eine Erläuterung des Begriffs „Massenkonsumgesellschaft" (vgl. S. 84).
b) Stellen Sie am Beispiel von Chicago eine Hypothese auf, inwieweit der Begriff auf die USA um 1900 zutrifft (Bilder M12a–d).
10 Erarbeiten Sie den Zusammenhang von Massenproduktion, Massenkonsum und Massenkultur in den USA (M13). Achten Sie auf
– die Ursachen der Massenproduktion,
– die Verbreitung von Massenprodukten und
– die Folgen des Massenkonsums für das Alltagsleben der Menschen.
11 🚶 Referat: John Maynard Keynes und seine Theorie von der Bedeutung der Massennachfrage für das Wirtschaftswachstum.
12 🚶 Vortrag: Die Geschichte von Coca-Cola.

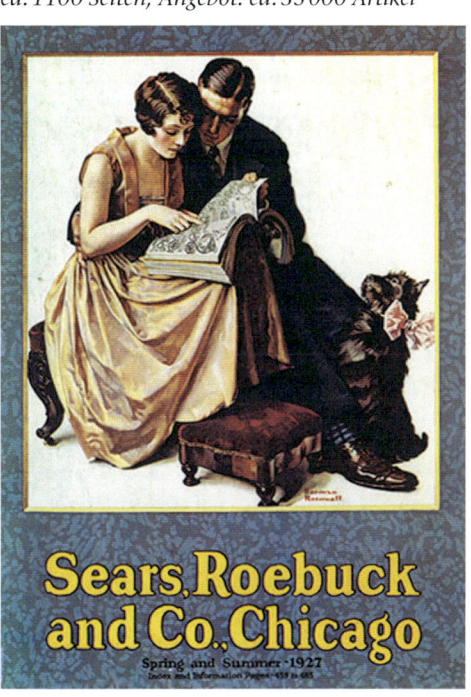

12c) Titelseite eines Chicagoer Versandhauskataloges, Frühjahr/Sommer 1927. – Umfang: ca. 1100 Seiten; Angebot: ca. 35 000 Artikel

12d) Plakat des Versandhauses Montgomery Ward & Co, Chicago, um 1900

Wirtschaft um 1900

M 14 Der Wirtschaftsaufschwung der USA um 1900 – ein Aufschwung für alle?

14a) Karikatur, USA, um 1890

14b) Slum in New York, Fotografie, ca. 1890

14c) In einer Glasfabrik in Pittsburg/Pennsylvania, Fotografie, ca. 1913

14d) Entwicklung der Löhne und Preise in den USA 1850–1890 (Index 1860 = 100)

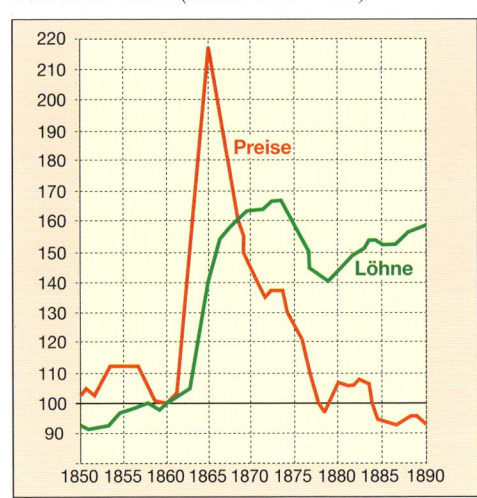

Nach: Harold U. Faulkner, Geschichte der amerikanischen Wirtschaft, Düsseldorf (Econ) 1957, S. 485.

13 Analysieren Sie Grafik M14d unter folgenden Fragen: a) Wie entwickelte sich die wirtschaftliche Lage der Arbeiter? b) Wie entwickelte sich die Situation der Unternehmer?

14 Skizzieren Sie auf der Grundlage der Fotos M14b, c einige der sozialen Folgen der Industrialisierung in den USA im 19. Jahrhundert.

15 Erläutern Sie die Kritik in Karikatur M14a.

M 15 Der Aufstieg der USA zur Weltwirtschaftsmacht um 1900 – ein Fazit

Die Historiker Jürgen Heideking und Vera Nünning (vgl. M2, S. 85) schrieben (1998):

Die zweite Epoche [der Industrialisierung in den USA] umspannt die Zeit vom Bürgerkrieg bis zu den 1920er-Jahren, in der – immer wieder durch Wirtschaftskrisen unterbrochen – die vorwiegend städtische Industriegesellschaft Gestalt annahm und ein nationaler Markt entstand. Zunächst wuchs das Gebiet zwischen den Metropolen New York und Chicago zur Großregion „Nordosten" zusammen, in der die Eisen- und Stahlindustrie als Motor der wirtschaftlichen Entwicklung fungierte. Chicago strahlte weit auf das Hinterland aus und wurde mit seinen Schlachthöfen, Getreidesilos und Rohstoffbörsen zum Magneten für den gesamten Mittleren Westen und Westen. Die New Yorker Wall Street symbolisierte den übergreifenden kapitalistischen Markt, der Waren in Geldwerte, Börsenkurse und Austauschbeziehungen umwandelte. Durch den transkontinentalen Eisenbahnbau gelang die Integration des Westens mit seinen reichen Bodenschätzen in die nationalen Marktstrukturen. Zur Signatur des späten 19. Jahrhunderts wurden die großen Unternehmen – Trusts, *Corporations*, Holdings, Konzerne –, die ganze Wirtschaftszweige von der Rohstoffgewinnung über die Produktion bis zur Werbung und Vermarktung zu monopolisieren versuchten. Sie setzten technische Innovationen rasch in Produkte um und stampften neue Industrien aus dem Boden – die Elektroindustrie, die chemische Industrie und schließlich die Automobilindustrie als Spitzenbranche des beginnenden 20. Jahrhunderts. Das Reservoir an Arbeitskräften wuchs durch den Zustrom von Einwanderern, der in den Jahrzehnten vor dem Ersten Weltkrieg seinen Höhepunkt erreichte. Mit Akkord- und Fließbandsystem zwangen Unternehmer und Manager die Industriearbeiterschaft zu strikter Disziplin. Durch sinkende Preise kam die Produktivitätssteigerung aber allmählich auch den Arbeitern zugute und erlaubte ihnen früher als in Europa eine bescheidene Teilhabe am Konsum.

Dieser Prozess verlief keineswegs reibungslos, sondern war von scharfen Konjunktureinbrüchen, heftigen Arbeitskämpfen und agrarischen Revolten begleitet. Gewerkschaften und Parteien entwickelten aber keine Alternativmodelle zur kapitalistischen Wirtschaft, sondern beschränkten sich zumeist darauf, die Interessen ihrer Mitglieder pragmatisch und im Rahmen der bestehenden Ordnung zu vertreten. Im Zeichen der Industrialisierung wandelte sich jedoch das Verhältnis zwischen Staat und Wirtschaft: Hatten vor dem Bürgerkrieg die Einzelstaaten wichtige ökonomische Impulse gegeben, so übte danach zunächst die Bundesregierung eine stärkere Kontrolle aus. Allmählich setzte sich aber in Politik und Rechtsprechung die Ideologie des *Laisserfaire* durch, die auf die „natürlichen Gesetze" des Marktes vertraute. In der *Progressive Era* und während des Ersten Weltkriegs erzwangen innerer Reformdruck und äußere Bedrohung wieder staatliche Interventionen. Im Allgemeinen hielten sich die Bundesregierung und die Staaten jedoch so weit wie möglich aus dem Wirtschaftsgeschehen heraus. Dieser liberalistische Kurs schien in den „goldenen Zwanzigern" Früchte zu tragen, als unter der Ägide der Republikanischen Partei immer neue Produktions- und Umsatzrekorde vermeldet wurden. Die USA präsentierten nach außen das leuchtende Bild einer Gesellschaft, die Freiheit und Wohlstand, Demokratie und Prosperität miteinander verband. Mit ihren Wolkenkratzern, Dollarmillionären und Autofabriken wurden die Vereinigten Staaten geradezu zum Sinnbild des Fortschritts und der Moderne.

Jürgen Heideking/Vera Nünning, Einführung in die amerikanische Geschichte, München (C. H. Beck) 1998, S. 30ff.

16 Resümieren Sie anhand von M15 den Weg der USA zur Weltwirtschaftsmacht um 1900.
17 Es gibt Historikerinnen und Historiker, die für die Wirtschaftsentwicklung der USA im „langen" 19. Jh. anstelle der gängigen Begriffe „Industrialisierung" bzw. „Industrielle Revolution" den Begriff „permanente Marktrevolution" verwenden: a) Erläutern Sie, welcher Perspektivenwechsel darin liegt. b) Diskutieren Sie, welcher Begriff der angemessenere ist. Ziehen Sie wiederholend M2 und M15 hinzu.

Literatur als historische Quelle – Ein Tag bei „Ford"

Auch literarische, d.h. fiktive Texte (Theaterstücke, Gedichte, Romane) können dem Historiker als Quellen dienen. Denn sie enthalten stets Hinweise auf ihre Entstehungszeit oder sie behandeln bewusst eine vergangene Zeit. Literarische Texte sind nie „ungefiltert", sondern werden mitbestimmt von den Absichten des Autors sowie von literarischen Regeln ihrer Zeit.

I. Das erzählte Geschehen: Um welches Thema geht es in dem Werk?
1. An welchem Ort, zu welcher Zeit spielt die Handlung?
2. Welche Personen treten auf? Was tun sie? Was reden sie? Was denken sie? Was fühlen sie?
3. Wodurch sind ihre Handlungen, Überlegungen und Meinungen motiviert?
4. Gibt es Anhaltspunkte, ob Handlung und Personal historisch belegten Vorbildern folgen?

II. Der Erzähler/die Erzählerin: Aus welcher Perspektive wird erzählt?
5. Benutzt der Erzähler die erste oder die dritte Person, d. h., ist er Teil der Handlung oder nicht?
6. Handelt es sich um einen allwissenden Erzähler, der auch das Innere der Figuren kennt?
7. Welche Haltung nimmt er zum Erzählten ein: Ist er neutral, ironisch distanziert, parteiisch?
8. Wie kommentiert er den Ablauf und die Handlungen und Haltungen einzelner Personen?
9. Legt er seine Bewertungsmaßstäbe offen oder geht er davon aus, dass die Leser diese teilen?
10. Räumt der Erzähler den fiktiven Charakter des Textes ein oder betont er den Wahrheitsgehalt?

III. Der Autor/die Autorin
11. Welches sind soziale Herkunft, Bildungsweg und politische Position?
12. Will er/sie mit dem Werk die zeitgenössische Wirklichkeit naturgetreu abbilden?
13. Welche Gattungskonventionen spielen eine Rolle, was erwartet das Publikum?
14. Welchen Abstand besitzt der Verfasser/die Verfasserin zur erzählten Handlung?
15. Sind die Quellen bekannt, die der Schriftsteller/die Schriftstellerin benutzt hat?

M 16 Aus dem Roman „Middlesex" von Jeffrey Eugenides, USA, 2002

Der Autor Eugenides (geb. 1960) beschreibt in dieser Passage den Beginn des ersten Arbeitstages des griechischen Einwanderers Elentherios Stephanides, genannt Lefty, in einer Autofabrik Henry Fords im Jahr 1922. Desdemona ist seine Ehefrau, Lina die Kusine von Desdemona:

Am Morgen seines ersten Arbeitstages kam Lefty in die Küche und führte seinen neuen Overall vor. Er breitete die in Flanell gehüllten Arme aus und schnippte mit den Fingern, tanzte in Arbeitsstiefeln, und Desdemona lachte und schloss die Küchentür, damit Lina nicht wach wurde. Lefty aß sein Frühstück aus Backpflaumen und Joghurt, las eine tagealte griechische Zeitung. Desdemona packte ihm sein griechisches Mittagessen aus Feta, Oliven und Brot in ein neues amerikanisches Behältnis: eine braune Papiertüte. An der Hintertür wollte er sie noch küssen, doch sie wich zurück aus Angst, die Leute könnten es sehen. Aber dann fiel ihr wieder ein, dass sie ja verheiratet waren. Sie lebten in einem Land namens Michigan, wo alle Vögel anscheinend die gleiche Farbe hatten und niemand sie kannte. Desdemona trat wieder vor, den Lippen ihres Mannes entgegen. Ihr erster Kuss in Amerikas freier Natur, auf der hinteren Veranda, bei einem Kirschbaum, der seine Blätter abwarf. Eine kleine Glückskugel barst in ihr und versprühte Funken, bis Lefty vor dem Haus verschwunden war.

Die gute Laune begleitete meinen Großvater den ganzen Weg bis zur Trambahnhaltestelle. Andere Arbeiter warteten schon, in den Knien federnd, Zigaretten rauchend, scherzend. Lefty bemerkte ihre metallenen Lunchdosen und verbarg seine Papiertüte verlegen hinterm Rücken. Die Straßenbahn kündigte sich zunächst als Summen in den Sohlen seiner Stiefel an.

Dann erschien sie vor der aufgehenden Sonne, Apollos Streitwagen, wenn auch elektrifiziert. Männer standen darin, je nach Sprache in Gruppen. Für die Arbeit geschrubbte Gesichter hatten noch Ruß in den Ohren, er war kohlschwarz. Die Straßenbahn sauste los. Bald legte sich die ausgelassene Stimmung, und die Sprachen verstummten. Nahe der Innenstadt bestiegen einige Schwarze die Bahn, stellten sich außen auf die Trittbretter, hielten sich am Dach fest.

Und dann hob sich das Rouge vom Himmel ab, stieg empor aus dem Rauch, den es erzeugte. Anfangs waren einzig die Spitzen der acht großen Schornsteine zu sehen. Ein jeder schickte seine eigene dunkle Wolke in die Welt. Die Wolken wallten aufwärts und verbanden sich zu einer Glocke, die über der Landschaft hing und einen Schatten warf, der die Trambahngleise begleitete; da begriff Lefty, dass das Schweigen der Männer eine Anerkennung dieses Schattens war, eine Anerkennung dessen, dass er unausweichlich jeden Morgen nahte. Als er nun kam, wandten ihm die Männer den Rücken zu, sodass nur Lefty sah, wie das Licht in dem Maße den Himmel verließ, wie der Schatten die Straßenbahn umhüllte und die Gesichter der Männer ergrauten und einer der *mavros* auf den Trittbrettern Blut auf die Straße spuckte. Schon sickerte der Geruch in die Straßenbahn, erst die erträglichen Eier und der Dung, dann der unerträgliche chemische Gestank, und Lefty schaute zu den anderen Männern hin, ob die ihn auch spürten, doch sie spürten ihn nicht, obwohl sie weiteratmeten. Die Türen gingen auf, und alle trotteten sie hinaus. Durch den lastenden Rauch sah Lefty weitere Straßenbahnen weitere Männer absetzen, Hunderte und Aberhunderte grauer Gestalten, die über den gepflasterten Hof zu den Fabriktoren stapften. Lastwagen fuhren vorbei, und Lefty ließ sich mit dem Strom der nächsten Schicht mittragen, fünfzig-, sechzig-, siebzigtausend Männer, die gierig an letzten Zigaretten zogen oder rasch noch letzte Worte sagten – denn auf dem Fußweg zur Fabrik hatten sie wieder zu sprechen begonnen, nicht weil sie etwas zu sagen gehabt hätten, sondern weil jenseits der Tore Sprechen nicht gestattet war. Das Hauptgebäude, eine Festung aus dunklem Backstein, war sieben Stockwerke hoch, die Schornsteine hatten eine Höhe von siebzehn. Vom Hauptgebäude gingen zwei von Wassertürmen überragte Rutschen ab. Sie führten zu Überwachungsplattformen, denen sich mit weniger spektakulären Schornsteinen übersäte Raffinerien anschlossen. Es war wie ein Wäldchen: als hätten die acht Hauptschornsteine des Rouge Samen in den Wind gesät, aus denen nun zehn, zwanzig, fünfzig kleinere Stämme aus der unfruchtbaren Erde der Anlage sprossen. Lefty konnte nun auch die Bahngleise sehen, die gewaltigen Silos am Flussufer, den gigantischen Gewürzkasten mit Kohle, Koks und Eisenerz und die Laufstege, die sich in der Luft wie riesige Spinnenbeine dehnten. Bevor er in die Tür gesogen wurde, erhaschte er noch den Blick auf einen Frachter und ein Stück des Flusses, den französische Forschungsreisende nach seiner rötlichen Farbe benannt hatten, lange bevor Abwässer ihn orange färbten oder er gar in Brand geriet.

Historische Tatsache: 1913 hörten die Menschen auf, Menschen zu sein. Es war das Jahr, in dem Henry Ford seine Autos auf Laufrollen bauen ließ und die Arbeiter sich der Geschwindigkeit des Fließbands anpassen mussten. Anfangs rebellierten die Arbeiter. Sie kündigten in Scharen, außerstande, ihren Körper an das Tempo der Zeit zu gewöhnen. Seitdem ist die Anpassung jedoch weitergegeben worden: Wir alle haben sie bis zu einem gewissen Maße ererbt, sodass wir uns Joysticks und Fernbedienungen, hunderterlei eintönigen Bewegungen reibungslos fügen.

Aber 1922 war es noch etwas Neues, eine Maschine zu sein.

In der Fabrikhalle war mein Großvater nach siebzehn Minuten in seine Tätigkeit eingearbeitet. Ein Teil der Genialität der neuen Produktionsmethode bestand darin, dass Arbeit in Hilfsarbeiten zerstückelt wurde. So konnte man jeden einstellen, auch Ungelernte. Und jeden wieder feuern.

Jeffrey Eugenides, Middlesex. Roman. Übers. Eike Schönfeld, Reinbek (Rowohlt) 2003, S. 137 ff.

18 Interpretieren Sie den Romanauszug (M16) mithilfe der Aufgaben S. 98.
19 Erörtern Sie seine historische Aussagekraft.

Weiterführende Arbeitsanregungen zur Wirtschaftsgeschichte der USA um 1900

Wirtschaftsarchitektur erzählt Geschichte

Architektur spricht. Nicht mit Worten oder Sätzen, sondern mit ihren Formen, ihrem Material und ihrer Ausstattung. Ebenso wie Sprache ist Architektur ein „Bedeutungsträger". Dieser übermittelt Inhalte – nicht zufällig, sondern vorsätzlich und mindestens so dauerhaft wie das Wort. Bauwerke sind daher wichtige Quellen für das Selbstverständnis einer Epoche. Das gilt nicht nur für antike Triumphbögen oder mittelalterliche Kirchen, sondern auch für die öffentlichen Gebäude in der modernen Demokratie oder die Bauten privatwirtschaftlicher Unternehmen in der Industriegesellschaft.

Unter den zahlreichen Bauelementen spielt der Turm eine besondere Rolle. Ursprünglich ein Element von Wehranlagen, gilt er seit jeher auch als ein Zeichen der Macht. Die bürgerlichen Bauherren von Rathäusern ließen im 19. Jahrhundert die Rathaustürme bewusst höher anlegen als die Türme von nahe gelegenen Kirchen oder Schlössern. Seit dem 20. Jahrhundert bestimmen Hochhäuser und technische Türme die „Skyline" der Metropolen.

Auf Seite 95 (M12d) wurde bereits das *Montgomery-Ward*-Kaufhaus in Chicago vorgestellt. Zwischen 1925 und dem Beginn der Weltwirtschaftkrise entwickelte sich New York zum Zentrum der Hochhausarchitektur. 1928 kam es dort zwischen den Bauherren des *Chrysler Building* und des *Bank of Manhattan Company Building* sogar zu einem regelrechten „Wettlauf zum Himmel". Ebenfalls in New York baute eine Investorengruppe 1931 das *Empire State Building,* ein Bürohaus, das seinen Rang als höchstes Gebäude der Welt erst 1973 an das (2001 durch Terroranschläge zerstörte) *World Trade Center* abgeben musste. Das 1929 begonnene *Rockefeller Center* konnte erst 1939 fertiggestellt werden. Es ist nicht nur ein Wolkenkratzer, sondern umfasst einen ganzen Stadtteil.

✶ Wirtschaftsarchitektur in den USA – eine Präsentation mit Bildern

1 Recherchieren Sie über ein Architekturbeispiel aus der Wirtschaftsgeschichte der USA (Kaufhaus, Bürohaus, Bankgebäude usw.) – Beispiele: siehe Darstellung oben. Weitere Beispiele finden Sie im Internet, in USA-Reiseführern, Kunsthandbüchern oder Werken zur Architekturgeschichte.

2 Stellen Sie ein Beispiel vor und beschreiben Sie dessen charakteristische Merkmale.

3 Erörtern Sie ggf., ob und inwieweit das Bauwerk Stilmerkmale anderer Epochen oder Regionen aufweist: Kennen Sie ähnliche Bauten in Europa? Die Zeichensprache eines Bauwerks erschließt sich eindringlicher, wenn man es mit einem anderen vergleicht.

4 Überlegen Sie, was das von Ihnen vorgestellte Bauwerk über das Selbstverständnis der USA in der jeweiligen Epoche aussagt.

M 17 Rockefeller Center, New York, erbaut 1929–1939, Fotografie, ca. 1995

6 Die Vereinigten Staaten – eine imperiale Macht?

„Die große Verhaltensregel hinsichtlich fremder Nationen liegt für uns darin, bei der Ausweitung unserer Handelsbeziehungen so wenig politische Verbindung wie möglich mit ihnen zu haben. […] Europa hat ein Gefüge primärer Interessen, die keine oder sehr entfernte Beziehungen zu uns haben. Deshalb muss es in häufige Auseinandersetzungen geraten, deren Ursachen unseren Anliegen wesentlich fremd sind. Daher also muss es unklug für uns sein, uns durch künstliche Bande in die gewöhnlichen Wechselfälle seiner Politik oder die gewöhnlichen Kombinationen und Zusammenstöße seiner Freund- oder Feindschaften zu verwickeln. […] Unsere wahre Politik ist, uns fern zu halten von allen dauernden Bündnissen mit irgendeinem Teil der ausländischen Welt." Mit diesen Sätzen versuchte der erste Präsident der USA, **George Washington** (Präs. 1789–1797), in seiner Abschiedsbotschaft 1796 seine Nachfolger und Landsleute auf eine Außenpolitik zu verpflichten, die dem Grundsatz folgt: Die USA sollen mit allen Handel treiben, sich aber politisch aus den Angelegenheiten der anderen, vor allem der Europäer, heraushalten. Das gelang den US-Regierungen über ein Jahrhundert lang. 1917, als die USA in den Ersten Weltkrieg eintraten, brachen sie für alle Welt erkennbar mit diesem Grundsatz. Wie ist diese bereits Ende des 19. Jahrhunderts eingeleitete **Abkehr vom Isolationismus** zu erklären? Ein weiterer Wandel bedarf der Analyse: Die USA verdanken ihre Staatsgründung der Befreiung von der britischen Kolonialherrschaft. Das antikoloniale Selbstverständnis hielt sie aber nicht davon ab, um 1900 selbst imperialistische Politik zu betreiben.

Die Monroe-Doktrin

Die 1823 verkündete Monroe-Doktrin lag noch ganz auf der von Präsident Washington vorgegebenen Linie. Die USA bekundeten in der Erklärung von Präsident **James Monroe** (Präs. 1817–1825) ihren Willen, sich nicht in europäische Konflikte einzumischen. Aber sie erwarteten auch, dass der amerikanische Doppelkontinent nicht zum Ziel europäischer Großmachtpolitik werde. Aktueller Anlass der Doktrin, die bis Ende des 19. Jahrhunderts Richtschnur der US-Außenpolitik blieb, war die Gefahr, dass europäische Mächte in den Ländern Lateinamerikas intervenierten, die sich von spanischer Kolonialherrschaft befreit hatten. Hinzu kamen Versuche Russlands, seine pazifischen Stützpunkte von Alaska aus nach Süden auszubauen.

Die USA im Zeitalter des Imperialismus

In den 1880er-Jahren begann eine neue Phase der Außenpolitik. Als die Mächte Europas, allen voran Großbritannien und Frankreich, in Afrika und Asien Stützpunkte anlegten, Kolonien erwarben und die Welt in Einflusssphären einteilten, wollten die USA nicht zurückstehen.

Großen Anklang fanden die Thesen des Marinetheoretikers **Alfred T. Mahan** (1840–1914). Er vertrat die Auffassung, dass die weltpolitische Stellung der USA, ihre Handelsflotte und ihre Handelsinteressen nur durch eine starke Seemacht gesichert werden könnten. Während der 1890er-Jahre wurden die Seestreitkräfte ausgebaut. Die Zahl der Anhänger einer imperialistischen Weltpolitik wuchs noch unter dem Eindruck der Wirtschaftskrise von 1893: Die USA suchten jetzt neue Märkte und Investitionsmöglichkeiten in Übersee, um die Wirtschaft anzukurbeln. Manche befürchteten auch, dass nach dem Ende der *Frontier* (siehe S. 66) nicht mehr genügend neue Ressourcen im eigenen Land für die Industrie erschlossen werden könnten.

Begleitet wurde der Übergang zur Weltpolitik von einem amerikanischen Selbstbewusstsein, das an die *Manifest Destiny* der Pionierzeit anknüpfte (siehe S. 66): Die Amerikaner hatten binnen eines Jahrhunderts einen Kontinent erschlossen und eine wirtschaftlich leistungsfähige demokratische Gesellschaft aufgebaut. Jetzt wollten sie sich weltweit für Fortschritt,

Außenpolitik um 1900

M 1 Karikatur von Victor Gillam, New York, 1902

Zivilisation und Freiheit einsetzen. Doch es blieben Bedenken: Eine koloniale Expansion der USA würde die betroffenen Völker ihrer Freiheit und ihres Selbstbestimmungsrechts berauben.

Ende der 1890er-Jahre setzten sich die Befürworter einer imperialistischen Politik durch. Der Pazifik, Ostasien und Zentralamerika wurden Expansionsräume der USA. 1898 annektierten sie Hawaii, dessen Wirtschaft schon seit Jahrzehnten von amerikanischen Plantagenbesitzern beherrscht wurde. Die USA betrachteten die Vorstöße Großbritanniens und Deutschlands nach Südostasien und in die pazifische Inselwelt als Herausforderung. Nach langen Streitigkeiten mit Deutschland übernahmen sie 1899 das Protektorat über Samoa. Im Jahre 1898 zwangen sie Spanien, Puerto Rico, Guam und die Philippinen (als „Sprungbrett" nach China) abzutreten.

Der entscheidende Schritt zur Weltpolitik war die **Intervention in Kuba 1898.** Sie diente nicht nur der Unterstützung des kubanischen Unabhängigkeitskampfes gegen Spanien. Die USA besaßen auch wirtschaftliche Interessen an der Zuckerindustrie Kubas. Und die US-Amerikaner wollten ihre militärische und politische Macht in der Welt ausdehnen.

Ein Umschwung in der öffentlichen Meinung begann aber erst, als 1898 auf den Philippinen ein Guerillakrieg gegen die neuen Herren ausbrach. Die direkte Machtausübung in Übersee forderte zu große militärische und finanzielle Mittel. Effizienter war es, die überlegene Wirtschaftskraft der USA für den Aufbau eines *Informal Empire* einzusetzen. Dies stützte sich auf die wirtschaftliche Durchdringung und die aus ihr resultierende politische Abhängigkeit.

Als riesiger Absatzmarkt für billige amerikanische Konsumgüter galt **China**. Hier lösten sich die politischen und sozialen Strukturen unter dem Druck der europäischen Großmächte, die das riesige Reich in Einflusszonen aufteilen wollten, auf. Die USA stellten dem ihre ***Open door policy*** gegenüber, die jeder Macht gleichberechtigten Zugang nach China garantieren sollte.

Zum wichtigsten Aktionsfeld des „**Dollarimperialismus**" wurden jedoch Zentralamerika und die Karibik. Amerikanische Banken und Konzerne investierten viel Geld in die kleinen Staaten dieser Region und in Mexiko und führten moderne Technologien ein. Ihre Gewinne aus den Bodenschätzen und der Plantagenkultur wurden jedoch in die USA transferiert. Diese Länder konnten deshalb keinen eigenen Kapitalstock aufbauen. Ihre Eliten wurden in den USA ausgebildet. Die meisten Staaten Zentralamerikas waren deshalb wenig mehr als nordamerikanische Protektorate, deren Regierungen sich den Wirtschaftsinteressen der USA unterwarfen. 1904 rechtfertigte Präsident **Theodore Roosevelt** (Präs. 1901–1909) diese Abhängigkeit mit der Monroe-Doktrin und beanspruchte sogar ein präventives Interventionsrecht der USA.

Die USA im Ersten Weltkrieg

Als im August 1914 in Europa der Erste Weltkrieg ausbrach, blieben die USA zunächst neutral. Auch Industrie und Banken unterstützten diesen Kurs. Doch die Sympathien der meinungsbildenden Ostküstenelite galten von Anfang an Großbritannien und Frankreich. Mit diesen Ländern fühlte man sich enger verbunden als mit den monarchisch-konservativen Mittelmächten Deutschland und Österreich-Ungarn. Überdies waren die Wirtschaftsbeziehungen zwischen den USA und den Westmächten, vor allem zu Großbritannien, besonders intensiv.

Banken gewährten Frankreich und Großbritannien großzügig Kredite, US-Bürger zeichneten Kriegsanleihen und die Regierung lieferte Nahrungsmittel und Industriegüter. Ein Sieg der Mittelmächte hätte amerikanische Kapital- und Wirtschaftsinteressen empfindlich berührt.

In den USA schlug die öffentliche Meinung zugunsten einer Kriegsbeteiligung um, als deutsche U-Boote 1915 das britische Schiff Lusitania torpedierten. Dabei fanden auch Amerikaner den Tod. Eine weitere Herausforderung sahen die USA darin, dass Deutschland **Mexiko** auf die Seite der Mittelmächte ziehen wollte und ihm versprach, seine Ansprüche auf die 1848 verlorenen Gebiete, also auf den ganzen Südwesten der USA, zu unterstützen. Als die deutsche Regierung Anfang 1917 eine schnelle Kriegsentscheidung erzwingen wollte und den uneingeschränkten U-Bootkrieg verkündete, führte dies im April **1917** zur **Kriegserklärung der USA**.

Außenpolitik um 1900

Hinweise zur Arbeit mit den Materialien

Inhaltlich beschäftigt sich Kapitel 6 mit der Frage, wie die „antikolonialen" USA bis zum Ersten Weltkrieg ihre Beziehungen zu äußeren Mächten gestalteten und wie ihr Vorgehen motiviert war: pragmatisch oder von langfristigen Zielen geleitet? Und: Wie ist die 1898 einsetzende Übersee-Expansion zu beurteilen? Methodisch steht die eigenständige Erarbeitung von Inhalten und die Hinführung zur Abiturklausur (mit Textquellen) im Zentrum.

1. *Einstieg in die Textquellenarbeit* am Beispiel der **Monroe-Doktrin** von 1823, die für die US-Außenpolitik von zentraler Bedeutung wurde (M2; in M3 der Zusatz von 1904). Es empfiehlt sich, *Methodensonderseite 50* und Grafik M1, S. 206, wiederholend hinzuzuziehen.
2. *Erarbeitung von Inhalten:* a) anhand von Sekundärtexten zum **Mexikanisch-Amerikanischen Krieg 1846–1848**, der beispielhaft die kontinentale Expansion beleuchtet (M4, M5); b) an einem Fallbeispiel zum **Spanisch-Amerikanischen Krieg 1898**, mit dem die Übersee-Expansion der USA (auf Kuba) begann und der bis heute Nachwirkungen zeigt (M1, M6–M12).
3. *Übung zur Textquellenarbeit in Gruppenarbeit* am Beispiel der „**Politik der offenen Tür**", einem weiteren konzeptionellen Markstein in der US-Außenpolitik (M13a–c).
4. *Zusammenfassung der Inhalte* der Übersee-Expansion (Kartenarbeit; M15).
5. *Diskussion* der US-Außenpolitik unter Rückgriff auf die Monroe-Doktrin (M14).
6. *Test:* eine **Abiturklausur** mit Aufgaben und Arbeitshilfen (*Methodensonderseite 116f.*).
7. *Vertiefung:* Neuausrichtung der **US-Politik im Ersten Weltkrieg**? (M18–M20)
8. Der **Vergleich USA – Europa**, der im *Kursheft* an verschiedenen Stellen thematisiert wird, beschäftigt sich in Kapitel 6 mit **Konzepten der Außenpolitik** (*Themensonderseite 120f.*).

Weiterführende Arbeitsanregungen S. 122: Personen in der Geschichte – **Roosevelt, Wilson**.

M 2 Die Monroe-Doktrin (1823)

2 a) Aus der Botschaft von James Monroe (Präs. 1817–1825) an den Kongress vom Dezember 1823 (später „Monroe-Doktrin"):
Wir sind stets eifrige und interessierte Zuschauer der Vorgänge in jener Gegend der Erdkugel gewesen, mit der wir so viel Verkehr haben und aus der wir herstammen. Die Bürger der Vereinigten Staaten hegen die freundlichsten Gefühle für die Freiheit und das Glück ihrer Mitmenschen auf der anderen Seite des Atlantiks. An den Kriegen der europäischen Mächte in nur sie selbst angehenden Angelegenheiten haben wir nie irgendwelchen Anteil genommen noch verträgt es sich mit unserer Politik, so etwas zu tun. Es ist nur, wenn unsere Rechte geschmälert oder ernstlich bedroht werden, dass wir Schädigungen übel nehmen oder Verteidigungsmaßnahmen treffen. Mit den Bewegungen auf dieser Halbkugel sind wir notwendig unmittelbar verbunden, und das aus Gründen, die allen aufgeklärten und unparteiischen Beobachtern offenkundig sein müssen. Das politische System der alliierten Mächte [der Heiligen Allianz] ist in dieser Hinsicht wesentlich verschieden von dem Amerikas. [...]

Wir sind es deshalb der Aufrichtigkeit und den freundschaftlichen Beziehungen, die zwischen den Vereinigten Staaten und jenen Mächten bestehen, schuldig zu erklären, dass wir jeden Versuch ihrerseits, ihr System auf irgendeinen Teil dieser Hemisphäre auszudehnen, als gefährlich für unseren Frieden und unsere Sicherheit betrachten würden. In den vorhandenen Kolonien und Besitzungen irgendeiner europäischen Macht haben wir uns nicht eingemischt und werden uns nicht einmischen. Aber bei den Regierungen, die ihre Unabhängigkeit erklärt und aufrechterhalten haben und deren Unabhängigkeit wir nach reiflicher Erwägung und aufgrund gerechter Prinzipien anerkannt haben, könnten wir irgendein Eingreifen einer europäischen Macht mit dem Zweck, sie zu unterdrücken oder auf andere Weise ihr Schicksal zu bestimmen, in keinem anderen Licht sehen denn als Manifestation einer unfreundlichen Gesinnung gegen die Vereinigten Staaten.

Zit. nach: Historisches Seminar der Univ. Bern (Hg.), Quellen zur neueren Geschichte, Bern 1957, S. 26ff.

2b) Friedrich Gentz (1764–1832), außenpolitischer Berater des österreichischen Staatskanzlers Klemens von Metternich (1773–1859), zur Monroe-Doktrin (1828):
Die politische Trennung zwischen Amerika und Europa ist vollendet, und unwiderruflich vollendet. Wenn die Wiedereroberung der Kolonien auf dem Kontinent oder ihre freiwillige Rückkehr zur alten Herrschaft nicht bereits unmöglich geworden wäre, so würde diese, längst im Stillen vorbereitete, jetzt offen erklärte Opposition der nordamerikanischen Masse allein hinreichend sein, jeden Gedanken daran zu entfernen. Von den Inseln ist vor der Hand nicht die Rede; die Vereinigen Staaten fühlen selbst, dass sie ihre Anmaßungen so weit noch nicht treiben dürfen; und wahrscheinlich sehen sie voraus, dass es mit der Herrschaft der Europäer über Cuba, Jamaica, Martinique p. p. auch ohne ihr Zutun nicht lange mehr dauern wird.
Zit. nach: Manfred Kossok, Im Schatten der Heiligen Allianz. Deutschland und Lateinamerika 1815 bis 1830, Berlin/DDR (Akademie-Verlag) 1964, S. 119.

rikanischen Staaten] eingreifen, und nur dann, wenn es offenkundig würde, dass ihre Unfähigkeit oder ihre Abneigung, im Innern und nach außen Recht zu üben, die Rechte der Vereinigten Staaten verletzt hätte oder eine fremde Aggression zum Schaden der Gesamtheit der amerikanischen Nationen herausgefordert hätte. Es ist nichts als eine Binsenwahrheit zu sagen, dass jede Nation, in Amerika und anderswo, die ihre Freiheit, ihre Unabhängigkeit aufrechtzuerhalten wünscht, sich am Ende darüber ganz klar sein muss, dass das Recht solcher Unabhängigkeit nicht getrennt sein kann von der Verantwortung, einen guten Gebrauch von ihr zu machen.
Zit. nach: Historisches Seminar der Univ. Bern (Hg.), Quellen zur neueren Geschichte, Bern 1957, S. 76 f.

1 a) Fassen Sie den Inhalt der Monroe-Doktrin von 1823 zusammen (M2a).
b) Erläutern Sie die Folgen der Doktrin für das europäisch-amerikanische Verhältnis (M2b).
2 Klären Sie, welchen Wandel der Roosevelt-Zusatz zur Monroe-Doktrin bewirkte (M3).

M3 Der „Roosevelt-Zusatz" zur Monroe-Doktrin (1904)

Aus der Botschaft des Präsidenten Theodore Roosevelt (Präs. 1901–1909), Dezember 1904 („Roosevelt-Zusatz"; wurde 1928 widerrufen):
Wenn eine Nation zeigt, dass sie vernünftig und mit Kraft und Anstand in sozialen und politischen Fragen zu handeln versteht, dass sie Ordnung hält und ihre Schulden bezahlt, dann braucht sie keine Einmischung von Seiten der Vereinigten Staaten zu befürchten. Ständiges Unrechttun oder ein Unvermögen, welches hinausläuft auf eine Lockerung der Bande der zivilisierten Gesellschaft, mag in Amerika wie anderswo schließlich die Intervention durch irgendeine zivilisierte Nation fordern und in der westlichen Hemisphäre mag das Festhalten der Vereinigten Staaten an der Monroe-Doktrin sie in flagranten Fällen solchen Unrechttuns oder Unvermögens, wenn auch wider ihren Willen, zur Ausübung einer internationalen Polizeigewalt zwingen. […] Wir würden nur im äußersten Falle bei ihnen [den lateinamerikanischen Staaten] eingreifen, und nur dann, wenn es offenkundig würde, dass ihre Unfähigkeit oder ihre Abneigung, im Innern und nach außen Recht zu üben, die Rechte der Vereinigten Staaten verletzt hätte oder eine fremde Aggression zum Schaden der Gesamtheit der amerikanischen Nationen herausgefordert hätte. […]

M4 Der Mexikanisch-Amerikanische Krieg 1846–1848

Nicole Schley und Sabine Busse, Politologinnen, zum Verlauf des Krieges (2003):
Bereits 1819 hatten die USA Florida nach langen Auseinandersetzungen über Gebietsansprüche von Spanien erworben. Texas, ein ursprünglich zur mexikanischen Republik gehörendes Gebiet mit nur geringer Bevölkerungsdichte, erlaubte, dass sich dort Amerikaner ansiedeln durften. Doch nachdem die mexikanische Regierung eine neue Verfassung verabschiedet und die Sklaverei – ein wichtiges Standbein der texanischen Siedler – abgeschafft hatte, richteten diese Siedler aus Protest am 2. März 1836 eine eigene Regierung ein und riefen eine unabhängige Republik aus. Um diesen Bestrebungen ein Ende zu bereiten und Texas wieder zu unterwerfen, war die mexikanische Armee, geführt von Präsident Santa Anna persönlich, bereits am 23. Februar 1836 vor San Antonio aufmarschiert und hatte mit 6000 Mann die Stadt eingenommen. Sie

zogen weiter nach El Alamo, wo die texanische Freiheitsarmee einen erbitterten Kampf führte, fest entschlossen, ihre Unabhängigkeit zu verteidigen. Der Schlachtruf lautete „Freiheit oder Tod". Doch eine Vielzahl texanischer Kämpfer fiel in dieser und in einer weiteren Schlacht bei Goliad. Die Schlachten bei El Alamo und Goliad (beide im März 1836) endeten mit einem Sieg des mexikanischen Generals und Präsidenten Santa Anna – allerdings musste er für seinen Erfolg einen hohen Preis zahlen: Allein in der Schlacht von Alamo wurden 1600 Soldaten auf seiner Seite getötet. Sie wurden zum Symbol für den texanischen Freiheitswillen.

Unterdessen mühte sich der texanische General Samuel Houston, die Unterstützung der Vereinigten Staaten für diesen Krieg zu gewinnen – jedoch erfolglos. Die Meldungen der heldenhaften Verteidigung von Alamo sorgten allerdings für einen regen Zulauf seiner inzwischen zusammengestellten Freiheitsarmee. Und so gelang es ihm, in der kurz darauf folgenden Schlacht von San Jacinto (21. April 1836) die mexikanischen Truppen zu schlagen und Santa Anna gefangen zu nehmen, der nach Anerkennung der texanischen Unabhängigkeit wieder freigelassen wurde. Sam Houston trat als erster Präsident der unabhängigen Republik Texas sein Amt an.

Am 4. August 1837 stellte Texas den Antrag, in die Staatengemeinschaft der Vereinigten Staaten aufgenommen zu werden. Denn Präsident Houston war klar, dass das Land wirtschaftlich, militärisch und politisch zu schwach war, um beispielsweise einem erneuten Angriff durch Mexiko, der durchaus erwartet wurde, standhalten zu können. Mexiko drohte den USA inzwischen mit Krieg, falls sie Texas in den Staatenbund aufnehmen würden. Daher wurde Houstons Antrag von der Administration des achten US-Präsidenten, Martin Van Buren, abgelehnt. Texas blieb für die folgenden neun Jahre ein unabhängiger Staat.

Ein Krieg schien jedoch durchaus im Sinne Mexikos zu sein, da die Chancen auf eine Wiedereingliederung des abtrünnigen Staatsgebiets als hoch eingeschätzt wurden. Die Provokationen seitens Mexiko nahmen im Lauf der Jahre zu. [...]

In seiner zweiten Amtszeit forcierte Houston die Aufnahme Texas' in die USA, während 1843 Mexikos Präsident Santa Anna den Vereinigten Staaten wiederholt die Kriegserklärung ankündigte. In der Folge wurde ein Annexionsvertrag mit Texas ausgehandelt, den beide Staaten am 11. April 1844 unterzeichneten. Dieser Vertrag löste jedoch eine kontroverse Diskussion aus, unter anderem deshalb, weil in den USA bereits ein Streit zwischen Whigs (spätere Republikaner) und Demokratischer Partei über die Sklavenfrage aufgekommen war. Mehr als 5000 Sklaven leben schon 1836 in Texas. So scheiterte dieser Vertrag dann auch am 8. Juni 1844 im Senat an der Opposition der Senatoren aus den nördlichen Bundesstaaten. In Anbetracht der Tatsache, dass im Senat eine Zweidrittelmehrheit für diesen Vertrag nötig gewesen wäre, präsentierte der von den Whigs nominierte zehnte US-Präsident, John Tyler, am Ende seiner Amtszeit 1844 dem Kongress schließlich einfach per Deklaration die Annexion von Texas. Dies hatte Van Buren aus Angst vor einem Krieg mit Mexiko stets abgelehnt, und Tyler verscherzte sich mit dieser Aktion seine Wiederwahl. Sein demokratischer Nachfolger James K. Polk setzte die Politik der Ausbreitung der Vereinigten Staaten unter der Bestimmung des *Manifest Destiny* ebenfalls fort. Damit rückte der Mexikanisch-Amerikanische Krieg immer näher.

Am 28. Februar 1845 hatten beide Häuser des amerikanischen Kongresses formell die Annexion Texas' beschlossen (erst am 29. Dezember wurde Texas nach einer Abstimmung unter der Bevölkerung zum 28. US-Bundesstaat), am 4. März 1845 trat Polk sein Amt als elfter Präsident der USA an. Einige Wochen später brach Mexiko die Beziehungen zu den USA ab und begann mit den Kriegsvorbereitungen. Polk versuchte zuerst, mit Mexiko wegen einiger Grenzkorrekturen zu verhandeln, und bot an, die Territorien von Kalifornien und New Mexico zum Preis von 30 Millionen Dollar zu kaufen.

Nachdem Mexiko derartige Verhandlungen ablehnte, ließ Polk Truppen nach Texas an den Rio Grande verlegen. Dieser Fluss wurde von Texas als Grenzlinie betrachtet. Mexiko, das den nördlicheren Fluss Nueces als Grenze ansah, legte dies als einen Akt der Aggression aus und schickte im April 1846 Truppen über den Rio Grande. Polk wiederum wertete dies als einen Einmarsch auf amerikanisches Gebiet und so erklärte der Kongress am 13. Mai 1846 Mexiko offiziell den Krieg. [...]

US-General Zachary Taylor schlug im Gebiet zwischen dem Nueces und dem Rio Grande noch vor der offiziellen Kriegserklärung die erste Schlacht des Mexikanisch-Amerikanischen Krieges bei Palo Alto (8. Mai 1846) erfolgreich. [...] Am 14. September gelang den amerikanischen Truppen die Einnahme von Mexiko-Stadt, was das Ende des Krieges einläutete. [...]

Mit der Unterzeichnung des Friedensvertrages von Guadelupe Hidalgo zwischen Mexiko und den Vereinigten Staaten am 2. Februar 1848 trat Mexiko alle Gebiete nördlich des Rio Grande an die USA ab. Seither stellt der Fluss die Grenze zwischen beiden Ländern dar. Texas wurde endgültig als amerikanisches Staatsgebiet festgeschrieben.

Für den Betrag von 15 Millionen Dollar erwarben die Vereinigten Staaten von Mexiko ein großes Gebiet, das heute die Bundesstaaten Arizona, Kalifornien, Nevada, New Mexico, Utah sowie Teile Colorados und Wyomings umfasst.

Nicole Schley/Sabine Busse, Die Kriege der USA, Kreuzlingen (Hugendubel) 2003, S. 42–46.

M 5 Positionen der Forschung zum Mexikanisch-Amerikanischen Krieg

5 a) Die Politologinnen Nicole Schley und Sabine Busse (vgl. M4) (2003):
Die Motive der USA für die Kriegserklärung waren in erster Linie die Verteidigung der Annexion von Texas sowie der weitere Expansionsdrang. Beiden Motiven wurde mit dem Krieg Rechnung getragen.
Nicole Schley/Sabine Busse, Die Kriege der USA, Kreuzlingen (Hugendubel) 2003, S. 46.

5 b) Der Historiker Niall Ferguson (2004):
Sogar der Erwerb von Texas war ebenso sehr Bargeld und friedlicher Kolonisierung wie der militärischen Eroberung zu verdanken. [...] Zum Krieg gegen Mexiko kam es nicht vor, sondern erst nach dem Anschluss von Texas – ein Grund des Krieges war, dass sich Käufer und Verkäufer nicht über den Preis einigen konnten. Keine der beiden Seiten ahnte, wie einseitig der Konflikt verlaufen sollte. General Ulysses S. Grant bezeichnete ihn später als den „ungerechtesten Krieg, der jemals von einem Stärkeren gegen einen Schwächeren geführt wurde". In weniger als einem Jahr erzielte die US-Armee in mehreren Schlachten überwältigende Siege [...]. Doch wie schon im Falle von Texas wurde auch das Schicksal seiner westlichen Nachbargebiete nicht allein durch Waffengewalt entschieden. Nach dem Vertrag von Guadelupe Hidalgo vom Februar 1848 gaben die Amerikaner wieder einmal Geld für Land: Für das Gebiet bis hinunter zum Rio Grande übernahmen die USA Ansprüche ihrer Bürger gegenüber Mexiko in Höhe von fünf Millionen Dollar; für weitere fünfzehn Millionen erwarben sie darüber hinaus die Provinzen Neumexiko und Oberkalifornien, ein Territorium, das den größten Teil der heutigen Bundesstaaten New Mexico, Arizona, Kalifornien, Colorado, Utah und Nevada umfasste. Das waren riesige Erwerbungen, und das investierte Geld machte sich sofort bezahlt, denn nur wenige Monate zuvor war in Kalifornien Gold entdeckt worden. Und da sich nur ein kleiner Teil des neuen Landes für Plantagen eignete [auf denen in der Regal Sklaven arbeiteten], war der Anschluss weniger umstritten als im Fall von Texas.

Niall Ferguson, Das verleugnete Imperium, Übers. Klaus-Dieter Schmidt, Berlin (Propyläen) 2004, S. 52 und 54.

3 Erstellen Sie mithilfe des Sekundärtextes M4 eine Zeittafel zum Amerikanisch-Mexikanischen Krieg.
4 Entwerfen Sie (ausgehend von M4) eine Kartenskizze, in die Sie die Hauptkriegsschauplätze einzeichnen.
5 Erläutern Sie die Rollen und Interessen der beteiligten Personen und Gruppen (M4), indem Sie ein Schaubild zeichnen.
6 a) Arbeiten Sie die zentralen Thesen von Schley/Busse (M5a) und Ferguson (M5b) über den Charakter des Krieges heraus.
b) Diskutieren Sie die Vorzüge und Nachteile beider Interpretationen.

M 6 Der Spanisch-Amerikanische Krieg 1898 – ein Fallbeispiel

William McKinley (Präs. 1897–1901) über die Grundprinzipien der Außenpolitik der Vereinigten Staaten von Amerika im Jahre 1898:

Es ist mein Wunsch, dass während der ganzen […] Verhandlungen der Zweck und der Geist ständig im Auge behalten werden, womit die Vereinigten Staaten die unwill-
5 kommene Notwendigkeit des Krieges akzeptiert haben. Wir griffen zu den Waffen allein im Gehorsam gegenüber den Geboten der Menschlichkeit und in Erfüllung hoher öffentlicher und moralischer Verpflichtun-
10 gen. Wir hatten keine Absicht auf Vergrößerung und keinen Ehrgeiz nach Eroberung. Während der langen Reihe wiederholter Vorstellungen, die dem Kampf vorangingen und darauf zielten, ihn abzuwenden, und in der
15 schließlichen Entscheidung der Gewalt war dieses Land lediglich durch den Zweck getrieben, leidvolle Unbilligkeiten zu erleichtern und lang währende Verhältnisse zu beseitigen, die seine Ruhe störten, die den
20 moralischen Sinn der Menschheit empörten und die nicht länger zu ertragen waren.

Es ist mein ernstlicher Wunsch, dass die Vereinigten Staaten beim Friedensschluss die gleiche hohe Verhaltensregel befolgen, die
25 sie angesichts des Krieges geleitet hat. Sie sollten bei der abschließenden Übereinkunft ebenso gewissenhaft und großmütig sein, wie sie in ihrem anfänglichen Handeln gerecht und human waren. Der Ruhmes-
30 glanz und die moralische Kraft, die einer Sache anhaften, die vertrauensvoll dem bedachten Urteil der Welt anheim gestellt werden kann, sollten nicht unter irgendeiner Illusion der Stunde durch nachträgliche
35 Absichten getrübt werden, die uns zu übermäßigen Forderungen oder einem Aufbruch auf unerprobten Pfaden verlocken möchten. Wir glauben, dass dem wahren Ruhm und den dauernden Interessen des Landes am
40 sichersten gedient werde, wenn eine gewissenhaft übernommene selbstlose Pflicht und ein ehrenvoll errungener bemerkenswerter Triumph durch ein Beispiel der Mäßigung, der Zurückhaltung und der Vernunft im Sieg
45 gekrönt wird, das sich am besten mit den Traditionen und dem Wesen unserer aufgeklärten Republik verträgt.

Unser Ziel bei der Regelung des Friedens sollte auf dauernde Ergebnisse und die Her-
50 beiführung des allgemeinen Wohls unter den Forderungen der Zivilisation anstatt auf ehrgeizige Absichten gerichtet sein. Die Bestimmungen des Protokolls wurden aufgrund dieser Überlegung entworfen. Die
55 Räumung der westlichen Hemisphäre durch Spanien war eine gebieterische Notwendigkeit. Indem wir diese Forderung vorbrachten, erfüllten wir nur eine allgemein anerkannte Pflicht. Es bedeutet keine kleinliche
60 Bezugnahme auf unseren Feind von gestern, sondern einfach eine Anerkennung der offenkundigen Lehren der Geschichte, wenn man sagt, es vertrage sich nicht mit der Zuversicht auf einen dauernden Frieden auf
65 und nahe unserem Gebiet, wenn die spanische Flagge auf dieser Seite des Meeres bliebe.

Zit. nach: Herbert Strauß (Bearb.), Botschaften der Präsidenten der Vereinigten Staaten von Amerika zur Außenpolitik, Bern (Lang) 1957, S. 73 f.

M 7 Das Wrack des US-Kriegsschiffes „Maine" im Hafen von Havanna, Fotografie, 1898.
– Die Schiffsexplosion im Februar 1898, die nie geklärt wurde, war für die USA Auslöser der Kriegserklärung an Spanien.

M 8 Hintergründe zum Spanisch-Amerikanischen Krieg 1898

8 a) Der Historiker Willi Paul Adams über die Motive der Politik der Vereinigten Staaten von Amerika gegenüber Spanien im Jahre 1898 (2000):

Die Eroberung der spanischen Kolonien Kuba und Philippinen innerhalb von vier Monaten im Jahr 1898 feierte die nationalistische Boulevardpresse von New York bis San Francisco als Befreiung vom Joch der Kolonialherrschaft.

Spanisches Militär hatte in der Tat kubanische Selbstbefreiungsversuche grausam unterdrückt. Hinzu kamen langfristige wirtschaftliche und geostrategische Interessen. Investoren, insbesondere die Zuckerindustrie, änderten ihre Meinung. Sie waren zunächst nicht die Kriegstreiber, weil sie sich auch friedlich mit der schwachen Kolonialmacht Spanien arrangieren konnten. Andererseits warf 1896 das Parteiprogramm der Republikaner, die sich als „the party of business enterprise" anboten, der spanischen Regierung vor, amerikanisches Leben und Eigentum auf Kuba nicht zu schützen. Damit waren über 50 Mio. Dollar auf Kuba investiertes Kapital und ein jährliches Handelsvolumen von etwa 100 Mio. Dollar gemeint.

Als die kubanischen Unabhängigkeitskämpfer radikaler wurden und ihrerseits amerikanische wirtschaftliche Interessen langfristig zu gefährden schienen, wurde die Besetzung der Insel zur Alternative.

Auch Präsident McKinley änderte seine Meinung. Zunächst waren ihm die vermutlichen Kriegskosten zu hoch und eine eventuelle Annexion Kubas mit seiner bunt gemischten Bevölkerung mehr Belastung als Bereicherung der USA.

Den Ausschlag gab schließlich der Wert der Philippinen als zusätzliche Kriegsbeute: Als Stützpunkt für amerikanische Handels- und Kriegsschiffe würden sie die Position der USA als Handels- und Ordnungsmacht im Pazifik erheblich verbessern. Im Friedensvertrag gab Spaniens Krone 1898 ihren Herrschaftsanspruch über Kuba, Puerto Rico, Guam und die Philippinen auf.

Willi Paul Adams, Die USA vor 1900, München (Oldenbourg) 2000, S. 130.

M 9 Vor einem Rekrutierungsbüro der US-Armee, Fotografie, Ende April 1898. –
Präsident McKinley hatte zur Einberufung von 125 000 Freiwilligen aufgerufen.

8 b) Die Politologinnen Nicole Schley und Sabine Busse zum Verlauf des Spanisch-Amerikanischen Krieges von 1898 (2003):

Im Spanisch-Amerikanischen Krieg ging es zwar vorrangig um die Befreiung Kubas, doch die ersten Kämpfe fanden auf den Philippinen statt: Admiral George Dewey, der die US-Flotte in Asien kommandierte, hatte bereits den Befehl erhalten, im Fall eines Krieges die spanische Marinebasis in Manila anzugreifen. Mit sechs Kriegsschiffen erreichte er am 30. April 1898 Manila Bay und zerstörte alle Schiffe der spanischen Flotte. Obwohl kaum ein Amerikaner je von den Philippinen gehört hatte, wurde dieser Erfolg Deweys bejubelt. Daraufhin fasste McKinley den Entschluss, die Hauptstadt Manila einzunehmen, und sandte 11 000 Soldaten und weitere Navy-Verbände dorthin. Mithilfe philippinischer revolutionärer Truppen unter Emilio Aguinaldo gelang das Manöver.

Und auch am Hauptschauplatz dieses Krieges gewannen die Amerikaner auf ganzer Linie: Am 29. Mai 1898 hatten die

Außenpolitik um 1900

Amerikaner die Flotte von Admiral Pascual Cervera im Hafen von Santiago am südöstlichen Ende Kubas entdeckt und eine Blockade errichtet. Im Juni konnte dann eine 17 000 Mann starke US-Truppe in Daiquiri, östlich von Santiago, landen und bald darauf die Stadt einnehmen. Da Santiago vom Artilleriefeuer der USA bedroht war, floh Admiral Cervera mit seiner Flotte am 3. Juli 1898 Richtung Westen und versuchte, die Blockade zu durchbrechen. Die amerikanische Flotte unter dem Kommando von William Sampson und Winfield Schley spürte den Spanier auf und zerstörte alle Schiffe innerhalb von vier Stunden, ohne dass ein amerikanisches Schiff beschädigt wurde.

Am 17. Juli 1898 gab man Santiago auf. Einige Tage später besetzten die Vereinigten Staaten Puerto Rico, das bis dahin ebenfalls spanische Besitzung war, und komplettierten damit ihren Erfolg im Krieg gegen Spanien. Am 12. August stimmte Spanien seinem Rückzug aus Kuba zu, das am 20. Mai 1902 eine unabhängige Republik wurde, und trat Puerto Rico und Guam, eine Insel im Pazifik, an die USA ab. Die Zukunft der Philippinen sollte eine formelle Friedenskonferenz klären, die am 1. Oktober 1898 in Paris zusammentrat und den Friedensvertrag von Paris aushandelte. Im Ergebnis dieses am 10. Dezember unterzeichneten Friedensabkommens wurde vereinbart, dass die USA die Philippinen für 20 Millionen Dollar kaufen könnten.

Nicole Schley/Sabine Busse, Die Kriege der USA, Kreuzlingen (Hugendubel) 2003, S. 62 f.

M 10 „Onkel Sams neue Klasse lernt die Kunst der Selbstregierung", Karikatur, USA, 1898

M 11 Kuba und die USA bis heute

11 a) Der Historiker Jürgen Heideking (1996):
Das von [US-]Kriegsminister Elihu Root verfasste *Platt Amendment*, das die Kubaner 1901 in ihre Verfassung aufnehmen mussten, legte fest, dass alle völkerrechtlichen Verträge, die Kuba abschloss, der Genehmigung durch den amerikanischen Kongress bedurften. Darüber hinaus wurden die USA ermächtigt, militärisch einzugreifen, wenn sie die territoriale Integrität oder die innere Ordnung der Insel für gefährdet erachteten; und schließlich durfte die US-Navy den Stützpunkt Guantanamo unterhalten (was sie heute noch tut)[1]. Obgleich die USA also offiziell die Unabhängigkeit Kubas anerkannten, errichteten sie faktisch ein Protektorat über die Insel, das durch die einflussreiche Rolle amerikanischer Landbesitzer, Geschäftsleute und Konzerne noch verstärkt wurde. Dieser halbkoloniale Status provozierte fast zwangsläufig Widerstand, den die USA mehrfach mit militärischen Interventionen beantworteten. Erst 1922 verließen die letzten amerikanischen Besatzungstruppen die Insel, und 1934 hob der Kongress das *Platt Amendment* im Zeichen von Franklin D. Roosevelts *Good Neighborhood Policy* [gemeint: *Good Neighbor Policy*] offiziell auf.

Jürgen Heideking, Geschichte der USA (1996), Bearb. Christof Mauch, Tübingen (UTB) 2003, S. 238 ff.

1 Den zweiten US-Stützpunkt auf Kuba seit 1903, Bahia Honda, gaben die USA 1912 zurück.

11 b) Das Institut für Internationale Konfliktforschung an der Universität Heidelberg über das Verhältnis zwischen Kuba und den USA (2004):
Die Ursprünge des Konflikts zwischen den USA und Kuba reichen zurück bis auf das Ende des 19. Jahrhunderts. Nach dem Sieg der USA gegen die spanische Herrschaft auf Kuba im Jahre 1898 wurde die Insel unter amerikanische Herrschaft gestellt. Erst im Jahr 1902 erhielt Kuba seine Unabhängigkeit, ist aber bis zum Sturz des Batista-Regimes[1] im Jahre 1959 sehr eng verbunden geblieben. Der Konflikt wurde vorhersehbar, als die Kommunistische Partei Kubas die Revolutionsbemühungen Castros unterstützte. Obwohl Kuba erst 1961 zur sozialistischen Republik erklärt wurde, war der Konflikt schon mit Castros Machtübernahme im Jahre 1959 evident. Eine dramatische Zuspitzung erfuhr der Konflikt, als die UdSSR im Jahre 1960 Kuba sowohl politisch als auch wirtschaftlich unterstützte. Als besondere Höhepunkte der Vergangenheit gelten die US-amerikanische Invasion in der Schweinebucht an der Südküste Kubas im April 1960 und die so genannte Kubakrise von 1962, als Basen für sowjetische Mittelstreckenraketen auf Kuba entdeckt wurden. Mit dem Zerfall der Sowjetunion verlor Kuba sein militärisches Bedrohungspotenzial für die USA. Gleichzeitig entfiel für Kuba der wichtigste Handelspartner. Das seit 1960 bestehende US-Embargo verschärfte zudem die Not der kubanischen Bevölkerung, und es kam Mitte der Neunzigerjahre zu großen Flüchtlingsbewegungen in die USA, die zu erneuten Spannungen führten.

Seither unterliegt das Verhältnis der USA zu dem kleinen Nachbarn immer wieder Schwankungen zwischen Verschärfung und Entspannung des Konfliktes. So besuchte der frühere amerikanische Präsident Jimmy Carter am 12. Mai 2002 auf Einladung Castros den Inselstaat, wo er wie ein Staatsgast mit allen Ehren empfangen worden ist. [...] Mit ausdrücklicher Genehmigung aus Havanna wurde dem Gast die Erlaubnis erteilt, Regimekritiker zu treffen, die mit mehr als 11 000 Unterschriften einen Antrag zu einer Volksabstimmung für die Stärkung der Menschen- und Bürgerrechte in Kuba erwirkt haben. Außerdem wurde Carter volle Bewegungsfreiheit und den Besuch des Zentrums für biomedizinische und genetische Forschung gestattet. Dieses Zentrum wird verdächtigt, biologische Waffen für Drittweltstaaten zu produzieren. Der Besuch, dem große symbolische Bedeutung beigemessen wird, bedurfte zuvor der formalen Zustimmung des US-Präsidenten George W. Bush. In der Rede vom 20. Mai bekräftigte Bush das Embargo gegen Kuba und forderte Beweise für Castros Willen zu demokratischen Reformen.

Claus Vierling, Kuba – USA, in: www.hiik.de/de/barometer2003/texte/Kuba.htm#USA (20. Sept. 2004).

1 Diktatur unter Fulgencio Batista 1933–1959.

M 12 Kubanisches Plakat, 1971

¡NO A LA BASE NAVAL DE GUANTANAMO!

M 13 Quellen zur *Open door policy*

13 a) Der amerikanische Finanzexperte Charles A. Conant zur „Open door policy" (1900):
Die Vereinigten Staaten können es sich nicht leisten, weiterhin eine Politik des Isolationismus zu betreiben, während sich andere Staaten der neuen überseeischen Märkte bemächtigen. Die Vereinigten Staaten sind immer noch ein wichtiger Anlagemarkt für Auslandskapital, doch die amerikanischen Investoren sind nicht bereit, die Erträge ihrer Kapitalanlagen auf das europäische Niveau absinken zu lassen. Während der vergangenen fünf Jahre sind die Zinssätze hier stark gesunken. Deshalb müssen neue Märkte und neue Investitionsmöglichkeiten gefunden werden, wenn überschüssiges Kapital Gewinn bringend angelegt werden soll.

Wenn hier auf die Notwendigkeit einer umfassenden nationalen Politik der Vereinigten Staaten hingewiesen wird, so braucht nicht genau definiert zu werden, wie diese Politik nun im Einzelnen betrieben werden soll. Ob die Vereinigten Staaten territoriale Besitzungen erwerben sollen, Militärposten und Garnisonen errichten, ob sie den Mittelweg von Protektoraten über nominell unabhängige Staaten einschlagen oder ob sie sich mit der Errichtung von Flottenstützpunkten und diplomatischen Vertretungen als Grundlage eines garantierten Freihandels in Ostasien zufrieden geben sollen, ist eine nachgeordnete Frage. […] Der Autor dieser Zeilen ist kein Befürworter des „Imperialismus" aus Überzeugung, doch er scheut den Terminus nicht, wenn er lediglich meint, die Vereinigten Staaten sollten ihr Recht auf freie Märkte in allen Ländern wahren, die sich den überschüssigen Hilfsquellen der kapitalistischen Länder und damit den Wohltaten der modernen Zivilisation öffnen. Ob diese Politik die direkte Herrschaft über eine Gruppe halbwilder Inseln mit sich bringt, mag eine Streitfrage sein, aber hinsichtlich der ökonomischen Seite des Problems gibt es nur eine Wahl – entweder wir beteiligen uns in irgendeiner Weise an dem Wettbewerb zur Schaffung neuer Betätigungsfelder für unser Kapital und unseren Unternehmungsgeist in diesen Ländern oder wir fahren fort mit der sinnlosen Verdoppe-

7 Untersuchen Sie die Ursachen des Spanisch-Amerikanischen Krieges von 1898:
a) Analysieren Sie die offizielle Darstellung der US-amerikanischen Außenpolitik (M6). Ziehen Sie M7 und M9 hinzu.
b) Überprüfen Sie sie anhand der Sekundärtexte M8a und b und nehmen Sie Stellung.
8 Erörtern Sie, ob und inwieweit man mithilfe einer Analyse des Kriegsverlaufs (M8b) die Ursachen bzw. den Charakter des Spanisch-Amerikanischen Krieges entschlüsseln kann.
9 a) Erläutern Sie in Karikatur M10 die Figuren des Lehrers und der „Schüler" (Hilfe: s. M8b).
b) Ordnen Sie die Karikatur anschließend historisch ein.
c) Schreiben Sie eine Deutung.
10 Untersuchen Sie (M11a, b und M12), wie die Außenpolitik der USA um 1900 das Verhältnis zwischen Kuba und den USA langfristig beeinflusst hat. Stellen Sie den aktuellen Stand der Beziehungen zwischen dem lateinamerikanischen Land und den USA dar. Recherchieren Sie ergänzend in Zeitungen und Handbüchern.

lung vorhandener Produktionsmittel, mit der Flut überflüssiger Produkte, mit den Erschütterungen als Folge wirtschaftlicher Stagnation und dem ständig sinkenden Zins für Investitionen als Folge einer passiven Politik. Der Eintritt der Vereinigten Staaten in den Wettbewerb um die Märkte der Welt bedeutet einige radikale Veränderungen ihrer derzeitigen Politik, aber er bedeutet auch eine Steigerung des Volkseinkommens und wachsenden Respekt von Seiten der anderen zivilisierten Staaten.

Charles A. Conant, The United States in the Orient, Boston u. a. 1900, S. 29 ff. Übers. d. Verf.

13 b) *Note des US-Außenministers John Hay vom 6. September 1899 über die 1899/1900 formulierte „Politik der offenen Tür" in China:*
[Die USA schlagen vor], dass jede [Nation] innerhalb ihrer jeweiligen wie immer gearteten Einflusssphäre

1. in keiner Weise sich in irgendeinem Vertragshafen oder in irgendwelche wohl erworbenen Rechte innerhalb einer so genannten „Interessensphäre" oder eines Pachtgebietes, das sie in China haben mag, einmischen wird.

2. Dass der gegenwärtige vertragliche chinesische Zolltarif auf alle Handelsware angewandt werden soll, die in allen Häfen entladen oder dorthin befördert wird, welche in den erwähnten „Interessensphären" liegen (wenn sie nicht „Freihäfen" sind), gleichgültig, welcher Nationalität sie gehört, und dass die demgemäß zu erhebenden Zölle durch die chinesische Regierung einzuziehen sind.

3. Dass sie von Schiffen fremder Nationalität, die einen Hafen in einer solchen „Sphäre" anlaufen, keine höheren Hafengebühren erheben wird als von den Schiffen eigener Nationalität und bei innerhalb ihrer „Sphäre" gebauten, kontrollierten oder betriebenen Linien keine höheren Eisenbahntarife für Handelsware, die Bürgern oder Untertanen anderer Nationalitäten gehört und durch diese „Sphäre" transportiert wird, als für ähnliche Waren erhoben werden, die eigenen Staatsangehörigen gehören und über gleiche Strecken befördert werden.

Zit. nach: Erich Angermann, Der Aufstieg der Vereinigten Staaten von Amerika. 1607–1914, Stuttgart (Klett) 1965, S. 52.

13 c) *Aus einem Schreiben von Theodore Roosevelt (Präs. 1901–1909) vom 12. Dezember 1910, in dem er über seine Erfahrungen in der Fernostpolitik berichtet:*
Unser vitales Interesse ist es, Japan von unserem Land fern zu halten und gleichzeitig seinen guten Willen zu erhalten. Das vitale Interesse Japans dagegen liegt in der Mandschurei und Korea. Es ist deshalb von besonderem Interesse für uns, in Sachen Mandschurei keine Schritte zu unternehmen, die Japan […] das Gefühl geben könnten, dass wir dem Land gegenüber feindselig eingestellt sind oder dass wir, wenn auch nur eine geringfügige, Gefahr für seine Interessen darstellen.

Ein Bündnis mit China bedeutet angesichts der absoluten militärischen Hilflosigkeit des Landes für uns keine zusätzliche Stärke, sondern eine zusätzliche Verpflichtung, die wir uns aufbürden; und da ich die Politik des Bluffs völlig ablehne, sowohl in der nationalen als auch in der internationalen Politik als auch im Privatleben, und es auch ablehne, die alte Grenzerregel ‚Zieh nie [den Colt], wenn du nicht schießen willst' zu verletzen, halte ich es für falsch, Positionen zu beziehen, die wir nicht verteidigen können.

Was die Mandschurei anbetrifft, so können wir Japan nicht stoppen, wenn es einen unseren Interessen entgegengesetzten Kurs einschlägt, falls wir nicht zum Kriege bereit sind; und ein erfolgreicher Krieg um die Mandschurei würde von uns eine Flotte so groß wie die englische und eine Armee so stark wie die deutsche verlangen. Die Politik der „offenen Tür" in China war eine gute Sache, und ich hoffe, sie wird es in Zukunft bleiben, solange sie durch allgemeines diplomatisches Übereinkommen gesichert werden kann; aber wie die Geschichte der Mandschurei sowohl unter Russland als auch unter Japan gezeigt hat, verschwindet die ganze Politik der „offenen Tür" de facto völlig, wenn eine mächtige Nation entschlossen ist, sie zu missachten, und lieber ein Kriegsrisiko eingeht als ihre Absichten aufzugeben.

Zit. nach: Detlef Junker, Power and Mission. Was Amerika antreibt, Freiburg/Breisgau (Herder) 2003, S. 36 f.

11 Arbeitsteilige Gruppenarbeit zur *Open door policy* (M13a bis c):
Analysieren Sie die Quellen M13a bis c unter formalen Aspekten („Fünf W-Fragen"):
– Wer ist der Autor bzw. die Autorin?
– Um welches Thema geht es?
– Wann und wo wurde der Text erstellt?
– Um welche Textart handelt es sich?
– Wer ist der Adressat?
Tragen Sie Ihre Ergebnisse im Kurs zusammen.

12 Erläutern Sie anschließend anhand von M13a bis c Motive und Grundzüge der „Politik der offenen Tür" der USA.

13 Nehmen Sie unter Rückgriff auf M13a bis c Stellung zu der These des Historikers Hans-Ulrich Wehler, die „Politik der offenen Tür" verdeutliche gleichzeitig Stärke und Schwäche der US-amerikanischen Außenpolitik.

M 14 Jürgen Heideking, Historiker, über die US-amerikanische Politik gegenüber Staaten der Karibik und Lateinamerikas bis zum Ersten Weltkrieg (1996)

Der Panamakanal in Verbindung mit der Monroe-Doktrin machte die Karibik im Verständnis vieler Amerikaner endgültig zum „Vorgarten" oder „Hinterhof" der USA. Ökonomische Durchdringung und politische Einflussnahme gingen hier Hand in Hand, und die Hemmschwelle für militärische Zwangsmaßnahmen begann zu sinken. Das bekamen als Erste die Kubaner zu spüren, deren Souveränität erheblich eingeschränkt wurde. […]
   Besonders empfindlich reagierten die USA auf Aktionen, die sie als Missachtung der Monroe-Doktrin verstanden. Das erfuhren Engländer, Deutsche und Italiener, als sie 1902 die Regierung von Venezuela, die den Staatsbankrott erklärt hatte, durch eine gemeinsame Flottenexpedition zur Anerkennung ihrer Schulden zwingen wollten. Vor Theodore Roosevelts Drohung, notfalls die Flotte einzusetzen, wichen sie zurück und fanden sich mit einem Schiedsgericht ab. Diese zweite Venezuelakrise sorgte wiederum für große Aufregung in der amerikanischen Öffentlichkeit und belastete vorübergehend die Beziehungen der USA zu den europäischen Mächten. Um ähnlichen Zwischenfällen vorzubeugen und den Europäern jeden Vorwand für Strafaktionen in der Karibik zu nehmen (die möglicherweise zur Besetzung von Inseln oder zur Errichtung von Flottenstützpunkten führen konnten), verkündete Roosevelt im Dezember 1904 seine sog. „Ergänzung" *(corollary)* zur Monroe-Doktrin. […]
   Völkerrechtlich war diese Position mehr als zweifelhaft, und lateinamerikanische Politiker und Juristen hielten Roosevelt die Doktrin der Nichteinmischung in die Angelegenheiten souveräner Staaten und die Forderung nach einem allgemeinen Interventionsverbot entgegen. Dennoch übten die USA bis zum Eintritt in den Weltkrieg wiederholt die von Roosevelt reklamierte „Polizistenrolle" aus, in einigen Ländern wie Kuba, Nicaragua und Mexiko sogar mehrfach. Roosevelts Nachfolger William Howard Taft verlegte sich stärker auf die sog. *Dollar Diplomacy*, die eine wechselseitige Unterstützung von US-Regierung und im Ausland tätigen amerikanischen Konzernen, etwa der 1899 gegründeten United Fruit Co., beinhaltete. Demgegenüber setzte Präsident Wilsons Außenminister William J. Bryan seine Hoffnungen auf die panamerikanische Bewegung, die sich seit Ende der 1880er-Jahre auf Kongressen um politische Einigkeit und wirtschaftliche Zusammenarbeit bemühte. Als Anhänger der Friedensbewegung unternahm Bryan auch einen ernsthaften Anlauf, die von den USA auf den Haager Konferenzen von 1899 und 1907[1] maßgeblich unterstützten Ideen der friedlichen Konfliktregelung und der Schiedsgerichtsbarkeit in die Praxis umzusetzen. Andererseits waren Bryan und Wilson nicht minder von der Überlegenheit des amerikanischen politischen Systems und vom zivilisatorischen Auftrag der USA überzeugt als Roosevelt und Taft. Bei dieser Einstellung fiel es ihnen nicht schwer, Rechtfertigungsgründe für die Einmischung in die Mexikanische Revolution und für die Fortsetzung der Interventionspolitik in der Karibik zu finden. Wilson sprach von der Notwendigkeit, die Nachbarnationen zur Selbstregierung „anzuleiten" und ihnen den Respekt vor dem Gesetz beizubringen. 1917 veranlasste er den Kongress zum Kauf der Virgin Islands von Däne-

mark, um einer befürchteten (aber tatsächlich gar nicht geplanten) Übernahme dieser Inselgruppe durch das Deutsche Reich zuvorzukommen.

Es ist kaum möglich, die verschiedenen Motive der Lateinamerikapolitik in dieser Periode sauber auseinander zu halten. Im Grunde ging es den Verantwortlichen in Washington immer um eine umfassende Wahrung der nationalen Interessen, wobei militärische Sicherheitsüberlegungen, wirtschaftliche Profitgesichtspunkte und spezifische Vorstellungen von politischer Entwicklung und sozialem Fortschritt ineinander griffen.

Jürgen Heideking, Geschichte der USA (1996), Bearb. Christof Mauch, Tübingen (UTB) 2003, S. 238–241.

1 Internationale Friedenskonferenzen; die Erörterung von Abrüstungsfragen blieb ohne Ergebnis. Es wurde lediglich die Haager Landkriegsordnung (1907) mit völkerrechtlich verbindlichen Bestimmungen über die Regeln der Landkriegsführung vereinbart.

14 Fassen Sie die Hauptstoßrichtungen der US-amerikanischen Expansion zusammen (M15).

15 🏃 „Aktualisierung" einer Geschichtskarte: Finden Sie mithilfe von historischen Atlanten, Handbüchern, Lexika, Internet heraus, welchen politischen Status die in Karte M15 markierten Expansionsgebiete der Vereinigten Staaten heute haben (z. B. souverän; Bundesstaat der USA; souverän, aber in Abhängigkeit von den USA oder einem anderen Land; Zugehörigkeit zu einem anderen Staat usw.). Erstellen Sie eine neue Kartenskizze, in der Sie die Informationen ergänzen.

16 Arbeiten Sie aus M14 heraus, wie der Historiker Heideking das Vorgehen der USA nach dem Spanisch-Amerikanischen Krieg von 1898 deutet. Welches Argument spielt in seiner Begründung eine zentrale Rolle?

17 Der Politikwissenschaftler und ehemalige US-Außenminister Henry Kissinger hat 1994 die These vertreten: „Geschützt durch die Monroe-Doktrin, konnten die USA politische Ziele verfolgen, die von den kühnsten Träumen eines europäischen Monarchen nicht weit entfernt waren: Steigerung von Handel und Einfluss, Aneignung neuer Territorien, mit einem Wort: Man wollte sich in eine Großmacht verwandeln, ohne sich den Erfordernissen der europäischen Machtpolitik unterwerfen zu müssen." Diskutieren Sie diese Position im Kurs.

18 🏃 Hausaufgabe: Erörtern Sie, wie man die Außenpolitik der USA bis zum Ersten Weltkrieg charakterisieren könnte: a) „pragmatisch", d. h. auf die jeweiligen Zeitumstände unterschiedlich reagierend; oder b) „unilinear", d. h. konstant einem oder wenigen wiederkehrenden Motiven bzw. Zielen folgend.

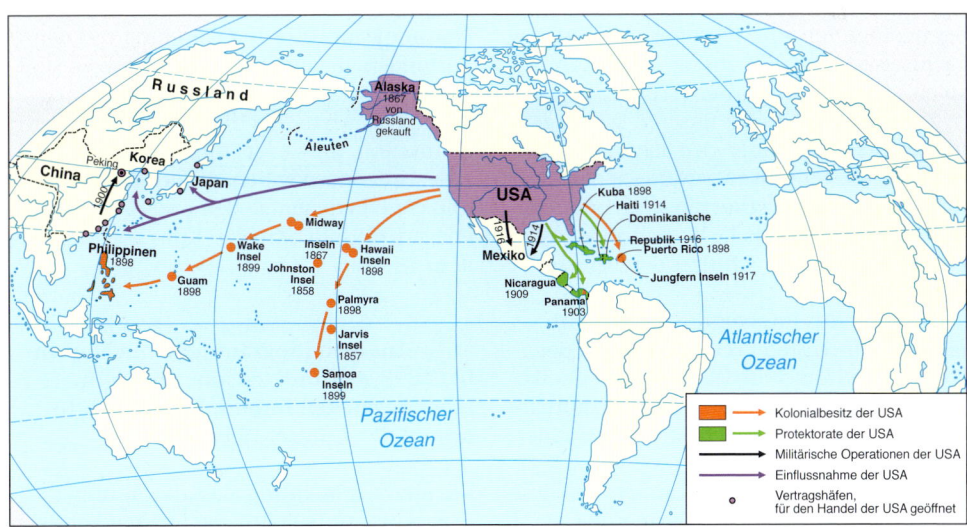

M15 Expansion der USA bis 1917

Abiturklausur – Thema: Die USA im 19. Jahrhundert

Aufgaben

19 Arbeiten Sie aus M16 und M17 heraus, welche Haltungen die Verfasser zu einer Intervention der Vereinigten Staaten von Amerika einnehmen und wie sie ihre Positionen begründen.

20 Erläutern Sie beide Positionen und ordnen Sie sie in die Außenpolitik der USA im 19. Jahrhundert ein.

21 Nehmen Sie zusammenfassend zu den Texten Stellung. Gehen Sie dabei auch auf Merkmale und historische Wurzeln des amerikanischen Selbstverständnisses ein.

M 16 **Aus der Kriegsbotschaft des Präsidenten der USA, William McKinley (Republikaner), an den amerikanischen Konress (1898)**

Die Gründe für unsere Intervention mögen wie folgt kurz zusammengefasst werden:
Erstens. Um der Menschlichkeit willen und um den Grausamkeiten, dem Blutvergießen, dem Hunger und dem schrecklichen Elend ein Ende zu bereiten, die dort vorherrschen und die die streitenden Parteien nicht mildern und beenden können oder wollen. Es ist keine Lösung zu sagen, dies alles geschehe in einem fremden Land und betreffe ein fremdes Volk und sei daher nicht unsere Sache. Es ist durchaus unsere Sache, denn es spielt sich direkt vor unserer Tür ab.
Zweitens. Wir sind es unseren Mitbürgern in Kuba schuldig, ihnen den Schutz für ihr Leben und Eigentum zu gewähren, den keine Regierung dort verbürgen kann oder will, und zu diesem Zweck die Verhältnisse zu beenden, die sie des Schutzes der Gesetze berauben.
Drittens. Das Interventionsrecht kann mit der sehr ernsten Beeinträchtigung des Handels und Geschäftslebens unseres Volkes gerechtfertigt werden sowie mit der mutwilligen Zerstörung des Eigentums und mit der Verwüstung der Insel.
Viertens, und dies ist von äußerster Wichtigkeit. Die gegenwärtige Lage in Kuba ist eine ständige Bedrohung unseres Friedens und zwingt die Regierung zu gewaltigen Ausgaben. Dieser jahrelange Konflikt spielt sich auf einer Insel ab, die in unserer Nähe liegt und mit der unser Volk enge Handels- und Geschäftsbeziehungen unterhält; Leben und Freiheit unserer Mitbürger sind in ständiger Gefahr, ihr Eigentum wird zerstört, und sie selbst werden ruiniert; unsere Handelsschiffe sind der Kaperung ausgesetzt, und sie werden direkt vor unserer Tür von fremden Kriegsschiffen gekapert; Freibeuterzüge werden unternommen, die zu verhindern wir keine Macht haben und aus denen unlösbare Probleme und Verwicklungen entstehen: Alles dieses und anderes, das ich nicht zu erwähnen brauche, ist, zusammen mit den daraus erwachsenden gespannten Beziehungen, eine ständige Bedrohung unseres Friedens und zwingt uns zu einem kriegsähnlichen Verhalten gegenüber einer Nation, mit der wir im Frieden leben. […]
Die ausführliche Untersuchung der Situation hat ergeben, dass das Ziel, für das Spanien den Krieg begonnen hat, nicht zu erreichen ist. Das Feuer des Aufstandes mag mit den wechselnden Jahreszeiten aufflackern oder glimmen, aber es ist bislang noch nicht ausgelöscht und es kann offensichtlich mit den gegenwärtig verwendeten Methoden auch nicht ausgelöscht werden. Die einzige Hoffnung auf Hilfe und Befreiung von den Zuständen, die nicht länger zu ertragen sind, ist die gewaltsame Befriedung Kubas. Im Namen der Menschlichkeit, im Namen der Zivilisation, um der gefährdeten amerikanischen Interessen willen, die uns das Recht und die Pflicht zum Reden und Handeln auferlegen, muss der Krieg in Kuba beendet werden.

M 17 **Aus dem Programm der im November 1898 gegründeten amerikanischen „Liga gegen den Imperialismus"** *(Anti-Imperialist League;* **1899)**

Wir sind der Meinung, dass die als Imperialismus bekannte Politik der Freiheit feindlich ist und zum Militarismus führt, einem Übel, von dem frei zu sein bislang unser Ruhm war. Wir bedauern, dass es im Lande Washingtons und Lincolns notwendig geworden ist, in Erinnerung zu rufen, dass alle Menschen jeder Rasse oder Hautfarbe Anspruch auf Leben, Freiheit und Streben nach Glück haben. Wir halten daran fest, dass Regierungen ihre rechtmäßige Gewalt von der Zustimmung der Regierten ableiten. Wir betonen nachdrücklich, dass die Unterwerfung eines Volkes ein verbrecherischer Angriff und offener Verstoß gegen die erklärten Grundsätze unseres Staates ist.

Wir verurteilen mit allem Ernst die Politik der gegenwärtigen Bundesregierung auf den Philippinen. [...]

Wir fordern die sofortige Einstellung des Krieges gegen die Freiheit, der von den Spaniern begonnen und von uns fortgesetzt wurde. Wir verlangen einen sofortigen Beschluss des Kongresses, der den Filippinos unsere Absicht bekannt gibt, ihnen die Unabhängigkeit zu gewähren, für die sie so lange gekämpft haben und die ihnen rechtmäßig zusteht. Die Vereinigten Staaten haben immer gegen die Völkerrechtslehre protestiert, die die Unterwerfung der Schwachen durch die Starken erlaubt. Ein sich selbst regierender Staat kann keine Souveränität über ein widerstrebendes Volk ausüben. Die Vereinigten Staaten können nicht der alten Irrlehre folgen, dass Macht Recht schafft. [...]

Wir leugnen, dass die Verpflichtung aller Bürger, in Zeiten schwerer nationaler Gefahr ihre Regierung zu unterstützen, für die gegenwärtige Situation gilt. Wenn eine Regierung ungestraft die Grundsätze missachten darf, in deren Namen sie gewählt wurde, wenn sie vorsätzlich überall auf der Erde Krieg auslösen und den öffentlichen Dienst dazu bringen kann, dieses Abenteuer zu unterstützen, wenn sie eine Zensur einrichtet, die die Wahrheit unterdrückt, und von allen Bürgern den Verzicht auf das eigene Urteil und einmütige Gefolgschaft verlangt, solange sie die Fortführung des Kampfes für richtig hält, dann ist die demokratische Regierungsform selbst gefährdet.

M16 und M17 zit. nach: Diethelm Düsterloh/Joachim Rohlfes, Die Vereinigten Staaten von Amerika, Stuttgart (Klett) 1982, S. 55 f. Übers. Joachim Rohlfes.

Arbeitshilfen zu den Aufgaben

Zu 19 Bei der ersten Aufgabe geht es um die *formale und inhaltliche Analyse* der Materialien:
– Wer ist der Autor bzw. die Autorin? Um welches Thema geht es? Wann und wo wurde der Text erstellt? Textart? Adressat? (s. Methodensonderseite 50 und Wiederholungsseite 206).
– Kernaussagen oder Hauptanliegen sind mit eigenen Worten zu bestimmen; wichtige Textpassagen bzw. Begriffe sind zu zitieren.
Zur Vorbereitung:
a) Darstellungstext „Die USA – eine imperiale Macht?" (S. 101–103);
b) M6–M12 zum Spanisch-Amerikanischen Krieg (S. 108–112) und die Unabhängigkeitserklärung von 1776 (M8, M9, S. 53–55);
c) Grundwissen „Begriffe" und Grundwissen „Personen": McKinley, Imperialismus (S. 217 f. und 212 f.).

Zu 20 Die Aussagen der Materialien sind selbstständig zu erläutern und durch *zusätzliche historische Informationen* (Ereignisse, Personen, Prozesse, Begriffe) verständlich zu machen.
– Die Erläuterung der Positionen könnte mit den Motiven und Zielen beginnen: Die Regierung (M16) betont, dass für ein höheres Gut, wie den Frieden, auch Gewalt als Mittel legitim sei. Die Liga (M17) begründet ihre Haltung vor allem mit dem Selbstverständnis der USA (Menschenrechte, Freiheit, Zivilisation).
– Stichpunke zur Einbettung in die US-Außenpolitik. Washington (1796): Isolationismus; Monroe-Doktrin (1823): Abgrenzung amerikanischer und europäischer Interessengebiete in Südamerika; imperialistische Wende nach dem Ende der *Frontier* und im Kontext der Hochindustrialisierung um 1890 (Parallele zum Imperialismus der europäischen Großmächte); weitere US-Interventionsgebiete nennen; *Open door policy* in China (1900); Panamakanal; Neuauslegung der Monroe-Doktrin durch Roosevelt (1904): Polizeimacht in Lateinamerika.

Zu 21 Die Aufgabe verlangt eine *differenzierte Bewertung* der Positionen (evtl. Erörterung des Begriffs *Informal Empire*). Stichwort zu Merkmalen, historischen Wurzeln und Ambivalenzen des Selbstverständnisses der USA: Demokratie und Freiheit, Menschenrechte; *Checks and Balances, Manifest Destiny, Spirit of the Frontier*.

M 18 Die USA im Ersten Weltkrieg – Plakat zur Freiwilligenwerbung, 1917

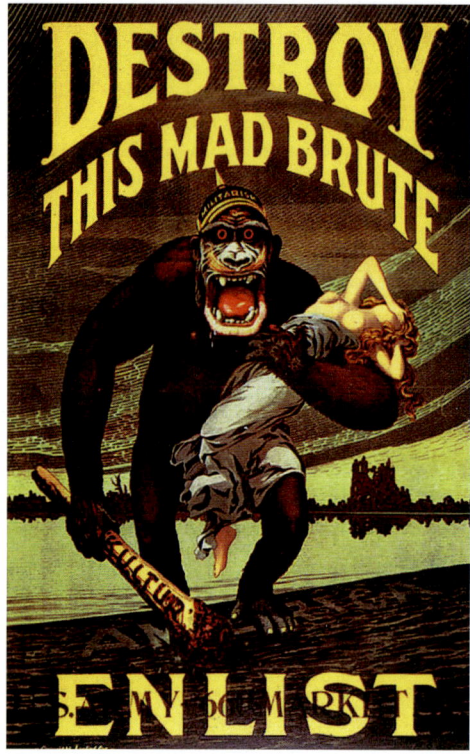

M 19 Aus der Kriegsbotschaft von Präsident Woodrow Wilson (Präs. 1913–1921) vom 2. April 1917

Ein beständiges Zusammenspiel für den Frieden kann nicht anders erhalten werden als durch eine Partnerschaft demokratischer Nationen. Keiner autokratischen Regierung könnte man vertrauen, dass sie ihm die Treue hält und seine Abkommen beachtet. Es muss ein Bund der Ehre, eine Partnerschaft der Meinung sein. Die Intrige würde seine Lebenskraft verzehren; die Anschläge engerer Kreise, die planen könnten, was sie wollten, und niemandem Rechenschaft ablegten, wären eine Verderbnis, die ihm am innersten Herzen säße. Allein freie Völker können ihre Zwecke und ihre Ehre stetig auf ein gemeinsames Ziel richten und die Interessen der Menschheit jedem engeren Eigeninteresse vorordnen. […]

Die Welt muss sicher gemacht werden für die Demokratie. Ihr Friede muss auf den erprobten Grundlagen politischer Freiheit errichtet werden. Wir haben keine selbstischen Ziele, denen wir dienen. Wir verlangen nach keiner Eroberung, keiner Herrschaft. Wir suchen keinen Schadenersatz für uns selbst, keine materielle Entschädigung für die Opfer, die wir bereitwillig bringen werden. Wir sind lediglich einer der Vorkämpfer für die Rechte der Menschen. Wir werden befriedigt sein, wenn diese Rechte so gesichert sein werden, wie die Redlichkeit und die Freiheit der Nationen sie eben sichern können. […]

Es ist eine fürchterliche Sache, dieses große friedfertige Volk in den Krieg zu führen, in den schrecklichsten und verheerendsten aller Kriege, in dem die Zivilisation selbst auf dem Spiele zu stehen scheint. Aber das Recht ist wertvoller als der Friede und wir werden für die Dinge kämpfen, die wir stets unserem Herzen zunächst getragen haben – für die Demokratie, für das Recht jener, die der Autokratie unterworfen sind, für ein Mitspracherecht bei ihrer Regierung, für die Rechte und Freiheiten kleiner Nationen, für eine allgemeine Herrschaft des Rechts durch ein Konzept der freien Völker, das allen Nationen Frieden und Sicherheit bringen und die Welt selbst endlich frei machen wird.

Zit. nach: Erich Angermann, Der Aufstieg der Vereinigten Staaten von Amerika. 1914–1957, Stuttgart (Klett) o. J., S. 6 ff.

M 20 Aus der Botschaft von US-Präsident Woodrow Wilson an den Kongress vom 8. Januar 1918, den „14 Punkten"

1. Offene, öffentlich abgeschlossene Friedensverträge. Danach sollen keinerlei geheime internationale Abmachungen mehr bestehen, sondern die Diplomatie soll immer aufrichtig und vor aller Welt getrieben werden.
2. Uneingeschränkte Freiheit der Schifffahrt auf den Meeren […].
3. Möglichste Beseitigung aller wirtschaftlichen Schranken […].
4. Entsprechende gegenseitige Bürgschaften für die Beschränkung der Rüstungen der

Nationen auf das niedrigste, mit der Sicherheit im Innern vereinbare Maß.

5. Freier, unbefangener und völlig unparteiischer Ausgleich aller kolonialen Ansprüche […].

6. Räumung des ganzen russischen Gebietes und ein Einvernehmen über alle auf Russland bezüglichen Fragen, das das beste und freieste Zusammenwirken der anderen Völker sichert […].

7. Belgien muss, die ganze Welt wird dem beipflichten, geräumt und wiederhergestellt werden, ohne jeden Versuch, seine Souveränität, derer es sich wie alle anderen freien Völker erfreut, zu beschränken. […]

8. Das ganze französische Gebiet muss geräumt und die besetzten Teile wiederhergestellt werden. Das Unrecht, das Frankreich im Jahre 1871 in Beziehung auf Elsass-Lothringen durch Preußen angetan worden ist und das den Weltfrieden während nahezu fünfzig Jahren beunruhigt hat, muss wieder gutgemacht werden, damit der Friede im Interesse aller wiederhergestellt werden kann.

9. Berichtigung der Grenzen Italiens nach den genau erkennbaren Abgrenzungen der Nationen.

10. Den Völkern Österreich-Ungarns, deren Platz unter den Nationen wir geschützt und gesichert zu sehen wünschen, sollte die freieste Gelegenheit zu autonomer Entwicklung zugestanden werden.

11. Rumänien, Serbien und Montenegro sollten geräumt, die besetzten Gebiete zurückgegeben werden. Serbien sollte ein freier und sicherer Zugang zur See gewährt werden. […]

12. Den türkischen Teilen des jetzigen Osmanischen Reiches sollte eine unbedingte Selbstständigkeit gewährleistet werden. Den übrigen Nationalitäten dagegen, die zur Zeit unter türkischer Herrschaft stehen, sollte eine zuverlässige Sicherheit des Lebens und eine völlig ungestörte Gelegenheit zur selbstständigen Entwicklung gegeben werden. Die Dardanellen sollten unter internationalen Bürgschaften als freie Durchfahrt für die Schiffe und den Handel aller Nationen dauernd geöffnet werden.

13. Ein unabhängiger polnischer Staat sollte errichtet werden, der alle Gebiete einzubegreifen hätte, die von unbestritten polnischer Bevölkerung bewohnt sind; diesem Staat sollte ein freier und sicherer Zugang zur See geöffnet werden, und seine politische wie wirtschaftliche Unabhängigkeit sollte durch internationale Übereinkommen verbürgt werden.

14. Ein allgemeiner Verband der Nationen muss gegründet werden mit besonderen Verträgen zum Zweck gegenseitiger Bürgschaften für die politische Unabhängigkeit und die territoriale Unverletzbarkeit der kleinen wie der großen Staaten.

Zit. nach: www.dhm.de/lemo/html/dokumente/14punkte/ (22. Dezember 2004).

22 Benennen Sie die Gründe (M19), warum die USA ihre Neutralität im Ersten Weltkrieg aufgaben.

23 Erläutern Sie die Ziele Wilsons im Ersten Weltkrieg (M19, M20). Unterscheiden Sie zwischen allgemeinen Prinzipien seiner Politik und Regelungen für einzelne Länder.

24 Erörtern Sie anhand von Plakat M18 Inhalte und Funktionen der US-Kriegspropaganda.

25 🚶 Suchen Sie weitere Kriegsplakate aus den USA und Europa und vergleichen Sie sie (Recherche: Geschichtsschulbücher, Internet).

26 🚶 Der Historiker Hans-Ulrich Wehler definiert Imperialismus als „die direkt formale oder indirekt-informelle Herrschaft, die von einem entwickelten Land aufgrund seiner sozialökonomisch-technologisch-militärischen Überlegenheit über unterentwickelte Regionen ausgeübt wird".

Der Historiker Niall Ferguson hat im Anschluss an D. Lieven „imperiale Macht" bzw. „Imperium" so definiert: Ein Imperium ist „eine ‚sehr große Macht, die den internationalen Beziehungen einer ganzen Ära ihren Stempel aufgedrückt hat', ein ‚Staatswesen, das über große Territorien und viele Völker herrscht, weshalb die Verwaltung von Raum und multiethnischer Bevölkerung eines der ständigen großen Dilemmas von Imperien bildet'". Es ist „kein Staatswesen, das mit der ausdrücklichen Zustimmung seiner Völker herrscht".

a) Debattieren Sie mithilfe dieser Definitionen, ob und inwieweit die USA im beginnenden 20. Jahrhundert eine imperiale Macht waren.

b) Diskutieren Sie die Frage für die USA am Beginn des 21. Jahrhunderts (vgl. Kapitel 11).

Konzepte der Außenpolitik – Vorstellungen in den USA und in Europa am Ende des Ersten Weltkriegs

M 21 Henry A. Kissinger, Politologe und 1973–1977 US-Außenminister, über amerikanische und europäische Konzeptionen der äußeren Politik (1996)

Roosevelt[1] war ein versierter Analytiker des Gleichgewichts der Kräfte. Er bestand darauf, dass sein Land Verantwortung im Weltgeschehen übernehmen müsse, weil […] ein
5 internationales Gleichgewicht ohne Mitwirken der USA nicht mehr vorstellbar sei. […]
   In einer von Macht bestimmten Welt, so glaubte Roosevelt, musste sich die natürliche Ordnung der Dinge in einem Konzept von
10 „Einflusssphären" widerspiegeln, das bestimmten Staaten eine übergeordnete Funktion in bestimmten großen Regionen zusprach – wie in der westlichen Hemisphäre den Vereinigten Staaten und auf dem indi-
15 schen Subkontinent den Briten. […]
   Durch den Eintritt der USA in den [Ersten] Weltkrieg wurde erstmals ein totaler Sieg technisch möglich – allerdings für Ziele, die in kaum einem Bezug zu der Weltordnung
20 standen, die Europa über drei Jahrhunderte gekannt hatte und für deren Erhalt es diesen Krieg womöglich nur begonnen hatte. Dem Gleichgewicht der Kräfte standen die Amerikaner geringschätzig gegenüber. Washington
25 betrachtete stattdessen Demokratie, kollektive Sicherheit und Selbstbestimmung als Kriterien für die Bestandssicherung einer internationalen Ordnung. Davon war bislang keine der europäischen Übereinkünfte
30 zusammengehalten worden.
   In den Augen der Amerikaner stellte die Differenz zwischen ihrem und dem europäischen Denken nur eine Bestätigung ihrer Ansichten dar. Wilson[2] proklamierte eine
35 radikale Abkehr von den Regeln und den Erfahrungen der Alten Welt. Seine Vorstellung von einer Weltordnung erwuchs aus dem Vertrauen auf die im Grunde friedfertige Natur des Menschen und eine der Welt
40 zugrunde liegende Harmonie. Daraus ergab sich, dass demokratische Nationen *per definitionem* friedfertig waren: Völker, deren Selbstbestimmungsrecht gesichert war, konnten keinen Anlass haben, Kriege zu beginnen oder andere Völker zu unter-
45 drücken. Hätten alle Völker der Erde erst einmal die Segnungen des Friedens und der Demokratie kennen gelernt, würden sie sich sicherlich vereint erheben, um diese Ziele zu verteidigen.
50
   Europäische Politiker dachten nicht in solchen Kategorien. Weder ihre innerstaatlichen Institutionen noch ihre internationalen Ordnungen stützten sich auf politische Theorien, die das Gute im Menschen voraus-
55 setzten. Sie waren, im Gegenteil, errichtet worden, um die erwiesene Selbstsucht des Menschen in den Dienst einer höheren Gottheit zu stellen. Die europäische Diplomatie basierte nicht auf der Annahme von der
60 friedliebenden Natur von Menschen und Staaten, sondern auf deren Neigung zu Krieg und Gewalt, die man entweder bekämpfen oder doch einschränken musste. Bündnisse entstanden, um spezielle, genau definierbare
65 Zielsetzungen zu verfolgen, nicht zur Verteidigung eines abstrakten Friedens.
   Wilsons Grundsätze von Selbstbestimmung und kollektiver Sicherheit führten die Diplomaten des alten Kontinents auf völlig
70 unbekanntes Terrain. Alle europäischen Abkommen waren davon ausgegangen, man könne Grenzen berichtigen, um ein Kräftegleichgewicht zu schaffen, und in jedem Fall genossen die Erfordernisse dieser Balance
75 Vorrang gegenüber den Wünschen der betroffenen Bevölkerung. […]
   Wilson wies diesen Ansatz als Ganzes zurück – eine Einstellung, die auch die Vereinigten Staaten seitdem verfolgt haben. Aus
80 amerikanischer Sicht verursachte nicht Selbstbestimmung Kriege, sondern der Mangel daran. Nicht das fehlende Gleichgewicht der Kräfte führte zu Instabilität, sondern gerade das Trachten danach. Wilson schlug
85 eine Friedensordnung nach den Prinzipien kollektiver Sicherheit vor, da ein allgemein gültiges und juristisch fixiertes Konzept von dem, was man unter Frieden versteht, für die

Sicherheit der Welt viel entscheidender sei als die bloße Verteidigung nationaler Interessen und nationaler Sicherheit. Die Frage, wann ein Frieden tatsächlich verletzt worden ist und wann nicht, konnte demnach nur eine internationale Organisation klären. Wilson favorisierte als solches Gremium den Völkerbund. [...]

Niemals zuvor waren so revolutionäre Ziele mit so wenigen praktischen Richtlinien zur Debatte gestellt worden. Wie nämlich die Vision einer Welt, die statt auf Macht auf Prinzipien, statt auf Interessen auf Gesetzen beruhen sollte, durchzusetzen und zu schützen sei, ließ Wilson weit gehend offen. Darüber hinaus sollte die neue Weltordnung für Sieger und Besiegte gleichermaßen gelten. Wilson propagierte also nicht weniger als einen „Frieden ohne Sieg", mit anderen Worten: eine totale Umkehr der historischen Erfahrung und der Handlungsmuster der europäischen Großmächte. Dies symbolisierte auch die Art, in der er die Rolle der Vereinigten Staaten in diesem Krieg beschrieb. Obwohl die USA auf „einer Seite" eines der furchtbarsten Kriege in der Geschichte mitkämpften, mochte Wilson den Begriff „Verbündeter" nicht. [...]

Letzten Endes scheiterte die kollektive Sicherheit an ihrer wichtigsten Prämisse: der Annahme, dass alle Nationen ein gleich starkes Interesse daran hatten, Aggressionen abzuwehren, dass alle bereit seien, dafür dasselbe Risiko einzugehen.

Henry A. Kissinger, Die Vernunft der Nationen. Über das Wesen der Außenpolitik, Übers. Matthias Vogel u. a., Berlin (btb) 1996, S. 26, 37, 237f., 242, 269.

1 Hier: Theodore Roosevelt, Präsident 1901–1909.
2 Hier: Woodrow Wilson, Präsident 1913–1921.

27 a) Erläutern Sie auf der Grundlage von M21 Grundsätze europäischer Außenpolitik im 19. und beginnenden 20. Jahrhundert.
b) Vergleichen Sie die außenpolitischen Grundsätze Theodore Roosevelts und Woodrow Wilsons (M21) mit den europäischen. Zeigen Sie Unterschiede und Gemeinsamkeiten auf.
28 Untersuchen Sie, mit welcher außenpolitischen Konzeption der Autor Henry Kissinger sympathisiert (M21). Begründen Sie Ihre Auffassung.
29 „Die US-amerikanische Außenpolitik war von Anfang an durch ein demokratisches Sendungsbewusstsein geprägt." Überprüfen Sie diese These anhand von M21.
30 Übersetzen Sie den Tafeltext in M22 und arbeiten Sie heraus, wie der Karikaturist die von Wilson initiierte Völkerbundpolitik bewertet.

M22 „*This League of Nations Bridge was designed by the President of the USA*", britische Karikatur zum Völkerbund, 1920er-Jahre

Weiterführende Arbeitsanregungen zur Außenpolitik der USA

Personen in der Geschichte:
Woodrow Wilson und Theodore Roosevelt – Präsidenten mit weltpolitischen Zielen

Von der Unabhängigkeit der USA bis zum Beginn des 20. Jahrhunderts überwogen in der US-amerikanischen Außenpolitik isolationistische Tendenzen. Danach waren jedoch zwei US-Präsidenten fest davon überzeugt, dass ihre Nation eine entscheidende Rolle im Weltgeschehen spielen müsse. Theodore Roosevelt (Präs. 1901–1909) betrieb eine imperialistische Außenpolitik. Woodrow Wilson (Präs. 1913–1921) schickte während des Ersten Weltkrieges US-Soldaten nach Europa.

Zum Verständnis dieser Politik ist es hilfreich, neben offiziellen Dokumenten auch die persönlichen und politischen Biografien zu studieren. Sie können erklären helfen, warum beide der Zeit, in der sie lebten und politische Verantwortung trugen, ihren Stempel aufdrückten.

Zum Einstieg
Jürgen Heideking (Hg.), Die amerikanischen Präsidenten. 42 historische Portraits von George Washington bis George W. Bush, München (C. H. Beck) 2002.

1 🚶 Reportage
Erstellen Sie zum Leben von Theodore Roosevelt eine Radio- oder Filmreportage: a) Klären Sie die technischen Voraussetzungen. b) Verschaffen Sie sich einen Überblick über die Biografie Roosevelts. c) Erarbeiten Sie gemeinsam einen Themenkatalog und einen groben Ablaufplan.
Umfangreiche englischsprachige Seite der „Theodore Roosevelt Association", u. a. mit einer Bildbiografie und zahlreichen thematisch gegliederten Ton- und Filmdokumenten: www.theodoreroosevelt.org
Materialien zu Roosevelt im Kursheft: M1, S. 102; M3 S. 105; M13c, S. 113; M23, hier unten.

2 🚶 Dokumentation
Erstellen Sie eine Text-Bild-Dokumentation über Woodrow Wilson als Print- oder Onlineprodukt.
Materialien zu Wilson im Kursheft: M19, S. 118; M20, S. 118f.; M24, hier unten.

M23 Theodore Roosevelt, Fotografie, ca. 1900

M24 Woodrow Wilson, offizielles Gemälde von William Orpen, ca. 1919

7 „Aus vielen wird eins" – Die Gesellschaft der USA

„Schmelztiegel" oder „Salatschüssel"?

„Aus vielen wird eins" – so etwa könnte man den lateinischen Satz *„e pluribus unum"* ins Deutsche übertragen. Er findet sich nicht nur auf Münzen der USA, sondern auch auf US-amerikanischen Staatsdokumenten. Diese ziert ein Weißkopfadler, der in seinem Schnabel ein Band mit der genannten lateinischen Aufschrift trägt.

Seit ihrer Gründung sind die Vereinigten Staaten von Amerika durch nationale und ethnische Vielfalt geprägt. Das konnte auch nicht anders sein in einem **Einwanderungsland.** Die Formel *„e pluribus unum"* markiert dabei zum einen den Anspruch an die verschiedenen ethnischen und nationalen Gruppen der Zuwanderer, die sich in die Gesellschaft ihres neuen Heimatlandes integrieren sollen. Zugleich offenbart sich in der Formulierung, dass aus vielen eins werde, das programmatische Selbstverständnis der US-Gesellschaft. Sie versteht sich als *„Melting Pot",* als großer „Schmelztiegel", in dem Einwanderer aus aller Welt zu einer Legierung verschmelzen, nämlich zu „den Amerikanern".

In den letzten Jahrzehnten haben jedoch zahlreiche Publizisten und Wissenschaftler die These vom amerikanischen *„Melting Pot"* in Frage gestellt. Nicht Einheit, sondern Vielfalt, die sich in zum Teil heftigen Konflikten zwischen Angehörigen verschiedener ethnischer Gruppen oder auch Regionen äußere, präge die US-Gesellschaft. Einige Forscher ziehen daher dem Begriff des „Schmelztiegels" das Bild von der „Salatschüssel" vor, in der alle Zutaten sichtbar bleiben. Andere sprechen von einer „segmentierten Gesellschaft", die durch die Zergliederung bzw. Aufteilung in vergleichsweise selbstständige kleinere Teilbereiche wie z. B. Wohngebiete charakterisiert werde.

Die Einwanderung in die USA seit dem 19. Jahrhundert

Menschen verlassen selten aus freien Stücken ihr Heimatland. Das gilt auch für diejenigen, die in dem Einwanderungsland USA eine neue Heimat suchten. Ähnlich wie bei den ersten Siedlern im 17. und 18. Jahrhundert (siehe Kapitel 2, S. 14) spielten im 19. Jahrhundert unterschiedliche Motive eine Rolle: Die einen flüchteten vor unerträglichen Lebensbedingungen (Hungerkrisen, Armut, Krieg), andere wollten politischer oder religiöser Verfolgung entgehen.

Durch die Masseneinwanderung in die Vereinigten Staaten entwickelte sich das Land zu einer ethnisch und kulturell pluralistischen Gesellschaft, wenngleich mit bis heute fortbestehenden Integrationsproblemen. Zusammengehalten wurden die verschiedenen sozialen Gruppen durch die Ideale der Freiheit und der Gleichheit, die in der Unabhängigkeitserklärung und der Verfassung verankert sind. „Ein Amerikaner zu sein", hat der deutsch-amerikanische Politikwissenschaftler Carl Joachim Friedrich einmal bemerkt, „ist ein Ideal, ein Franzose zu sein dagegen eine Tatsache."

Ideal und Wirklichkeit der US-Gesellschaft

Sicherlich lassen sich die Vereinigten Staaten von Amerika als politisch-moralische Idee verstehen: Dieses Land stellt nach wie vor bestimmte ideologische Ansprüche an diejenigen, die seine Bürger sind und werden wollen. Das Ideal von der Einheit der Nation spielt im amerikanischen Denken eine kaum zu überschätzende Rolle. Die Forderung *„e pluribus unum"* bzw. die Idee vom *„Schmelztiegel"* ist nach wie vor zentral für das Selbstverständnis der Vereinigten Staaten von Amerika. Aber allein vom ideellen Selbstverständnis her kann eine Gesellschaft nicht angemessen beurteilt werden. Auch die konkrete Wirklichkeit muss in den Blick genommen werden. Dabei sollte jeder, der diese Realität bewertet, sich seine eigenen Wertmaßstäbe bewusst machen und darüber Auskunft geben.

Vielen Europäern erscheinen die USA als ein Land großer gesellschaftlicher Widersprüche. Nicht nur Sozialisten bemängeln die **soziale Ungleichheit,** vor allem die in ihren Augen allzu krassen Unterschiede zwischen Arm und Reich. Im Unterschied zu Europa fehle außerdem eine mächtige Arbeiterbewegung, die die unteren Klassen und Schichten zu solidarischem Handeln anleite und so für einen gewissen sozialen Ausgleich sorge. Gewiss hatten es Sozialisten in den Vereinigten Staaten schwer. Eine klassenbewusste **Arbeiterschaft,** geschweige denn eine sozialistische Arbeiterbewegung gab es hier tatsächlich nicht. Aber das bedeutet nicht, dass es in der sehr stark zergliederten amerikanischen Gesellschaft keine Solidarität gibt. Sie bezieht sich allerdings auf ganz andere soziale Bereiche als in Europa. Die Kommune, das Wohngebiet oder die Kirchengemeinde sind in diesem Zusammenhang an erster Stelle zu nennen.

Wenn von den Idealen Amerikas die Rede ist, also von Menschen- und Bürgerrechten, von Freiheit und Gleichheit, muss auch von der Stellung der **Frauen** gesprochen werden. Ihnen fiel die Gleichberechtigung in Staat und Gesellschaft, Arbeitsleben und Kultur nicht mit der Unabhängigkeitserklärung in den Schoß. Vielmehr haben die Frauen und die von ihnen ins Leben gerufene feministische Bewegung ihre Emanzipation erkämpfen müssen.

Mancher Europäer, der die amerikanische **Massenkultur** mit Coca-Cola, McDonald's und Disneyland kennen gelernt hat, rümpft die Nase über den angeblich schlechten Geschmack der US-Amerikaner. Einige beklagen sogar den Verfall der Werte und den Niedergang der Kultur und Zivilisation. Das ist aber nur eine Meinung. Andere loben den demokratischen Charakter der amerikanischen Gesellschaft, die Kulturgüter allen zugänglich gemacht habe.

M1 Grant Wood (1892–1942), „*American Gothik*", Ölgemälde, 1930

Hinweise zur Arbeit mit den Materialien

In den vorgehenden Kapiteln 5 und 6 ging es um die Geschichte der USA zwischen den 1860er- und den 1920er-Jahren; zum einen um die Wirtschaft, zum anderen um die Außenpolitik. Auch Kapitel 7 verbleibt in diesem Zeithorizont. Es konzentriert sich aber auf Gesellschaft und Alltag und rückt einige Teilthemen im Längsschnitt bis an die Gegenwart heran.

Obwohl die ersten Siedler und die Mehrheit der Einwanderer im 19. Jahrhundert aus Europa kamen, war und ist die Gesellschaft der USA nicht die Verlängerung Europas über den Atlantik hinaus. Die USA sind vielmehr gestaltet worden von Menschen, die aus unterschiedlichen Gründen Europa bewusst den Rücken gekehrt und einen Neubeginn angestrebt haben.

Im ersten Abschnitt (M2–M4) geht es daher zunächst um die Geschichte der **Einwanderung**. Als *Einstieg* bietet sich der Brief eines deutschen Auswanderers an (M2a); anschließend kann die deutsche Amerikaauswanderung *exemplarisch vertieft* (M2b, c) werden. Geografische Herkunft und soziale Zusammensetzung der US-Einwanderer werden in M3a und b thematisiert. Für eine *kritische Diskussion* der Idee vom **„Schmelztiegel"** eignen sich M4a und b.

Wahrnehmung und Umgang der Amerikaner mit sozialer Ungleichheit und die Organisierung gesellschaftlicher Interessen können exemplarisch an zwei Stationen untersucht werden: *Station I* ist der **Arbeiterschaft** gewidmet (M5a–c), *Station II* den **Frauen** (M6a–d, M7; etwas ausführlicher und mit Gegenwartsbezug). Auf das Thema **Nachbarschaft** geht M8 ein.

Ideale haben für den sozialen Zusammenhalt in den USA eine große Bedeutung. Die *Themensonderseite 135* stellt hierzu eine berühmte *Plakatserie* von 1943 vor: **„The Four Freedoms."**

Die **Massenkultur** thematisiert der *Bilder-Längsschnitt* auf der *Themensonderseite 136 f.;* die Geschichte von Wild-West-Shows, Las Vegas, Disneyland oder der Jazzmusik eignen sich auch für vertiefende *Referate*. – *Weiterführende Arbeitsanregungen S. 138:* **Deutsche in den USA.**

M2 Aus Deutschland in die Vereinigten Staaten von Amerika

2 a) Aus einem Brief des saarländischen Bergmanns Peter Klein, der 1854 nach Amerika ausgewandert ist (1858):

Sutter Creek Den/14ten Februar/Anna Domeni 1858

Lieber Vatter und Liebe Muter Lieste Schwester und Brüter Verwande und bekande,

Ich erkreife die fether um an diesem Thage mit euch zu konversieren aus fernem Lande [...].

Liebste Ältern es erfreuet mich sehr das ich inen noch eine woltat thun kan es ist zwar ein kleine gabe aber Leite unseres Standes können keine großen sagen wirken,

Liebe Ältern ich sende inen ein hundert Thaler und hoffe das ier zufrieren sein werten mit dieser kleine gabe biß ich mehr thun kan Vater ier wolen wissen ob ich fier mich arbeite oter für eine heerschaft ich arbeite auf meinem eigentum Vater in Americka gibt es keine heerschaft hier ist ein jeter ein freier agend wen es mir an einem platz nicht gefallen thut so gehet mann zu einem andern dan hier sind wir alle kleig

Ich kaufte mir ein stik Land in dem Stätjen Sutte[r] Creek und baute mir ein kleines hauß u[nd] beköstige mich selbst, dan die kost ist sehr theuer hir wan mann in die kost geen wil so ist sie 8 Thaler die woge Liebe Ältern ich habe jetzt eine a[uss]icht das ich im stand bin inen zu hälfen wen sie es haben wollen nur mießen sie mir schreiben

Auf dem ob besachten stick Land das ich gekauft habe grabe ich golt darauf und habe ungefär 3 jahre arbeit darauf,

Was meine Brüter anbetrift so kan ich gar nichts darzu sagen sie sind mayerin [majorenn: volljährig] und mießen selbst wissen was am besten ist fir sie, einem gefält es in Americka und dem nicht, Nathierlich es ist ein fremtes Land fremte sitten fremte Mentschen fremte sitten und so weiter .

Zit. nach: Wolfgang Helbich u. a. (Hg.), Briefe aus Amerika, München (C. H. Beck) 1988, S. 372 f.

1 Erläutern Sie anhand des Briefes M2a die Erfahrungen eines Amerikaauswanderers aus dem 19. Jahrhundert.

2b) Deutsche Ortsgründungen im Mittleren Westen der USA

2c) Überseeische Auswanderung aus Deutschland 1816–1939

Zeiträume	Auswanderer insgesamt in Tausend	jährl. Durchnitt in Tausend	Auswanderer-Maximum Jahr	in Tausend
1816–1844	303,2	10,5		
1845–1858 (1. Welle)	1 361,1	97,2	1854	239,2
1859–1863	212,6	42,5		
1864–1873 (2. Welle)	1 040,4	104,0	1867	138,4
1874–1879	190,9	31,8		
1880–1893 (3. Welle)	1 783,7	127,4	1881	220,9
1894–1922	638,3	23,6		
1923–1928 (4. Welle)	420,4	70,1	1923	115,4
1929–1939	227,0	20,6		
1816–1914	5 456,1			
1915–1939	721,5			

Nach: Peter Marschalk, Bevölkerungsgeschichte Deutschlands im 19. und 20. Jahrhundert, Frankfurt/M. (Suhrkamp) 1984, S. 177.

2 a) Erläutern Sie mithilfe der Karte M2b das Verhalten deutscher Einwanderer in den USA.
b) Untersuchen Sie (M2c) die Entwicklung der deutschen USA-Auswanderung. Gehen Sie auf die Ursachen der verschiedenen Wellen ein.

3 Untersuchen Sie auf der Grundlage der Statistiken M3a und b, S. 127,
a) die zeitlichen Phasen der Einwanderung in die USA, b) die Herkunft der Einwanderer und c) ihre berufliche Qualifikation.

M 3 Einwanderung in die USA 1821–2000

3 a) Einwanderung in die USA nach Herkunftsregionen 1821–2000

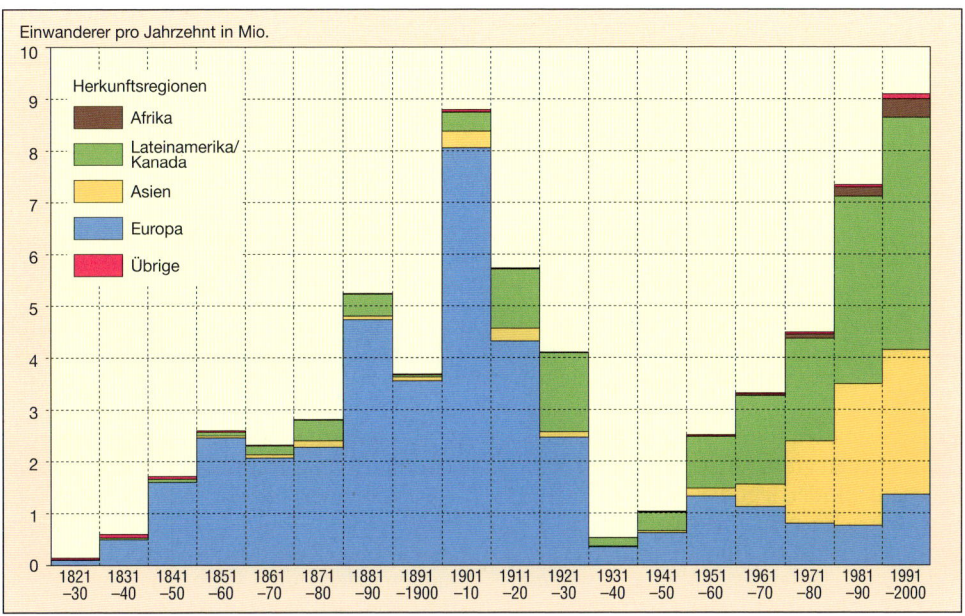

Nach: Remco van Capelleven, E pluribus unum? Einwanderung, Ethnizität und Minderheiten in den USA, in: Hartmut Wasser (Hg.), USA. Grundwissen – Länderkunde, Opladen (Leske & Budrich) 2004, S. 340.

3 b) Berufe der USA-Einwanderer 1820–1957 (in % des jeweiligen Jahres)

Berufsgruppen	1820	1854	1896	
ohne	66,2	51,0	35,8	
Akademiker	1,0	0,1	0,6	
kaufmännische Berufe	9,0	3,2	1,7	
gelernte Handwerker und Facharbeiter	10,5	7,9	13,6	
Farmer	8,4	18,9	8,5	
Dienstpersonal	1,3	0,7	11,3	
ungelernte Arbeiter	3,2	17,8	26,5	
verschiedene	0,4	0,4	2,0	
(1898: Neueinteilung der Berufsgruppen)	**1899**	**1907**	**1924**	**1957**
ohne	35,0	23,7	39,3	53,1
Akademiker, technische Berufe u. Ä.	0,6	0,9	2,9	7,4
Büroangestellte, Verkaufspersonal u. Ä.	0,7	0,9	3,8	7,9
Handwerker, Vorarbeiter, angelernte Industriearbeiter	12,3	13,1	17,5	14,1
Farmer, landwirtschaftliche Arbeiter u. a. Farmpersonal	6,7	26,1	6,6	2,4
Dienstleistungsberufe	12,3	10,4	11,4	6,1
Arbeiter außer Landwirtschaft und Bergbau	29,6	22,8	15,8	6,6
Manager und Unternehmer außer Landwirtschaft	2,1	1,5	2,2	1,8
verschiedene	0,7	0,6	0,5	0,6

Nach: United States Bureau of the Census, Historical Statistics of the United States, Washington 1960.

M 4 Die Einwanderungsgesellschaft der USA aus der Sicht der Forschung

4 a) Die amerikanischen Historiker Nathan Glazer und Daniel Patrick Moynihan (1963): Was den Schmelztiegel betrifft – den gab es nicht. […] Tatsache ist, dass im Laufe der Geschichte der amerikanischen Republik in jeder Generation die Verschmelzung verschiedener Teile der Bevölkerung, die sich durch Herkunft, Glaube und Aussehen voneinander unterschieden, unmittelbar bevorzustehen schien – möglicherweise wird dies in einer zukünftigen Generation der Fall sein. Diese ständige Verschiebung der endgültigen Verschmelzung der verschiedenen Bevölkerungsteile – oder zumindest der verschiedenen weißen Bevölkerungsteile – zu einem nahtlosen nationalen Gewebe, wie man es in den größeren europäischen Nationalstaaten findet, legt die Vermutung nahe, dass wir nach einigen prinzipiellen und allgemeinen Gründen für dieses amerikanische Muster von „Unternationalitäten" *(subnationalities)* suchen müssen. […]

In dem Maße, in dem sich die spezifische nationale Identität einer Volksgruppe verliert, scheint bei den größeren Gruppen, auf die sich die amerikanische Gesellschaft hin entwickelt, die Zugehörigkeit zu einer bestimmten Religion oder Rasse an Bedeutung zu gewinnen. In unseren amerikanischen Großstädten bilden sich vier größere Gruppen aus: die Katholiken, die Juden, die weißen Protestanten und die Schwarzen. Jede dieser Gruppen teilt die Stadt in verschiedene Gebiete auf. Diese Entwicklung ist noch keineswegs abgeschlossen. Wir können bereits feststellen, dass die nächste Einwanderungswelle die Katholiken betreffen wird. Die Unterschiede zwischen Iren, Italienern, Polen und katholischen Deutschen werden durch Heiratsverbindungen immer mehr abgebaut werden. Dasselbe gilt für Juden. Die Unterschiede zwischen Juden aus Osteuropa, Deutschland und dem Nahen Osten sind bereits gering; dasselbe lässt sich auch für die Schwarzen und die weißen Protestanten konstatieren, die zu ihren angelsächsischen und althergebrachten holländischen Elementen deutsche und skandinavische Protestanten hinzufügen bzw., was häufiger der Fall ist, in der Stadt für die Integration der weißen protestantischen Einwanderer vom Land sorgen. […]

Religion und Rasse werden auf der nächsten Entwicklungsstufe der amerikanischen Völker bestimmen. Die amerikanische Nationalität befindet sich jedoch erst im Entstehen; ihre Prozesse sind mysteriös und es ist bis heute unklar, welche endgültige Form sie annehmen wird, sofern es überhaupt eine endgültige Form geben wird.

Nathan Glazer/Daniel Patrick Moynihan, Beyond the Melting Pot, Cambridge/Mass. 1963. Übers. Ulrich Maneval.

4 b) Peter Lösche, deutscher Politologe (2004): Während die Gesellschaften Westeuropas – einschließlich Deutschlands – durch vergleichsweise zusammenhängende, übersichtliche Klassen- und Schichtenstrukturen gekennzeichnet sind, die sich in vielen Lebensbereichen – wie dem Bildungssystem – niederschlagen, ist die US-amerikanische charakterisiert durch Segmentierung im Sinne von vielfältiger, unzusammenhängend erscheinender, unübersichtlicher Zergliederung. Diese Segmentierung verlief als naturwüchsiger, unbewusster, prinzipiell ungesteuerter und bis in die Gegenwart andauernder Prozess in Geschichte und Gesellschaft, der jeweils erst im Nachhinein deutlich wird. Zur Segmentierung haben verschiedene Faktoren beigetragen: die zeitlich je unterschiedliche Einwanderung verschiedenster ethnischer Gruppen und die damit verbundene Besiedlung des Landes, der Regionalismus und der Lokalismus. Konkret: Provinzialismus und Lokalpatriotismus in den USA wurzeln in den Nachbarschaften und Stadtvierteln, als seien diese selbstständige kleine Inseln. Auf diesen Nachbarschaftsinseln leben häufig Menschen gleicher ethnischer Herkunft, die sich in puncto Einkommen, Sozialprestige, Kirchenzugehörigkeit, Schulbildung, Ausbildungsweg ihrer Kinder und Wohnverhältnisse weit gehend annähern. Dies sind Inseln der Gleichheit und Glückseligkeit (oder – in sozial benachteiligten Wohnvierteln – eher Inseln der Unglückseligkeit), auf denen der amerikanische Traum geträumt werden kann und deren Bewohnerinnen und Bewohner ähnliche

Werte, Einstellungen und Überzeugungen haben.

Die Segmentierung der US-amerikanischen Gesellschaft lässt ein Solidaritätsgefühl, das mehrere Klassen und Schichten, verschiedene ethnische Gruppen und alle Landesteile vereint, nur schwer entstehen. Sie enthält immer auch ein Element der Entsolidarisierung. Gesellschaftliche Segmentierung meint also die schichten- und klassenmäßige, geografisch-räumliche, ethnische, kulturelle und religiöse Aufgliederung der US-Gesellschaft, die im Grad ihrer Aufteilung und Abschottung der einzelnen Teile gegeneinander bei weitem das übertrifft, was man in Deutschland und Westeuropa gewohnt ist. Damit wird das Klischee relativiert, die US-amerikanische Nation sei ein riesengroßer Schmelztiegel, in dem nationale, sprachliche, kulturelle und religiöse Unterschiede zwischen den Einwanderern eingeschmolzen würden. In Wirklichkeit gleicht die US-amerikanische Nation einem bunten Flickenteppich, in dem die einzelnen Bestandteile sehr wohl erkennbar bleiben. [...]

Angesichts [...] gesellschaftlicher Segmentierung stellt sich die Frage, wodurch die Vereinigten Staaten und ihre Bevölkerung als Nation überhaupt zusammengehalten werden. Tatsächlich gibt es einen Bedarf an Integration, der durch die „amerikanische Ideologie" gedeckt wird. Zu ihr gehört der Traum vom sozialen Aufstieg „vom Tellerwäscher zum Millionär", verbunden mit der Verehrung der Gründungsväter, Abraham Lincolns und der Verfassung. Aber auch Symbole und Rituale, nationale Denkmäler und die Verpflichtung auf die Nationalflagge fügen sich zu einem besonderen Gemisch aus Politik, Religion und Moralismus. Diese Integrationsideologie verklammert und überwölbt soziale Schichten und Klassen sowie Gruppen, die ansonsten nach unterschiedlichsten ethnischen, kulturellen und religiösen Merkmalen voneinander geschieden wären. Die „amerikanische Ideologie" bildet somit ein Gegengewicht zur [...] gesellschaftlichen Segmentierung.

Peter Lösche, Die USA sind anders, in: ders./Hartmut Wasser, Politisches System der USA, Bonn (Bundeszentrale für politische Bildung) 2004, S. 4 ff.

4 a) Erklären Sie, mit welchen Argumenten die Historiker Glazer und Moynihan (M4a) ihre Auffassung stützen, Amerika bilde bis heute keine Nation.
b) Diskutieren Sie diese These.
5 a) Erläutern Sie die These Lösches (M4b), die USA seien eine segmentierte Gesellschaft.
b) Arbeiten Sie die Vorzüge und Nachteile dieser Auffassung heraus.

M 5 Über soziale Gruppen in der US-Gesellschaft und die Organisation ihrer Interessen – Station I: Arbeiter

5 a) Der Historiker Rhodri Jeffreys-Jones über die Rolle des Sozialismus in den USA (1977):
Eine [...] Erklärung für das Versagen des Sozialismus in Amerika besagt, dass die verbreitete Überzeugung, jeder Tüchtige könne es in Amerika zu etwas bringen, schließlich eine faktische Grundlage gehabt habe; es seien die ungewöhnlich günstigen sozialen Aufstiegsmöglichkeiten in den Vereinigten Staaten, die die Entwicklung von Protestbewegungen auf der Basis des Klassenkampfes behindert hätten. Gegen diese Erklärung lässt sich einwenden, dass ein hohes Maß sozialer Mobilität in Industriegesellschaften im Allgemeinen beobachtet wird und nicht nur in den Vereinigten Staaten. [...] Wichtiger als die soziale Mobilität innerhalb der Vereinigten Staaten war die geografische Mobilität der Einwanderer, denn bereits die Einwanderung war für die Betroffenen ein deutlicher Schritt nach oben auf der wirtschaftlichen Stufenleiter. Das Bewusstsein von den europäischen Verhältnissen – und die Einwanderergettos hielten es wach – hielt die Amerikaner davon ab, ihr Wirtschaftssystem in Frage zu stellen. Und von dieser Einstellung aus war es nur ein kleiner Schritt dahin, den amerikanischen Wohlstand auf amerikanische Tugenden zurückzuführen und gegen den Sozialismus zu schimpfen, auch wenn die wirtschaftliche Praxis kein reines *Laisser-faire* mehr war.

Rhodri Jeffreys-Jones, Soziale Folgen der Industrialisierung, Imperialismus und der Erste Weltkrieg, 1890–1920, in: Willi Paul Adams (Hg.), Die Vereinigten Staaten von Amerika, Frankfurt/M. (Fischer) 1977, S. 266 f.

5 b) Der Politologe Peter Lösche über die Geschichte der Arbeiter und der Arbeiterbewegung in den USA und in Europa (1989):
Die Vielfältigkeit und besondere Aufgliederung, kurz: die Segmentierung amerikanischer Gesellschaft vermag […] mit zu erklären, warum es in diesem Land – und anders als in den meisten europäischen Ländern – keine große, die ganze Nation umfassende solidarische Bewegung der Arbeiterschaft, warum es keinen Sozialismus als politische Massenbewegung gegeben hat. Die Arbeiterbewegung war immer ethnisch, rassisch, sprachlich und auch räumlich gespalten. […]

Die Segmentierung amerikanischer Gewerkschaften ist also von ganz anderer Art als die politischen Spaltungen, die wir aus der Geschichte der europäischen und deutschen Arbeiterbewegung kennen. So sind bis heute die amerikanischen Arbeiterorganisationen in mehrere hundert Berufs-, Facharbeiter- und in einige Industriegewerkschaften und in sog. unabhängige Gewerkschaften zersplittert, die gegeneinander um Mitglieder konkurrieren. Bei uns ist die organisatorische Konzentration viel weiter und früher fortgeschritten. Starke Industriegewerkschaften gab es bereits in der Weimarer Republik und nach dem Zweiten Weltkrieg hat sich im Deutschen Gewerkschaftsbund (DGB) das Industriegewerkschaftsprinzip endgültig durchgesetzt. Anders in den USA: Selbst die großen Mitgliedergewerkschaften, die von außen unseren Industriegewerkschaften zu ähneln scheinen, werben ihre Mitglieder nicht nur in einem bestimmten Wirtschaftszweig, sondern sie organisieren diagonal quer durch alle Unternehmen und auf Kosten der von ihrem Anspruch her eigentlich zuständigen Schwesterorganisationen.

Peter Lösche, Amerika in Perspektive. Politik und Gesellschaft der Vereinigten Staaten, Darmstadt (Wissenschaftliche Buchgesellschaft) 1989, S. 17, 50 ff.

6 🚶 Kurzreferat: „Arbeiter organisieren ihre Interessen" – Grundzüge der Geschichte der Arbeiterbewegung in Deutschland um 1900 (Hilfe: Geschichtsbücher für die Oberstufe in der Schulbibliothek).

7 a) Finden Sie aus den Aussagen der Historiker und Sozialwissenschaftler in M5a und b heraus, welche Rolle ihrer Meinung nach die Arbeiterbewegung in den USA gespielt hat.
b) Wie erklären die Forscher ihre Ergebnisse?
c) Setzen Sie sich mit diesen Auffassungen auseinander. Ziehen Sie auch M5c hinzu sowie aus Kapitel 5, S. 96, M14c und d.

5 c) Chinesische Arbeiter, die in den 1860er-Jahren an der Errichtung der „Central Pacific Railroad" mitgewirkt haben, posieren 1919 für ein Erinnerungsfoto.

M 6 Über soziale Gruppen in der US-Gesellschaft und die Organisation ihrer Interessen – Station II: Frauen

6 a) Aus einem Artikel des „Boston Courier" von 1829:
Sitte und lange Gewohnheit haben die Türen vieler Arbeitsplätze vor dem Fleiß und der Ausdauer der Frau versperrt. Ihr wurde beigebracht, so viele Berufe für männlich
5 und einzig für Männer geschaffen zu halten, dass – da sie aus falscher Rücksicht auf die Meinung der Welt von zahlreichen Arbeiten ausgeschlossen ist, die ihrer körperlichen Beschaffenheit auf das Glücklichste ange-
10 messen wären – durch den Wettbewerb um die wenigen ihr offen gebliebenen Arbeitsplätze der Wert ihrer Arbeit derart gering geschätzt wird, dass er unter das Existenzminimum sank und nicht länger geeignet
15 ist, ein bequemes Auskommen zu bieten und noch viel weniger die nötigen Sicherungen gegen Alter und Krankheiten oder die alltägliche, unvorhersehbare Bedrohung durch Todesfälle.

6 b) Aus einer Stellungnahme eines Ehepaars bei seiner Trauung. Als Lucy Stone und Henry Blackwell im Jahre 1855 heirateten, gaben sie sich bei der Trauungszeremonie die Hand und lasen laut die folgende Stellungnahme vor:
Während wir unsere gegenseitige Zuneigung dadurch kundtun, dass wir öffentlich die Beziehung von Ehemann und Ehefrau eingehen, [...] halten wir es für unsere Pflicht
5 zu erklären, dass dieser Akt auf unserer Seite weder das Versprechen freiwilligen Gehorsams gegenüber solchen geltenden Gesetzen noch deren Sanktionierung enthält, welche der Ehefrau die Anerkennung als unabhängi-
10 ges vernünftiges Wesen verweigern, während sie dem Ehemann eine ungerechte und unnatürliche Vormachtstellung einräumen [...]. Wir protestieren besonders gegen die Gesetze, die dem Ehemann Folgendes über-
15 tragen:
1. Die Aufsicht über die Person der Frau.
2. Die ausschließliche Kontrolle und Vormundschaft über die Kinder.
3. Den alleinigen Besitz ihrer persönli-
20 chen Habe und die Nutznießung ihres Grundbesitzes, wenn er nicht vorher auf sie oder auf Treuhänder übertragen wurde wie im Fall von Minderjährigen, Schwachsinnigen oder Geisteskranken.
25 4. Das absolute Recht auf die Früchte ihrer Arbeit.
5. Auch gegen Gesetze, die dem Witwer so viel mehr und längere Anrechte auf das Eigentum seiner verschiedenen Frau einräu-
30 men als der Witwe auf das ihres verschiedenen Ehemanns.
6. Schließlich gegen das ganze System, durch welches die „rechtliche Existenz der Frau während der Ehe aufgehoben ist",
35 womit sie in den meisten Staaten weder gesetzlich verbrieften Anteil an der Wahl des Wohnsitzes hat noch ein eigenes Testament machen noch in eigener Sache klagen oder verklagt werden noch Vermögen erben
40 kann.

M6a und b zit. nach: Eleanor Flexner, Hundert Jahre Kampf. Die Geschichte der Frauenrechtsbewegung in den Vereinigten Staaten, Übers. Gisela Bock, Frankfurt/M. (Syndikat) 1978, S. 104 und 114.

M 7 Ein Blick in die Gegenwart: Geschlechterverhältnisse im heutigen Amerika

Der Anglist Hans-Dieter Gelfert (2002):
Wer sich sein Bild vom typischen Amerikaner anhand von Hollywoodfilmen formt, wird sich einen Mann vorstellen, der seine Fäuste einzusetzen versteht und dabei hart
5 im Nehmen ist. Tatsächlich ist das das Männlichkeitsideal der meisten Amerikaner. *Toughness*, d. h. Zähigkeit und Härte, stellen für sie einen selbstverständlichen Wert dar, der nur von wenigen in Frage gestellt wird.
10 Eltern halten ihre Söhne dazu an, nicht klein beizugeben, sondern sich zu wehren und dabei auch eine blutige Nase zu riskieren. [...] Amerikanische *toughness* ist [...] das Ergebnis einer Anstrengung, die im Rahmen
15 der vorherrschenden Leistungsethik Belohnung verdient. Deshalb darf der *tough guy*, nachdem er Härte bewiesen hat, weich werden und seine Belohnung in Form von meist weiblicher Zuwendung kassieren. [...]
20 Auch wenn der amerikanische Mann von frühester Kindheit an daran gewöhnt ist, dass von ihm *toughness* erwartet wird, ist

Gesellschaft um 1900

131

Amerika weit davon entfernt, eine Macho-Gesellschaft zu sein. Eher trifft das Gegenteil zu. In wesentlichen Bereichen haben die Frauen das Sagen. So befindet sich beispielsweise in ihren Händen mehr als die Hälfte des gesamten Aktienvermögens, was freilich damit zusammenhängt, dass sie länger leben, sodass sich in ihrer Verfügungsgewalt die Vermögen der verstorbenen Ehemänner ansammeln. Noch ausgeprägter ist ihre starke Position in der Familie. *Mom,* wie die Mutter meist genannt wird, ist für die Entwicklung der Amerikaner von so zentraler Bedeutung, dass Soziologen dafür den Begriff *momism* geprägt haben. Die Mutter verwaltet in der Regel nicht nur die Finanzen, sondern trifft auch die lebenswichtigen Entscheidungen für die Ausbildung und Karriere ihrer Kinder. Obwohl die Frauen auch in den USA erst 1920, also ungefähr zur selben Zeit wie in England und Deutschland, das Wahlrecht erhielten, hatte schon Tocqueville beobachtet, dass sie in Amerika mehr Einfluss hatten und höheren Respekt genossen als in Europa. Das rührte vor allem daher, dass sie an der Frontier Mangelware waren und daher einen hohen Wert darstellten. Außerdem waren die Männer auf sie angewiesen. Nur wenn die Frauen ihnen den Rücken frei hielten, konnten sie der noch ungezähmten Wildnis die Lebensgrundlage für die Familie abtrotzen. Seit jener Zeit verkörpern die Frauen in den Augen der Amerikaner das Sittengesetz und die Werte der Zivilisation. Noch heute stellen die Frauenverbände eine gefürchtete Macht dar. Wer sich mit ihnen anlegt, hat schnell das Nachsehen. Wenn es um Pornografie, Abtreibung und ähnlich heikle Themen geht, muss die Politik ebenso wie die Wirtschaft stets darauf achten, dass sie die Gefühle der *Moms* nicht verletzt.

Obgleich die Frauen unter den amerikanischen Spitzenpolitikern weniger zahlreich vertreten sind als in einigen europäischen Ländern, hat sich ihre Stellung in den letzten Jahrzehnten unter dem Einfluss des Feminismus […] verstärkt […]. In der westlichen Welt sind amerikanische Frauen wahrscheinlich die selbstbewusstesten und emanzipiertesten. Während sie bis in die Mitte des 20. Jahrhunderts einer beruflichen Tätigkeit nur vor der Ehe nachgingen und danach nur noch dann arbeiteten, wenn das Familieneinkommen nicht ausreichte, ist es für sie inzwischen selbstverständlich geworden, eine eigene Karriere anzustreben und sich dem Wettbewerb mit den Männern zu stellen. Das tun sie mit […] Entschlossenheit. […] Das anschmiegsame Weibchen mag zwar der heimliche Traum vieler Amerikaner

6c) „Woman Suffrage Headquarters" im US-Bundesstaat Ohio, Fotografie, 1912

6d) „National Association Opposed to Woman Suffrage Headquarters", New York, Fotografie, ca. 1911. – Die Vereinigung wurde 1911 gegründet und 1920 aufgelöst.

sein, es war aber nie das allgemein akzeptierte Frauenbild. Das Ideal war vielmehr von
85 Anfang an die starke Frau, die dem Mann zur Seite steht, wobei sie sich aber seiner Führung unterwerfen sollte. Dass sie Letzteres inzwischen nicht mehr tut, hat eine ganze antifeministische Bewegung auf den Plan
90 gerufen [...]. Seitdem versucht das konservative Lager das alte Frauenbild als Bollwerk gegen das weitere Vordringen der permissiven Gesellschaft[1] wieder aufzurichten, während die liberale Seite für die Freigabe der
95 Abtreibung und die Angleichung der Einkommen der Frauen an die der Männer kämpft. [...]

Die zunehmende Stärke der Frau konnte nicht ohne Auswirkung auf den Status des
100 Mannes bleiben. In den 70er-Jahren häufen sich Bücher, die diese Entwicklung entweder begrüßten oder als Auflösung der traditionellen Werte beklagten.

Hans-Dieter Gelfert, Typisch amerikanisch. Wie die Amerikaner wurden, was sie sind, München (C. H. Beck) 2002, S. 102 ff.

1 *permissive Gesellschaft: auf Freizügigkeit (statt auf Autorität und Leistung) beruhende Gesellschaft*

8 Beschreiben Sie die Stellung US-amerikanischer Frauen im Arbeitsleben (M6a) und im Privatleben (M6b) während des frühen 19. Jh.
9 Untersuchen Sie die Vereinbarung in M6b unter folgenden Gesichtspunkten:
Wie stellen sich die Eheleute ihr gegenseitiges Verhältnis vor? Welche Rechte besitzen die Eheleute? Wie sah die Wirklichkeit in US-amerikanischen Ehen aus, wenn ein Ehepaar bei der Eheschließung eine Vereinbarung wie in M6b öffentlich abschloss?
10 a) Ordnen Sie die Fotos M6c und d historisch ein.
b) Was sagt das Foto M6d über die US-Gesellschaft um 1900 aus? Diskutieren Sie.
11 Erörtern Sie mithilfe von M7 die Geschlechterverhältnisse in der US-Gesellschaft heute.
12 🚶 Welche Befunde zu den Geschlechterverhältnissen in den USA (M7) treffen nach Ihrer Meinung auch für die Bundesrepublik heute zu bzw. welche nicht? Nehmen Sie Stellung und begründen Sie Ihre Auffassungen.
13 🚶 Internetrecherche zur „Geschichte der Frauen in den USA". Eine nach Epochen gegliederte Website finden Sie z. B. unter: *www.britannica.com/women/nineteenth02.html*

M 8 Soziale Ungleichheit in Amerika: Erfahrungen – Wahrnehmungen – Folgen

Der Politologe Peter Lösche (1989):
Die Segmentierung der amerikanischen Gesellschaft in Zehntausende verschiedener Nachbarschaftsinseln hat für die Funktionsfähigkeit der gesamten Gesellschaft eine kaum zu überschätzende Bedeutung und erklärt, warum viele Widersprüche, die uns Europäer ins Auge fallen und als unvereinbar erscheinen, nebeneinander bestehen können, ohne dass es zu krisenhaften oder gar revolutionären Zuspitzungen käme. Aus der europäischen Perspektive irritieren uns die Gegensätze von großem Reichtum und tiefster Armut; von Gleichheit und Ungleichheit; von kindlicher moralischer Religiosität und offener Skrupellosigkeit; von Rassenhass und Humanität; von wildwesthafter Kriminalität und friedlicher Vorstadtidylle; von freundlicher Warmherzigkeit und kalter Brutalität; von unterentwickeltem Sozialstaat und Barmherzigkeit sowie Fürsorge; von Fremdenhass und Gastfreundlichkeit; von Hinterwäldlertum und Weltoffenheit. Alle Nachbarschaftsinseln zusammengenommen umfassen und widerspiegeln genau diese Widersprüche, Ungleichheiten und Konflikte. Nur erfährt sie der einzelne Amerikaner nicht konkret, er lebt auf seiner Nachbarschaftsinsel, die sozial, wirtschaftlich, kulturell und politisch erstaunlich homogen ist. Die große Mehrheit der Bevölkerung lebt wie in einer heilen Miniaturwelt, erfährt Gleichheit, Freiheit und Glück relativ widerspruchsfrei. Und selbst der Bewohner des schwarzen Gettos lebt wie auf einer Insel – eben einer des Elends und der Unglückseligkeit. [...]

Zudem ist die Alltagserfahrung in den meisten Wohnvierteln, nämlich denen der Mittel- und Oberschichten, die der Gleichheit und Zufriedenheit. Hier ist der amerikanische Traum von der Freiheit des Einzelnen, von der Gleichheit, von der Suche eines jeden nach seinem Glück und vom Fortschritt der Menschheit lebendig. Hier, auf den Nachbarschaftsinseln der Glückseligkeit und Gleichheit, liegen die Wurzeln des amerikanischen Konservatismus und des Populismus nebeneinander. Der Konservatismus richtet sich gegen jeden Eingriff, der von außen kommt und der darauf abzielt, durch staatliche Regelungen soziale Ungleichheit und politische Ungerechtigkeit zu überwinden, die in der gesamten Gesellschaft vorhanden sind, in der Nachbarschaft aber eben nicht erfahren werden. Die Einführung einer Bundeseinkommensteuer, von Quoten für Minderheiten, von *„Busing"* (um schwarze Schulkinder in die besseren Schulen von Weißen zu transportieren) und die Bewilligung von Zuschüssen für den öffentlichen Wohnungsbau mussten als Bedrohung der insularen Harmonie empfunden werden. Der Populismus wendet sich gegen „die da oben" in der Landes- und in der Bundeshauptstadt, gegen die großen Unternehmen und Unternehmensverbände sowie gegen die Gewerkschaften, die Kapital und Arbeiter organisieren und zentralisieren. Aus dieser Kirchturmperspektive der Nachbarschaften erklärt sich dann auch die Hochschätzung des Föderalismus, die Betonung der Rechte der Einzelstaaten und das Festklammern am Regionalismus, erklärt sich der Lokalismus als das Prinzip, das die amerikanische Gesellschaft weit gehend beherrscht.

Und auf den Nachbarschaftsinseln „graswurzelt" die direkte Demokratie, ist sie „an der Basis" verwurzelt. Die Nachbarn nehmen ihre Angelegenheiten selbst in die Hand, sie wählen nicht nur – wie bei den Kommunalwahlen in der Bundesrepublik – eine Partei, sondern sie bestimmen individuell den Bürgermeister, den Gemeinderat, den örtlichen Sheriff, den lokalen Richter und den Staatsanwalt, ja selbst diejenigen, die für das örtliche Schulsystem verantwortlich sind.

Peter Lösche, Amerika in Perspektive. Politik und Gesellschaft der Vereinigten Staaten, Darmstadt (Wissenschaftliche Buchgesellschaft) 1989, S. 50 ff.

14 🚶 Kurzumfrage im Kurs: Was würden Sie als „soziale Ungleichheit" bezeichnen?
15 Erläutern Sie anhand von Beispielen den Unterschied zwischen den Begriffen „Erfahrung" und „Wahrnehmung".
16 Arbeiten Sie anhand von M8 heraus, wie US-Amerikaner soziale Ungleichheit bzw. Gleichheit erleben und welche Folgen das für die Gesellschaft und die Politik in den Vereinigten Staaten hat.

Selbstbilder der US-Gesellschaft: „The Four Freedoms"

In seiner Jahresbotschaft vom 6. Januar 1941 (vgl. M17b, S. 155f.) nannte Franklin D. Roosevelt (Präs. 1933–1945) „vier Freiheiten" als Grundlage der *„world civilisation"*. Der Maler Norman Rockwell (1894–1978) hat diese Grundsätze 1943 für die „Saturday Evening Post" in Bilder umgesetzt. Die positive Resonanz veranlasste die US-Regierung, während des Krieges die Bilder als Poster (oft mit dem Zusatz *„Buy War Bonds"*) zur Mobilisierung der Bevölkerung einzusetzen. Dadurch wurde das Werk Rockwells im Bewusstsein der Amerikaner tief verankert.

M 9 Norman Rockwell, *„The Four Freedoms"*, Plakate, USA, 1943

9 a) „Freedom of Speech"

9 b) „Freedom of Worship"

9 c) „Freedom from Want"

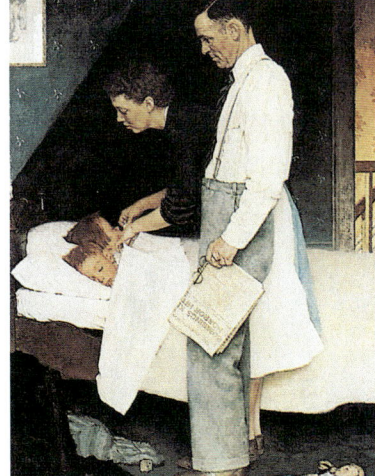

9 d) „Freedom from Fear"

17 Untersuchen Sie das gesellschaftliche Selbstverständnis der USA, das sich in M9a–d ausdrückt.

Massenkultur in den USA – ein Längsschnitt

M 10 *„Buffalo Bill's Wild West Show"*, **Plakat, USA, ca. 1907.** – William F. Cody („Buffalo Bill"; 1846–1917) zeigte seine Cowboy- und Indianershow vor allem in Städten.

M 11 *„King Oliver's Creole Jazz Band"* **in Chicago, Fotografie, 1923.** – Die Band wurde die erste bedeutende schwarze Jazzgruppe; zu ihr gehörte auch der junge Louis Armstrong (1901–1971; im Vordergrund kniend).

M 12 *„Flapper"*, **USA, Fotografie, 1925.** – „Flapper" nannten sich in den 1920er-Jahren vor allem junge Frauen, die durch modische Kleidung und unkonventionelles Verhalten mit traditionellen Rollenmustern brechen wollten.

M 13 Las Vegas/Nevada, Fotografie, ca. 1990. – *Der Ort in der Wüste von Nevada war eine alte Durchgangsstation und ein Zwischenstopp für Eisenbahnreisende. Nach der Gründung als Stadt im Jahre 1905 entwickelte sich Las Vegas zum bekanntesten Vergnügungszentrum der USA.*

M 14 Disneyland in Los Angeles/Kalifornien, Fotografie, 1968. – *Der 1955 von Walt Disney in Anaheim bei Los Angeles gegründete Vergnügungspark entwickelte sich zum Vorbild für weitere Disneyparks. Walt Disney hatte 1928 die Trickfilmfigur Mickey Mouse kreiert.*

18 a) Erläutern Sie den Begriff der „Massenkultur" und b) beschreiben Sie seine Ausprägungen in den USA anhand der Bilder M10–M14.

19 Bewerten Sie die Licht- und Schattenseiten der Massenkultur in den Vereinigten Staaten von Amerika.

Weiterführende Arbeitsanregungen zur Einwanderung in die USA

🏃 Bildreportagen: *„The German Element"* – deutsche Einwanderer in den USA

Christoph Freiherr Schenck zu Schweinsberg schreibt über deutsche Einwanderer in den USA in einem Buch, das der ehemalige amerikanische Borschafter in Deutschland, John C. Kornblum, herausgegeben hat: „Die amerikanische Geschichte ist eng mit der deutschen Geschichte verwoben. Seit den Anfängen der Besiedelung im 16. Jahrhundert fanden über sieben Millionen Deutsche in den USA eine neue Heimat. Amerikaner deutscher Herkunft bilden noch heute die größte ethnische Gruppe in den USA. 57,9 Millionen US-Bürger gaben bei einer Volkszählung im Jahr 1990 an, deutsche Vorfahren zu haben. Die Spuren deutscher Auswanderer lassen sich bis in die Gegenwart verfolgen. Wir sprechen heute vom *American way of life* und meinen Ikonen der Massenkultur, die einst auch von deutschen Pionieren geschaffen wurden. Wir reden von Blue Jeans, Micky Maus und McDonalds – doch wissen wir, wie das Hamburger Steak von der Alster an den Hudson River gelangte? Wer die Traumfabrik Hollywood in Gang setzte? Wer in Millionen von Menschen den Wunsch nach Baumwollhosen weckte?"

1 Prominente Deutsche in den USA
a) Recherchieren Sie in arbeitsteiliger Gruppenarbeit den persönlichen und beruflichen Werdegang prominenter Deutscher, die in die USA eingewandert sind, zum Beispiel:
– **Carl Schurz**, der nach seiner Beteiligung an der Revolution 1848 in die USA ging und dort auf Seiten der Union als General kämpfte;
– **Carl Lämmle**, der Anfang des 20. Jh. zum größten Filmproduzenten Hollywoods aufstieg;
– **Wernher von Braun**, Raketenkonstrukteur, nach 1945 zunächst in der Raketenforschung der US-Armee tätig, danach Direktor bei der 1958 gegründeten NASA;
– **Henry Kissinger**, während des Kalten Krieges in den 1970er-Jahren Außenminister der USA.
Recherche: siehe Literatur unten; suchen Sie im Internet; lesen Sie Biografien und Autobiografien.
b) Formulieren Sie, nachdem Sie sich eingelesen haben, eine konkrete Frage, die Sie als Leitfrage für Ihre weiteren Recherchen nutzen. Überprüfen und verändern Sie ggf. Ihre Fragestellung im Laufe der Arbeit, wenn sich für Sie interessantere Fragen als die ursprünglich gestellten ergeben.
c) Bebildern Sie Ihren Text.

Literaturhinweis
Christoph Freiherr Schenck zu Schweinsberg, „The German Element." Deutsche Einwanderer in den USA, hg. v. John C. Kornblum, Hamburg (Schenck) 2003.

2 Flucht aus Nazi-Deutschland in die USA
Viele Menschen, unter ihnen zahlreiche Schriftsteller und Schriftstellerinnen, mussten während der nationalsozialistischen Herrschaft (1933–1945) Deutschland verlassen, weil sie Juden waren oder politisch verfolgt wurden:
a) Informieren Sie sich über die deutsche Amerika-Auswanderung in der Nazi-Zeit.
b) Erörtern Sie die Motive und Ziele der Emigranten.
c) Untersuchen Sie, wie sie in den USA aufgenommen wurden und wie sie dort lebten.
d) Wie viele kamen nach der NS-Zeit wieder zurück nach Deutschland, wer blieb in den USA?

Literaturhinweis
Hartmut Mehringer, Widerstand und Emigration. Das NS-Regime und seine Gegner, München (dtv) 1997.
Klaus J. Bade, Europa in Bewegung. Migration vom späten 18. Jahrhundert bis zur Gegenwart, München (C. H. Beck) 2000.

8 Die USA im Zeitalter der Weltkriege: Neue Herausforderungen in Wirtschaft und Politik

„Manchmal nennen mich die Leute idealistisch. Nun, daran erkenne ich, dass ich ein Amerikaner bin. Amerika ist die einzige idealistische Nation der Welt", verkündete US-Präsident **Woodrow Wilson** in einer Rede im Jahre 1919. Er hatte die USA 1917 in den Ersten Weltkrieg geführt, um die Welt zu demokratisieren und Kriege ein für allemal abzuschaffen (siehe S. 118f.). Ein Mittel dazu sollte ein **Völkerbund** sein, für den sich Wilson unermüdlich einsetzte. Der US-Kongress ließ den Präsidenten jedoch im Stich und lehnte den Beitritt der Vereinigten Staaten zum Völkerbund ab. In den Präsidentschaftswahlen von 1920 siegte der Republikaner Warren Harding (Präs. 1921–1923). Er distanzierte sich von den idealistischen Zielen seines Vorgängers und proklamierte die Rückkehr zu einer **isolationistischen Außenpolitik:** Handel treiben mit allen, sich politisch aber strikt aus den politischen „Händeln" der Welt heraushalten – das war erneut die Leitlinie amerikanischer Außenpolitik (siehe S. 101). In den späten 1930er-Jahren rückten die USA von dieser Haltung wieder ab, weil das nationalsozialistische Deutschland, das faschistische Italien und das zur asiatischen Großmacht strebende Japan neue Herausforderungen darstellten. Die Verteidigung der Demokratie gehörte auch beim **Eintritt in den Zweiten Weltkrieg 1941** zu den zentralen Zielen der US-Politik.

Dieser kurze Blick auf die US-Außenpolitik in der ersten Hälfte des 20. Jahrhunderts zeigt, dass sich amerikanische Politik nicht auf eine Haltung reduzieren lässt. Phasen isolationistischer Politik wechseln mit Phasen direkten weltpolitischen Engagements und umgekehrt. Ähnliche Richtungswechsel gibt es im Verhältnis von Staat und Wirtschaft. Hatte die Politik während des Ersten Weltkrieges stärker regulierend in die Wirtschaft eingegriffen, folgte danach eine Periode, in der die Marktkräfte ihre Wirkung entfalten konnten. Mit der Weltwirtschaftskrise seit 1929/30 änderte sich dies erneut. Wie sind solche Wechsel zu erklären?

Politisch-soziale Reformansätze vor dem Ersten Weltkrieg

Der Aufstieg der USA zu einer der führenden Industriestaaten um 1900 war nicht nur verbunden mit der Konzentration von Unternehmen und Kapital in den Händen einiger weniger Industriekapitäne des *Big Business* (siehe S. 84). Es vertiefte sich auch der Graben zwischen Reich und Arm. Die gesellschaftlich integrierte und wirtschaftlich etablierte weiße Mittelschicht vertrat die alten amerikanischen Ideale des Individualismus und der Gleichheit. Während Amerika in ihren Augen jedem Tüchtigen die Chance zu sozialem Aufstieg bot, verlor die ständig wachsende Unterschicht den Glauben an diese Ideologie. Hierzu gehörten Schwarze; außerdem Einwanderer, die schlecht qualifiziert waren oder die sich wegen ihres kulturellen und religiösen Hintergrundes nur schwer in die US-Gesellschaft einfügten.

Diese Entwicklungen bereiteten den Boden für Reformbewegungen. Arbeiter gründeten Gewerkschaften *(American Federation of Labor,* 1881) zur Verbesserung ihrer Arbeitsbedingungen und Löhne – ohne allerdings jenen politisch-sozialen Einfluss zu gewinnen, den sich die Arbeiterbewegungen in Europa in dieser Zeit erkämpfen konnten. Interessenverbände der Farmer aus den Präriestaaten bzw. Vertreter der agrarischen Mittelschichten organisierten sich 1892 in einer Populistenpartei. Aus den gebildeten Mittelschichten der Städte kamen die Anhänger der 1912 ins Leben gerufenen Partei der *Progressives,* die gegen *Big Business* und extremen Wirtschaftsliberalismus sowie für mehr Demokratie eintrat. Die Präsidenten Theodore Roosevelt und Woodrow Wilson versuchten, einige dieser Forderungen umzusetzen, so Wilson 1912/13 mit seinem Programm des **New Freedom.** Sie wollten eine größere soziale Gerechtigkeit innerhalb der US-Gesellschaft und eine Begrenzung der Macht der Monopole. Grundlegende Veränderungen am politisch-sozialen System wurden aber von keiner Seite angestrebt.

Nach dem Ersten Weltkrieg: Weltwirtschaftskrise und „New Deal"

Der Erste Weltkrieg besaß für die USA zwiespältige Folgen. Einerseits flossen die Goldreserven der Welt in das Gläubigerland USA, das Kredite vor allem in das vom Krieg zerstörte Europa vergab. Auch konnte die Industrie in den „goldenen" 1920er-Jahren massenhaft produzieren, weil die Regierung sie durch hohe Einfuhrzölle schützte. Andererseits wuchs die Kaufkraft der Bevölkerung nicht so rasch wie die Produktion. Und die Schutzzölle isolierten das Land vom Welthandel; besonders die Landwirtschaft geriet bald in Absatzschwierigkeiten.

Tatsächlich erwies sich die wirtschaftliche Blüte der 1920er-Jahre schon bald als Scheinblüte. Denn der ungebremste Kapitalismus führte zum großen **Börsenkrach vom Oktober 1929** und zu einer tiefen Wirtschaftskrise. Der Umschwung begann mit einem plötzlichen Sturz der Aktienkurse, der die Bankkunden 30 Milliarden Dollar kostete. Bis 1933 halbierten sich das Sozialprodukt und der Verbrauch, während die Arbeitslosigkeit um das Zehnfache stieg.

Die Wirtschaftskrise, deren Auswirkungen bis 1942 zu spüren waren, warf die Frage auf, ob der Staat an den Grundsätzen des Wirtschaftsliberalismus strikt festhalten sollte. Präsident **Franklin D. Roosevelt** (Präs. 1933–1945) entschied sich bereits vor seiner Amtsübernahme für staatliche Eingriffe in die Wirtschaft. In seinem großen Reformprogramm des *New Deal* („Neuverteilung der Spielkarten") setzte er unter anderem Maßnahmen zur Kontrolle der Banken, zur Unterstützung der Landwirtschaft und zur Hilfe für Arbeitslose durch. Staatlich finanzierte Projekte sollten einen neuen Wirtschaftsaufschwung bringen. Gingen die USA jetzt den Weg des europäischen „Interventions- und Sozialstaates"?

M1 John Miller Bear, *„We demand a New Deal"*, Karikatur, USA, 1931

Außenpolitik zwischen Isolationismus und Internationalismus

Nach dem Ersten Weltkrieg wuchs in der amerikanischen Bevölkerung wie auch in der politischen Elite die Überzeugung, die USA sollten sich möglichst schnell aus Europa zurückziehen und ihre Außenpolitik an den Prinzipien George Washingtons aus der Gründerzeit (siehe S. 101) orientieren. Wie stark diese Haltung war, zeigte sich Ende 1919/Anfang 1920, als der Senat dem Versailler Vertrag in zwei Abstimmungen seine Zustimmung verweigerte. Damit scheiterte auch der Beitritt der Vereinigten Staaten zum **Völkerbund**, den der eigene Präsident initiiert hatte. Wilsons Konzept, eine neue Ära internationaler Kooperation und kollektiver Sicherheitswahrung einzuleiten, in der die Vereinigten Staaten von Amerika ihre außenpolitische Handlungsfreiheit möglicherweise hätten einschränken müssen, war nicht mehrheitsfähig.

In der amerikanischen Außenpolitik begann nun eine Phase, die in vielen historischen Büchern mit dem Begriff „**Isolationismus**" charakterisiert wird. Diese Bezeichnung trifft jedoch nur die halbe Wahrheit: Die USA blieben auf wirtschaftlichem Gebiet eng mit Europa verbunden. Durch wirtschaftliche Präsenz wollte Washington auch informell politisch Einfluss nehmen. Im Verlauf der 1920er-Jahre wurde Deutschland zum Kernstück dieser Strategie. Auch im Pazifikraum suchte die US-Regierung ihre wirtschaftlichen Interessen zu sichern. So erreichten die Vereinigten Staaten von Amerika auf der **Washingtoner Konferenz** (1921/22) neben einer Begrenzung des Wettrüstens zur See die vertragliche Bestätigung der *Open door policy* für China.

Aus den politischen Verwicklungen Europas hielten sich die USA allerdings heraus. Dabei blieb es zunächst auch, als Hitlers „Machtergreifung" 1933 eine Radikalisierung der deutschen Politik einleitete. Die Vereinigten Staaten von Amerika ließen sich weder 1935 durch den Einfall Italiens in Äthiopien von ihrer Haltung abbringen, noch griffen sie in den 1936 beginnenden Spanischen Bürgerkrieg ein. Vielmehr verpflichtete sich die US-Regierung zur strikten politischen Neutralität. Sie wollte nicht schon wieder in einen großen Krieg verwickelt werden.

Erst nachdem Japan 1937 in China einmarschiert war und das Deutsche Reich mit dem „Anschluss" Österreichs 1938 immer aggressiver seine expansiven Pläne verwirklichte, gaben die Vereinigten Staaten von Amerika ihre isolationistische Politik allmählich auf. US-Präsident Franklin D. Roosevelt bereitete die Bevölkerung in seinen Reden darauf vor, dass ihr Land nicht auf Dauer neutral bleiben dürfe und könne. Der amerikanische Kongress bewilligte Gelder und Maßnahmen zur Aufrüstung. In der Bevölkerung setzte sich immer mehr die Erkenntnis durch, dass sich die Vereinigten Staaten gegen die expansionistische Macht- und Kriegspolitik von Japan, Deutschland und Italien engagieren müsse.

Als die Japaner am 7. Dezember 1941 den amerikanischen Militärstützpunkt **Pearl Harbor** auf Hawaii überfielen, erklärten die USA den Japanern den Krieg. Am 11. Dezember erklärten Deutschland und Italien den Vereinigten Staaten von Amerika den Krieg. Den grausamen Schlussakt dieses Weltkrieges markierten am **6. und 9. August 1945 die Atombombenabwürfe** auf Hiroshima und Nagasaki durch die USA.

M2 Plakat, USA, 1943

Hinweise zur Arbeit mit den Materialien

Kapitel 8 beschäftigt sich mit den Weichenstellungen der US-Politik in der ersten Hälfte des 20. Jahrhunderts. Drei große Herausforderungen prägten diese Zeit: der Erste Weltkrieg (1914 bis 1918), die 1929 einsetzende Weltwirtschaftskrise und der Zweite Weltkrieg (1939–1945).

Der erste große Abschnitt (M3–M12) fragt, wie sich diese Entwicklungen auf die **Wohlstandsgesellschaft und Weltwirtschaftsmacht** USA auswirkten und wie das Land wirtschafts- und sozialpolitisch reagierte.

Als *Einstieg* kann ein Wahlprogramm aus der Zeit vor 1914 untersucht werden (M3).
Grunddaten zur sozialen und wirtschaftlichen Entwicklung 1913–1945 bieten M4 und M5.
Ursachen und Merkmale der **Weltwirtschaftskrise** behandeln M6–M8.
Kontroverse **Konzepte zur Überwindung** der Krise werden in M9a und b vorgestellt.
Die Kerninhalte des *New Deal* von Franklin D. Roosevelt (Präs. 1933–1945) können anhand von M10 erarbeitet werden; als Vertiefung bieten sich die Karikatur M11 und der *Projektvorschlag* in Aufgabe 7 an. Kontroverse Urteile zum *New Deal* finden sich in M12.

Für einen **Vergleich USA – Europa in der Sozialpolitik** siehe die *Themensonderseite 152 f.*
Der zweite große Abschnitt (M15–M19) behandelt die **US-Außenpolitik.** Als *Einstieg* kann die Karikatur M15 aus dem Jahr 1919 herangezogen werden. Einen Überblick zur Außenpolitik bis 1933 bietet M16. Die Politik der Roosevelt-Ära sollte ausführlich anhand zeitgenössischer Quellen untersucht werden (M17a–d). Zur *Vertiefung:* siehe die Karten M18 und M19.

Weiterführende Arbeitsanregungen S. 158: **Amerikanische Frauen** in der Zeit des *New Deal*.

M 3 Wohin steuern die USA?

Wahlprogramm der Populistenpartei von 1892:
Die Umstände, die uns umgeben, rechtfertigen aufs Beste unseren Zusammenschluss: Wir vereinigen uns mitten in einer Nation, die an den Rand des moralischen, politischen und wirtschaftlichen Ruins geführt worden ist. [...] Mehr als ein Vierteljahrhundert haben wir die Auseinandersetzungen der zwei großen politischen Parteien um Macht und Beute miterlebt; in dieser Zeit ist dem leidenden Volk schmerzliches Unrecht widerfahren. Wir verurteilen die führenden Kräfte dieser Parteien, weil sie es ohne ernsthafte Versuche der Gegenwehr zugelassen haben, dass sich die heutige Misere entwickeln konnte. Auch gegenwärtig versprechen sie uns keine substanzielle Reform. Sie sind übereingekommen, im Wahlkampf jedes Sachproblem zu ignorieren, mit einer Ausnahme. Sie schicken sich an, die Schreie eines ausgebeuteten Volkes im Lärm eines Ablenkungsmanövers um die Frachttarife zu ersticken, damit man darüber die Kapitalisten, Korporationen, Großbanken, Kartelle und Trusts, die Abschaffung der Silberwährung und die Unterdrückung durch die wucherischen Geldverleiher aus dem Auge verliert. Sie schicken sich an, unsere Häuser, Kinder, unsere ganze Existenz auf dem Altar des Mammons zu opfern, das Volk zu zerstören, um sich Korruptionsgelder der Millionäre zu erhalten. [...]

Wir wollen die Regierung der Republik wieder in die Hände des „einfachen Volkes" legen, aus der sie einst hervorgegangen ist. Wir versichern, dass sich unsere Ziele mit den Absichten der Verfassung decken; wir wollen die vollkommenere Union und mehr Gerechtigkeit schaffen, den inneren Frieden sichern, Vorsorge für äußere Verteidigung treffen, die allgemeine Wohlfahrt befördern und die Segnungen der Freiheit für uns und unsere Nachkommen bewahren.

Wir erklären, dass dieses Gemeinwesen nur als freiheitlicher Staat bestehen kann, der auf der Liebe der Bürger zueinander und zur Nation insgesamt beruht; dass es nicht durch Bajonette zusammengehalten werden kann; dass der Bürgerkrieg vorüber ist und Leidenschaften oder Ressentiments, die ihm entsprangen, absterben müssen.

Zit. nach: Hartmut Wasser, Die USA – der unbekannte Partner, Paderborn (Schöningh) 1983, S. 87 f.

1 Formulieren Sie Hypothesen zur sozialpolitischen Lage der USA vor dem Ersten Weltkrieg.

M 4 Die wirtschaftliche und soziale Situation in den USA 1913–1945 in Zahlen

4a) Großhandelspreise, Beschäftigung und Lohnsumme in den USA 1926–1933 (Index 1926 = 100)

Jahr	Groß-handels-preise	Beschäf-tigung	Lohn-summe
1926	100,0	100,0	100,0
1929	95,3	97,5	100,5
1930	86,4	84,7	81,5
1931	73,0	72,2	61,5
1932	64,8	60,1	64,1
1933	65,9	64,6	44,0

Nach: Berthold Wiegand (Hg.), Geschichte, Politik und Gesellschaft, Bd. 2, Neue Ausgabe, Berlin (Cornelsen) 1993, S. 43.

4b) Einnahmen, Ausgaben und Verschuldung der USA 1929–1941 (in Mrd. Dollar)

Jahr	Einnahmen	Ausgaben	Staatsschulden
1929	4,0	3,3	16,9
1930	4,2	3,4	16,2
1931	3,1	3,6	16,8
1932	1,9	4,7	19,5
1933	2,0	4,6	22,5
1934	3,1	6,7	27,0
1935	3,7	6,5	28,7
1936	4,1	8,5	33,8
1937	5,0	7,8	36,4
1938	5,6	6,8	37,2
1939	5,0	8,9	40,4
1940	5,1	9,1	43,0
1941	7,1	13,3	49,0

Nach: Historical Statistics of the United States, Washington 1960, S. 711.

4c) Arbeitslosenquote in den USA 1913–1945 (in Prozent der zivilen Erwerbspersonen über 16 Jahre)

Jahr	Prozent	Jahr	Prozent
1913	4,3	1929	3,2
1914	7,9	1930	8,7
1915	8,5	1931	15,9
1916	5,1	1932	23,6
1917	4,6	1933	24,9
1918	1,4	1934	21,7
1919	1,4	1935	20,1
1920	5,2	1936	16,9
1921	11,7	1937	14,3
1922	6,7	1938	19,0
1923	2,4	1939	17,2
1924	5,0	1940	14,6
1925	3,2	1941	9,9
1926	1,8	1942	4,7
1927	3,3	1943	1,9
1928	4,2	1944	1,2
		1945	1,9

Nach: Willy P. Adams (Hg.), Die Vereinigten Staaten von Amerika, Frankfurt/M. (Fischer) 1977, S. 505.

2 🚶 Arbeitsteilige Partnerarbeit: Untersuchen Sie eine der Statistiken in M4 unter der Leitfrage, wie sich die wirtschaftlich-soziale Lage der USA im Zeitalter der Weltkriege entwickelte:
a) Auf welchen Zeitraum und auf welche Einzelthemen beziehen sich die Zahlen?
b) Welche Befunde lassen sich erheben? Sind Schwerpunkte, Ausschläge, regelhafte Verläufe erkennbar?
c) Welche Thesen lassen sich aus den Befunden ableiten?
d) Wo liegen die Grenzen der Aussagekraft der von Ihnen untersuchten Zahlenreihe(n)?

3 a) Stellen Sie Ihre Ergebnisse aus Aufgabe 2 in Kurzpräsentationen vor. b) Diskutieren Sie sie. Ziehen Sie hierbei auch Schema M5 hinzu.

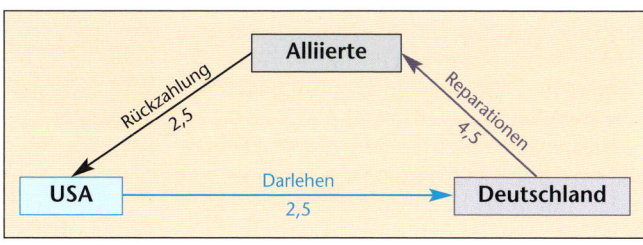

M 5 Schema der internationalen Geldströme 1919–1931

M 6 Die Weltwirtschaftskrise: Ursachen, Anlässe, Folgen – ein Überblick

Der Historiker Willi Paul Adams (2000):
Dem Börsenkrach von 1929 lag eine mehrjährige illusionäre Wertsteigerung amerikanischer Aktien zugrunde, und diese wiederum beruhte auf der unbegründeten Hoffnung, das Wirtschaftswachstum und der Wohlstand seien in den USA auf absehbare Zeit stetig und grenzenlos. Nach der Wahl Hoovers im November 1928 verselbstständigte sich die Börsenhausse[1] zum spekulativen Spiel. Der Preis einer Aktie hatte immer weniger mit dem tatsächlichen Wert des bezeichneten Anteils an einem Unternehmen zu tun. Unlautere Unternehmensvorstände nutzten die Stimmung und legten neue Aktien auf (1928 für 3 Milliarden Dollar, 1929 für 6 Milliarden), ohne das erhaltene Kapital auch langfristig Gewinn bringend zu investieren. Ahnungslose Kleinaktionäre vertrauten auf einen unaufhaltsamen Wertzuwachs ihrer Aktie oder der nächsten, auf die sie nach einem Kursgewinn umstiegen. Etwa in jedem vierten Haushalt besaß jemand Aktien. [...]

Die Aufwärtsspirale geriet ins Stocken, als die erhofften hohen Dividenden 1929 schon im zweiten Jahr ausblieben. Ab Juni 1929 nahmen die Entlassungen bei nicht ausgelasteten Großunternehmen zu. Am 14. Oktober begannen die Aktienpreise zu fallen. Innerhalb von zwei Wochen wollten oder mussten viele der auf Kredit Spekulierenden gleichzeitig verkaufen, und das Kartenhaus brach zusammen. Am 24. Oktober brach die Panik an der New Yorker Börse offen aus („Schwarzer Donnerstag"), und eine Bankiersgruppe versuchte, mit Stützungskäufen den Markt zu stabilisieren. Am 29. Oktober („Schwarzer Dienstag") erfolgte der endgültige Absturz mit 16,5 Millionen zum Verkauf angebotenen Aktien und Kursverlusten von 20 bis 50 %. In den nächsten beiden Wochen verloren die in New York gehandelten Aktien insgesamt einen Wert von 30 Milliarden Dollar. [...]

Die Baisse[2] erreichte ihren Tiefpunkt aber erst am 8. Juli 1932, als der Dow-Jones-Index[3] nur noch 41,22 Punkte notierte. Der Börsenkrach hatte sich zur Weltwirtschaftskrise, der *Great Depression*, von katastrophalen Dimensionen vertieft. Über 6000 Banken – etwa ein Viertel – waren an ihrer Börsenkreditvergabe [...] gescheitert. Über 85 000 Firmen, deren Aktien wertlos geworden waren, gingen in Konkurs. Die Arbeitslosigkeit erreichte 1932 ein Viertel der Arbeit Suchenden *(labor force)*. [...]

Auch die Finanzexperten des *Federal Reserve Board* hatten sich 1931–1932 mit ihrer Geldpolitik in der Rückschau klar erkennbar falsch verhalten. Sie verkannten ebenso wie der Präsident die Ernsthaftigkeit der Rezession, denn bisher waren alle der etwa ein Dutzend ernsthaften Konjunkturkrisen seit Beginn der Industrialisierung wieder in eine Wachstumsphase übergegangen, ohne dass es zum völligen Kollaps gekommen war oder die Bundesregierung als Krisenmanager hätte eingreifen müssen. Nun aber brach der Wirtschaftskreislauf völlig zusammen. Die Prosperität war, wie beschrieben, ungleich verteilt. Auch 1924 hatte es schon einmal über zwei Millionen Arbeitslose gegeben, und die Kaufkraft der Menschen in der Landwirtschaft war erschöpft. Als Mindesteinkommen einer Durchschnittsfamilie mit gerade noch akzeptablem Lebensstandard *(basic necessities* genannt) galten 1929 2500 Dollar [im Jahr]. Die Auswertung der Bevölkerungszählung von 1930 ergab, dass 1929 71 % der amerikanischen Familien über ein geringeres Einkommen verfügten. Die

M 7 Arbeitslose vor einer Suppenküche in New York, Fotografie, Weihnachten 1931

M8 Vor dem Weißen Haus in Washington, Fotografie, Juni 1932. – *US-Veteranen des Ersten Weltkriegs hatten von der Regierung das Versprechen erhalten, im Jahre 1945, d.h. im Alter, eine Prämienzahlung zu erhalten. Als viele Veteranen in der Weltwirtschaftskrise in Not gerieten, demonstrierten sie in Washington für eine vorzeitige Auszahlung des Geldes. Ihre provisorische Zeltstadt vor dem Weißen Haus nannten sie – in Anlehnung an die Armenhütten jener Zeit – nach dem amtierenden Präsidenten „Hooverville". Hoover ließ gegen die Protestierenden Polizei und schließlich Militär einsetzen. Zwei Veteranen starben, ca. 1000 wurden durch Tränengas verletzt.*

Durchschnittslöhne der Arbeiter stiegen von 1923 bis 1929 um 11%, die Gewinne in den prosperierenden Wirtschaftszweigen und damit die Dividenden um über 60%. Das Bankwesen war zudem so schwach organisiert und reguliert, dass es sich nicht für Krisenmanagement eignete. Von den 28000 Banken im Jahr 1925 waren nur 9500 Mitglieder des *Federal Reserve System*. Auch in dem Jahrzehnt vor dem Börsenkrach hatten über 5600 Banken bankrott gemacht, häufig in ländlichen Gebieten im Zusammenhang mit dem Wertverlust der beliehenen Farmflächen. Das laxe Aktien- und Aufsichtsrecht erleichterte die Ausgabe von Aktien, die nicht dem Wert des Unternehmens entsprachen. Die Korruption der Firmenvorstände und Makler traf auf eine irrationale Spekulationsbereitschaft von Kleinaktionären. Die inneramerikanischen strukturellen Schwächen wurden durch den drastischen Rückgang des Außenhandels noch verschärft.

Der Wirtschaftshistoriker Harold Underwood Faulkner erkannte vier Faktoren, die einander so negativ verstärkten, dass aus der amerikanischen Konjunkturkrise die Weltwirtschaftskrise wurde: „(1) der Rückgang der Kaufkraft nicht nur in den USA, sondern auch in anderen Ländern; (2) nach 1929 die Einstellung der amerikanischen Kredite, die einen Teil des internationalen Handels ermöglicht hatten; (3) der im internationalen Tausch teure Dollar, der vom Kauf amerikanischer Produkte abschreckte; und (4) die Schutzzölle der USA, auf die andere Länder ihrerseits mit Einfuhrzöllen und speziell amerikanische Güter treffenden Quoten und Vorschriften reagierten. Der Zusammenbruch in Amerika hat zweifellos auch in Europa eine Depression ausgelöst, die hierher zurückwirkte und den Niedergang der Wirtschaft beschleunigte."

Willi Paul Adams, Die USA im 20. Jahrhundert, München (Oldenbourg) 2000, S. 55 f.

1 Börsenhausse: nachhaltiger Anstieg der Wertpapierkurse über einen längeren Zeitraum
2 Baisse: Phase anhaltend starker Kursrückgänge
3 Aktienindex; wird aus den Kursen von 30 führenden US-Unternehmen der New Yorker Börse berechnet; bedeutendster Aktienindex der Welt.

4 a) Erläutern Sie die Anlässe und die Ursachen der Weltwirtschaftskrise (M6).
b) Untersuchen Sie anhand von M6, der Statistiken M4 und der Bilder M7, M8 die Folgen.

M9 Kontroverse Konzepte zur Überwindung der Weltwirtschaftskrise in den USA

9a) Aus einer Rede des für eine zweite Amtszeit kandidierenden Präsidenten Herbert Hoover (Republikaner), gehalten am 31. Oktober 1932 in New York:

Verweilen wir einen Augenblick, und betrachten wir die Staatsordnung, das soziale und wirtschaftliche Leben Amerikas, die wir nun, wie unsere Gegner es möchten, verändern sollen. Unsere Ordnung ist ein Werk unseres Volkes und unserer Erfahrung im Aufbau einer Nation, die wir auf eine Höhe geführt haben, für die es in der Weltgeschichte keine Parallele gibt. Es ist eine Ordnung, die nur dem amerikanischen Volk eigen ist. [...] Sie beruht auf der Vorstellung, dass nur durch disziplinierte Freiheit, durch Freiheit und gleiche Möglichkeiten für alle, die Initiative und der Unternehmungsgeist so angeregt werden, dass sie jeden Einzelnen dazu bringen, den Fortschritt noch schneller voranzutreiben. [...] Eins kann ich ohne jeglichen Zweifel sagen: dass es der Geist des Liberalismus ist, der freie Menschen hervorbringt, und nicht die Reglementierung der Menschen oder die Ausweitung der Bürokratie. Ich habe in dieser Stadt schon früher erklärt, dass man die Herrschaft der Regierung oder des Staates nicht auf das tägliche Leben der Menschen ausdehnen kann, ohne sie an irgendeinem Punkt zum Herrn der Seelen und Gedanken des Volkes zu machen. Das Übergreifen der staatlichen Tätigkeit auf wirtschaftliches Gebiet bedeutet, dass der Staat, um sich vor den politischen Folgen seiner Irrtümer zu schützen, unweigerlich zu einer immer größeren Beherrschung der Presse und der Redefreiheit getrieben wird, ohne je Frieden zu finden. Die Freiheit der Meinungsäußerung wird den Tod der freien Wirtschaft nicht lange überleben. [...]

Echter Liberalismus ist nicht das Bestreben, die Bürokratie weiter auszubreiten, sondern ihr Schranken zu setzen. Echter Liberalismus sucht die richtigen Freiheiten als Erstes in dem vertrauensvollen Glauben, dass ohne solche Freiheit das Trachten nach anderen Segnungen vergeblich ist. Der Liberalismus ist eine wahrhaft geistige Kraft, die der tiefen Erkenntnis entspringt, dass die wirtschaftliche Freiheit nicht geopfert werden kann, wenn die politische Freiheit erhalten bleiben soll.

Selbst wenn die Führung der Wirtschaft durch den Staat uns ein Höchstmaß an Leistungsfähigkeit sicherte, so wäre diese auf Kosten der Freiheit erkauft. Sie würde Missbrauch und Korruption eher vergrößern als verringern, keine wirklich führenden Köpfe hervorbringen, die geistigen und seelischen Kräfte unseres Volkes verkümmern lassen, die Gleichheit der Möglichkeiten auslöschen und den Geist der Freiheit und des Fortschritts zum Verdorren bringen.

Zit. nach: Herbert Hoover, Memoiren, Bd. 3, Mainz (Matthias Grünewald Verlag) 1952, S. 329 ff.

9b) Aus einer Wahlrede des Präsidentschaftskandidaten Franklin D. Roosevelt (Demokrat) vom 23. September 1932:

Jedermann hat ein Recht zu leben; und das bedeutet, dass er auch das Recht hat, einen auskömmlichen Lebensunterhalt zu verdienen. Er mag durch Trägheit oder Verbrechen der Ausübung dieses Rechtes absagen; aber es darf ihm nicht verweigert werden. [...] Unser formelles und informelles, politisches und wirtschaftliches Regierungssystem ist jedem einen Weg schuldig, sich durch seine eigene Arbeit in den Besitz einer Portion von diesem Überfluss zu setzen, die für seine Bedürfnisse genügt.

Jedermann hat ein Recht auf sein eigenes Eigentum; was ein Recht bedeutet, so weit wie möglich der Sicherheit seiner Ersparnisse gewiss zu sein. Auf keine andere Weise können Menschen die Lasten jener Teile des Lebens tragen, die naturgemäß keine Möglichkeit zur Arbeit geben: Kindheit, Krankheit und Alter. In allem Denken über das Eigentum ist dieses Recht das höchste; alle anderen Eigentumsrechte müssen ihm nachstehen. Wenn wir im Einklang mit diesem Prinzip die Operationen des Spekulanten, des Manipulators, ja selbst des Finanziers einschränken müssen, so glaube ich, müssen wir die Restriktion als notwendig akzeptieren, nicht um den Individualismus zu beeinträchtigen, sondern um ihn zu schützen. [...]

[Die] Folgerung ist, in kurzen Worten, dass die Häupter von Finanz und Industrie, anstatt je für sich zu handeln, zusammenarbeiten müssen, um das gemeinsame Ziel zu verwirklichen. Sie müssen, wo nötig, diesen oder jenen privaten Vorteil opfern und müssen in wechselseitiger Selbstverleugnung nach einem gemeinsamen Vorteil suchen. Hier ist es, wo die formelle Regierung – die politische Regierung, wenn Sie wollen – hereinkommt. Wann immer im Verfolg dieser Absicht der Einzelgänger-Wolf, der unmoralische Konkurrent, der rücksichtslose Geschäftemacher [...] sich weigert, sich zur Erreichung eines Zweckes zusammenzutun, der als im öffentlichen Wohl liegend betrachtet wird, und wenn er die Industrie in einen Zustand der Anarchie zurückzuzerren droht, kann die Regierung zu Recht ersucht werden, Beschränkungen aufzuerlegen. Gleichermaßen: Sollte die Gruppe je ihre kollektive Macht entgegen der öffentlichen Wohlfahrt gebrauchen, muss die Regierung schleunig einschreiten und das öffentliche Interesse schützen.

Die Regierung sollte die Funktion wirtschaftlichen Regulierens nur übernehmen als ein äußerstes Mittel, das erst dann ausprobiert werden soll, wenn die Privatinitiative, angeregt durch hohe Verantwortlichkeit, mit aller Unterstützung und allem Ausgleich, die die Regierung zu geben vermag, am Ende doch versagt. Bisher hat es kein endliches Versagen gegeben, weil es noch keinen Versuch gab; und ich weigere mich anzunehmen, diese Nation sei unfähig mit der Situation fertig zu werden.

Zit. nach: Erich Angermann, Der Aufstieg der Vereinigten Staaten von Amerika. 1914–1957, Stuttgart (Klett) o. J., S. 24 f.

5 Interpretieren Sie Karikatur M1, S. 140:
a) Beschreiben Sie Personen, Gegenstände.
b) Ordnen Sie die abgebildeten Personen sozialen Schichten oder Institutionen zu; begründen Sie Ihre Auswahl.
c) Formulieren Sie eine Gesamtaussage.
6 a) Untersuchen Sie die Reden von Hoover und F. D. Roosevelt zur Lösung der Weltwirtschaftskrise (M9a, b) unter den Aspekten
– Verhältnis von Staat und Individuum,
– Verhältnis von Staat und Wirtschaft,
– Selbstverständnis der US-Gesellschaft.
b) Vergleichen Sie die Reden und beurteilen Sie sie im historischen Kontext.

M 10 Die *New-Deal*-Politik im Überblick

Der Historiker Detlef Junker (1995):
Eines der Gebiete, in das die Regierung Roosevelt sofort nach Amtsantritt durch die Verkündung von viertägigen „Bankferien" eingriff, war das Geld- und Kreditwesen der USA. Alle Maßnahmen in diesem Bereich dienten drei Zwecken: einer durchgreifenden Reform des ziemlich chaotischen Bankwesens, einer Überwachung und Kontrolle des Handels mit Wertpapieren und, was besonders in der Anfangsphase wichtig war, der Schaffung von gesetzlichen Grundlagen für eine Inflationspolitik des Staates, um durch Geldschöpfung die Deflation zu bekämpfen.

Neben der Wiedereröffnung der Banken musste Roosevelt, wenn er das Vertrauen der Bevölkerung in die Regierung zurückgewinnen wollte, sofort handeln, um das dringendste soziale Problem, die riesige Arbeitslosigkeit, anzupacken. Man konnte und durfte nicht warten, bis die Reformgesetzgebung die erhofften wirtschaftlichen Früchte tragen würde. Die Mittel vorläufiger Besserung waren direkte Fürsorgezahlungen des Bundes an die Einzelstaaten und Gemeinden, vor allem aber ein groß angelegtes öffentliches Arbeitsbeschaffungsprogramm, das im März 1933 als befristete Notmaßnahme begann und entgegen der ursprünglichen Absicht erst mit dem Eintritt der USA in den Zweiten Weltkrieg auslief. So verwirrend das äußere Bild der sich ablösenden und ergänzenden Programme und Organisationen auch erschien, wie sehr auch kapitalintensive und arbeitsintensive Projekte miteinander rivalisierten, Roosevelts Grundidee war einfach: Er wollte diejenigen erwerbsfähigen Arbeitslosen von der Straße bringen, die in der privaten Wirtschaft keinen Arbeitsplatz fanden, sie vor Verelendung und Verzweiflung bewahren und ihnen ihr Selbstwertgefühl durch die Gewissheit zurückgeben, den Lebensunterhalt durch sinnvollen Einsatz für das Gemeinwohl zu verdienen. Rechnet man die Angehörigen hinzu, dann profitierten 25 bis 30 Millionen Menschen von den, allerdings bescheidenen, Löhnen aus öffentlicher Arbeit. Die *Works Progress Administratic (WPA)* unter

Roosevelts Vertrautem Harry Hopkins errichtete 122 000 öffentliche Gebäude, baute 664 000 Meilen neuer Straßen, 77 000 Brücken und 285 Flugplätze. Doch auch Lehrer, Wissenschaftler, bildende Künstler und Schriftsteller erhielten Arbeit, womit Roosevelt eine wichtige meinungsbildende Schicht für den *New Deal* gewann.

Zu den tiefsten Eingriffen des Staates in die Marktwirtschaft gehörten die Hilfsmaßnahmen für die Landwirtschaft, die mit Abstand der am schwersten betroffene Wirtschaftszweig war. Gestützt auf vom Kongress in aller Eile erlassene Gesetze, unternahm die Regierung Roosevelt den groß angelegten Versuch, Produktion und Preise zu regulieren. Der Fluch der Überproduktion trieb auch zu Eingriffen auf dem industriellen Sektor. Mit dem Bundesgesetz über den industriellen Wiederaufbau *(National Industrial Recovery Act, NIRA)* verband sich die Hoffnung, durch eine Art korporativer Selbstregulierung unter lockerer Aufsicht und Mitwirkung der Regierung den „ruinösen Wettbewerb" durch einen „fairen Wettbewerb" zu ersetzen. Regierung, Unternehmer

M 11 Karikatur aus der US-Zeitung „Tribune" zum Konflikt zwischen Roosevelt und dem Obersten Gericht, September 1935

und Arbeiterschaft sollten freiwillig zusammenarbeiten, um Produktion, Preise und Löhne zu stabilisieren.

Die Arbeiterschaft erhielt in dieser konzertierten Aktion als Gegenleistung zum ersten Mal in der Geschichte der USA das Recht zu freier überbetrieblicher Organisation und zu kollektiven Tarifverhandlungen. Ferner wurden Höchstarbeitszeiten und Mindestlöhne zugesagt, und die Arbeit von Kindern unter 16 Jahren wurde gänzlich verboten.

Den entscheidenden Schritt des Bundes auf dem Weg zum Sozialstaat markierte das Gesetz über die soziale Sicherheit von 1935, durch das eine Arbeitslosenversicherung und eine Altersrente eingeführt wurden. Diese Anfänge der sozialen Sicherheit waren allerdings außerordentlich bescheiden. Vom Genuss der ohnehin geringen Zahlungen blieb fast die Hälfte der Amerikaner ausgeschlossen. Eine Krankenversicherung wurde nicht eingeführt. Die Gesetzgebung des *New Deal* hat dennoch die doppelte Struktur der bundesstaatlichen Sozialpolitik bis heute geprägt. Beide Grundprinzipien des Sozialstaates, die beitragsfinanzierte Sozialversicherung *(social security)* und die steuerfinanzierte Sozialhilfe oder Sozialfürsorge *(welfare)* gehen auf die 1930er-Jahre zurück.

Detlef Junker, Franklin Delano Roosevelt 1933–1945, in: Jürgen Heideking (Hg.), Die amerikanischen Präsidenten, München (C. H. Beck) 1995, S. 315 f.

7 🚶 Projektvorschlag: „Die *Tennessee Valley Authority (TVA)* – ein regionales Entwicklungsprojekt des *New Deal* als Vorbild für Wirtschaftsförderung in Deutschland heute?"
– Setzen Sie sich mit Zielen, Maßnahmen und Ergebnissen der TVA-Arbeit fächerübergreifend auseinander (Geschichte, Erdkunde, Englisch).
– Erforschen Sie auch die heutige soziale und wirtschaftliche Situation in dieser US-Region.
– Besorgen Sie sich Informationen, z. B. unter www.tva.gov/. Nutzen Sie auch den Überblick über die *New-Deal*-Politik in M10. Überlegen Sie sich eine geeignete Präsentationsform.
– Literatur: David Eli Lilienthal, *Das elektrische Stromtal. Tennessee*, München 1950. – Fotos: www.fdrlibrary.marist.edu und newdeal.feri.org
8 Gegner des *New Deal?* Interpretieren Sie die Karikatur M11. Ziehen Sie ggf. weitere Handbücher heran (s. Literaturhinweise S. 220 ff.).

M 12 Urteile der Forschung zur Politik des *New Deals*

12 a) Der Historiker Dudley E. Baines schreibt (1977):
Wenn man die Entwicklung objektiv betrachtet, ist es schwer zu erklären, wie die *New-Deal*-Maßnahmen die Industrieproduktion von 1933 bis 1934 um 15 Prozent steigern konnten. Besserte sich die Lage trotz der getroffenen Maßnahmen? Höchstwahrscheinlich hat die Wahl eines neuen Präsidenten, der offensichtlich entschlossen war zu handeln, die Unternehmer und andere davon überzeugt, dass die Lage durchaus nicht so hoffnungslos war, wie sie im Winter 1932/33 zu sein schien.

Jedenfalls war der *New Deal* kein voller Erfolg. Das Realeinkommen pro Kopf der Bevölkerung erreichte erst 1940 wieder den Stand von 1929 und zu dieser Zeit wurde das wirtschaftliche Wachstum durch die Aufrüstung angeregt […]. In jedem Winter gab es neun bis zehn Millionen Arbeitslose und noch 1941 hatten 5,5 Millionen Menschen keine Arbeit. Die privaten Investitionen, von denen die Wirtschaft abhing, waren die ganze Zeit über sehr gering. Die Gesamtproduktion ging bei dem ersten Zusammenbruch so weit zurück (um etwa 30 Prozent), dass die Industriekapazität sich erst steigerte, als die Wiederaufrüstung in vollem Gang war. […]

Um einer neuen derartigen Wirtschaftskrise vorzubeugen, versuchte Roosevelt, das politische System zu reformieren – insbesondere das Verhältnis von Wirtschaft und Regierung.

Viele dieser Ziele, die an sich alle erstrebenswert waren, schlossen sich gegenseitig aus. […]

Die *National Recovery Administration* stellt einen ähnlichen Fall dar. Roosevelt argumentierte, wenn die Regierung der Industrie helfe, die Preise durch Absprachen festzulegen, dann müsste sie auch die Gewerkschaften ermutigen, höhere Löhne zu fordern. Da es jedoch darum ging, die Gewinne der Unternehmen zu steigern, ließ sich beides nicht miteinander verbinden. […]

In Wirklichkeit war der *New Deal* keineswegs unternehmerfeindlich. Er setzte seine

Bürokraten nur dort ein, wo die privaten Unternehmer versagt hatten, und auch nur so lange, bis sich die Privatwirtschaft wieder erholt hatte. Indem er einer radikaleren Lösung zuvorkam, war er der Retter und nicht der Zerstörer des Kapitalismus. Es gab keine kollektivistische Planung und keine klar umrissene Ideologie, weder eine sozialistische noch eine andere. Schon mit dem Schlagwort vom *New Deal* war gesagt, dass der Einzelne seine Karten selbst ausspielen sollte.

Eine der dauerhaftesten Nachwirkungen des *New Deal* bestand in dem Machtzuwachs der Bundesregierung im Allgemeinen und des Präsidenten im Besonderen. Vor 1933 war „die Regierung" für den Durchschnittsamerikaner die Regierung seines Einzelstaates oder gar der Bürgermeister und der Gemeinderat. Nun war die Bundesregierung bereit, die Dinge selbst in die Hand zu nehmen. Um das zu tun, musste sie den Zuständigkeitsbereich der Einzelstaaten und der privaten Wirtschaft einschränken. Der Präsident und die Behörden der Exekutive wurden anstelle des Kongresses die Initiatoren von Gesetzesvorlagen. Als diese Veränderungen fest etabliert waren, vollzog sich in der amerikanischen Gesellschaft ein grundlegender Wandel.

Dudley E. Baines, Die Vereinigten Staaten zwischen den Weltkriegen, 1919–1941, in: Willi Paul Adams (Hg.), Die Vereinigten Staaten von Amerika, Frankfurt/M. (Fischer) 1977, S. 350 ff.

12 b) Der Historiker Detlef Junker argumentiert (1995):
Bis heute ist die Frage umstritten, wie erfolgreich der *New Deal* gewesen sei. Es ist wahr, dass der *New Deal* Arbeitslosigkeit und Not zwar lindern, aber nicht beseitigen konnte und die sozialpolitischen Gesetze über bescheidene Anfänge nicht hinauskamen. Erst der Krieg brachte Vollbeschäftigung und sich überschlagende Produktionsrekorde. Die nicht-organisierten Gruppen der Bevölkerung und die sozial deklassierten Minderheiten, auch die Schwarzen, blieben am Rande des *New Deal*, die ungleiche Vermögens- und Einkommensstruktur änderte sich nicht wesentlich, die Monopole und Konzerne verloren lediglich an Einfluss, nicht aber an Größe. Niemand kannte die Grenzen des *New Deal* besser als Roosevelt selbst, war er es doch gewesen, der für seine zweite Amtszeit den Kampf gegen die Armut des unteren Drittels der Nation angekündigt hatte. Was er nicht erreichte, lag weniger an ihm als an nicht übersteigbaren Schranken, die das politisch-wirtschaftliche System der USA auch dem führungsstärksten Präsidenten setzt. Seine beiden schwersten innenpolitischen Rückschläge, der Versuch einer Reorganisation des *Supreme Court* [= Oberstes Bundesgericht], der den zentralisierenden Tendenzen des *New Deal* Widerstand entgegengesetzt hatte, und die Ausschaltung der konservativen Opposition in der eigenen Partei nach dem überragenden Wahlsieg von 1936 sind dafür schlagende Beispiele. Beide Angriffe, die aus der Sicht Roosevelts den *New Deal* sichern und weitertreiben sollten, scheiterten, weil er das Durchsetzungsvermögen und die Macht des Präsidenten überschätzte.

Entscheidend war aber, dass Roosevelt einer entmutigten, verunsicherten und richtungslosen Nation neue Hoffnung gegeben hatte. Das Einzige, was die Nation zu fürchten habe, so hatte er schon bei seiner Amtseinführung ausgerufen, sei die Furcht selbst.

Detlef Junker, Franklin Delano Roosevelt 1933–1945, in: Jürgen Heideking (Hg.), Die amerikanischen Präsidenten, München (C. H. Beck) 1995, S. 316 f.

12 c) Der Historiker Jürgen Heideking schreibt (1996):
Der statistisch messbare Erfolg der Reformen war […] begrenzt: Ohne den Rüstungsboom des Zweiten Weltkriegs hätte es wohl noch eine ganze Weile gedauert, bevor die angestrebte durchschlagende Produktionssteigerung erreicht worden wäre, von der Vollbeschäftigung, soziale Sicherheit und eine gerechtere Einkommensverteilung abhingen. Signifikante strukturelle Veränderungen der amerikanischen Wirtschaft blieben ebenso aus wie die von Teilen der Arbeiterbewegung geforderte „Wirtschaftsdemokratie". Es trifft auch zu, dass die Bilanz des *New Deal* für Frauen und Minderheiten eher mager ausfiel. Der Aufstieg von immer mehr Frauen in höhere Regierungs- und Verwaltungspositionen spiegelte sich noch nicht in einer

gezielten Verbesserung der Lage weiblicher Arbeitskräfte wider. […] Fortschritte in der Rassenintegration und der politischen Gleichberechtigung der Afroamerikaner ließen sich gegen den Widerstand der Südstaaten-Abgeordneten nicht durchsetzen […]. Dafür profitierten die Schwarzen – insbesondere in den Städten – überproportional von den Hilfsprogrammen für arme Amerikaner, was dazu führte, dass sie ihre parteipolitische Loyalität mehrheitlich von der Partei Lincolns auf die Demokraten übertrugen. Je schwächer eine Gruppe organisiert war, desto geringere Aussicht hatte sie, von den *New-Deal*-Programmen zu profitieren. […]

Aus historischer Perspektive und vor dem Hintergrund der gleichzeitigen Ereignisse im Rest der Welt gesehen, fällt die Gesamtbewertung des *New Deal* aber dennoch positiv aus. Die Roosevelt-Administration beabsichtigte keine grundlegende, revolutionäre Umwälzung der amerikanischen Gesellschaft, und sie befand sich damit offenbar im Einklang mit der großen Mehrheit der Amerikaner. Zeitgenössische soziologische Untersuchungen lassen erkennen, dass das liberale Koordinatensystem von Individualismus, Eigeninitiative, Konkurrenz und Mobilität trotz der Depression weit gehend erhalten blieb. Es wurde auch ganz bewusst von der Unterhaltungsindustrie Hollywoods bestärkt, die sich 1934 eine Selbstzensur gegen die offene Darstellung von Sex, Gewalt und Unmoral verordnete und deren Produzenten bemüht waren, selbst realistische Gegenwartsschilderungen mit einem optimistischen Happy End zu versehen. Die Mehrzahl der Bürger hielt offensichtlich am *American Dream* fest und gab die Hoffnung nicht auf, dass sich wirtschaftliche Leistungskraft und Fortschritt mit einem hohen Maß an individueller Freiheit, demokratischer Mitbestimmung und föderaler Selbstverwaltung vereinbaren ließen. Die Verfassung bildete immer noch eine Schranke gegen den allmächtigen Zentralstaat, und die Aversion gegenüber einem bürokratischen Wohlfahrtssystem mit hohen Steuerlasten reichte bis weit in die Mittelschicht hinein. […]

Entscheidend war aber, dass der *New Deal* den Amerikanern das Gefühl nahm, einem schicksalhaften Verhängnis hilflos ausgeliefert zu sein, und dass er ihnen eine überzeugende demokratische Alternative zu allen autoritären und totalitären Versuchen bot. Im praktischen Handeln und im Denken der Menschen setzte sich die neuartige Vorstellung durch, dass die Bundesregierung im Interesse der Wohlfahrt aller Bürger das Recht haben musste, helfend, regulierend und kontrollierend in die Wirtschaftsabläufe einzugreifen. Damit einher ging die Anerkennung einer hervorgehobenen Stellung des Präsidenten und der bundesstaatlichen Exekutive insgesamt nicht nur in der Außenpolitik, sondern jetzt auch in Fragen der Innen-, Wirtschafts- und Sozialpolitik.

Jürgen Heideking, Geschichte der USA (1996), Bearb. Christoph Mauch, Tübingen (UTB) 2003, S. 313 ff.

9 Erarbeiten Sie die Thesen und Argumente von Baines und Junker zum *New Deal* (M12a und b).

10 Vergleichen Sie die Positionen und Argumente von Dudley E. Baines und Detlef Junker. Erörtern Sie auch, welche Aspekte der historischen Wirklichkeit beide Autoren beleuchten (M12a und b).

11 Hausaufgabenvorschlag:
Einen Sekundärtext zur Politik des *New Deals* interpretieren.
a) Fassen Sie das Urteil des Historikers Heideking (M12c) über den *New Deal* zusammen. Geben Sie dabei die Argumente wieder, mit denen der Autor (Heideking) seine Thesen stützt.
b) Diskutieren Sie die Vorzüge und Nachteile der Thesen von Heideking. Greifen Sie dabei auch auf Ihre Ergebnisse aus Aufgabe 9 zurück.

„Soziale Sicherheit" – die USA und Deutschland im Vergleich

M 13 Staatliche Wohlfahrtspolitik oder individuelle Verantwortung?

Der Soziologe Franz-Xaver Kaufmann über die USA (2003):
Die Vereinigten Staaten mit europäischen Wohlfahrtsstaaten zu vergleichen führt leicht zu unangemessenen Ergebnissen. In mancherlei Hinsicht wäre ein Vergleich mit
5 der Europäischen Union angemessener. Während sich die EU bisher aus der Regelung interpersoneller Umverteilungsverhältnisse heraushält und dies den Gliedstaaten überlässt, haben die USA im *Social Security*
10 *Act* [vom 14. August 1934] ein sozialpolitisches Grunddokument zur bundeseinheitlichen Regelung der wichtigen Belange der Alters-, Hinterlassenen- und Invalidensicherung. Alle anderen sozialpolitischen Belange
15 sind dagegen – wenn überhaupt – auf der Ebene der Gliedstaaten geregelt, wobei erhebliche Unterschiede hinsichtlich der gewährleisteten Ansprüche ihrer Art, ihrem Umfang und ihrer Höhe nach bestehen. Die
20 Geschichte der amerikanischen Sozialpolitik ist reich an gescheiterten Initiativen zum Ausbau des sozialen Schutzes, und sie wurde im Übrigen durch fortgesetzte Auseinandersetzungen zwischen Bund und Gliedstaaten
25 mit Bezug auf die Zuständigkeiten und die Finanzierung von Sozialleistungen geprägt.
 Mit Bezug auf die Wirtschaftsordnung dagegen sind die USA einheitlich. Das institutionelle Arrangement der Wohlfahrtspro-
30 duktion ist in den Vereinigten Staaten durch die Dominanz des Marktprinzips und der Interessen privater Kapitalakkumulation [= Kapitalanhäufung] zu kennzeichnen. Im Unterschied zur skandinavischen Doktrin
35 einer wohlfahrtsstaatlich ermöglichten Abkoppelung der in ihren Erwerbsmöglichkeiten Beeinträchtigten vom Erwerbszwang […] dominiert in den USA die Erwartung, dass staatliche Maßnahmen die Wirksamkeit
40 der Marktkräfte nicht beeinträchtigen sollen. Dementsprechend fehlt es weit gehend an inhaltlichen staatlichen Vorgaben für das Arbeitsrecht, das vielmehr als eine Angelegenheit von Verhandlungen zwischen Arbeitgebern und Gewerkschaften bzw. den
45 einzelnen Arbeitnehmern behandelt wird. Für die soziale Absicherung spielen die betrieblichen Sozialleistungen […] eine außergewöhnlich große Rolle, und die sie gewährleistenden Fonds gehören zu den
50 bedeutendsten Akteuren auf den Finanzmärkten. Aber es fehlt an breitenwirksamen Vorkehrungen für den Fall der Erwerbslosigkeit vor dem Ruhestand. Jeder Mann und jede Frau – auch die Mütter – haben
55 grundsätzlich ihren Lebensunterhalt durch Arbeit zu verdienen. Dabei steht die öffentliche Förderung der Kleinkindbetreuung jedoch noch in ihren Anfängen, wie das Kinderhaben überhaupt als reine Privatange-
60 legenheit betrachtet wird.
 An die zweite Stelle im Arrangement der Wohlfahrtsproduktion ist daher die Familie zu setzen, deren Solidaritäten – soweit sie vorhanden sind – ein wesentliches Moment
65 des sozialen Schutzes ausmachen. […] Die Rolle des Staates mit Bezug auf die Wohlfahrtsproduktion konzentriert sich auf die Kriegsveteranen, die Alten und die Behinderten, während für alle anderen bedürftigen
70 Bevölkerungsgruppen den Kirchengemeinden und sonstigen gemeinnützigen Einrichtungen im Vergleich zu den meisten europäischen Ländern überdurchschnittliche Bedeutung zukommt.
75 Bedingung wie auch Folge dieses marktorientierten Systems ist die Akzeptanz größerer sozialer Ungleichheit in den USA als in Europa.

12 Beschreiben Sie anhand von M13 die Prinzipien der US-amerikanischen Sozialpolitik, d. h. der Absicherung der Menschen gegen Lebensrisiken (Krankheit, Alter, Invalidität, Arbeitslosigkeit). Erläutern Sie Zuständigkeiten
a) des Staates (Einzelstaat/Bundesstaat),
b) von Verbänden,
c) von Unternehmen,
d) des Individuums.

M 14 Der Soziologe Kaufmann über das deutsche Sozialsystem (2003)

Im internationalen Vergleich sticht der deutsche Sozialstaat vor allem durch das bedeutende Gewicht des Arbeitsrechts für die sozialpolitische Entwicklung, durch das
5 Dominieren beitragsfinanzierter Einkommensverteilung im Vergleich zur staatlichen Bereitstellung sozialer Dienste und durch die Betonung des Subsidiaritätsprinzips, also die Delegation öffentlicher Aufgaben an nicht-
10 staatliche Träger, hervor. […]
   Die meisten sozialpolitischen Einrichtungen sind körperschaftlich selbstständig und daher auch selbst bis zu einem gewissen Grade zur […] Wahrung ihrer Interessen gegen-
15 über der Politik befähigt. Der hohe Grad der Verbandlichung[1] […] beschränkt und entlastet die politischen Entscheidungsprozesse von manchen Steuerungsaufgaben. […]
   Trotz der programmatischen Betonung
20 der Marktwirtschaft ist der Einfluss der betrieblichen Sozialpolitik deutlich geringer als im angelsächsischen Raum und auch der Druck zur Aufnahme einer Beschäftigung […]. Es scheint vielmehr einen indirekten
25 Konsens zwischen Arbeitgebern und Gewerkschaften zu geben, Beschäftigungsprobleme eher durch Ausgliederung aus dem Arbeitsmarkt (z. B. vorzeitiger Ruhestand, Widerstand gegen subventionierte Beschäfti-
30 gungsverhältnisse) zu lösen als durch eine aktive Arbeitsmarktpolitik. Den Unternehmern ist dabei an einer Beschäftigung von möglichst hoch produktiven Arbeitskräften, den Gewerkschaften an einer Verknappung
35 des Arbeitsangebots gelegen. Eine hoch effiziente Marktwirtschaft soll durch einen großzügigen Sozialstaat ergänzt werden. […]
   Wer eine lange Lebensarbeitszeit erreicht hat, kann sich durch sozialversicherungs-
40 und versorgungsrechtliche Gewährleistungen vergleichsweise gut gesichert fühlen. Dagegen ist der Sicherungsstatus der nicht erwerbstätigen Hausfrauen sowie derjenigen, die keine kontinuierliche Erwerbsbiografie
45 aufweisen, vergleichsweise prekär, vor allem mit Bezug auf Alter und Arbeitslosigkeit. Weit weniger als in den Vergleichsstaaten wird zudem der familiale Status anerkannt: So kommt es, dass die Renten von Alleinste-
50 henden und „Hausfrauenehen" unter sonst gleichen Bedingungen nahezu gleich hoch sind, während Doppelverdienerpaare wesentlich höhere Anwartschaften erreichen. Noch immer prägt das Modell der Haus-
55 frauenehe das deutsche Sozialrecht, obwohl sich die privaten Lebensformen der nachwachsenden Generationen zunehmend davon entfernen. Demografische Schieflagen lassen zudem erhebliche Einschrän-
60 kungen für die ab ca. 2015 ins Rentenalter gelangenden Generationen erwarten. […]
   Dem vergleichsweise umfassenden Ausbau der staatlich veranlassten Einkommenssicherung in den drei Formen der Sozialver-
65 sicherung, der staatlichen Versorgung und der Sozialhilfe steht eine eher bescheidene Rolle des Staates im Bereich der sozialen Dienste gegenüber. Das gilt insbesondere für den Bund […]. Aber auch auf der Länderebe-
70 ne wird der staatliche Einfluss durch den Einfluss der Verbände […] stark eingeschränkt. […]
   Trotz eines umfassenden sozialstaatlichen Rahmens bleibt die wohlfahrtsstaatliche
75 Politik in der Bundesrepublik […] unübersichtlich. Das liegt weniger an der Gesetzgebung als an der Vielzahl der mit der Gesetzesdurchführung befassten Träger. Im Unterschied zu den Vereinigten Staaten führt der
80 Föderalismus jedoch nicht zu nachhaltigen Verschärfungen der sozialen Ungleichheit, da der gesetzliche Rahmen für die meisten Materien vom Bund vorgegeben ist und auch die Finanzverfassung einen weit gehen-
85 den Ausgleich der unterschiedlichen Finanzkraft der Länder vorsieht.

M13 und M14: Franz-Xaver Kaufmann, Varianten des Wohlfahrtsstaats, Frankfurt/M. (Suhrkamp) 2003, S. 121 ff. und 304 ff.

1 *Gemeint ist das Vorherrschen von Abmachungen zwischen Interessenverbänden.*

13 Beschreiben Sie (vgl. Aufgabe 12) die Prinzipien der deutschen Sozialpolitik (M14).
14 Vergleichen Sie mit der US-amerikanischen Sozialpolitik.
15 Podiumsdiskussion: Soziale Sicherheit im Zeitalter der Globalisierung? Benennen Sie eine Moderatorin; als Diskutanten: Arbeitnehmerin, Unternehmer aus den USA, Arbeitnehmer, Unternehmerin aus Deutschland.

M 15 Außenpolitik der USA nach dem Ersten Weltkrieg: Die Ausgangssituation aus der Sicht eines Karikaturisten. – *„Pilgrim Landing in America", USA, 1919.*

M 16 Grundzüge der US-Außenpolitik bis zum Beginn der 1930er-Jahre

Der Historiker Willi Paul Adams (2000):
Im Wahlkampf 1920 versprach Harding[1], sich vom Internationalismus Wilsons[1] abzuwenden […]. Dennoch luden Harding und sein aktiver Außenminister Charles
5 Evans Hughes bereits im November 1921 zu einer großen Abrüstungskonferenz nach Washington ein, um das neue Wettrüsten im Schlachtflottenbau zu bremsen und Konflikte im Pazifikraum zu regeln. Geladen
10 waren aus Europa Großbritannien, Frankreich, Italien, Belgien, die Niederlande und Portugal (Deutschland hatte keine Flotte mehr), aus Asien die beiden Rivalen Japan und China. Die von den USA bis 1933 diplo-
15 matisch nicht anerkannte Sowjetunion fehlte. Das in Washington ausgehandelte Flottenabkommen vom Februar 1922 schrieb die Obergrenze der gesamten Schlachtschiffkapazitäten in Bruttoregistertonnen fest:
20 USA 500 000; Großbritannien 500 000; Japan 300 000; Frankreich 175 000; Italien 175 000. Die Anzahl kleinerer Schiffe, auch von U-Booten, blieb unbegrenzt. Andere Abkommen bekräftigten die Unabhängigkeit
25 Chinas und das Prinzip der offenen Tür, hoben, sehr zur amerikanischen Beruhigung, den britisch-japanischen Verteidigungspakt von 1902 auf, akzeptierten aber Japans Oberherrschaft in der südlichen Mandschurei.
30 Insgesamt stärkten die Absprachen die amerikanische und japanische Präsenz im Pazifikraum. Die Reaktion der Weltöffentlichkeit auf das erste internationale Abrüstungsabkommen der Seemächte war eupho-
35 risch. Es wurden tatsächlich 70 Schiffe abgewrackt. Da es sich um Selbstverpflichtungen ohne Sanktionen handelte, erwies sich der praktische Wert des Abkommens jedoch bald als gering. Die von Coolidge[1] angeregte, aber
40 schlecht vorbereitete Seeabrüstungskonferenz mit Großbritannien und Japan in Genf, die einen ähnlichen Proporz auf die kleineren Schiffe übertragen sollte, endete 1927 ergebnislos im Streit selbst zwischen Englän-
45 dern und Amerikanern.
Zum Klischee der „isolationistischen" Außenpolitik passt auch nicht die aktive Rolle der USA bei der Regelung der deutschen Reparationen […]. Die Grenze des interna-
50 tionalen Engagements unter Coolidge zeigte sich in der amerikanischen Reaktion auf den Vorschlag des französischen Premierministers Aristide Briand (der einen erneuten Krieg mit Deutschland befürchtete und
55 eigentlich einen Verteidigungspakt mit den USA wollte), die USA und Frankreich sollten in einer gemeinsamen Erklärung Krieg als Mittel der nationalstaatlichen Politik „ächten". Außenminister Frank Kellogg fing den
60 Ball auf, warf ihn aber in veränderter Form zurück: Um den Anschein einer besonderen Verpflichtung der USA gegenüber Frankreich zu vermeiden, sollten alle Regierungen aufgefordert werden, das Manifest, das Kon-
65 fliktlösung durch Verhandlungen forderte, einen reinen Verteidigungskrieg aber billigte, zu unterschreiben – was im August 1928 in Paris auch zunächst 15 und schließlich 62 Regierungen taten. Für Deutschland

unterschrieb Außenminister Stresemann. Der amerikanische Senat ratifizierte den zahnlosen Pakt im Januar 1929 mit 85:1 Stimmen, nachdem ein Zyniker erklärt hatte, guten Vorsätzen zum neuen Jahr müsse man doch zustimmen.

Als Japaner 1931 den Süden der Mandschurei besetzten, rief die chinesische Regierung den Völkerbund an und verwies auf den Kriegsächtungspakt, aber nichts geschah. Auch Präsident Hoover war zu keinen Sanktionen bereit und ließ Außenminister Henry Stimson eine diplomatische Note nach Tokio und Peking schicken: die Vereinigten Staaten würden die gewaltsame Eroberung von Territorien und sonstige Verletzungen der Integrität der Republik China nicht anerkennen (Stimson-Doktrin). Auch dieser Appell hatte keine Wirkung.

Die interventionistische Anwendung der Monroe-Doktrin gegenüber Lateinamerika gab erst Präsident Hoover[1] auf. Nach seiner Wahl und vor seinem Amtsantritt im März 1929 kündigte er auf einer mehrwöchigen Rundreise durch Mittel- und Südamerika eine neue Politik des „guten Nachbarn" an. (Sein Amtsnachfolger Roosevelt übernahm die freundliche Formel.) Hoover brach mit dem Vormachtverhalten, demzufolge um 1925 von den 20 lateinamerikanischen Ländern 16 von den US-Marines oder US-Bankiers oder beiden dominiert wurden. […] Im Unterschied zu Wilson war Hoover bereit, alle De-facto-Regierungen anzuerkennen, ohne nach ihrer demokratischen Legitimation zu fragen. Nicaragua, wo Coolidge und Hoover den konservativen Präsidenten Adolfo Diaz gegen den Revolutionär Augusto Sandinos stützten, verließen die letzten Marinesoldaten erst 1933, am Ende der Amtszeit Hoovers.

Willi Paul Adams, Die USA im 20. Jahrhundert, München (Oldenbourg) 2000, S. 50ff.

1 US-Präsident; siehe Innenumschlag hinten.

16 Erläutern Sie ausgehend von der Karikatur M15 die Lage der US-Außenpolitik 1919.
17 a) Arbeiten Sie aus M16 die Kernmerkmale der US-Außenpolitik von 1920 bis 1933 heraus.
b) Diskutieren Sie, ob der Begriff „Isolationismus" für diese Zeit angemessen ist.

M 17 Zeitgenössische Dokumente zur US-Außenpolitik im Zeitalter der Weltkriege

17 a) Franklin D. Roosevelt am 5. Oktober 1937 in Chicago („Quarantäne"-Rede):
Ich bin gezwungen und Sie sind gezwungen, in die Zukunft zu blicken. Friede, Freiheit und Sicherheit von neunzig Prozent der Menschheit werden von den übrigen zehn Prozent gefährdet, durch die der Zusammenbruch aller Ordnung und allen Rechts im internationalen Leben droht.

Die Situation ist zweifellos für die ganze Welt von größter Bedeutung. Unglücklicherweise scheint die Epidemie der Gesetzlosigkeit sich auf der Welt auszubreiten.

Wenn eine Krankheit sich epidemisch ausbreitet, beschließt die Gemeinschaft, um sich vor Ansteckung zu schützen, die Patienten in Quarantäne zu legen. Der Krieg ist eine Seuche, ob er nun erklärt ist oder nicht. Er kann Staaten und Völker verschlingen, die vom ursprünglichen Schauplatz der Feindseligkeit weit entfernt sind.

Wenn die Zivilisation bestehen bleiben soll, müssen die Grundsätze des Friedensfürsten wieder hochgehalten werden. Das Vertrauen zwischen den Völkern muss wiederhergestellt werden.

Am allerwichtigsten ist, dass der Wille zum Frieden von Seiten der friedliebenden Völker so deutlich zum Ausdruck kommt, dass Völker, die vielleicht in Versuchung geraten, ihre Verträge und die Rechte anderer Völker zu verletzen, davon Abstand nehmen.

17 b) Franklin D. Roosevelt in seiner Jahresbotschaft vom 6. Januar 1941
Erstens haben wir uns zu einer allumfassenden Landesverteidigung verpflichtet. – Zweitens haben wir uns zur vollen Unterstützung aller jener standhaften Völker verpflichtet, die überall den Angreifern entschlossenen Widerstand leisten und hierdurch den Krieg von unserem Erdteil fern halten. – Drittens haben wir uns aus Moralprinzipien und in der Sorge um unsere eigene Sicherheit dazu verpflichtet, niemals zu einem Frieden unser Einverständnis zu geben, der von den Angreifern diktiert und von Beschwichtigungspolitikern unterstützt wird. Wir wis-

M 18 Lieferungen der USA an die Alliierten im Zweiten Weltkrieg

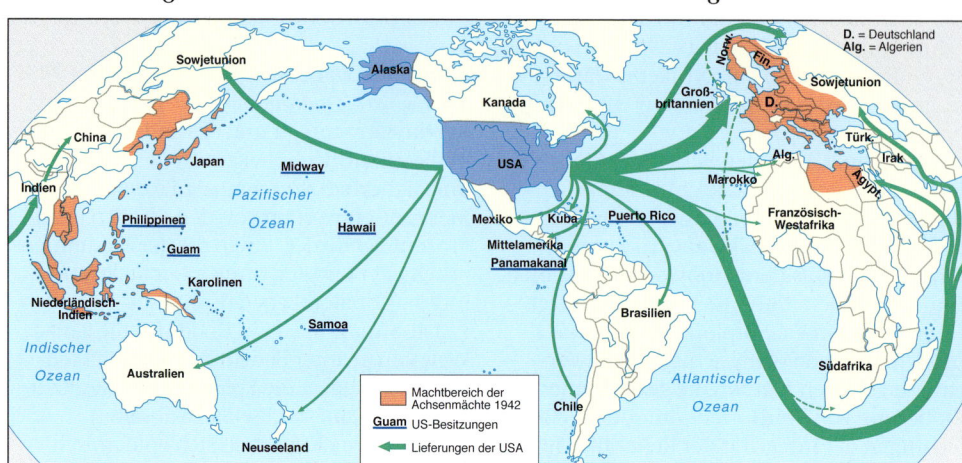

sen, dass ein dauernder Friede nicht um den Preis der Freiheit anderer Völker erkauft werden kann.

Für die Zukunft, die wir zu sichern versuchen, erhoffen wir eine Welt, die sich auf vier wesentliche menschliche Freiheitsrechte gründet. Das erste ist die Freiheit der Rede und der Meinungsäußerung – überall in der Welt. Das zweite ist die Freiheit für jeden, Gott auf seine Weise zu verehren – überall in der Welt. Das dritte ist die Freiheit von Not – was, international gesehen, so viel heißt wie wirtschaftliche Abkommen, die der Bevölkerung jedes Landes gesunde Friedensverhältnisse sichern – überall in der Welt. Das vierte ist die Freiheit von Furcht – was, international gesehen, so viel heißt wie eine die ganze Welt betreffende Abrüstung bis zu dem Grade und so gründlich, dass keine Nation in der Lage sein wird, einen Angriffsakt gegen ein Nachbarland zu begehen – überall in der Welt.

M17a, b zit. nach: Franklin D. Roosevelt, Links von der Mitte. Briefe, Reden, Konferenzen, hg. von Donald Day, Übers. Peter Stadelmayer/Christian Hübener, Frankfurt/M. (Frankfurter Hefte) 1951, S. 377 f.

17c) Atlantik-Charta vom 14. August 1941:
Der Präsident der Vereinigten Staaten von Amerika und Ministerpräsident Churchill als Vertreter der Regierung Seiner Majestät im Vereinigten Königreich, die zusammengetroffen sind, halten es für angebracht, gewisse allgemeine Prinzipien der Politik ihrer Länder bekannt zu geben, Prinzipien, auf die sie ihre Hoffnung auf eine bessere Zukunft der Welt gründen.

Erstens: Ihre Länder erstreben keine Bereicherung in territorialer oder anderer Hinsicht.

Zweitens: Sie wünschen keine territorialen Veränderungen, die nicht im Einklang stehen mit den frei ausgesprochenen Wünschen der betroffenen Völker.

Drittens: Sie achten das Recht aller Völker, sich diejenige Form der Regierung zu wählen, unter der sie leben wollen; und sie wollen souveräne Rechte und Selbstregierung für jene, die ihrer gewaltsam beraubt worden sind, wiederhergestellt sehen.

Viertens: Sie werden bestrebt sein – unter gebührender Beachtung ihrer bestehenden Verpflichtungen –, zu fördern, dass alle Staaten, ob groß oder klein, Sieger oder Besiegte, unter gleichen Bedingungen Zutritt zum Handel genießen und zu den Rohstoffen der Welt, die für ihren wirtschaftlichen Wohlstand benötigt werden.

Fünftens: Sie erstreben engste Zusammenarbeit aller Nationen auf wirtschaftlichem Gebiet mit dem Ziel, für alle verbesserte Arbeitsbedingungen, wirtschaftlichen Ausgleich und soziale Sicherheit zu gewährleisten.

Sechstens: Nach der endgültigen Vernichtung der Nazi-Tyrannei erhoffen sie die

M 19 Militärischer Einsatz der USA im Zweiten Weltkrieg

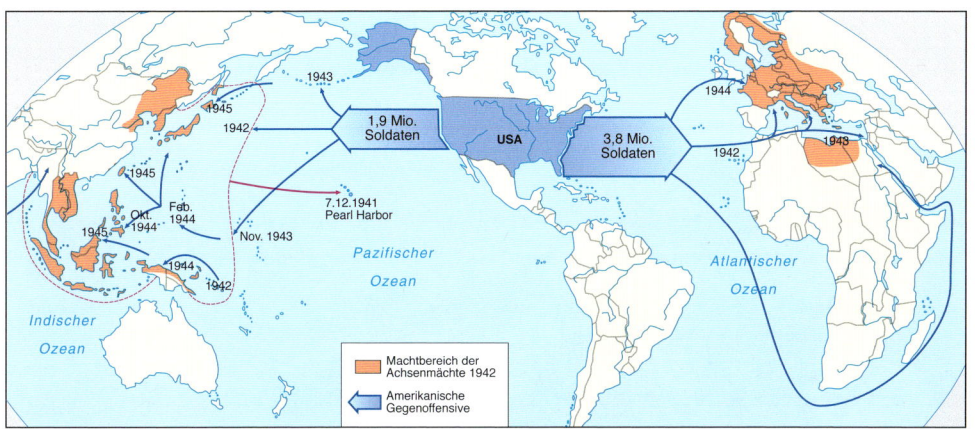

Schaffung eines Friedens, der allen Völkern ermöglicht, innerhalb ihrer Grenzen in Sicherheit zu leben, und der allen Menschen in allen Ländern die Sicherheit gewährleistet, ihr Leben in Freiheit von Furcht und Not zu verbringen.

Siebentens: Ein solcher Friede soll allen Menschen freie Schifffahrt auf den Meeren und Ozeanen ermöglichen.

Achtens: Sie sind der Meinung, dass alle Völker der Welt aus praktischen wie aus sittlichen Gründen von der Anwendung von Gewalt abkommen müssen. Da kein Friede in Zukunft aufrechterhalten werden kann, solange Land-, See- und Luftstreitkräfte weiterhin von solchen Staaten benutzt werden, welche mit Angriffskriegen drohen oder drohen könnten, halten sie bis zur Schaffung eines umfassenden und dauerhaften Systems einer allgemeinen Sicherheit die Entwaffnung solcher Staaten für sehr wesentlich. Sie wollen in gleicher Weise alle anderen tunlichen Maßnahmen unterstützen und ermutigen, die die erdrückenden Rüstungslasten für friedliebende Völker erleichtern.

Zit. nach: Janko Musulin (Hg.), Proklamationen der Freiheit, Frankfurt/M. (Fischer) 1959, S. 143 f.

17 d) *US-Präsident Harry S. Truman zum Atombombenabwurf auf Hiroshima, 6. August 1945:*
Vor sechzehn Stunden hat ein amerikanisches Flugzeug eine Bombe auf Hiroshima, einen wichtigen japanischen Militärstützpunkt, abgeworfen. Diese Bombe hatte mehr Sprengkraft als 20 000 Tonnen TNT [...].

Es ist eine Atombombe. Es ist die Nutzung der Urkraft des Weltalls. [...]

Wissenschaft und Industrie haben unter der Leitung der Armee der Vereinigten Staaten zusammengearbeitet, die in erstaunlich kurzer Zeit einen einzigartigen Erfolg mit der Bewältigung eines so komplizierten Forschungsproblems erzielt hat. Ich glaube nicht, dass es irgendwo in der Welt möglich wäre, einen derartigen Verbund zustande zu bringen. Was hier vollbracht wurde, ist die größte Leistung organisierter Wissenschaft in der Geschichte.

Zit. nach: Hans D. Schmid, Fragen an die Geschichte: Das 20. Jahrhundert, Berlin (Cornelsen) 1999, S. 108.

18 Erläutern Sie, inwieweit die Rede M17a einen Wandel in der US-Außenpolitik darstellt.
19 Inwieweit wurden die Ziele Roosevelts in M17b durch die Charta in M17c ergänzt?
20 Erheben Sie anhand von M2, M18, M19 Befunde über das Engagement der USA im Zweiten Weltkrieg. Bündeln Sie sie zu Thesen.
21 a) Beurteilen Sie die Erklärung in M17d.
b) Bewerten Sie die Erläuterungen Trumans.
22 🚶 Hausaufgabe: Fassen Sie ausgehend von M2 die zentralen Stationen der US-Außenpolitik 1917 bis 1945 zusammen (M15–M19).
23 🚶 Referat: Die USA und die Atombombe. Literaturtipp: *Rainer Karlsch/Zbynek Zeman, Urangeheimnisse. Das Erzgebirge im Brennpunkt der Weltpolitik 1933–1960, Berlin (Links) 2002.*

Weiterführende Arbeitsanregungen

🚶 **Amerikanische Frauen in der Zeit des *New Deal* – Text- und Bildreportagen**

M 20 Gelände einer Flugzeugfabrik in den USA, Fotografie, undatiert (um 1943).
– *Zahlreiche Frauen waren in der Flugzeugindustrie beschäftigt. Das spiegelt sich auch in der Symbolfigur der „Rosie the Riveter".*

1 Eleanor Roosevelt
Eleanor Roosevelt (1884–1962), die Frau von US-Präsident Franklin Delano Roosevelt, war die erste „First Lady" der USA, die zahlreiche eigenständige politische Aktivitäten entfaltete. Als erste „First Lady" gab sie Pressekonferenzen, kämpfte für die Rassengleichheit und mischte sich in politische Debatten ein. So publizierte sie in der amerikanischen Tagespresse seit 1935 nahezu täglich die Kolumne *„My Day"*. Wie sah ihre Arbeit an der Seite ihres Mannes aus? Welche Bedeutung hatte ihr Wirken in der US-amerikanischen Gesellschaft?

Literatur- und Internethinweise
– *Eleanor Roosevelt, Wie ich es sah*, Übers. Felix Arnold, Wien (Humboldt) 1951.
– Kurzbiografie mit Link- und Literaturhinweisen (in Englisch): www.greatwomen.org/women.php

2 Amerikanische Frauen im Zweiten Weltkrieg
Im Zweiten Weltkrieg wurden Frauen in den USA verstärkt in den Produktionsprozess integriert. Wo arbeiteten die Frauen? Blieben die Frauen dauerhaft im Erwerbsleben, oder kehrten sie, wie nach dem Ersten Weltkrieg, wieder in die häusliche Arbeit zurück? Wie wurden Frauen bezahlt: Gab es die gleiche Bezahlung für gleiche Arbeit bei Männern und Frauen?

Literatur- und Internethinweise
– Fotoarchiv der *Franklin Delano Roosevelt Presidential Library and Museum*: www.fdrlibrary.marist.edu
– Fotos zu US-Arbeiterinnen im Zweiten Weltkrieg: www.loc.gov/rr/print/list/126_rosi.html
– Ein großes Internetfotoarchiv zur US-Geschichte 1935–1945 bietet die *Library of Congress* mit der *Farm Security Administration – Office of War Information Collection*: rs6.loc.gov/fsowhome.html

9 Die USA im Kalten Krieg (1945 bis um 1965)

Anfang 1961 begegnete der angesehene Harvard-Politologe und spätere Außenminister Henry Kissinger einmal **Harry S. Truman**, der von 1945 bis 1953 US-Präsident war. Auf die Frage, welche seiner außenpolitischen Entscheidungen er für die denkwürdigste halte, antwortete Truman ohne Zögern: „Wir haben unsere Feinde vollständig besiegt und zur Kapitulation gezwungen. Und dann haben wir ihnen geholfen, ihre Länder wieder aufzubauen, demokratisch zu werden und der Völkergemeinschaft beizutreten. Zu so etwas war nur Amerika in der Lage." Kissinger empfand diese Antwort als „uramerikanisch". Denn Truman, so Kissinger weiter, „betrachtete die Stärke der Vereinigten Staaten mit Stolz und hatte vor allen Dingen den unerschütterlichen Glauben, Amerikas Existenzberechtigung bestehe letzten Endes darin, der gesamten Menschheit als Quelle der Freiheit und des Fortschritts zu dienen".

Tatsächlich beruhte der weltpolitische Führungsanspruch der USA nach dem Zweiten Weltkrieg nicht nur auf der wirtschaftlichen und militärischen Vorrangstellung der Supermacht. Sie stützte sich auch auf ihren Auserwähltheitsglauben und missionarischen Eifer. Die politische Führung und die große Mehrheit der Bevölkerung waren davon überzeugt, dass die Welt friedlicher werde, wenn in möglichst vielen Teilen der Welt demokratische Verhältnisse herrschten. Das amerikanische Demokratieideal mit seiner Garantie der Menschen- und Bürgerrechte stand Pate bei der Gründung der Vereinten Nationen 1945. Auch die Bundesrepublik profitierte von dieser Politik. Unter dem Schutz der USA wurde sie ein demokratischer Verfassungsstaat und ein verlässlicher Partner in der westlichen Staatengemeinschaft.

Bald nach dem Ende des Zweiten Weltkrieges zeigte sich, dass das **Ideal der USA von Demokratie, Marktwirtschaft und freiem Welthandel** nicht vereinbar war mit der Politik der Sowjetunion. 1917 aus der bolschewistischen Oktoberrevolution hervorgegangen, wurde die **kommunistische Sowjetunion die zweite Supermacht** neben den USA. Aus den „unnatürlichen Verbündeten" in der Anti-Hitler-Koalition des Zweiten Weltkriegs entwickelten sich nach 1945 erbitterte Feinde. Dem Zweiten Weltkrieg folgte daher der Kalte Krieg, der bis zum Fall der Berliner Mauer 1989 die Weltpolitik und die Geschichte der USA prägte.

Entstehung und Anfänge des Kalten Krieges

Mit dem Ende des Zweiten Weltkriegs waren die USA – anders als nach dem Ersten Weltkrieg – gewillt, in die internationale Politik aktiv und direkt einzugreifen. Wirksamer als der Völkerbund sollte unter Einschluss der UdSSR die neue Weltorganisation der **Vereinten Nationen (UNO)** mit Sitz in New York den Frieden in der Welt sichern. Sie zählt zu ihren Aufgaben die Sicherung des Weltfriedens, den Schutz der Menschenrechte, die Wahrung der Gleichberechtigung aller Völker und die Verbesserung des Lebensstandards in der Welt. Um Krisen wie den Absturz der Weltwirtschaft 1929 künftig zu verhindern, war auch die Wirtschaft international zu steuern. Die **Konferenz von Bretton Woods** (1944) legte in diesem Sinn die Rahmenbedingungen für ein internationales Handels- und Währungssystem fest. Nach den Vorstellungen Roosevelts (gest. 1945) sollte in dem neuen Weltsystem der *One World* jeder Staat Zugang zu allen Märkten haben und kein Staat feste Einflusssphären besitzen. Voraussetzung war allerdings, dass die USA und die UdSSR kooperierten, was sich immer mehr als Illusion erwies.

Der Gedanke der Kooperation in der internationalen Politik wich im Amerika der Nachkriegszeit relativ rasch der Furcht vor dem Kommunismus. Diese verband sich mit der Vorstellung, die Politik der UdSSR ziele immer noch auf den Untergang des Kapitalismus und auf die Eroberung des gesamten europäischen Kontinents. Der konsequenten Vereinnahmung der ost- und südosteuropäischen Staaten durch die Sowjetunion seit 1944/45 stand auf amerikanischer Seite eine ebenso deutliche Interessenpolitik gegenüber: Im September 1946 grenzte sich der amerikanische Außenminister **James F. Byrnes** klar von der UdSSR ab, indem er sich für eine Rückkehr der drei Westzonen Deutschlands zum Selbstbestimmungsrecht aussprach. Im März 1947 erklärte Präsident Harry S. Truman, Amerika sei verpflichtet, allen vom Kommunismus bedrohten demokratischen Staaten zu helfen (**Truman-Doktrin**), und begründete damit die **Eindämmungspolitik** *(Containment)*. Im Juni 1947 kündigte Außenminister George Marshall ein Europäisches Wiederaufbauprogramm (ERP) an. Dieser **Marshallplan** gewährte ab 1948 allen kooperationswilligen Staaten amerikanische Wirtschafts- und Finanzhilfe. 1949 wurde der Plan um ein Hilfsprogramm für die Länder der Dritten Welt erweitert und im gleichen Jahr mit der Gründung des Verteidigungsbündnisses **NATO** die militärische Sicherheitsgarantie für die westeuropäischen Staaten übernommen.

Als die USA 1950 im Auftrag der UNO in den **Koreakrieg** eingriffen, um den Vormarsch des kommunistischen Nordkorea nach Süden aufzuhalten, folgte ihre Außenpolitik endgültig den Bedingungen des Kalten Krieges. Im „Kampf der Systeme" sahen sich die USA als Vormacht der „freien Welt", die Demokratie, Menschenrechte und Freiheit des Individuums gegen den totalitären Herrschaftsanspruch des Sozialismus sowjetischer Prägung verteidigten.

Unter dem Einfluss des republikanischen Senators **Joseph R. McCarthy** (1909–1957) steigerte sich in den Jahren 1950 bis 1954 die antikommunistische Hysterie. Wahllos und oft zu Unrecht wurden Vertreter des liberalen Flügels der Demokraten, Ausländer, Intellektuelle oder Bürgerrechtler beschuldigt, kommunistische Ziele zu verfolgen oder für die UdSSR zu spionieren. Zwar leitete das Ende des Koreakriegs 1953 auch das politische Ende McCarthys ein, aber der **Antikommunismus** blieb ein prägendes Merkmal der US-Gesellschaft.

„Gleichgewicht des Schreckens" und Kubakrise

Um 1960 veränderte sich das Kräfteverhältnis zwischen den Supermächten, von denen die USA seit 1945, die UdSSR seit 1949 über Atomwaffen verfügten: Mit dem Start des ersten sowjetischen Satelliten „Sputnik", der 1957 auf einer Langstreckenrakete ins All geschossen wurde, besaß die UdSSR erstmals die Möglichkeit, die USA vom eigenen Territorium aus atomar anzugreifen. Nach dem in den USA ausgelösten **„Sputnik-Schock"** war der Ost-West-Konflikt von einem Patt geprägt. Wie dieses „Gleichgewicht des Schreckens" funktionierte, zeigte der Bau der **Berliner Mauer 1961:** Die USA protestierten zwar, griffen aber militärisch nicht ein. Der Friede war immer gefährdet, aber beide Weltmächte respektierten ihre Einflusszonen.

Eine Zuspitzung erfuhr die Situation in der Kubakrise 1962. Durch die Stationierung sowjetischer Mittelstreckenraketen auf Kuba, das nur wenige Seemeilen vom amerikanischen Festland entfernt liegt und seit 1959 von dem Sozialisten Fidel Castro (geb. 1927) regiert wird, hatte Moskau den machtpolitischen *Status quo* zu seinen Gunsten verändert. Das Staatsgebiet der USA war jetzt aus unmittelbarer geografischer Nähe bedroht. US-Präsident **John F. Kennedy** (Präs. 1961–1963) reagierte scharf: Er verhängte eine Seeblockade und forderte den sowjetischen Staats- und Parteichef **Nikita S. Chruschtschow** ultimativ auf, die Raketen wieder abzuziehen. Beide Seiten lenkten ein. Die UdSSR zog ihre Raketen ab. Im Gegenzug sicherten die Amerikaner

M 1 Titelseite der deutschen „Bild"-Zeitung, 16. August 1961 (Ausschnitt)

zu, auf Kuba nicht zu intervenieren und ihre Raketen in der Türkei abzubauen, da diese unmittelbar auf die Sowjetunion gerichtet waren.

Die Kubakrise war ein Wendepunkt im Kalten Krieg. Beide Supermächte erkannten, dass die Konfrontation in einem Atomkrieg eskalieren könnte. Um dieses Risiko auszuschalten, waren sie zu militärpolitischen Absprachen und Verhandlungen gezwungen. Ohne die Aufrüstung grundsätzlich zu stoppen, gingen sie nach der Kubakrise in kleinen Schritten aufeinander zu. So wurde 1963 eine direkte Nachrichtenverbindung zwischen Washington und Moskau eingerichtet („**heißer Draht**"), um internationale Konflikte rascher entschärfen zu können.

Massenkultur und Wohlstandsgesellschaft

Nach dem Ende des Zweiten Weltkriegs konnte sich die Wirtschaft der USA ohne große Schwierigkeiten auf die Friedensproduktion einstellen. Staatliche Finanzhilfen, die Unterstützung von Existenzgründungen und die Subventionierung von Arbeitsplätzen im öffentlichen Dienst erleichterten dabei die Wiedereingliederung entlassener Soldaten. Mit dem *Fair Deal*, einem breit angelegten Reformprogramm, wollte der Demokrat Truman an die Gesellschaftspolitik des *New Deal* mit seinen umfangreichen Staatseingriffen anknüpfen (vgl. Kapitel 8), um die Chancengleichheit aller Amerikaner zu verbessern. Doch der Kongress und hier besonders die Republikaner stutzten das Programm zurecht. So blieben vom *Fair Deal* nur der Ausbau des Gesundheitswesens und der Sozialversicherung sowie einige Wohnungs- und Straßenbauprogramme. Dennoch fühlten sich auch die Republikaner, die 1953 bis 1961 mit **Dwight D. Eisenhower** den Präsidenten stellten, in der Regierung mitverantwortlich für die Sicherung der Arbeitsplätze, das Wirtschaftswachstum und die soziale Absicherung der Arbeitnehmer.

Der Wirtschaftsaufschwung der 1950er-Jahre bescherte den Amerikanern eine Wohlstandsgesellschaft, die der Wirtschaftswissenschaftler John K. Galbraith als Überflussgesellschaft *(Affluent Society)* charakterisiert hat. Dieser gesellschaftliche Strukturwandel war eng verbunden mit der „**dritten Industriellen Revolution**". Durch Automatisierung, Mikroelektronik und Computer konnten schon damals erstmals mehr Beschäftigte im Dienstleistungssektor als im produzierenden Gewerbe arbeiten. Im Rüstungswettlauf mit der UdSSR flossen große Teile des Staatshaushalts in die Entwicklung moderner Waffensysteme, in den Bau von Flugzeugen und Raketen sowie in die Weltraumforschung. Die enge Kooperation von Regierung, Militär und Industrie verschaffte den USA eine Spitzenstellung in der Hochtechnologie.

Schattenseiten des American Dream

Immer deutlicher traten jedoch die negativen Seiten des *American Dream* in Erscheinung. Prominente Schriftsteller und Soziologen wie David Riesman oder William White klärten die Öffentlichkeit bereits in den 1950er-Jahren über die **Entfremdung und Vereinsamung** vieler Menschen in der Wohlstandsgesellschaft auf. Aber auch Wirtschaftswissenschaftler wie Michael Harrington rüttelten in den 1960er-Jahren breitere Teile der US-Gesellschaft auf, indem sie den Verfall der Großstädte und die daraus entstehenden sozialen Probleme kritisierten: Arbeitslosigkeit, Armut, ungerechte Vermögensverteilung, fehlende Bildungschancen. Die Bürgerrechtsbewegung prangerte den Rassismus und die Benachteiligung der Schwarzen an (siehe S. 16, 40 f.), gegen den Vietnamkrieg regten sich erste Proteste (siehe S. 179–189).

Die Regierungen unter den demokratischen Präsidenten John F. Kennedy und Lyndon B. Johnson (Präs. 1963–1969) versuchten auf die sozialen Fehlentwicklungen zu reagieren. Kennedy nannte sein Programm der politischen Erneuerung publikumswirksam **New Frontier**, Johnson sprach von der *Great Society*. Beide wollten den *Spirit of the Frontier* des 19. Jahrhunderts (siehe S. 66, 70 f.) wiederbeleben, um im eigenen Land die soziale Gerechtigkeit zu fördern sowie Technik und Naturwissenschaften zum Wohle aller weiterzuentwickeln.

Hinweise zur Arbeit mit den Materialien

Das vorliegende Kapitel 9 ist das erste von zwei Kapiteln, das die Vereinigten Staaten in der Zeit nach dem Zweiten Weltkrieg in den Blick nimmt. Der zeitliche Schnitt zwischen Kapitel 9 und 10 liegt im Vietnamkrieg (1964–1973) begründet, der die USA seit Ende der 1960er-Jahre nachhaltig verändert hat und der als Schwerpunktthema im folgenden Kapitel 10 behandelt wird.

Nach 1945 war die Geschichte der USA durch den Kalten Krieg eng mit den weltpolitischen Entwicklungen verbunden. Kapitel 9 beschäftigt sich daher zunächst mit der **Entstehung des Kalten Krieges**, und zwar in dem entscheidenden Zeitraum 1945 bis 1947: Als *Einstieg* bietet sich die Karikatur M2 zur Ausgangslage 1945 an. M3–M4 stellen *öffentliche und interne Dokumente* von 1945/46 gegenüber. M5–M6 bieten *Basisquellen* aus dem wichtigen Jahr 1947 *(Gruppenarbeit)*. Die Frage „**Wer war schuld am Kalten Krieg?**" ist Thema der *Sonderseite 168 f*.

Für eine *Vertiefung* der US-Außenpolitik in den 1950er-Jahren eignen sich der Koreakrieg *(Kurzreferat,* Aufgabe 13), die US-Politik im Nahen Osten (M10) oder der Mauerbau 1961 (M1). Verflechtungen zwischen wirtschaftlichen, militärischen und politischen Zielen zeigen die Karten M11 und M12. Die **Kubakrise 1962** behandeln M13–M14 (mit *Filmtipp*).

Im Kalten Krieg waren Mentalitäten und Gesellschaft aufs Engste mit der Außenpolitik verknüpft. Dies zeigte sich z. B. beim Antikommunismus *(exemplarisch* der **Fall McCarthy**; M15).

Die Massengesellschaft in den USA nach 1945 lässt sich aus drei Perspektiven betrachten: Für eine *kurze Behandlung* bietet sich das Thema **Massenmedien und Wählerverhalten** an (M16); für eine *ausführlichere Behandlung* eignen sich das Thema **Licht und Schatten der US-Gesellschaft** (M17–M20) und das Thema **Bürgerrechtsbewegung** (wiederholend aus Kapitel 2). Zu allen drei Themen: die *New-Frontier*-Rede Kennedys (M21).

Weiterführende Arbeitsanregungen S. 178: „Denkmäler in Washington".

M 2 Rahmenbedingungen der US-Außenpolitik 1945 aus der Sicht eines Karikaturisten. – *David Low, „United Nations Club", Großbritannien, Juni 1945*

1 a) Entschlüsseln Sie die Figuren in der Karikatur M2.
b) Übersetzen Sie die englischen Schriftzüge.

2 Erläutern Sie ausgehend von der Karikatur die weltpolitischen Ausgangsbedingungen für die Außenpolitik der USA 1945.

M3 Das außenpolitische Selbstverständnis der USA 1945 – eine öffentliche Rede

Harry S. Truman über die Grundlagen der US-Außenpolitik, 27. Oktober 1945 (Auszug):
1. Wir streben keine territoriale Expansion oder einen selbstsüchtigen Vorteil an. Wir haben keine Pläne für eine Aggression gegen irgendeinen anderen Staat, sei er groß oder klein. [...]
2. Wir glauben an die letztendliche Rückkehr von souveränen Rechten und der Selbstregierung zu allen Völkern, welche dieser gewaltsam beraubt worden sind.
3. Wir werden keinen territorialen Veränderungen in irgendeinem befreundeten Teil der Welt zustimmen, außer sie stehen in Übereinstimmung mit den frei geäußerten Wünschen der betroffenen Menschen.
4. Wir glauben, dass allen Völkern, die für Selbstregierung vorbereitet sind, das Recht eingeräumt werden sollte, ihre eigene Regierungsform durch ihre eigene frei zum Ausdruck gebrachte Wahl, ohne Beeinflussung von irgendeiner auswärtigen Quelle, wählen zu können. [...]
5. Durch das gemeinsame und kooperative Handeln unserer Kriegsalliierten werden wir den besiegten Feindstaaten helfen, friedliche demokratische Regierungen ihrer eigenen freien Wahl zu bilden. Und wir werden versuchen, eine Welt zu erreichen, in der Nazismus, Faschismus und militärische Aggression keinen Bestand haben können.
6. Wir werden uns weigern, irgendeine Regierung anzuerkennen, welche irgendeiner Nation durch Gewalt einer auswärtigen Macht aufgezwungen worden ist. [...]
7. Wir glauben, dass alle Nationen die Freiheit der Meere und gleiche Schifffahrtsrechte auf Grenzflüssen und Wasserwegen und auf Flüssen und Wasserwegen, die durch mehr als ein Land fließen, haben sollten. [...]
9. Wir glauben, dass die souveränen Staaten der westlichen Hemisphäre ohne Einmischung von außerhalb der westlichen Hemisphäre als gute Nachbarn bei der Lösung ihrer gemeinsamen Probleme zusammenarbeiten müssen.
10. Wir glauben, dass volle ökonomische Zusammenarbeit zwischen allen Nationen, groß oder klein, wichtig ist für die Verbesserung von Lebensbedingungen auf der ganzen Welt sowie für die Festigung der Freiheit von Furcht und der Freiheit von Not.
11. Wir werden unsere Bemühungen fortsetzen, Meinungsfreiheit und Religionsfreiheit in allen friedliebenden Gebieten der Welt zu fördern.
12. Wir sind überzeugt, dass die Erhaltung des Friedens zwischen den Nationen eine Organisation der Vereinten Nationen erforderlich macht, welche sich aus allen friedliebenden Nationen der Welt zusammensetzt, die willens sind, gemeinsam Gewalt einzusetzen, wenn es notwendig ist, um den Frieden zu sichern.

Zit. nach: Herbert Schambeck u.a. (Hg.), Dokumente zur Geschichte der Vereinigten Staaten von Amerika, Berlin (Duncker & Humblot) 1993, S. 497 ff.

M4 Interne Dokumente zur US-Außenpolitik 1945/46: Die Haltung zur UdSSR

4 a) Aus einer Denkschrift von Dean G. Acheson (Staatssekretär im Außenministerium) für Präsident Truman über die atomare Entwicklung und das Verhältnis zur UdSSR (September 1945):
(4) Zum gegenwärtigen Zeitpunkt muss die Weiterentwicklung der Entdeckung [der Atomkraft], die wir gemeinsam mit Großbritannien und Kanada betreiben, der Sowjetunion als unwiderlegbarer Beweis für ein anglo-amerikanisches Bündnis gegen sie erscheinen. Aus ihrer Sicht gibt es dafür auch noch viele andere Indizien. (5) Es ist unmöglich, dass eine Regierung, so machtvoll und machtbewusst wie die sowjetische Führung, auf solch eine Situation nicht energisch reagieren wird. Sie muss und wird alle Anstrengungen unternehmen, den Machtverlust, der durch diese Entdeckung entstanden ist, wieder wettzumachen. Sie wird dies tun, falls wir versuchen, in einer Atmosphäre von Misstrauen und Feindschaft weiterhin die Politik des Ausschlusses zu verfolgen, wodurch alle bestehenden Schwierigkeiten nur noch verschlimmert würden. Wenn wir uns als Treuhänder dieser neuen Entwicklung zum Wohle der gesamten Welt erklären, bedeutet das für die Russen nichts anderes als die offene Politik des Ausschlusses. (6) Die Spannungen in den Beziehungen zur

Sowjetunion scheinen insgesamt zuzunehmen. Aber ich vermag nicht einzusehen, weshalb die vitalen Interessen der beiden Nationen sich gegenseitig ausschließen sollten. Jede langfristige Verständigung, die auf Entschlossenheit und Offenheit sowie der gegenseitigen Anerkennung der vitalen Interessen gründet, scheint mir unmöglich zu sein, wenn seitens der anglo-amerikanischen Mächte die Politik verfolgt wird, Russland von der atomaren Entwicklung auszuschließen. Wenn eine solche Verständigung nicht gelingt, wird es keinen geordneten Frieden, sondern nur einen bewaffneten Waffenstillstand geben.

Zit. nach: Peter Alter u. a., Grundriss der Geschichte. Dokumente, Bd. 2, Stuttgart (Klett) 1985, S. 188f.

4b) Aus dem so genannten Langen Telegramm des amerikanischen Diplomaten an der Moskauer US-Botschaft, George F. Kennan, an seine Regierung vom 22. Februar 1946:

Die Erfordernisse ihrer eigenen vergangenen und gegenwärtigen Position sind es, die die sowjetische Führung dazu zwingen, ein Dogma zu verkünden, nach dem die Außenwelt böse, feindselig und drohend, aber zugleich von einer schleichenden Krankheit befallen und dazu verurteilt ist, von immer stärker werdenden inneren Krämpfen zerrissen zu werden, bis sie schließlich von der erstarkenden Macht des Sozialismus den Gnadenstoß erhält und einer neuen und besseren Welt weicht. [...] Wo es angezeigt und Erfolg versprechend scheint, wird man versuchen, die äußeren Grenzen der Sowjetmacht zu erweitern. Im Augenblick beschränken diese Bemühungen sich auf gewisse Punkte in der Nachbarschaft, die man hier für strategisch notwendig hält, z. B. Nordpersien, die Türkei, möglicherweise Bornholm. [...]

Gegenüber Kolonialgebieten und rückständigen oder abhängigen Völkern wird die sowjetische Politik sogar auf amtlicher Ebene das Ziel verfolgen, Macht, Einfluss und Kontakte der hoch entwickelten westlichen Nationen zu schwächen, und zwar unter dem Gesichtspunkt, dass bei einem Erfolg dieser Politik ein Vakuum entstünde, das sowjetisch-kommunistisches Eindringen erleichtern müsste. [...]

Alles in allem haben wir es mit einer politischen Kraft zu tun, die sich fanatisch zu dem Glauben bekennt, dass es mit Amerika keinen dauernden *Modus vivendi* geben kann, dass es wünschenswert und notwendig ist, die innere Harmonie unserer Gesellschaft, unsere traditionellen Lebensgewohnheiten und das internationale Ansehen unseres Staates zu zerstören, um der Sowjetmacht Sicherheit zu verschaffen. [...] Aber ich möchte meiner Überzeugung Ausdruck geben, dass es in unserer Macht steht, das Problem zu lösen, und zwar ohne uns in einen großen militärischen Konflikt zu flüchten. Und um diese Überzeugung zu untermauern, möchte ich noch einige ermutigendere Bemerkungen machen:

Erstens. Im Gegensatz zu Hitlerdeutschland ist die Sowjetmacht weder schematisiert noch auf Abenteuer aus. Sie arbeitet nicht nach festgelegten Plänen. Sie geht keine unnötigen Risiken ein. Der Logik der Vernunft unzugänglich, ist sie der Logik der Macht in hohem Maße zugänglich. Daher kann sie sich ohne weiteres zurückziehen – und tut das im Allgemeinen –, wenn sie irgendwo auf starken Widerstand stößt. Wenn also dem Gegner genügend Hilfsmittel zur Verfügung stehen und er die Bereitschaft zu erkennen gibt, sie auch einzusetzen, wird er das selten tun müssen. Wenn die Situation richtig gehandhabt wird, braucht es zu keiner das Prestige verletzenden Kraftprobe zu kommen. Zweitens. Gemessen an der westlichen Welt insgesamt sind die Sowjets noch bei weitem schwächer. Ob sie Erfolg haben, hängt also wirklich von dem Maß an Zusammenhalt, Festigkeit und Kraft ab, das die westliche Welt aufbringen kann. Und das ist ein Faktor, den zu beeinflussen in unserer Macht steht. Drittens. Der Erfolg des sowjetischen Systems als Form der Machtausübung nach innen ist noch nicht endgültig erwiesen.

Zit. nach: George F. Kennan, Memoiren eines Diplomaten, München (dtv) 1971, S. 556–566.

3 a) Untersuchen Sie das politische Selbstverständnis der USA Ende 1945 (M3). b) Vergleichen Sie mit der Zeit nach 1918 (siehe S. 141).
4 Analysieren Sie die Darstellungen des Verhältnisses USA – Sowjetunion in M4a und b. Erläutern Sie dabei vor allem die Unterschiede.

M5 1947 – Wendejahr im Kalten Krieg?

5 a) Aus der Rede von US-Präsident Harry S. Truman vom 12. März 1947 („Truman-Doktrin"):

Um die friedliche, ungezwungene Entwicklung der Nationen sicherzustellen, haben die Vereinigten Staaten sich an führender Stelle an der Errichtung der Vereinten Nationen beteiligt. Die Vereinten Nationen sollen dauernde Freiheit und Unabhängigkeit für alle ihre Mitgliedstaaten ermöglichen. Wir werden unser Ziel jedoch nicht verwirklichen, wenn wir nicht bereit sind, den freien Völkern zu helfen, ihre freien Einrichtungen und ihre nationale Integrität gegenüber aggressiven Bewegungen zu erhalten, die ihnen totalitäre Regimes aufzwingen wollen. Das ist nichts weiter als ein offenes Zugeständnis der Ansicht, dass totalitäre Regimes, die freien Völkern durch direkte oder indirekte Aggression aufgezwungen werden, die Grundlagen des internationalen Friedens und damit die Sicherheit der Vereinigten Staaten untergraben.

In einer Anzahl von Ländern waren den Völkern kürzlich gegen ihren Willen totalitäre Regimes aufgezwungen worden. Die Regierung der Vereinigten Staaten hat mehrfach gegen Zwang und Einschüchterung bei der Verletzung des Jalta-Abkommens in Polen, Rumänien und Bulgarien protestiert. Und weiter muss ich feststellen, dass in einer Anzahl anderer Staaten ähnliche Entwicklungen stattgefunden haben.

Im gegenwärtigen Abschnitt der Weltgeschichte muss fast jede Nation ihre Wahl in Bezug auf ihre Lebensweise treffen. Nur allzu oft ist es keine freie Wahl.

Die eine Lebensweise gründet sich auf den Willen der Mehrheit und zeichnet sich durch freie Einrichtungen, freie Wahlen, Garantie der individuellen Freiheit, Rede- und Religionsfreiheit und Freiheit vor politischer Unterdrückung aus.

Die zweite Lebensweise gründet sich auf den Willen einer Minderheit, der der Mehrheit aufgezwungen wird. Terror und Unterdrückung, kontrollierte Presse und Rundfunk, fingierte Wahlen und Unterdrückung der persönlichen Freiheiten sind ihre Kennzeichen. Ich bin der Ansicht, dass es die Politik der Vereinigten Staaten sein muss, die freien Völker zu unterstützen, die sich der Unterwerfung durch bewaffnete Minderheiten oder durch Druck von außen widersetzen.

Ich glaube, dass wir den freien Völkern helfen müssen, ihr eigenes Geschick nach ihrer eigenen Art zu gestalten.

Ich bin der Ansicht, dass unsere Hilfe in erster Linie in Form wirtschaftlicher und finanzieller Unterstützung gegeben werden sollte, die für eine wirtschaftliche Stabilität und geordnete politische Vorgänge wesentlich ist.

Die Welt steht nicht still, und der *Status quo* ist nicht heilig. Aber wir können keine Veränderungen im *Status quo* zulassen, die eine Verletzung der Charta der Vereinten Nationen durch Zwangsmethoden oder durch vorsichtigere Maßnahmen wie eine politische Durchdringung bedeuten. Wenn wir freien und unabhängigen Nationen helfen, ihre Freiheit zu bewahren, so werden wir damit die Prinzipien der Charta der Vereinten Nationen verwirklichen.

Zit. nach: Europa-Archiv, 1947, S. 820.

5 b) Aus der Rede von US-Außenminister George C. Marshall an der Harvard-Universität vom Juni 1947 („Marshallplan"):

Der Wiederaufbau [Europas] ist dadurch, dass zwei Jahre nach Beendigung der Feindseligkeiten eine Einigung über den Frieden mit Deutschland und Österreich noch nicht erzielt werden konnte, ernstlich verzögert worden. Aber selbst bei einer schnelleren Lösung dieser schwierigen Probleme wird der Wiederaufbau der wirtschaftlichen Struktur Europas offensichtlich weit mehr Zeit in Anspruch nehmen und größere Anstrengungen, als wir vorhergesehen hatten, erfordern.

Eine Seite des Problems ist ebenso interessant wie wichtig. Der Landwirt hat stets Nahrungsmittel erzeugt, um sie mit dem Städter gegen andere lebenswichtige Dinge auszutauschen. Arbeitsteilung ist die Grundlage der modernen Zivilisation. Gegenwärtig droht sie zusammenzubrechen. Die Fabriken in der Stadt erzeugen nicht genug Waren für den Tausch gegen Lebensmittel mit dem Landwirt. Rohmaterialien und Brennstoff sind nicht in ausreichender Menge vorhanden. Maschinen fehlen oder sind abgenutzt. Bauern und Landarbeiter finden kein Angebot an den Waren, die sie kaufen wollen. Daher lohnt es sich für sie nicht, ihre Ware gegen Geld, für das sie nichts kaufen können, abzugeben. Sie haben daher viel Ackerland brachgelegt und benutzen es als Weiden. Daher verfüttern sie lieber das Getreide und ernähren sich und ihre Familie ausgiebig, auch wenn es ihnen an Kleidung und anderen Annehmlichkeiten des Lebens fehlt. Gleichzeitig haben die Städter zu wenig Nahrungsmittel und Brennstoffe. Infolgedessen müssen die Regierungen ihre Devisen und Guthaben angreifen, um diese lebensnotwendigen Dinge im Ausland zu kaufen. Dadurch werden die Reserven, die dringend für den Wiederaufbau benötigt werden, aufgezehrt. So entsteht rasch eine sehr ernste Lage, die nichts Gutes für die Welt bringt. Das moderne System der Arbeitsteilung, auf dem der Austausch der Produktion beruht, ist in Gefahr zusammenzubrechen.

In Wirklichkeit handelt es sich darum, dass Europas Bedarf an ausländischen Nahrungsmitteln und sonstigen lebenswichtigen Gütern – hauptsächlich aus Amerika – so viel größer als seine gegenwärtige Zahlungsfähigkeit ist, dass es entweder wesentliche zusätzliche Hilfe benötigt oder aber sich einem wirtschaftlichen, sozialen und politischen Niedergang sehr ernsten Charakters gegenübersehen wird.

Das Hilfsmittel besteht darin, diesen bösartigen Kreislauf zu durchbrechen und den Glauben der europäischen Völker an die wirtschaftliche Zukunft ihres eigenen Landes sowie Europas in seiner Gesamtheit wiederherzustellen. Über ein weites Gebiet hin müssen Fabrikanten und Landwirte wieder willens und in der Lage sein, ihre Ware gegen Geld von unbestrittenem Wert abzugeben. Abgesehen von der demoralisierenden Wirkung auf die ganze Welt und der Möglichkeit der Entstehung von Unruhen als Folge der Verzweiflung der betroffenen Völker sind die Folgen für die Wirtschaft der Vereinigten Staaten offenkundig. [...] Ich bin davon überzeugt, dass eine solche Hilfe nicht von Fall zu Fall, je nachdem, wie sich Krisen entwickeln, gegeben werden sollte. Jede Hilfe, die unsere Regierung in Zukunft gewähren mag, sollte Heilung und nicht bloß Linderung bringen. Ich bin davon überzeugt, dass jede Regierung, die am Wiederaufbau mitarbeiten will, die volle Unterstützung der Vereinigten Staaten finden wird. Eine Regierung aber, die darauf hinarbeitet, den Wiederaufbau anderer Länder zu behindern, kann von uns keine Hilfe erwarten. Darüber hinaus müssen Regierungen, politische Parteien oder Gruppen, die das menschliche Elend verewigen wollen, um davon politisch oder sonst wie zu profitieren, mit der Gegnerschaft der Vereinigten Staaten rechnen.

Es ist aber klar, dass, ehe die Vereinigten Staaten in ihren Anstrengungen, die Lage zu lindern und der europäischen Welt auf ihrem Weg zur Wiedergesundung zu helfen, ernstlich fortfahren können, die europäischen Länder in Bezug auf die Erfordernisse der Lage und des Anteils, den sie selbst übernehmen werden, zu einer Verständigung kommen müssen, um jede etwa von der Regierung der Vereinigten Staaten unternommene Aktion mit dem nötigen Nach-

M6 Karikatur aus dem Satiremagazin „Krokodil", Sowjetunion, ca. Ende 1947

druck durchzuführen. Es wäre für die Regierung der Vereinigten Staaten weder angemessen noch wirkungsvoll, wenn sie in einseitiger Weise ein Programm aufstellen würde, das dazu bestimmt ist, Europa wirtschaftlich wieder auf eigene Füße zu stellen. Das ist Sache der Europäer. Ich glaube, dass die Initiative von Europa ausgehen muss. Die Rolle unseres Landes sollte in freundschaftlicher Hilfe bei dem Aufstellen eines europäischen Programms und in der späteren Unterstützung eines solchen bestehen, sofern es uns ausführbar zu sein scheint. Das Programm sollte von den europäischen Nationen gemeinsam aufgestellt und von einer Anzahl derselben, wenn nicht von allen, gebilligt sein.

Zit. nach: Herbert Schambeck u. a. (Hg.), Dokumente zur Geschichte der Vereinigten Staaten von Amerika, Berlin (Duncker & Humblot) 1993, S. 515 ff.

5 c) Bei der Gründung der „Kominform" (Informationsbüro der kommunistischen und Arbeiterparteien) im September 1947 hielt Andrej A. Schdanow, Sekretär des Zentralkomitees (ZK) der Kommunistischen Partei der Sowjetunion und Leiter der Propagandaabteilung beim ZK, ein Referat über die Situation in der internationalen Politik („Zwei-Lager-Theorie"; Auszug):

Die Sowjetunion und die demokratischen Länder sahen ihre hauptsächlichen Kriegsziele in der Wiederherstellung und Konsolidierung der demokratischen Ordnung in Europa, in der Beseitigung des Faschismus und der Verhinderung der Möglichkeit einer neuen Aggression seitens Deutschlands und in der Herstellung einer allseitigen, dauerhaften Zusammenarbeit unter den Nationen Europas.

Die Vereinigten Staaten von Amerika – und Großbritannien im Einvernehmen mit ihnen – stellten sich ein anderes Kriegsziel: Sie wollten die Konkurrenten auf den Märkten – Deutschland und Japan – loswerden und ihre eigene Überlegenheit sichern. Dieser Unterschied in der Definition der Kriegsziele und der Aufgaben der Nachkriegsregelung begann in der Nachkriegsperiode deutlich zu werden. Zwei entgegengesetzte Kurse der Politik nahmen Gestalt an: auf der einen Seite strebte die Politik der UdSSR und der demokratischen Länder nach der Überwindung des Imperialismus und der Konsolidierung der Demokratie. Auf der anderen Seite strebte die Poltik der Vereinigten Staaten und Großbritanniens nach der Stärkung des Imperialismus und der Abwürgung der Demokratie. Angesichts der Tatsache, dass die UdSSR und die Länder der neuen Demokratie die Verwirklichung der imperialistischen Pläne für den Kampf um die Weltvormachtstellung und um die Vernichtung der demokratischen Bewegungen verhinderten, wurde eine Kampagne gegen die UdSSR und die Länder der Demokratie proklamiert und von den eifrigsten imperialistischen Politikern in den USA und Großbritannien durch Drohungen verschärft.

So sind zwei Lager entstanden: das imperialistische, antidemokratische Lager, dessen Hauptziel darin besteht, die Weltvormachtstellung des amerikanischen Imperialismus zu erreichen und die Demokratie zu zerstören, und das antiimperialistische, demokratische Lager, dessen Hauptziel es ist, den Imperialismus zu überwinden, die Demokratie zu konsolidieren und die Überreste des Faschismus zu beseitigen. […]

Daher müssen die kommunistischen Parteien den Widerstand gegen die Pläne der impcrialistischcn Aggrcssion und Expansion in jeder Hinsicht leiten, sei es nun auf der staatlichen, der politischen, der wirtschaftlichen oder der ideologischen Linie.

Zit. nach: Helmut Krause/Karlheinz Reif (Bearb.), Geschichte in Quellen, Bd. 7, München (bsv) 1980, S. 460–462.

5 a) Erläutern Sie die Kerninhalte und die Argumente der „Truman-Doktrin" (M5a).
b) Diskutieren Sie, ob damit eine Neuausrichtung der US-Außenpolitik stattfand (siehe M3).
6 a) Erarbeiten Sie die Ziele und Motive des Marshallplans für Europa (M5b).
b) Zeigen Sie, ob und ggf. inwieweit es einen Zusammenhang mit der Truman-Doktrin gibt.
7 a) Analysieren Sie die Ziele und Argumente der Schdanow-Rede (M5c).
b) Untersuchen Sie den Stil der Rede.
c) Ordnen Sie sie historisch ein. Berücksichtigen Sie Entwicklungen in Osteuropa seit 1944.
d) Erläutern Sie den Demokratie-Begriff in M5c und setzen Sie sich damit kritisch auseinander.

Die Ursachen des Kalten Krieges – kontroverse Deutungen

M 7 Der amerikanische Historiker John Lukacs (1970)

Schon vor Kriegsende stand es außer Frage, dass Russland als eine der großen Weltmächte aus dem Krieg hervorgehen würde. Es war klar, dass es nicht nur sein Ansehen, sondern in noch stärkerem Maße seine Macht und seine Besitzungen vermehren würde; es stand ebenfalls außer Frage, dass sein Hauptehrgeiz nicht das internationale Prestige des Kommunismus betraf, sondern in erster Linie auf die Beherrschung Osteuropas gerichtet war. All das gab Stalin selbst lange vor Jalta und noch im Anfangsstadium des Krieges zu verstehen. Es stand außer Frage, dass die Westalliierten in Anbetracht des großen russischen Beitrags zum Kriege und ihrer eigenen geografischen Lage es nicht würden umgehen können, einzelne der russischen Forderungen zu erfüllen. Die Tragödie war, dass sie – insbesondere die Vereinigten Staaten – der Situation erst ins Gesicht sahen, als es schon zu spät war, denn die Russen besaßen bereits größere Gebiete, als ihre Verbündeten und vielleicht auch sie selbst jemals erwartet hatten. [...] Hier liegt der Ursprung des Kalten Krieges.

John Lukacs, Konflikte der Weltpolitik nach 1945. Der Kalte Krieg, Übers. Ursula Bethke, München (dtv) 1970, S. 17 f.

M 8 Der amerikanische Historiker William Appleman Williams (1962)

Nicht der Besitz der Atombombe war es, der die amerikanischen Führer zu einer harten Haltung gegenüber Russland veranlasste, sondern ihre Perspektive der offenen Tür, in deren Licht die Bombe[1] als die letzte Garantie dafür erschien, dass sie künftig noch schneller auf dem Weg zur Vorherrschaft in der Welt voranschreiten konnten.

Lange bevor noch jemand wusste, dass die Bombe funktionieren würde, operierten die Führer Amerikas aufgrund dreier Prämissen oder Ideen, welche die Welt unter dem Gesichtspunkt des Kalten Krieges definierten. Die erste besagte, dass Russland zwar böse, aber schwach sei. [...]

Die amerikanischen Führer, die weit davon entfernt waren, mit einem unmittelbar bevorstehenden Angriff Russlands zu rechnen, [...] konzentrierten sich [...] darauf, den amerikanischen Einfluss in Osteuropa wiederherzustellen und die Russen auf ihre traditionellen Grenzen zurückzudrängen. [...]

Eine weitere Grundauffassung der amerikanischen Führer definierte die Vereinigten Staaten als das Symbol und den Agenten des Positiven, Guten, im Gegensatz zum sowjetischen Übel, und unterstellte, dass die Kombination von amerikanischer Stärke und russischer Schwäche es ermöglichen würde, die Zukunft der Welt in Übereinstimmung mit dieser Beurteilung zu gestalten. [...]

Der dritte wesentliche Aspekt der Perspektive der offenen Tür, der ebenfalls vor dem Ende des Zweiten Weltkriegs in Erscheinung trat, war die Befürchtung, dass das Wirtschaftssystem Amerikas in eine schwere Depression geraten würde, wenn es nicht seine Expansion in Übersee fortsetzte. [...]

Präsident Harry S. Truman war ein begeisterter und militanter Verfechter der Vorherrschaft Amerikas auf der Welt.

William Appleman Williams, Die Tragödie der amerikanischen Diplomatie (1962), Übers. Nils Lindquist, Frankfurt/M. (Suhrkamp) 1973, S. 261–271.

1 Gemeint ist die Atombombe.

M 9 Der deutsche Historiker Wilfried Loth (2002)

Was 1955 an sein Ende gekommen war, war der Prozess der Blockbildung in Ost und West: der Prozess der Etablierung einer neuen internationalen Ordnung nach dem Zusammenbruch des europäischen Staatensystems infolge der nationalsozialistischen Expansion – ein Prozess, der vom machtpolitischen und ideologischen Gegensatz der USA und der UdSSR dominiert wurde, von der gesellschaftlichen Verfassung der beteiligten Staaten ausging und auf diese polarisierend zurückwirkte, von der wechselseitigen Furcht vor einem Übergreifen der Gegenseite auf die eigene Sicherheitssphäre geprägt wurde und darum zur Zweiteilung Deutschlands und Europas, zu Mentalitäten und Praktiken eines permanenten Belagerungszustands und zu weltweiter Konkurrenz um Einflusssphären führte. [...]

Der Prozess der Blockbildung vollzog sich so nach dem Prinzip der *self fulfilling prophecy*[1]: Die westliche Politik der Kooperationsverweigerung und Pressionen provozierte die Abschließung und einheitliche Ausrichtung des Sowjetblocks, die die antikommunistischen Dogmatiker schon zuvor behauptet hatten; die Monolithisierung Osteuropas und die Obstruktion[2] des Marshallplans riefen die westliche Blockbildung hervor, gegen deren vermutete Folgen sie gerichtet waren; und beide Seiten fanden in der gegnerischen Blockbildung Anlass, die Überschätzung der Kräfte der Gegenseite bestätigt zu sehen – so wenig die Thesen vom prinzipiellen Imperialismus der Gegenseite jemals tatsächlich berechtigt waren. Die Teilung Deutschlands war eine notwendige Folge dieses Prozesses: Zwar strebte sie niemand als politisches Primärziel an, doch war auch niemand bereit, das ganze Deutschland der Gegenseite zu überlassen, konnte in Anbetracht der Bedeutung des deutschen Potenzials auch niemand dazu bereit sein. Während die Furcht vor einer Dominanz der Gegenseite (und auf amerikanischer Seite zunächst mehr noch die Furcht vor einer Einbeziehung Frankreichs in den sowjetischen Einflussbereich) eine gemeinsame Deutschlandregelung blockierte, entstanden im besetzten Deutschland zwei unterschiedliche, auf die Interessen der jeweiligen Besatzungsmacht ausgerichtete Gesellschaftssysteme, und als die Blockbildung so weit fortgeschritten war, dass eine Verständigung nur noch als Neutralisierung Deutschlands denkbar war, erschien nicht nur einer Mehrheit der Entscheidungsträger in Ost und West das Risiko einer solchen Neutralisierung zu hoch, sondern votierten auch die meisten Westdeutschen ebenso wie natürlich die neuen Machteliten in der sowjetischen Zone für die Beibehaltung des unterdessen erreichten Status quo.

Wilfried Loth, Die Teilung der Welt. Geschichte des Kalten Krieges 1941–1955, 10. Aufl., München (dtv) 2002, S. 344 und 348.

1 „self fulfilling prophecy": englisches Wort für eine sich selbst erfüllende Prophezeiung.
2 Obstruktion = Verschleppung (der Arbeiten), Verhinderung (der Beschlussfassung)

8 🏃 Arbeitsteilige Gruppenarbeit:
– Gruppe A: Arbeiten Sie heraus, welche Ursachen nach Auffassung von Lukacs zum Kalten Krieg geführt haben (M7).
– Gruppe B: Erläutern Sie die Gründe, die Williams für den Ausbruch des Kalten Krieges darlegt (M8).
– Gruppe C: Geben Sie mit eigenen Worten die Thesen und Argumente zur Entstehung des Kalten Krieges wieder, die Loth vorträgt (M9).

9 Präsentieren Sie die unterschiedlichen Positionen zur Entstehung des Kalten Krieges (M7–M9) im Kurs. Vergleichen Sie sie und erarbeiten Sie Unterschiede und Gemeinsamkeiten.

10 🏃 Vorschlag für eine Hausaufgabe: In seinem 1977 erschienenen Buch „Der zerbrochene Frieden. Der Ursprung des Kalten Krieges und die Teilung Europas" schreibt der amerikanische Forscher und Publizist Daniel Yergin: „Aber warum nahm die Konfrontation des Kalten Krieges eine solche Form an? Hier müssen wir näher auf die Nachkriegsdiplomatie eingehen. Denn der Hauptgedanke meiner Beweisführung ist, dass Diplomatie wirklich eine Rolle gespielt hat. Bisher ging man viel zu sehr von der Annahme aus, das gesamte Geschehen sei ausnahmslos vorbestimmt und unabänderlich gewesen. Doch auch die Art, in der die Regierungschefs ihre Interessen wahrnahmen und nach deren Gesichtspunkten sie handelten, fiel schwer in die Waagschale."
Ordnen Sie diese These von Yergin einer der Positionen in M7–M9 zu und schreiben Sie eine ausführliche Begründung für Ihre Zuordnung.

11 Diskutieren Sie im Kurs über Schwächen und Stärken der Deutungen M7–M9 sowie des Ansatzes von Yergin (vgl. Aufgabe 10).

M 10 Die Vereinigten Staaten und der Nahe Osten – Aus der „Eisenhower-Doktrin" vom 9. März 1957

Art. 1. Es ist beschlossen, dass der Präsident ermächtigt ist und hierbei ermächtigt wird, mit jeder Nation oder Gruppe von Nationen in dem gesamten Gebiet des Mittelostens zusammenzuarbeiten oder diese zu unterstützen, welche eine solche Unterstützung bei der Entwicklung der Wirtschaftskraft, die auf die Erhaltung nationaler Unabhängigkeit gerichtet ist, wünscht.

Art. 2. Der Präsident ist ermächtigt, in dem gesamten Gebiet des Mittleren Ostens militärische Hilfsprogramme mit jeder Nation oder jeder Gruppe von Nationen dieses Gebietes, die solche Unterstützung wünscht, einzugehen. Außerdem betrachten es die Vereinigten Staaten als lebenswichtig für das nationale Interesse und den Weltfrieden, dass die Unabhängigkeit und Integrität der Nationen des Mittleren Ostens gewahrt werden. Zu diesem Zweck und wenn es der Präsident für notwendig erachtet, sind die Vereinigten Staaten darauf vorbereitet, Waffengewalt einzusetzen, um irgendeiner solchen Nation oder Gruppe von Nationen, die Unterstützung gegen bewaffnete Aggression von irgendeinem Land, das vom internationalen Kommunismus kontrolliert wird, zu gewähren. […]

Art. 6. Diese gemeinsame Resolution soll auslaufen, wenn der Präsident feststellt, dass der Friede und die Sicherheit der Nationen in dem gesamten Gebiet des Mittleren Ostens durch internationale Bedingungen, die durch Maßnahmen der Vereinten Nationen oder anderwärtig geschaffen worden sind, vernünftig gesichert sind, außer, dass diese Resolution vorher durch übereinstimmende Resolution der zwei Häuser des Kongresses außer Kraft gesetzt wird.

Zit. nach: Herbert Schambeck u. a. (Hg.), Dokumente zur Geschichte der Vereinigten Staaten von Amerika, Berlin (Duncker & Humblot) 1993, S. 539 f.

12 a) Skizzieren Sie die Kernpunkte von M10.
b) Erläutern Sie die Hintergründe für das Engagement der USA in dieser Region (ziehen Sie ggf. ein historisches Handbuch hinzu).
13 🚶 Kurzreferat: „Der Koreakrieg (1950 bis 1953) und seine Bedeutung für die USA."
14 Beschreiben Sie die Verteilung der US-Hilfen (M11). Schließen Sie von der regionalen Verteilung auf die Ziele der Hilfsleistungen.
15 Skizzieren Sie die in M12 dargestellte Lage.
16 Vergleichen Sie M11 und M12: Wie hingen das wirtschaftliche, das politische und das militärische Engagement der USA zusammen?

M 11 Auslandshilfe der USA 1957 und 1993

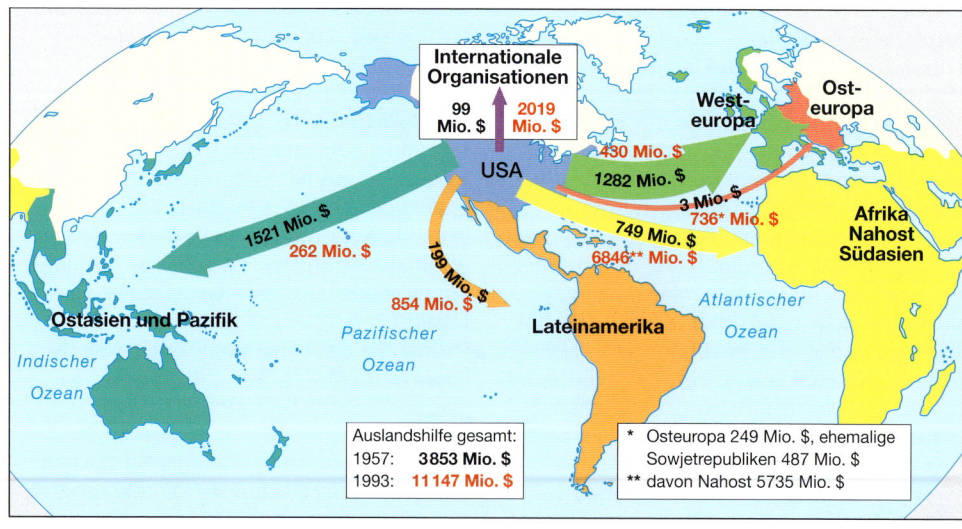

M 12 Militärische Blockbildung nach 1945

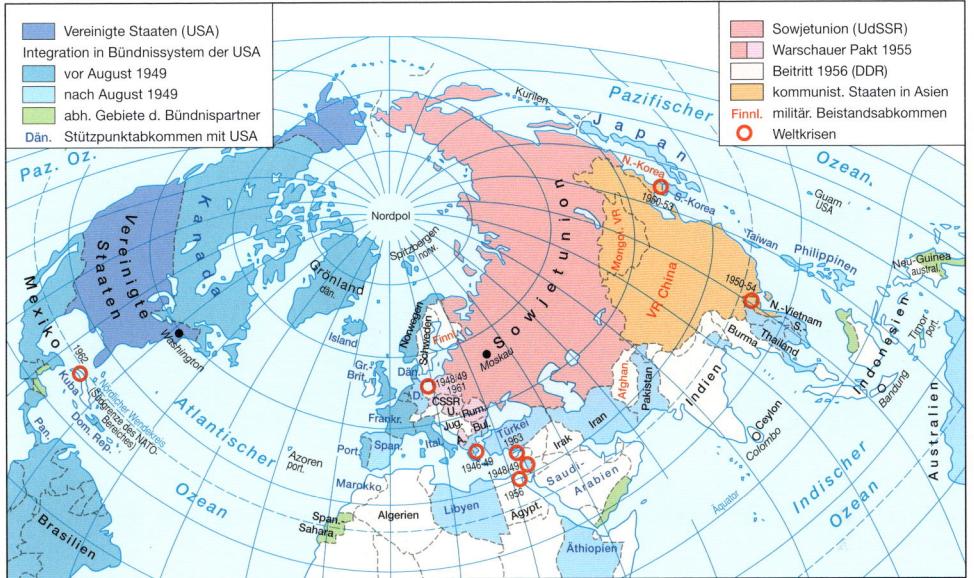

M 13 Auf dem Höhepunkt des Kalten Krieges: Die USA und die Kubakrise 1962

13 a) Aus der Rede von US-Präsident John F. Kennedy vom 22. Oktober 1962:
Im Laufe der letzten Woche haben eindeutige Beweise die Tatsache erhärtet, dass derzeit auf dieser unterdrückten Insel mehrere Anlagen für Angriffsraketen errichtet werden. Der Zweck dieser Anlagen kann nur darin bestehen, die Möglichkeit eines Atomschlags gegen die westliche Hemisphäre zu schaffen. [...] Wir werden das Risiko eines weltweiten Atomkriegs nicht voreilig oder ohne Not eingehen – wir werden dieses Risiko aber auch nicht scheuen, falls es zu irgendeinem Zeitpunkt eingegangen werden muss.

13 b) Aus einem Brief von US-Präsident Kennedy an den sowjetischen Ministerpräsidenten Nikita Chruschtschow vom 27. Oktober 1962:
Wenn ich Ihren Brief recht verstehe, sind die entscheidenden Punkte Ihrer Vorschläge – die, so wie ich sie auffasse, grundsätzlich annehmbar erscheinen – die folgenden:
1. Sie wären bereit, diese Waffensysteme unter Beobachtung und Überwachung durch die Vereinten Nationen aus Kuba zu entfernen und den weiteren Transport solcher Waffensysteme nach Kuba unter angemessenen Garantien einzustellen. 2. Wir wären unsererseits bereit, wenn die Vereinten Nationen angemessene Vorkehrungen zur Sicherung der Durchführung und des Fortbestehens dieser Verpflichtungen getroffen haben, a) alsbald die gegenwärtig bestehenden Blockademaßnahmen aufzuheben und b) Zusicherungen gegen eine Invasion in Kuba zu geben.

M13a und b zit. nach: Heinz D. Schmid/Eberhard Wilms (Hg.), Fragen an die Geschichte: Das 20. Jahrhundert, Berlin (Cornelsen) 1999, S. 112.

M 14 Rede von John F. Kennedy zur Weltpolitik, 10. Juni 1963

Welche Art von Frieden meine ich? Nach welcher Art von Frieden streben wir? Nicht nach einer *Pax Americana*, die der Welt durch amerikanische Kriegswaffen aufgezwungen wird. Nicht nach dem Frieden des Grabes oder der Sicherheit von Sklaven. Ich spreche hier von dem echten Frieden – jenem Frieden, der das Leben auf Erden lebenswert

13 c) „Einverstanden, Herr Präsident, wir wollen verhandeln…", britische Karikatur, Oktober 1962

macht, jenem Frieden, der Menschen und Nationen befähigt, zu wachsen und zu hoffen und ein besseres Leben für ihre Kinder aufzubauen, nicht nur ein Friede für Amerikaner, sondern ein Friede für alle Menschen. Nicht Frieden in unserer Generation, sondern Frieden für alle Zeiten.

Ich spreche vom Frieden, weil der Krieg ein neues Gesicht bekommen hat. Ein totaler Krieg ist sinnlos in einem Zeitalter, in dem Großmächte umfassende und verhältnismäßig unverwundbare Atomstreitkräfte unterhalten können und sich weigern zu kapitulieren, ohne vorher auf diese Streitkräfte zurückgegriffen zu haben. Es ist sinnlos in einem Zeitalter, in dem eine einzige Atomwaffe fast das Zehnfache an Sprengkraft aller Bomben aufweist, die von den gemeinsamen alliierten Luftstreitkräften während des Zweiten Weltkriegs abgeworfen wurden. Und er ist sinnlos in einem Zeitalter, in dem die bei einem Atomkrieg freigesetzten tödlichen Giftstoffe von Wind und Wasser, Boden und Saaten bis in die entferntesten Winkel des Erdballs getragen und sich auf die noch ungeborenen Generationen auswirken würden. […] Ich spreche daher vom Frieden als dem zwangsläufig vernünftigen Ziel vernünftiger Menschen. […]

Für diesen Frieden gibt es keinen einfachen Schlüssel, keine großartige oder magische Formel, die sich ein oder zwei Mächte aneignen können. Der echte Friede muss das Produkt vieler Nationen sein. […]

Bei einem solchen Frieden wird es Streitigkeiten und entgegengesetzte Interessen geben, wie dies innerhalb von Familien und Nationen der Fall ist. Der Weltfriede wie auch der Friede in Stadt und Land erfordern nicht, dass jeder seinen Nachbarn liebt. Er erfordert lediglich, dass man in gegenseitiger Toleranz miteinander lebt, seine Streitfälle einer gerechten und friedlichen Lösung unterwirft. […]

Lassen Sie uns zweitens unsere Haltung gegenüber der Sowjetunion überprüfen. Der Gedanke ist entmutigend, dass die sowjetischen Führer wirklich glauben könnten, was ihre Propagandisten unablässig schreiben. Keine Regierung und kein Gesellschaftssystem sind so schlecht, dass man das unter ihm lebende Volk als bar jeder Tugend ansehen kann. Wir Amerikaner empfinden Kommunismus als Verneinung der persönlichen Freiheit und Würde im tiefsten abstoßend. Dennoch können wir das russische Volk wegen vieler seiner Leistungen – sei es in der Wissenschaft und Raumfahrt, in der wirtschaftlichen und industriellen Entwicklung, in der Kultur und seiner mutigen Haltung – rühmen. […]

Sollte heute – wie auch immer – ein totaler Krieg ausbrechen, dann würden unsere beiden Länder die Hauptziele darstellen. Es ist eine Ironie, aber auch eine harte Tatsache, dass die beiden stärksten Mächte zugleich auch die beiden Länder sind, die in der größten Gefahr einer Zerstörung schweben. Alles, was wir aufgebaut haben, alles, wofür wir gearbeitet haben, würde vernichtet werden. Und selbst im Kalten Kriege – der für so viele Länder, unter ihnen die engsten Verbündeten der Vereinigten Staaten, Lasten und Gefahren bringt – tragen unsere beiden Länder die schwersten Lasten. Denn wir werfen beide für gigantische Waffen riesige Beträge aus – Beträge, die besser für den Kampf gegen Unwissenheit, Armut und Krankheit aufgewendet werden sollen. Wir sind beide in einem unheilvollen und gefährlichen Kreislauf gefangen, in dem Argwohn auf der einen Seite Argwohn auf der anderen auslöst und in dem neue Waffen zu wieder neuen Abwehrwaffen führen. [...]

Lassen Sie uns drittens unsere Einstellung zum Kalten Krieg überprüfen. [...] Wir müssen auf der Suche nach Frieden ausdauernd bleiben, in der Hoffnung, dass konstruktive Veränderungen innerhalb des kommunistischen Blocks Lösungen in Reichweite bringen können, die heute noch unerreichbar scheinen. Wir müssen unsere Politik so betreiben, dass es schließlich das eigene Interesse der Kommunisten wird, einem echten Frieden zuzustimmen. Vor allem müssen die Atommächte, bei gleichzeitiger Wahrung ihrer eigenen Lebensinteressen, solche Konfrontation vermeiden, die einem Gegner nur die Wahl zwischen einem demütigenden Rückzug oder einem Atomkrieg lässt.

Zit. nach: Europa-Archiv, 1963, S. 289 ff.

17 a) Beschreiben Sie die Methoden, mit denen die USA auf die sowjetische Raketenstationierung in Kuba reagierten (M13a, b).
b) Erläutern Sie, warum gerade die Kubakrise die Welt an den Rand eines Atomkrieges brachte. Ziehen Sie Karikatur M13c heran.
18 Erörtern Sie, inwieweit Kennedys Gedanken in M14 einen Neuansatz für die amerikanische Außenpolitik enthielten, um die Spannungen des Kalten Krieges zu überwinden. Vergleichen Sie dabei sein Bild von der UdSSR mit dem von George F. Kennan 1946 (M4b).
19 🚶 Spielfilm-Tipp: „13 Tage im Oktober", USA, 2000. Der Film erzählt die Kubakrise aus der Sicht des Präsidentenberaters O'Donnell. Grundlage sind u. a. die 1997 erstmals veröffentlichten Tonbandaufnahmen von den geheimen Sitzungen des Präsidentenstabs.

M 15 Antikommunismus in den USA – der Fall McCarthy

Der „Ausschuss zur Aufdeckung unamerikanischer Umtriebe" des Repräsentantenhauses ging auf eine Initiative der Demokraten von 1938 zurück. Ursprünglich gegründet, um Aktivitäten von Nazi-Sympathisanten sowie Hollywoodfilmen, die sich gegen den „New Deal" wandten, zu untersuchen, entfaltete er 1947 breitere Wirkung, als er die Unterstützung der „Film-Allianz für die Bewahrung amerikanischer Ideale" erhielt, die in Hollywood ebenfalls gegen „unamerikanische Umtriebe" vorging. Zehn Zeugen, die Aussagen verweigerten („Hollywood Ten"), erhielten 1947 Haftstrafen. Gestärkt wurde der Ausschuss 1947 durch die von Präsident Truman eingeführten Loyalitätsprüfungen für Bundesangestellte. Senator Joseph R. McCarthy (1909–1957) entwickelte sich seit 1950 zur treibenden Kraft: Außenminister Dean G. Acheson (Demokrat) hielt er vor, in seinem Ministerium 205 KP-Mitglieder zu beschäftigen. Nach der Präsidentenwahl 1952 und der Aufdeckung von Spionagefällen für die UdSSR weitete McCarthy die „Hexenjagd" auf die gesamte Gesellschaft aus und ließ einige „Hearings" im Fernsehen übertragen. Als er die Armee angriff, verlor er den Rückhalt der Regierung und des Präsidenten.

15 a) Aus einer Stellungnahme des US-Senats zu Joseph R. McCarthy (1950):
Obwohl er im Senat, in der Öffentlichkeit und vor diesem Unterausschuss abgestritten hat, die folgende Äußerung getan zu haben, ersehen wir aus dem zusammengetragenen Beweismaterial, dass Senator Joseph R. McCarthy am 9. Februar 1950 in Wheeling, West Virginia, gesagt hat: „Meine Damen und Herren! Ich habe zwar nicht die Zeit, alle diejenigen Männer im Außenministerium aufzuzählen, die als aktive Mitglieder der Kommunistischen Partei und als Mitglieder eines Spionagerings genannt worden sind, aber ich habe hier in meiner Hand eine Liste mit 205 Namen, eine Liste mit den Namen derjenigen, von denen der Außenminister erfahren hat, dass sie Mitglieder der Kommunistischen Partei sind und – dessen ungeachtet – immer noch im *State Department* arbeiten und dessen Politik mitgestalten."

Unsere Untersuchung hat ergeben, dass

die vorstehenden Anschuldigungen falsch sind, vor allem dass Senator McCarthy nie eine solche Liste, wie behauptet, besessen hat. [...] Unsere Untersuchung hat ergeben, dass dieses Problem mit größter Kompetenz behandelt wurde, dass illoyale Personen tatsächlich ausgeschieden wurden und dass auch weiterhin wirksame Anstrengungen unternommen und entsprechende Verfahren durchgeführt werden, um die Sicherheit des Außenministeriums zu gewährleisten. [...]

Zu einer Zeit, in der wiederum amerikanisches Blut vergossen wird, um unsere Vision der Freiheit aufrechtzuerhalten, sehen wir uns genötigt, die Anschuldigungen McCarthys und die Methoden, mit denen diesen Glaubwürdigkeit verliehen werden sollte, mutig und offen als das zu bezeichnen, was sie wirklich sind: als Betrug und Schwindel zum Schaden des Senats der Vereinigten Staaten und des amerikanischen Volkes. Sie sind wohl die schändlichste Kampagne von Halbwahrheiten und Unwahrheiten in der Geschichte dieser Republik.

Zum ersten Mal in unserer Geschichte haben wir sehen müssen, wie die totalitäre Propagandatechnik der „großen Lüge" über längere Zeit hin angewendet worden ist. Als Ergebnis ist das amerikanische Volk zu einer Zeit, da es stark und einig sein sollte, verunsichert und gespalten worden, und zwar in einem weit höheren Maße, als es sich selbst die Kommunisten, deren Geschäft doch aus Verunsicherung und Spaltung besteht, hätten erträumen können. In einer solchen desillusionierenden Konstellation wissen wir mehr als je zuvor unsere Menschenrechte, die Pressefreiheit und das freiheitliche Erbe, das diese Nation groß gemacht hat, zu schätzen.

Zit. nach: Günter Moltmann, Die Vereinigten Staaten von Amerika von 1917 bis zur Gegenwart, Paderborn (Schöningh) 1987, S. 58 f.

15 b) Senator Joseph R. McCarthy, Fotografie, Januar 1952. – McCarthy hat das Foto selbst anfertigen und verbreiten lassen.

15 c) Aus einem Protokoll des „Permanent Subcommittee on Investigations" des „Senate Committee on Government Operations" unter Vorsitz von Senator Joseph R. McCarthy (18. Februar 1954). Unter Ralph W. Zwicker hatte ein des Kommunismus bezichtigter, aber nicht überführter Militärzahnarzt einen ehrenvollen Abschied erhalten:

McCarthy: Wir wollen annehmen, dass ein gewisser John Jones Major der amerikanischen Armee ist. Wir wollen annehmen, dass eine eidesstattliche Aussage darüber besteht, dass dieser Jones ein Glied der kommunistischen Verschwörung ist und kommunistische Führerschulen besucht hat. Wir wollen annehmen, dass dieser Major Jones vor einem Komitee unter Eid aussagt: „Ich kann Ihnen die Wahrheit über diese Anschuldigungen nicht sagen, weil ich, wenn ich es täte, damit mich selbst zu beschuldigen fürchte." Wir wollen weiter annehmen, dass ein General Schmidt dafür verantwortlich war, dass dieser Mann in Ehren entlassen wurde, obwohl er diese Tatsache wusste. Sind Sie der Meinung, dass dieser General Schmidt aus der Armee ausgestoßen werden sollte, oder sind Sie der Meinung, dass er weiter belassen werden sollte?

Zwicker: Er sollte auf jeden Fall weiter belassen werden, wenn er auf Grund kompetenter Befehle handelte, diesen Mann zu entlassen.

McCarthy: Nehmen wir an, dass es der Mann ist, der diese Befehle unterzeichnete, und dass der General Schmidt diesen Befehl veranlasste.

Zwicker: Den Befehl zu seiner Entlassung veranlasste?

McCarthy: Den Befehl zu seiner ehrenvollen Entlassung.

Zwicker: Das ist eine recht hypothetische Angelegenheit. Das ist keine Frage, über die ich zu entscheiden habe.

McCarthy: Sie sind gehalten, diese Frage zu beantworten, General. Sie sind ein Angestellter des Volkes, Sie haben eine sehr bedeutende Stellung. Ich wünsche zu wissen, wie Sie darüber denken, sich Kommunisten zu entledigen.

Zwicker: Meinen Sie, wie ich in Bezug auf Kommunisten denke?

McCarthy: Ich meine genau das, was ich Sie fragte, General, nichts anderes. Jeder mit dem Gehirn eines fünf Jahre alten Kindes kann diese Frage verstehen. Der Gerichtsschreiber wird Ihnen die Frage so oft vorlesen, als dies notwendig ist, bis Sie sie beantworten. (Die Frage wird vom Gerichtsschreiber nochmals aus dem Protokoll vorgelesen.)

Zwicker: Ich glaube nicht, dass der betreffende Mann aus der Armee ausgestoßen werden sollte.

McCarthy: Dann, General, sollten Sie jedes Kommandos entkleidet werden. Jedwede Person, die die Ehre erfahren hat, zum General befördert zu werden, und die sagt: „Ich will einen anderen General schützen, der die Kommunisten schützt", ist nicht geeignet, diese Uniform zu tragen. Ich glaube, es ist eine schreckliche Schande für die Armee, dass diese Art von Dingen in die Öffentlichkeit gelangt. Ich beabsichtige, dies zu tun, es ist meine Pflicht. Ich beabsichtige, der Presse genau zu wiederholen, was Sie sagten.

Zit. nach: Erich Angermann, Die Vereinigten Staaten von Amerika als Weltmacht, Stuttgart (Klett) 1987, S. 62 f.

20 a) Beschreiben Sie die Fragetechnik McCarthys (M15c). b) Erörtern Sie seine Ziele.
21 Fassen Sie die Vorwürfe des Senats (M15a) zusammen. Überprüfen Sie, inwieweit die Kritik des Senats berechtigt ist (M15c).
22 Diskutieren Sie (M15a–c), warum der Senat McCarthy trotz Kritik bis 1954 gewähren ließ.
23 🚶 Hörfunktipp: DeutschlandRadio bietet im Internet zwei Sendungen (Skripte/Hörbeiträge) zur McCarthy-Ära an: *www.dradio.de/dlf/sendungen/hintergrundpolitik/242997* und *www.dradio.de/dlr/sendungen/kalender/326947*

M 16 Massengesellschaft und Politik

Mary Th. McCarthy (1912–1989), US-Schriftstellerin, schrieb in einem Brief an die deutsche Philosophin Hannah Arendt (7. Oktober 1952):
Ich glaube, Stevenson[1] spricht am 28. in Providence; vielleicht können wir das damit verbinden, dich in Providence vom Bahnhof abzuholen – hättest du Lust dazu? Ich war noch nie bei einer politischen Veranstaltung, abgesehen natürlich von den guten alten linken Protestversammlungen. In meinen Augen hat Stevenson gute Chancen, aber offensichtlich sind alle seine Berater beunruhigt. Irgendein Zeitungsmann bemerkte neulich, Stevenson habe politischen Chic, für seine Anhänger sei er eine Entdeckung, wie ein Kunstwerk oder ein neu auf den Markt gebrachtes Gewürz aus alter Zeit, das den Feinschmecker anspricht; das ist sicher richtig, aber zählt so was hier zu Lande in der Politik? Ein Erfolg Nixons[1] hätte, sollte es wirklich dazu kommen, etwas grauenhaft Orwellsches; es würde bedeuten, dass die Massengesellschaft Realität ist, was keiner hier wirklich geglaubt hat, nicht einmal diejenigen, die ihre Symptome kritisiert haben. Die Vorstellung, dass Menschen nicht von ihren Leidenschaften oder Interessen beeinflusst werden, sondern von Werbetechniken, d. h. durch Massenkonditionierung, löst alle meine Ansichten über das Leben in den USA in Luft auf. Wenn das wahr wäre, wenn Nixon tatächlich „ankäme", erschiene mir das in gewissem Sinne erschreckender als alle Erfolge nationalsozialistischer oder sowjetischer Propaganda, die sich immerhin auf *etwas* stützten, auf entartete Ideologien, nationale Interessen, primitiven Mystizismus und das *Faktum* der Diktatur. Doch die Nixon-Formel beschwor lediglich bestimmte Bilder, deren Macht allein auf ihrer Vertrautheit beruht: Man kennt sie aus Radio oder Fernsehen. Kurz: Wirken die Reflexe, aufgrund derer Menschen eine bestimmte Sorte Seifenpulver kaufen […], nun auch in der Politik, in der es bisher doch Unterschiede gab?

Hannah Arendt/Mary McCarthy, Im Vertrauen. Briefwechsel 1949–1957, hg. von Carol Brightman, München (Piper) 1996, S. 57 f.

1 Siehe Grundwissen „Personen" S. 217 f.

M 17 „Sieben gute Gründe für zwei Ford", Plakat der Firma Ford, USA, 1950er-Jahre

M 19 Im New Yorker Stadtteil Brooklyn, Fotografie, um 1965

M 18 Edward Hopper (1882–1967), Hotel an einer Eisenbahn, Ölgemälde, USA, 1952

24 Interpretieren Sie M16 mithilfe der systematischen Fragen zur Textquellenanalyse S. 50.
25 Analysieren Sie M17–M19 unter der Frage, wie sich die Massengesellschaft in den USA fortentwickelte. Gehen Sie auf geschlechterhistorische Aspekte ein. Ziehen Sie M16 hinzu.

M 20 Wirtschaft und Gesellschaft der USA 1950–1990

Jahr	Beschäftigenanteil (%) in			Personal Bundesregier. (1000)	Brutto sozial prod.[1] (Mrd. $)	Zugel. Pkw (Mio.)	Arbeitslosenquote[2] (%)	Bundeshaushalt	
	Lan.	Ind.	Handel, Transp.					Anteil Vertdg. (%)	Anteil Gesdh. (%)
1950	12,0	23,9	18,6	1961	355,3	40,3	5,3	32,0	0,2
1960	8,1	23,2	19,0	2399	487,7	61,7	5,5	49,0	0,9
1970	4,5	24,6	24,8	2921	722,5	89,3	4,9	40,3	6,7
1980	3,7	22,1	26,9	2782	933,6	121,6	7,1	23,1	10,0
1990[3]	2,7	18,0	27,4	2653	1218,5	143,6	5,5	18,7	15,9

1 Preise von 1958
2 in Prozent der zivilen Erwerbspersonen über 16 Jahre
3 Bundeshaushalt: 1993

Nach: W.P. Adams (Hg.), Die Vereinigten Staaten von Amerika, Frankfurt/M. (Fischer) 1977, S. 502 ff.; Erich Angermann, Die Vereinigten Staaten von Amerika als Weltmacht, Stuttgart (Klett) 1987, S. 9 f.; Statistisches Bundesamt, Länderbericht Vereinigte Staaten 1994, Wiesbaden 1995; Brian R. Mitchell, International Historical Statistics, Basingstoke u. a. 1983; Statistical Abstracts of the United States; Nato-Brief 2/1995, S. 35; Thomas A. Bailey/David M. Kennedy, The American Pageant, 10. Aufl., Lexington/Mass. 1994, S. 1036.

M 21 US-Präsidentschaftskandidat John F. Kennedy vor dem Parteitag der Demokraten am 15. Juli 1960 *(New-Frontier-Rede)*

Viele sagen heute, dass alle Horizonte erforscht worden und alle Kämpfe siegreich beendet worden sind, dass es also keine amerikanische Grenze mehr gebe. […] Aber ich vertraue darauf, dass niemand in dieser großen Versammlung solche Ansichten teilt. Denn keineswegs sind alle Probleme gelöst oder alle Kämpfe bestanden; sondern wir stehen heute vor einer „Neuen Grenze" *(New Frontier)*, der Grenze der sechziger Jahre, einer Grenze voll unbekannter Chancen und Risiken, voll unerfüllter Hoffnungen und Bedrohungen. Woodrow Wilsons „Neue Freiheit" *(New Freedom)* versprach unserer Nation einen neuen politischen und wirtschaftlichen Rahmen. Franklin Roosevelts „New Deal" versprach Sicherheit und Hilfe für die Not Leidenden. Aber die „Neue Grenze", von der ich spreche, besteht nicht aus Versprechungen – vielmehr aus Herausforderungen. Sie lässt sich nicht in dem fassen, was ich dem amerikanischen Volk anzubieten beabsichtige, sondern in dem, was ich von ihm verlangen will. […] Hinter dieser Grenze liegen noch nicht kartografierte Gebiete der Wissenschaft und des Weltraums, ungelöste Probleme von Frieden und Krieg, unbezwungene Inseln von Unwissenheit und Vorurteil, unbeantwortete Fragen von Armut und Überfluss. Es wäre einfacher, sich von dieser Grenze fern zu halten, die sichere Mittelmäßigkeit der Vergangenheit zu betrachten und sich von guten Vorsätzen und hehrer Rhetorik einlullen zu lassen […]. Aber ich glaube, dass unsere Zeit Erfindungsgabe, Erneuerungswillen, Einbildungskraft und Entscheidungsfähigkeit verlangt. Ich fordere alle auf, neue Pioniere an der „Neuen Grenze" zu werden. […] Wir müssen wieder ganz von vorne beginnen und den Beweis erbringen, ob diese Nation […] noch lange überleben kann, ob unsere Gesellschaft mit ihrer Freiheit der Wahl, ihrer Breite der Chancen und ihrer Spannweite von Alternativen den Wettbewerb mit dem eindimensionalen Fortschreiten des kommunistischen Systems bestehen kann. […] Die ganze Menschheit wartet auf unsere Entscheidung. Eine ganze Welt sieht zu, was wir tun werden. Wir können ihr Vertrauen nicht enttäuschen, wir müssen den Versuch wagen.

Zit. nach: Hartmut Wasser, Die USA – der unbekannte Partner, Paderborn (Schöningh) 1983, S. 95.

26 Untersuchen Sie Wandlungen in Wirtschaft und Gesellschaft der USA seit 1945 (M20).
27 Bestimmen Sie, was Kennedy (M21) unter seinem *New-Frontier*-Programm versteht.

Weiterführende Arbeitsanregungen

🚶 Denkmäler in Washington – eine Reise durch die Geschichte der USA

Die Bedeutung der Geschichte für die nationale Identität der USA ist nirgends so greifbar wie in der Hauptstadt Washington. Im Gebiet der *Mall* (M22), in unmittelbarer Nähe der Regierungsgebäude, findet sich eine große Zahl nationaler Denkmäler und Museen, die an US-Präsidenten, Kriege und andere Ereignisse erinnern. Immer wieder haben sich am *Washington Monument* Demonstrationszüge versammelt, hielt Martin Luther King hier seine berühmte Rede „Ich habe einen Traum". Am *Capitol Hill* wird alljährlich der Unabhängigkeitstag gefeiert – mit „einer eigentümlichen Mischung aus Vaterlandsliebe, Hollywood, Coca Cola und Popcorn" (Detlef Junker). Europäische Schüler und Studenten sagen nach einem Besuch Washingtons häufig, dass sie von der amerikanischen Erinnerungskultur und Erinnerungspolitik fasziniert und zugleich erschreckt seien. Warum?

Erstellung eines Reiseführers für einen Besuch der amerikanischen Hauptstadt
1 Verschaffen Sie sich (vgl. Plan unten) einen Überblick über die Gebäude im Gebiet der Mall.
2 Recherchieren Sie über die Geschichte und Ziele eines Gebäudes (Gruppenarbeit).
3 Beschreiben Sie Ihr Objekt. Suchen Sie Fotos, die es aus verschiedenen Perspektiven abbilden.
4 Präsentieren Sie Ihre Ergebnisse abschließend in Form eines gemeinsamen Reiseführers.

Recherchehilfen
Informationen über die Gebäude der „Mall" finden Sie in (Kultur-)Reiseführern über Washington. Über die Website der Touristeninformation Washington (in Englisch) gelangen Sie zu einer Linkliste, die zu den Homepages aller Museen und Monumenten der Stadt führt: www.washington.org (weiter über „Site Map", „Washington DC Attractions", „Monuments & Museums").

M 22 Washington DC *(Mall* und *White House)*

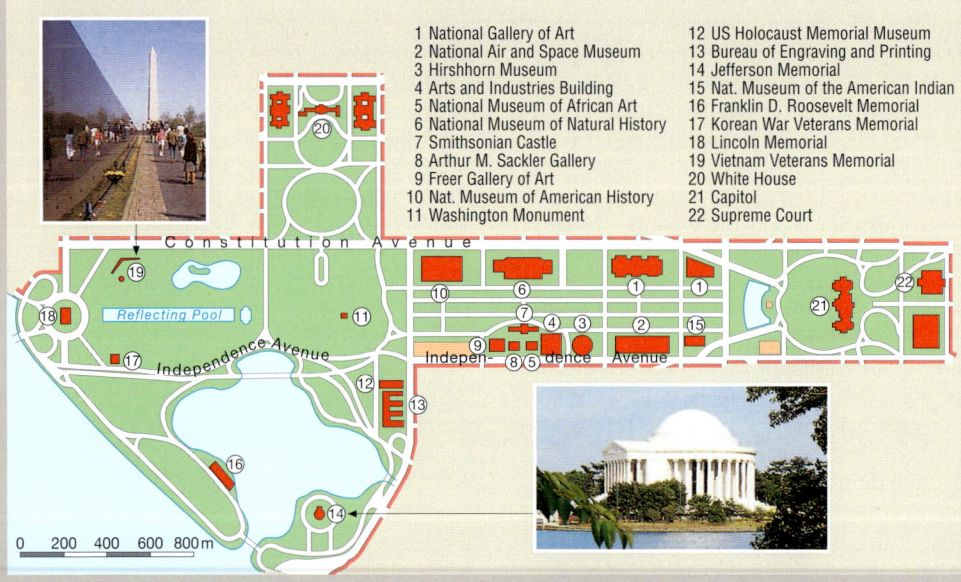

1 National Gallery of Art
2 National Air and Space Museum
3 Hirshhorn Museum
4 Arts and Industries Building
5 National Museum of African Art
6 National Museum of Natural History
7 Smithsonian Castle
8 Arthur M. Sackler Gallery
9 Freer Gallery of Art
10 Nat. Museum of American History
11 Washington Monument
12 US Holocaust Memorial Museum
13 Bureau of Engraving and Printing
14 Jefferson Memorial
15 Nat. Museum of the American Indian
16 Franklin D. Roosevelt Memorial
17 Korean War Veterans Memorial
18 Lincoln Memorial
19 Vietnam Veterans Memorial
20 White House
21 Capitol
22 Supreme Court

10 Epochenjahr 1968? Der Vietnamkrieg und die konservative Rückbesinnung der USA

Die USA 1968. *Januar/Februar:* Das kommunistische Nordvietnam und der Vietcong starten die große Tet-Offensive gegen Südvietnam und eine halbe Million amerikanischer Soldaten. *April:* Der schwarze Bürgerrechtler Martin Luther King wird in Memphis ermordet, in 125 Städten der USA brechen Rassenunruhen aus. In New York besetzen radikale Studenten aus Protest gegen den Vietnamkrieg und die Einberufungen den Campus der Columbia Universität. Das Hippie-Musical „Hair" hat Premiere am Broadway. *Juni:* Robert Kennedy, der Bruder des 1963 ermordeten Präsidenten und politischer Hoffnungsträger der Demokraten im Wahljahr 1968, erliegt den Folgen eines Attentats. 50 000 Menschen nehmen am *Solidarity Day* der *Poor-People's*-Kampagne teil. *August:* Die Polizei von Chicago geht während des Parteitags der Demokraten mit äußerster Härte gegen Demonstranten vor. *November:* Mit dem Versprechen, daheim für *Law and Order* und in Vietnam für einen ehrenvollen Frieden zu sorgen, wird der Republikaner Richard M. Nixon zum Präsidenten gewählt.

Der Historiker Jürgen Heideking hat 1968 als „Epochenjahr" der amerikanischen Geschichte bezeichnet. Denn dieses Jahr markiert für ihn den Beginn einer tiefen Zerrissenheit, wenn nicht gar Spaltung des amerikanischen Volkes. Die Folgen waren eine Krise des nationalen Selbstverständnisses und eine konservative Rückbesinnung. Letztere wirkt über das Ende des Kalten Krieges 1989/90 hinaus bis in die Gegenwart.

Der Vietnamkrieg (1964–1973)

Seit der Genfer Indochina-Konferenz 1954 war Vietnam in zwei Zonen aufgeteilt, aus denen sich zwei Staaten entwickelten. Das kommunistische Nordvietnam unterstützte den Guerillakrieg der „Nationalen Befreiungsfront" (**Vietcong**) gegen die prowestliche Regierung Südvietnams. Als 1964 US-Kriegsschiffe im Golf von Tonking von Nordvietnam angegriffen wurden, entsandten die USA Truppen nach Südvietnam. 1964 begannen die Soldaten die Nachschubwege der Vietcong (**Ho-Chi-Minh-Pfad**) und ab 1965 auch Nordvietnam selbst zu bombardieren. Aber die USA konnten sich gegen den **Guerillakrieg** der Vietcong nicht durchsetzen. Ab 1969 zog Präsident Nixon die 543 000 in Südvietnam stationierten Soldaten nach und nach wieder ab und schloss 1973 mit Nordvietnam einen Waffenstillstand. Die Bilanz des Krieges für die USA: 56 000 Tote, 150 Mrd. Dollar Kosten und sieben Mio. Tonnen abgeworfene Bomben, dreimal so viel wie im Zweiten Weltkrieg. Die Konflikte in Indochina waren damit aber nicht beendet. 1974 begann Nordvietnam eine Offensive; 1975 brach jeder Widerstand des Südens zusammen. Ganz Vietnam wurde kommunistisch, ebenso Laos und Kambodscha.

Der Watergate-Skandal

Im Juni 1972 wurde ein Einbruch in das Wahlkampf-Hauptquartier der Demokratischen Partei, die während des Präsidentschaftswahlkampfes ihren Sitz im Watergate-Hotel in Washington genommen hatte, aufgedeckt. Bald stellte sich heraus, dass Hintermänner des republikanischen Präsidenten **Richard M. Nixon** (Präs. 1969–1974) die Aktion gesteuert hatten. Journalisten deckten weitere Skandale der Regierung auf und übten Kritik an dem von Nixon betriebenen persönlichen Machtzuwachs. Dieser Amtsmissbrauch eines Präsidenten war bis dahin in der US-Geschichte ohne Beispiel und zwang erstmals einen Präsidenten zum Rücktritt. Nixon kam damit der bereits eingeleiteten Amtsenthebung *(impeachment* = Staatsanklage) zuvor. Die Autorität des Präsidentenamtes war beschädigt.

Die Außenpolitik der USA bis zum Ende des Kalten Krieges 1989/90

Im Jahre 1972, als die USA in Vietnam auf dem Rückzug, aber immer noch in heftige Kämpfe verwickelt waren, unterzeichneten sie eine Grundsatzerklärung über ihre Beziehungen zur Sowjetunion. Darin bekannten sich beide Staaten zu ihrer besonderen Verantwortung in der Weltpolitik und bekundeten ihre Bereitschaft, Konflikte mit friedlichen Mitteln beizulegen, auf den eigenen Vorteil zu verzichten und in gefährlichen Situationen Zurückhaltung zu üben. Tatsächlich kam es 1972 zur Beschränkung der land- und seegestützten Interkontinentalraketen **(SALT I)** und der Raketenabwehrsysteme **(ABM-Vertrag)**. 1973 vereinbarten die beiden Weltmächte, bei Gefahr eines Nuklearkrieges „sofortige Konsultationen" aufzunehmen.

Doch wurden diese Bemühungen von Spannungen und Regionalkonflikten begleitet. Die UdSSR unter Leonid Breschnew steigerte in den 1970er-Jahren die Rüstungsausgaben, baute ihren Einfluss in Afrika aus und intervenierte z. B. mit Kuba im Bürgerkrieg in Angola. 1979 besetzte sie Afghanistan. Amerika reagierte mit einem Weizenembargo gegen die UdSSR, boykottierte die Olympischen Spiele in Moskau und erhöhte die Militärausgaben.

1980 schien die Entspannungspolitik der Supermächte am Ende zu sein. Nach der sowjetischen Weigerung, die in Osteuropa stationierten nuklearen Mittelstreckenraketen abzubauen, die die NATO-Staaten in Europa bedrohten, setzten die USA wieder auf eine härtere Außenpolitik. Der Republikaner **Ronald Reagan** (Präs. 1981–1989) erhöhte sofort die Militärausgaben und forcierte die Entwicklung eines weltraumgestützten Raketenabwehrsystems. Außerdem ließ er der amerikanischen Exportindustrie harte Beschränkungen im Osthandel auferlegen. Die westeuropäischen Verbündeten sollten ihre Geschäfte mit Moskau aufschieben.

Die amerikanische Politik der Stärke verschärfte den Rüstungswettlauf in den 1980er-Jahren derart, dass er für die UdSSR wirtschaftlich ruinös wurde. Erst Michail Gorbatschow, der 1985 in der UdSSR die politische Führung übernahm, leitete eine neue Entspannungspolitik ein. Die Entschärfung des internationalen Konfliktpotenzials durch die UdSSR erleichterte es den USA unter Reagan, seit Mitte der 1980er-Jahre wieder zur Kooperation zurückzukehren.

Konservative Rückbesinnung in der Innenpolitik

Aus der Sicht vieler Amerikaner konnte das seit „68" erschütterte nationale Selbstbewusstsein nur durch eine Rückbesinnung auf alte Traditionen überwunden werden. Besonders die Anhänger der neuen Rechten *(New Right)*, die vor allem aus den unteren Mittelschichten kamen, wollten die alten puritanischen Tugenden mit strengen Moralvorstellungen gegen die „liberalen Exzesse" verteidigen. Sie wandten sich gegen Erleichterungen bei der Abtreibung und gegen die Integration ethnischer Minderheiten und Randgruppen.

Der Republikaner Ronald Reagan knüpfte im Wahlkampf 1980 an diese Stimmung an und gewann die Wahl mit seinem Programm der „nationalen Erneuerung" und der „Rückkehr zu den alten Werten". Recht und Ordnung sollten wieder das Leben der Amerikaner bestimmen, Familie und Kirche wieder Einfluss im öffentlichen Leben erhalten; die staatlichen Sozialleistungen sollten abgebaut und die Wirtschaft zur freien Marktwirtschaft *(„Reaganomics")* zurückgeführt werden. Der Bund habe sich auf seine Hauptaufgaben, Außen- und Verteidigungspolitik, zu beschränken. Diesen Kurs behielt auch George Bush (Präs. 1989–1993) bei, unter dessen Führung Amerika 1991 im Auftrag der UNO im Golfkrieg gegen den Irak eingriff.

Das Ergebnis der konservativen Wende war zwiespältig. Einerseits gab es nach einer scharfen Rezession 1983 einen kräftigen Aufschwung, der gestützt wurde durch Investoren aus Europa und Japan. Der Kongress, der Steuersenkungen zustimmte, verhinderte bei den Sozialprogrammen einen Kahlschlag. Andererseits führten die immens gesteigerten Militärausgaben zu einem starken Anstieg der Staatsverschuldung und des Zinsniveaus. Die Zahl der unter der Armutsgrenze Lebenden lag 1990 über der von 1970. Gewinner war die neue Klasse der gut verdienenden, karriere- und konsumbewussten **Großstadt-Yuppies** *(young urban professionals)*.

Hinweise zur Arbeit mit den Materialien

Kapitel 10 beschäftigt sich mit dem Wandel, der in den USA um das „**Epochenjahr 1968**" herum stattfand, und fragt nach den langfristigen Folgen der Ereignisse. Drei übergreifende Themen bieten sich für die Untersuchung dieser Problemstellung an:

1. der **Vietnamkrieg (1964–1973)**, der wie kaum ein Ereignis das Selbstverständnis der USA erschüttert hat; seine Entstehung, sein Charakter, sein Scheitern und seine historisch-politische Bewältigung sind in M1–M8 dokumentiert *(zur Arbeitsform: Die Materialien könnten für eine Radiosendung genutzt werden, die eine Gedenkfeier am Vietnam-Denkmal in Washington übertragen will und hierfür Hintergrundberichte, Analysen und Interviews benötigt* (Aufgaben 1–7);

2. die **Protestbewegung und die Gegenkultur**, die sich vor dem Hintergrund des Vietnamkrieges in den USA (und Europa) herausbildeten; hierfür eignen sich besonders *alltagsgeschichtliche Quellen* (ein Popsong in M9, ein Zeitzeugeninterview in M10); für eine *Vertiefung* bietet sich der *Musicalfilm „Hair"* an (M11); das Interview M10 bietet auch Anregungen für eine *gegenwartsbezogene Diskussion* über Universitäten in Europa und den USA (Aufgabe 10);

3. die **Reagan-Ära (1981–1989)** und die konservative Rückbesinnung in Politik, Wirtschaft und Alltag, die zum Teil in Reaktion auf die Protestkultur entstand; für dieses Thema wurde das Material in zwei *Stationen* unterteilt: *Station I* (M12a–e) nimmt die Innenpolitik in den Blick, *Station II* (M13a–d) die Außenpolitik und das Ende des Kalten Krieges. Ob und inwieweit die USA in der Reagan-Zeit wirklich einen grundlegend konservativen Kurs einschlugen und ob Auswirkungen bis heute sichtbar sind, kann ausgehend von M14 diskutiert werden.

Weiterführende Arbeitsanregungen S. 196: **Sozialbewegungen in Europa und den USA.**

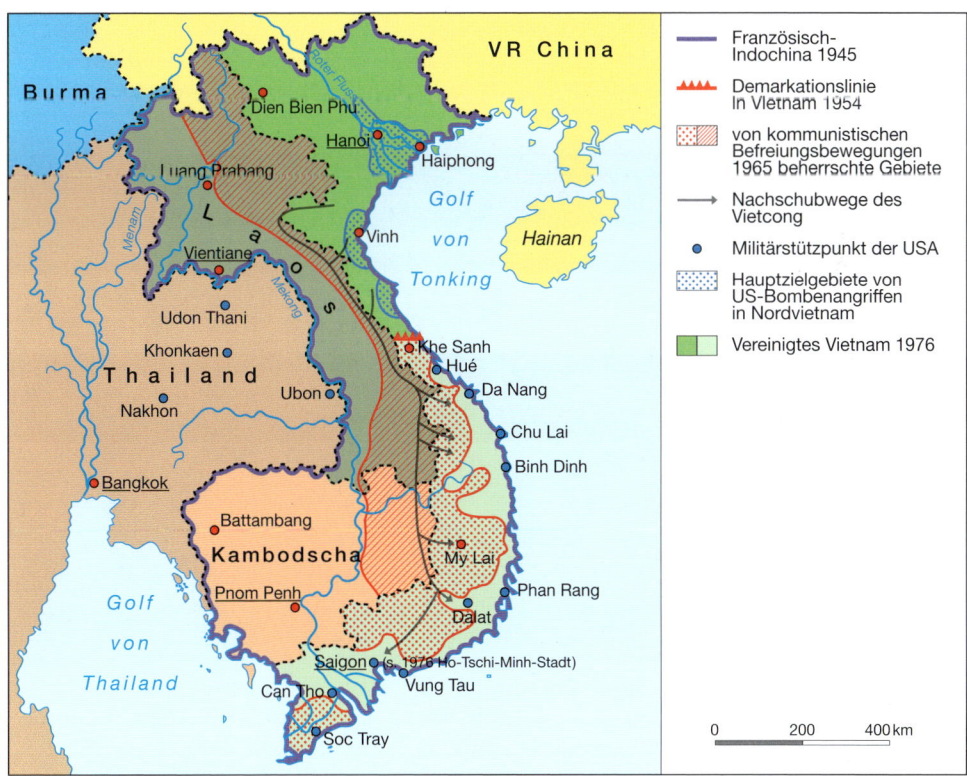

M 1 Der Vietnamkrieg 1964–1973

M2 US-Einsatz in Vietnam? Die Debatte in den USA

2a) Päsident Lyndon B. Johnson (Demokrat) in einer öffentlichen Rede am 7. April 1965:
Wir kämpfen, weil wir kämpfen müssen, wenn wir in einer Welt leben wollen, in der jedes Land sein eigenes Schicksal bestimmen kann, und nur in einer solchen Welt wird unsere eigene Freiheit endgültig sicher sein. […]

Wir sind dort, weil wir ein Versprechen zu halten haben. Seit 1954 hat jeder amerikanische Präsident dem Volk von Südvietnam Hilfe angeboten. Wir haben geholfen aufzubauen, wir haben geholfen zu verteidigen. Viele Jahre hindurch haben wir versprochen, Südvietnams Unabhängigkeit verteidigen zu helfen. Und ich beabsichtige, dieses nationale Versprechen zu halten. […]

Wir sind auch dort, um die Weltordnung zu stärken. Rund um die Erde, von Berlin bis Thailand, leben Völker, deren Wohlergehen zum Teil auf dem Glauben beruht, dass sie auf uns zählen können, wenn sie angegriffen würden. Vietnam seinem Schicksal zu überlassen, würde das Vertrauen aller dieser Völker in den Wert einer amerikanischen Verpflichtung und den Wert von Amerikas Wort erschüttern. Das Ergebnis wäre wachsende Unruhe und Unsicherheit, schließlich sogar Krieg.

Wir sind auch dort, weil es um hohe Einsätze für das Gleichgewicht geht. Niemand soll glauben, dass der Rückzug aus Vietnam das Ende des Konflikts brächte. Der Kampf würde in dem einen und dann dem anderen Land erneuert. Die wichtigste Lehre unserer Zeit ist, dass der Appetit der Aggression niemals befriedigt ist. Rückzug von dem einen Schlachtfeld bedeutet nur Vorbereitung des nächsten. Wir müssen in Südostasien wie in Europa mit den Worten der Bibel sagen: „Bis hierher und nicht weiter."

Es gibt Leute, die sagen, dass all unsere Anstrengungen nutzlos sein werden, dass Chinas Macht zwangsläufig Südostasien beherrschen muss. Aber für dieses Argument gibt es kein Ende, bis alle Nationen Asiens geschluckt sind. Es gibt Leute, die sich fragen, warum wir dort Verantwortung tragen. Nun, wir haben dort aus demselben Grund Verantwortung wie in Europa. Im Zweiten Weltkrieg kämpften wir sowohl in Europa

M3 Nick Ut, Die neunjährige Phan Thi Kim Phunc (Mitte) und andere Kinder nach einem südvietnamesichen Angriff auf das Dorf Trang Bang, in dem die Angreifer nordvietnamesische Soldaten vermuteten, Fotografie, 1972. – Dieses Foto fand weltweite Beachtung als Zeichen für das Grauen des Krieges, in dem die USA Napalmbomben einsetzten. Die Zahlenangaben für die Opfer unter der Zivilbevölkerung schwanken zwischen 1,5 und 4 Millionen Toten.

M 4 US-Soldaten in Südvietnam, Fotografie, 1966. – *Bei den Kämpfenden gab es ca. 920 000 Tote auf Seiten der Nordvietnamesen und des Vietcong, ca. 200 000 Tote unter den südvietnamesischen Soldaten und ca. 56 000 Tote unter den US-amerikanischen Soldaten.*

als auch in Asien, und als er endete, fanden wir uns in fortdauernder Verantwortung für die Verteidigung der Freiheit.

Zit. nach: Helmut Krause/Karlheinz Reif (Bearb.), Geschichte in Quellen, Bd. 7, München (bsv) 1980, S. 601f.

2 b) Senator J. William Fulbright (Demokrat) in einer Rede im US-Senat am 8. August 1967:
Die Verbindung zwischen Vietnam und Detroit[1] liegt in ihren widerstreitenden und unvereinbaren Ansprüchen an herkömmliche amerikanische Wertvorstellungen. [...] Das eine fordert, dass Amerika eine imperiale Rolle in der Welt akzeptiere, oder was die Leute, die unsere Politik machen, die „Verantwortlichkeit der Macht" nennen oder was ich die „Arroganz der Macht"[2] genannt habe. Das andere heischt Freiheit und soziale Gerechtigkeit zu Hause, ein Ende der Armut, die Erfüllung unserer rissigen Demokratie und eine Anstrengung, uns selbst in der Welt eine Rolle zu schaffen, die mit unseren traditionellen Werten vereinbar ist. Die Frage – das ist zu betonen – lautet nicht, ob es möglich ist, sich auf herkömmliche Machtpolitik im Ausland und zugleich auf die vollkommene Demokratie zu Hause einzulassen, sondern ob es für uns Amerikaner mit unserem besonderen historischen und nationalen Charakter möglich ist, moralisch unvereinbare Rollen zu vereinigen. [...]

Gegenwärtig ist ein großer Teil der Welt abgestoßen von Amerika und dem, wofür Amerika in der Welt zu stehen scheint. Sowohl in unseren auswärtigen Angelegenheiten als auch in unserem Leben daheim vermitteln wir ein Bild der Gewalttätigkeit. Es kommt mir nicht viel auf Bilder an, die sich von den Dingen, die sie widerspiegeln, unterscheiden, aber dies Bild wurzelt in der Wirklichkeit. In der Ferne sind wir in einen barbarischen und erfolglosen Krieg gegen arme Leute einer kleinen und rückständigen

Nation verwickelt. Zu Hause – weit gehend aus Nachlässigkeit infolge von 25 Jahren verwaltender Beschäftigung mit fremden Angelegenheiten – bersten unsere Städte in gewaltsamem Protest gegen Generationen sozialen Unrechts. Amerika, das noch vor ein paar Jahren der Welt ein Muster an Demokratie und sozialer Gerechtigkeit schien, ist ein Symbol für Gewaltsamkeit und disziplinlose Macht geworden. […] Mit unserer undisziplinierten Anwendung physischer Gewalt haben wir uns selbst einer stärkeren Macht entkleidet: der Macht des Vorbildes. […]

Während der Tribut an Toten in Vietnam steigt, steigt er auch im Krieg zu Hause. In einer einzigen Woche des Juli 1967 wurden in Vietnam 164 Amerikaner getötet und 1442 verwundet, während bei Unruhen in Städten der Vereinigten Staaten 65 Amerikaner getötet und 2100 verwundet wurden. Wir führen wahrhaftig einen Zweifrontenkrieg und führen ihn an beiden schlecht. Jeder der beiden Kriege zehrt vom anderen, und obwohl uns der Präsident versichert, wir hätten die Mittel, beide zu gewinnen, gewinnen wir faktisch keinen.

Zit. nach: Erich Angermann, Die Vereinigten Staaten von Amerika als Weltmacht, Stuttgart (Klett) 1987, S. 77.

1 Unruhen in Detroit im Sommer 1967
2 Titel eines Buches von Fulbright (dt. 1967)

M 5 Der Vietnamkrieg in der Bilanz eines ehemaligen Verantwortlichen

Robert S. McNamara (geb. 1916), US-Verteidigungsminister 1961–1968, schrieb 1995:
Hin und wieder ist die Meinung zu hören, nach dem Ende des Kalten Krieges habe sich die Welt so sehr verändert, dass die aus Vietnam gezogenen Lehren überholt und für das 21. Jahrhundert bedeutungslos seien. Diese Ansicht teile ich nicht; ich vertrete vielmehr die Auffassung, dass wir unsere Fehler analysieren müssen, wenn wir aus unseren Erfahrungen lernen wollen. Für unser Scheitern in Vietnam waren vor allem elf Gründe verantwortlich: […]

2. Wir haben die Bevölkerung und die führenden Politiker Südvietnams nach unseren Maßstäben beurteilt: Wir meinten, sie hätten einen übermächtigen Wunsch nach Freiheit und Demokratie und seien entschlossen, dafür zu kämpfen. Wir haben die politischen Kräfte dieses Landes ganz und gar falsch eingeschätzt.

3. Wir haben unterschätzt, welche Kraft das Nationalbewusstsein einem Volk (hier den Nordvietnamesen und dem Vietcong) verleiht, für seine Überzeugungen und Werte zu kämpfen und zu sterben. […]

5. Zudem haben wir nicht erkannt – und das gilt bis heute –, dass den modernen, hoch technologisch ausgerüsteten Streitkräften und den für sie entwickelten Strategien Grenzen gesetzt sind, wenn es zur Konfrontation mit einem unkonventionell kämpfenden und hoch motivierten Volk kommt. Auch ist es uns nicht gelungen, unsere militärische Taktik so auszurichten, dass wir die Herzen und den Verstand der Menschen eines vollkommen anders gearteten Kulturkreises hätten gewinnen können.

6. Wir haben es versäumt, den Kongress und die amerikanische Bevölkerung vorab in eine Diskussion über das Pro und Kontra eines groß angelegten militärischen Engagements der USA in Südostasien einzubeziehen. […]

9. Wir haben nicht den Grundsatz befolgt, dass militärische Aktionen der USA, sofern sie nicht als Erwiderung auf eine direkte Bedrohung unserer eigenen Sicherheit erfolgen, nur in Übereinkunft mit multinationalen Streitkräften und bei umfassender Unterstützung (nicht nur *pro forma*) durch die internationale Staatengemeinschaft erfolgen dürfen.

10. Wir haben nicht erkannt, dass ebenso wie im täglichen Leben auch auf internationaler Ebene Schwierigkeiten auftauchen können, für die es keine unmittelbaren Antworten gibt. Für jemanden, der sich zum Lösen von Problemen berufen fühlt, ist das eine besonders betrübliche Erkenntnis. Aber zuweilen bleibt uns nichts anderes übrig, als uns mit einer unvollkommenen und unordentlichen Welt abzufinden.

Robert S. McNamara/Brian VanDeMark, Vietnam. Das Trauma einer Weltmacht (1995), Übers. Petra Hrabak, Hamburg (Hoffmann & Campe) 1996, S. 410–412.

M 6 Die amerikanische Regierung und die Opfer unter den US-Soldaten

6 a) „South Vietnam Casualties", Karikatur aus „The Portland Oregonian", USA, undatiert (um 1970)

6 b) Aus einer Meldung der Deutschen Presseagentur zum Irakkrieg, 20. November 2003:
Reporter müssen bei der Berichterstattung über Beerdigungen auf Pentagon-Anweisung neuerdings weit entfernt hinter Absperrgittern bleiben. Auch heimkehrende Särge dürfen auf dem Stützpunkt Dover [/Delaware] nicht mehr gefilmt werden. […] US-Präsident George W. Bush hat bislang an keiner einzigen Beerdigung teilgenommen, und der Präsident vermeidet es, einzelne Opfer selbst bei besonders tragischen Vorfällen mit vielen Toten zu erwähnen. […] Schon seit 1991 dürften in Flaggen gewickelte Särge gefallener Soldaten auf dem Stützpunkt Dover nicht mehr aufgenommen werden, erklärte Generalstabschef Richard Myers. Auch der Aufseher des Arlington-Friedhofs, Jack Metzler, sagt, die Reporterregeln seien alt und nur in Vergessenheit geraten. Das Pentagon forderte jetzt eine rigorose Einhaltung.

Christiane Oelrich, Stille Heimkehr, dpa, 20. November 2003. Zit. nach: www.glaubeaktuell.net/portal/journal/journal.php?IDD=1069227521 (13. Dezember 2004).

M 7 Der Vietnamkrieg im historisch-politischen Bewusstsein der Vereinigten Staaten

7 a) Der Historiker Paul Kennedy über die Folgen des Krieges (1987):
Dieser Krieg wurde von einer „offenen Gesellschaft" ausgefochten – und er wurde noch offener durch die Enthüllungen der „Pentagon Papers"[1] und durch die tägliche Fernseh- und Presseberichterstattung über das Blutbad und die offensichtliche Sinnlosigkeit des Krieges.

Und es war eine Tatsache, dass dies der erste Krieg war, den die Vereinigten Staaten unzweideutig verloren. Dadurch wurden die Erinnerungen an den Zweiten Weltkrieg überschattet und das Ansehen vieler Menschen von Viersternegenerälen bis zu hoch gelobten Intellektuellen im Dienste des Staates ruiniert. Der Krieg zerstörte den Konsens in der amerikanischen Gesellschaft über die Ziele und Prioritäten der Nation. Er wurde begleitet von hoher Inflation, beispiellosen Studentenprotesten und Unruhen in den Städten. Und ihm folgte die Watergate-Krise, welche die Präsidentschaft selbst auf einige Zeit diskreditierte. Der Vietnamkrieg stand für viele Amerikaner in einem bitteren und ironischen Widerspruch zu allem, was die Gründungsväter des Landes gelehrt hatten. Er machte die Vereinigten Staaten auf der ganzen Welt unbeliebt. Und schließlich sollte die schamvolle und lieblose Behandlung der aus Vietnam zurückkehrenden Soldaten ein Jahrzehnt später eine kulturelle Reaktion verursachen, welche die breite Beschäftigung mit diesem Konflikt in Form von Kriegsdenkmälern, Büchern und Fernsehdokumentationen erzwang.

All dies bedeutete, dass der Vietnamkrieg trotz weit geringerer Verluste eine ähnliche Auswirkung auf das amerikanische Volk hatte wie der Erste Weltkrieg auf die Europäer.

Die Folgen wurden hauptsächlich auf der persönlichen und auf der psychologischen Ebene sichtbar; etwas weiter gefasst wurden sie als eine Krise der amerikanischen Zivilisation und Verfassung gedeutet. Als solche sollten sie auch weiterhin Wirkung zeigen – ganz unabhängig von den strategi-

schen Dimensionen dieses Konflikts und seinem Effekt auf das System der Großmächte.
Paul Kennedy, Aufstieg und Fall der großen Mächte (1987), Frankfurt/M. (Fischer) 1991, S. 601.

1 Pentagon Papers: Serie von Geheimdokumenten, die ab 1967 auf Anweisung von Verteidigungsminister Robert McNamara zu den Vorgängen in Vietnam verfasst wurden. Die New York Times und andere Zeitungen veröffentlichten ab 1971 Auszüge aus diesen Geheimpapieren, die Daniel Ellsberg geliefert hatte.

7b) Der Amerikaforscher Gert Raeithel (1995):
Eine neue und traumatische Erfahrung für die Amerikaner war, dass sie als die *bad guys* dastanden und international als *suckers* galten, als Hereingelegte, die tollpatschig in eine Niederlage gestolpert waren. […]
Wenige Jahre später zeichnete sich ein erneuter Stimmungsumschwung an. General Westmoreland war 1978 wieder ein gesuchter und willkommener Gastredner an amerikanischen Colleges. Präsident Ronald Reagan verabschiedete die Absolventen des Jahrgangs 1981 an der Offiziersschule West Point mit den Worten: „Die Ära des Selbstzweifels ist vorbei." In der Geschichtswissenschaft regten sich die Revisionisten und legten dar, dass die USA […] die Moral auf ihrer Seite hätten […]. Aus einem 1988 veröffentlichten Regierungsbericht ging hervor, dass die Wiedereingliederung der Kriegsteilnehmer in die Gesellschaft gute Fortschritte gemacht habe. Am Ende der Amtszeit Reagans war es politisch wieder wichtig, in Vietnam gedient zu haben.
Gert Raeithel, Geschichte der nordamerikanischen Kultur, Bd. 3, Frankfurt/M. (Zweitausendeins) 1995, S. 388 f.

7c) Der Historiker Marc Frey (2004):
Langfristig jedoch beeinträchtigte der Vietnamkrieg Amerikas Position in der Welt kaum. Während die Sowjetunion in Afghanistan einmarschierte und damit ihren Untergang beschleunigte, demonstrierten die USA in den achtziger Jahren Stärke. Als sich die osteuropäischen Staaten aus der sowjetischen Hegemonie lösen konnten und die Mauer fiel, hatten die Amerikaner mehrheitlich das Gefühl, den Kalten Krieg gewonnen zu haben. Am Beginn des 21. Jahrhunderts blickt Amerika auf eine verlorene Schlacht in Vietnam zurück, die den Sieg des eigenen Gesellschaftssystems nicht hatte aufhalten können. […]
Nach wie vor ist Vietnam im öffentlichen Bewusstsein Amerikas gegenwärtig. Doch

M8 Edward Kienholz, „*The Portable War Memorial*", 1968, Zink-Installation, 285 x 240 x 950 cm (Museum Ludwig, Köln). – *Die Mülltonne mit Kopf und Beinen (links) stellt die patriotische Sängerin Kate Smith dar, vom Tonband erklingt ständig Irving Berlins „God Bless America". Plakat links: siehe M15. Die GIs haben keine Gesichter. Die schwarze Tafel (Mitte) trägt 475 gekritzelte Namen von Nationen, die durch Kriege ausgelöscht wurden. Vor dem Tresen: eine Bulldogge.*

während die 68er-Generation und ihre Kinder vielfach bereit sind, sich kritisch mit dem Krieg auseinander zu setzen, neigen breite Schichten der amerikanischen Bevölkerung dazu, den Krieg zu verdrängen. Beispielhaft verdeutlichte der Wahlkampf von 1992 zwischen Präsident Bush und seinem Herausforderer Clinton den Wunsch, Vietnam zu vergessen. Vergeblich versuchte Bush, Emotionen zu schüren, indem er Clinton vorwarf, den Wehrdienst in Vietnam umgangen zu haben. Die Öffentlichkeit stand diesem Versuch, die Fronten von 1968/71 zwischen „Falken" und „Tauben", zwischen Antikriegsbewegung und Verteidigern des amerikanischen Engagements, wieder aufleben zu lassen, eher gleichgültig gegenüber.

Marc Frey, Geschichte des Vietnamkriegs, München (C. H. Beck) 2004, S. 231 ff.

Ein Radiosender bereitet die Übertragung einer Feier am Vietnam-Denkmal in Washington (vgl. S. 178) vor und benötigt die Hilfe Ihres Kurses:

1 🚶 Beschreiben Sie für einen Rückblick die US-Kriegsführung in Vietnam (M1, M3, M4).

2 🚶 Analysieren Sie für die Zuschauer der Sendung die Positionen zum US-Einsatz in Vietnam (M2a, b): Informieren Sie sich über die Autoren (Grundwissen „Personen"); erläutern Sie die Positionen und Argumente der Autoren.

3 🚶 Bauen Sie die Gründe, die McNamara für das Scheitern der USA in Vietnam nennt (M5), in ein (fiktives) Radiointerview ein. Diskutieren Sie auch den letzten Satz McNamaras (Z. 58–61: „Aber zuweilen…").

4 🚶 „*The Fog of War*" (Im Nebel des Krieges), Dokumentarfilm, USA, 2003." – Erstellen Sie für die Sendung ein Porträt dieses Film über den ehemaligen US-Verteidigungsminister McNamara (eigene Recherche).

5 🚶 Bereiten Sie für die Radiosendung ein Gespräch mit Experten vor, die den Wandel des Erinnerns an den Vietnamkrieg in den USA bis in die 1990er-Jahre erläutern (M7, M8).

6 🚶 Verfassen Sie einen Radiokommentar zu der Frage, inwieweit der Vietnamkrieg auch noch Anfang des 21. Jh. in Politik und Gesellschaft der USA nachwirkt (M6a, b).

7 🚶 Wie wird Geschichte im öffentlichen Raum dargestellt? Präsentieren Sie den Radiozuschauern das *Vietnam Veterans Memorial* (eigene Recherche; vgl. S. 178).

M 9 Protestbewegung und Gegenkultur in der amerikanischen Popmusik

Bob Dylan (geb. 1941), „With God on your Side", Songtext, USA, 1963 (Auszug):

> Oh, mein Name hat nichts zu bedeuten.
> Mein Alter können wir vergessen.
> Das Land, aus dem ich komme,
> nennt man den Mittelwesten.
> Dort wuchs ich auf und lernte beizeiten,
> ich hätte das Gesetz zu achten,
> und das Land, in dem ich lebe,
> hätte Gott auf seiner Seite.
>   Oh, die Geschichtsbücher sagen es,
>   sie formulieren es so gut.
>   Die Kavallerie griff an,
>   die Indianer waren tot.
>   Die Kavallerie brauchte nur
>   in sie reinzureiten.
>   Oh, das Land war jung
>   und hatte Gott auf seiner Seite. […]
> Als der Zweite Weltkrieg
> zu Ende war,
> vergaben wir den Deutschen
> und wurden Freunde sogar,
> obwohl sie sechs Millionen
> in den Öfen verheizten.
> Haben jetzt auch die Deutschen
> Gott auf ihrer Seite?
>   Den Hass auf die Russen hat man mir
>   eingehämmert mein ganzes Leben.
>   Wenn's wieder mal 'n Krieg gibt,
>   müssen wir's denen geben.
>   Ich muss sie hassen und fürchten,
>   ich muss kämpfen und leiden
>   und alles tapfer erdulden
>   mit Gott auf meiner Seite.
> Und jetzt haben wir Waffen,
> die versprühen chemischen Staub.
> Doch wenn's drauf und dran geht,
> ist das auch erlaubt.
> Ein Druck auf den Knopf
> und die Welt ist ein weißes Blatt.
> Aber man stellt keine Fragen,
> wenn man Gott auf seiner Seite hat. […]
>   Und damit bin ich am Ende.
>   Mein Kummer ist groß
>   und die Verwirrung, die ich fühle,
>   ist grenzenlos.
>   Etwas geht mir durch den Kopf
>   und kommt immer wieder zurück:
>   Wenn Gott auf unserer Seite ist,
>   verhindert er den nächsten Krieg.

Bob Dylan, Songtexte 1962–1985, Frankfurt/M. (Zweitausendeins) 1998, S. 247 ff.

M 10 Der Beginn der Studentenbewegung in Berkeley – ein Zeitzeuge erinnert sich

Der Philosoph John R. Searle (geb. 1932), der als Dozent der Berkeley Universität die Proteste zunächst unterstützt hatte, dann aber Mitglied der Universitätsleitung wurde, in einem Interview mit Christine Brinck in „Die Zeit" (Dezember 2004):

Die Zeit: Vor genau vierzig Jahren wurde mit dem „Free Speech Movement" (FSM) in Berkeley die Studentenrevolte entfacht. Am 2. Dezember 1964 besetzten gut tausend Studenten die Sproul Hall, am 3. riefen sie den Streik aus. Warum geschah das nicht drei Jahre früher oder vier Jahre später wie etwa in Berlin?

Searle: Man kann das *Free Speech Movement* nicht verstehen, wenn man es nicht als Fortsetzung der Bürgerrechtsbewegung begreift. Viele amerikanische Studenten, gerade auch aus Berkeley, waren damals in dieser Bewegung engagiert. [...] Jack Weinberg, ein junger Mann, der gar kein Student in Berkeley war, wurde verhaftet, weil er trotz des Verbotes auf dem Campus agitierte. Zehn Jahre früher hätte die Verhaftung kein Aufsehen erregt. Doch jetzt blockierten die Studenten das Polizeiauto [...].

War die Polizeiauto-Affäre der Dammbruch?

Absolut. Danach hat keiner mehr gefragt, was er darf oder nicht, die Studenten machten ihre Sit-ins, sie hielten Ansprachen auf dem Campus, organisierten riesige Demonstrationen, ich hielt eine Rede, auf einer Kommode stehend, mit einem „illegalen" Mikrofon. Ich hatte keine Erlaubnis, hätte sie auch nicht bekommen, habe aber auch nicht gefragt. [...] Das *Free Speech Movement* war unerhört erfolgreich, erfolgreicher, als irgendeiner zu hoffen gewagt hätte. Das Problem war nur, dass wir zwar die Redefreiheit errungen hatten, aber gleichzeitig die rechtmäßige Universitätsleitung diskreditiert und demoliert hatten. Wir hatten den Kanzler hinweggefegt, es gab keine anerkannte Autorität mehr. Wir hatten eine revolutionäre Situation geschaffen, in der die Studenten das aufregende Gefühl hatten, dass alles möglich sei. Es wurden unglaubliche Erwartungen freigesetzt. [...]

Welche Rolle spielte der Vietnamkrieg?

Der Krieg hat es sehr schwer gemacht, er machte es geradezu unmöglich, Universitäten Mitte bis Ende der sechziger Jahre zu führen.

Sie waren ein Kriegsgegner?

Von Anfang an. Ich habe im Januar 1965 auf dem ersten Antikriegs-Teach-in gesprochen.

Wie wurde Ihr Job in der Uni-Leitung von Ihren Freunden des FSM aufgenommen?

Für die war ich der Verräter. Ich war der Sonderassistent des Kanzlers für Studentenangelegenheiten. Der Job verlangte höchste Konzentration und Feingefühl, zwölf Stunden täglich. [...]

Wie gingen Sie denn gegen die rebellierenden Studenten vor?

Nach dem Muster: Erkläre, was die Prinzipien sind, die du verteidigen willst, und gib nicht nach! Gerade diese Prinzipienfestigkeit schaffte eine Menge Wut und Frust, weil der übliche Stil der amerikanischen Uni-Verwaltung immer in Nachgiebigkeit bestand. Wir jedoch zogen eine Linie, die nicht überschritten werden durfte. [...] Es waren harte Zeiten, weil so viel Hass und Groll und Gewalt auf dem Campus waren. Und auch wir konnten das nicht vollständig kontrollieren, solange der Krieg andauerte. Doch machten wir stets klar, dass die Universität nicht in ein Antikriegsinstrument umgeschmiedet werden durfte. Wer Steine warf, musste dafür bezahlen. [...]

Können Sie erklären, warum die amerikanischen Universitäten aus der Studentenrevolution am Ende unbeschädigt, ja besser herausgekommen sind als die kontinental-europäischen?

Die amerikanischen Universitäten haben ein größeres Selbstbewusstsein, sie haben die Machtfragen besser beantwortet als die europäischen. In Deutschland haben sie Studenten erlaubt, in Berufungsausschüssen zu sitzen. Das ist lächerlich. Amerikas Vorteil ist nicht nur die Unabhängigkeit der Universitäten, sondern auch sein pluralistisches System. Es gibt 2000 Universitäten, jede anders als die nächste. Es gibt keinen Zentralismus wie in Frankreich oder, auf Länderebene, in Deutschland. Die meisten Universitäten sind keinem direkten politischen Einfluss ausgesetzt, selbst die staatlichen nicht. Gerade diese haben eine Tradition, sich den Staat vom Leibe zu halten.

Sie haben zehn Jahre in Oxford studiert und gelehrt, Sie haben in Frankreich, in Deutschland, in Holland, Belgien, Italien unterrichtet […]. Wo liegen die Gründe für das qualitative Gefälle nach der Studentenrevolte?

Amerikaner nehmen ihre Universitäten sehr viel ernster als die (kontinentalen) Europäer. Das hat fast eine religiöse Qualität. Die Menschen glauben an Harvard oder Berkeley oder Stanford, sie sorgen sich um diese Unis, widmen ihnen ihr Leben, ihre Zeit, oft viel Geld. Als ich in Frankfurt unterrichtete, hatte ich nicht das Gefühl, dass irgendjemand an die Universität dort glaubt. Auf einem deutschen Campus gibt es überall Graffiti. Wenn in Amerika ein Graffito auftaucht, wird es sofort übermalt. Wäre dem nicht so, gäbe es einen Aufschrei. Universitäten hier werden verehrt, in Europa sind sie bloß Anstalten.

Die Zeit, Nr. 50, 2. Dezember 2004.

8 a) Arbeiten Sie Dylans Kritik an der Darstellung der US-Geschichte heraus (M9).
b) Diskutieren Sie über Dylans Weltvorstellung.
9 a) Erarbeiten Sie mithilfe von M10 Motive, Merkmale und Ziele der Studentenbewegung.
b) Suchen Sie Gründe für das Ausmaß der Studentenbewegung (auch in Europa).
10 Diskutieren Sie Searles Thesen a) zur studentischen Mitbestimmung (Z. 80ff.),
b) zum Qualitätsunterschied zwischen Universitäten in den USA und Europa (Z. 102ff.).
11 Erläutern Sie (M11a, b; wiederholend M9, M10) den Begriff „Protestkultur" bzw. „Gegenkultur". Worin besteht der Protest?

M11 Hippie- und Antivietnamkriegsbewegung im Musical. – Standbild aus der Filmfassung des Musicals „Hair", Regie: Milos Forman, 1977. „Hair" wurde 1967 von zwei arbeitslosen Schauspielern geschrieben. Premiere am Broadway hatte das Stück im April 1968. Bis 1972 lief es dort in 1742 Vorstellungen. 1977 von Milos Forman verfilmt, wurde es mit Songs wie „Let the Sunshine in" oder „Hair" ein Welterfolg. Zum Inhalt: Während des Vietnamkrieges kommt der angehende Soldat Claude Bukowsi, ein junger Mann aus dem Mittleren Westen, nach New York. Im Central Park lernt er die reiche Bürgerstochter Sheila und später die Hippie-Gruppe um George Berger kennen. Anfangs irritiert von ihrem Lebensstil, freundet sich Claude mit den Hippies an. Als diese Claude bei der Armee besuchen, hat ein Verwechslungsstreich für George tragische Folgen.

M 12 Die USA unter Ronald Reagan – eine „konservative Revolution"? Station I: Innenpolitik

12a) Aus der Antrittsrede von Präsident Ronald Reagan (Republikaner) nach seiner ersten Wahl, 20. Januar 1981:

Die Vereinigten Staaten stehen vor einer wirtschaftlichen Misere großen Ausmaßes. Wir leiden unter der längsten und einer der schlimmsten anhaltenden Inflationen in der Geschichte unseres Landes. Sie verzerrt unsere wirtschaftlichen Entscheidungen, bestraft die Sparsamkeit und bedrückt den nach oben strebenden jungen Menschen ebenso wie den älteren Menschen mit gleich bleibendem Einkommen. Sie droht das Leben von Millionen Menschen unseres Volkes zu zerstören. Industrien ohne Aufträge haben Arbeiter in Arbeitslosigkeit, menschliches Elend und persönliche Entwürdigung entlassen. Denen, die arbeiten, wird durch ein Steuersystem, das Leistungserfolge bestraft und die Aufrechterhaltung der vollen Produktivität verhindert, eine gerechte Bezahlung ihrer Arbeit verweigert.

Aber so groß unsere Steuerlast auch ist, sie hat nicht mit den öffentlichen Ausgaben Schritt gehalten. Seit Jahrzehnten haben wir ein Defizit auf das andere gesetzt und unsere Zukunft und die Zukunft unserer Kinder um der zeitweiligen Bequemlichkeit der heute Lebenden willen verschuldet. Diesen alten Trend fortzusetzen hieße gewaltige soziale, kulturelle, politische und wirtschaftliche Umwälzungen garantieren. […]

Wir sind ein Volk, das eine Regierung hat, und nicht umgekehrt. Das macht uns zu etwas Besonderem unter den Völkern der Erde. Unsere Regierung hat keine Macht außer der, die ihr durch das Volk gegeben wurde. Es ist an der Zeit, dem Anwachsen der

12b) Demonstration gegen Abtreibung, Washington, Fotografie, 1983. – Die „Antiabortion"-Bewegung in den USA hat seit den 1980er-Jahren stetig wachsenden Zulauf erhalten.

12c) Abgeordnete des US-Kongresses vor dem Kapitol, Washington, Fotografie, 1987. – Der Präsident hatte im März 1987 hohe Zölle auf japanische Elektronikwaren angeordnet.

12 d) Schulden der US-Bundesregierung 1930–1992 (in Billionen Dollar)

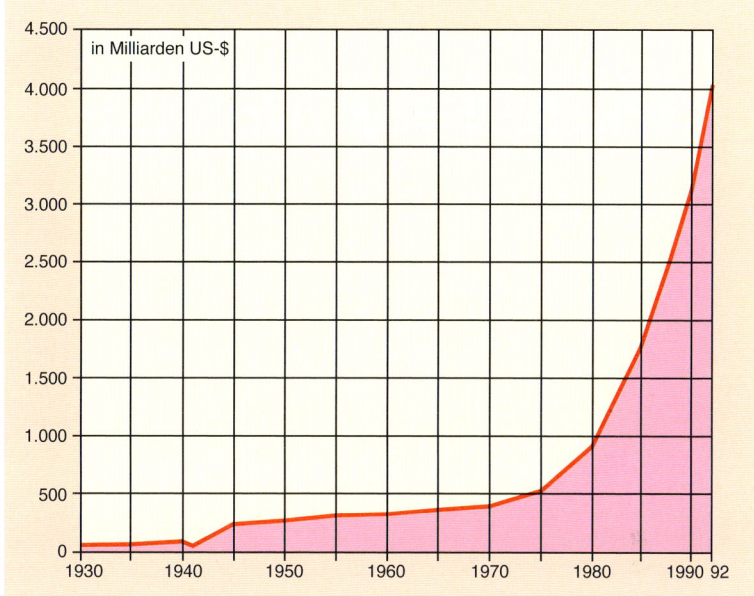

Regierung, die bestimmten Anzeichen zufolge über die Zustimmung der Regierten hinausgewachsen ist, Einhalt zu gebieten und es umzukehren. Ich habe die Absicht, den Umfang und den Einfluss der Bundeseinrichtungen zu verkleinern und zu verlangen, dass man den Unterschied zwischen den Zuständigkeiten anerkennt, die der Bundesregierung übertragen worden sind, und denen, die den Einzelstaaten oder der Bevölkerung vorbehalten bleiben. Wir alle müssen daran erinnert werden, dass nicht die Bundesregierung die Einzelstaaten geschaffen hat, sondern dass die Einzelstaaten die Bundesregierung geschaffen haben. […]

Es ist an der Zeit, dass wir erkennen, dass wir ein zu großes Volk sind, um uns auf zu kleine Träume zu beschränken. Wir sind nicht, wie manche uns glauben machen möchten, zum unausweichlichen Niedergang verurteilt. Ich glaube nicht an ein Geschick, dem wir ausgeliefert sind, gleichgültig, was wir tun. Ich glaube an ein Geschick, dem wir ausgeliefert sein werden, wenn wir nichts tun. Lassen Sie uns also mit all der schöpferischen Energie, die uns zur Verfügung steht, eine Ära der nationalen Erneuerung einleiten. Lassen Sie uns unsere Entschlossenheit, unseren Mut und unsere Hoffnung neu bekräftigen. Wir haben jedes Recht, heroische Träume zu träumen. […]

In den kommenden Tagen werde ich vorschlagen, die Hemmnisse zu beseitigen, die unsere Wirtschaft verlangsamt und die Produktivität gesenkt haben. Es werden Schritte unternommen werden, die auf die Wiederherstellung des Gleichgewichts zwischen den verschiedenen Ebenen der Regierung abzielen. Der Fortschritt mag langsam sein – in Zentimetern und Metern und nicht in Kilometern gemessen *(measured in inches and feet, not miles)* –, aber wir werden voranschreiten. Es ist an der Zeit, diesen industriellen Giganten wieder zu erwecken, die Regierung in ihre Schranken zu verweisen und unsere wie eine Bestrafung wirkende Steuerlast zu erleichtern. […]

Wir sind eine Nation im Zeichen Gottes, und ich glaube, es lag in der Absicht Gottes, dass wir frei sind. Es wäre meiner Ansicht nach angebracht und gut, wenn jeder Amtseinführungstag in künftigen Jahren ein Tag des Gebetes wäre.

Zit. nach: Herbert Schambeck u. a. (Hg.), Dokumente zur Geschichte der Vereinigten Staaten von Amerika, Berlin (Duncker & Humblot) 1993, S. 624 ff.

12 e) Amerikanische Karikatur, Mitte der 1980er-Jahre

12 Erläutern Sie die Ziele und Mittel, die Reagan bei seinem Amtsantritt zur Bewältigung der Krise der USA vorschlägt (M12a). Erstellen Sie eine Tabelle.

13 a) Welche sozialen und wirtschaftlichen Entwicklungen der Reagan-Ära lassen sich aus den Abbildungen M12b bis e ablesen?
b) Stellen Sie Ihre Ergebnisse den Zielen Reagans (M12a) gegenüber.

M 13 Die USA unter Ronald Reagan – eine „konservative Revolution"?
Station II: Außenpolitik

13 a) Rückblick: Aus den Grundsätzen für die Beziehungen zwischen den USA und der UdSSR vom 29. Mai 1972:

2. Die USA und die UdSSR legen größten Wert darauf, das Entstehen von Situationen zu verhindern, die zu einer gefährlichen Verschlechterung ihrer Beziehungen führen könnten. Sie werden daher ihr Äußerstes tun, um militärische Konfrontationen zu vermeiden und den Ausbruch eines Nuklearkrieges zu verhindern. Sie werden in ihren gegenseitigen Beziehungen stets Zurückhaltung üben, und sie werden bereit sein, zu verhandeln und Meinungsverschiedenheiten mit friedlichen Mitteln beizulegen. […]

Die Voraussetzungen für die Erhaltung und Stärkung friedlicher Beziehungen zwischen den USA und der UdSSR sind die Anerkennung der Sicherheitsinteressen der Vertragspartner auf der Basis des Grundsatzes der Gleichberechtigung und der Verzicht auf Anwendung oder Androhung von Gewalt.

3. Die USA und die UdSSR tragen wie andere Länder, die ständige Mitglieder des Weltsicherheitsrats sind, eine besondere Verantwortung, alles in ihrer Macht Stehende zu tun, damit es nicht zu Konflikten oder Situationen kommt, die zur Erhöhung internationaler Spannungen führen würden. Demgemäß werden sie bestrebt sein, Bedingungen herbeizuführen, unter denen alle Länder in Frieden und Sicherheit leben können und nicht Gegenstand einer Einmischung in ihre inneren Angelegenheiten von außen werden. […]

11. Die USA und die UdSSR erheben weder für sich selbst den Anspruch auf irgendwelche besonderen Rechte oder Vorteile in der Weltpolitik noch würden sie einen solchen Anspruch von einer anderen Seite anerkennen. Sie erkennen die souveräne Gleichberechtigung aller Staaten an.
Zit. nach: Europa Archiv, 1972, S. 290 f.

13 b) US-Außenminister George P. Shultz (geb. 1920) erläutert die Außenpolitik von Präsident Reagan (15. Juni 1983):

Wir und die Sowjets haben völlig verschiedene Ziele und Vorstellungen von politischer und moralischer Ordnung; diese Unterschiede werden nicht bald verschwinden. Jede andere Annahme ist wirklichkeitsfremd. Gleichzeitig haben wir das grundlegende gemeinsame Interesse, Krieg zu vermeiden. Dieses gemeinsame Interesse veranlasst uns, auf Beziehungen zwischen unseren Staaten hinzuarbeiten, die für die ganze Menschheit zu mehr Sicherheit in der Welt führen können.

Eine sichere Welt wird nicht durch guten Willen verwirklicht. Unsere Zukunftshoffnungen müssen sich gründen auf eine realistische Einschätzung der Herausforderung, der wir uns gegenübersehen, und auf eine entschlossene Anstrengung, Verhältnisse herbeizuführen, die ihre Verwirklichung möglich machen. Einen Anfang haben wir gemacht. Jeder amerikanische Präsident der Nachkriegszeit ist früher oder später zu der Einsicht gekommen, dass Frieden auf Stärke aufgebaut werden muss; Präsident Reagan hat diese Realität schon vor langer Zeit erkannt. […] Und nachdem wir dabei sind, unsere Stärke wiederzugewinnen, streben wir jetzt einen konstruktiven Dialog mit der sowjetischen Führung an. […]

Eine friedliche Weltordnung erfordert nicht, dass wir und die Sowjetunion in allen Grundsätzen der Moral oder der Politik übereinstimmen. Es erfordert jedoch, dass Moskau sich in seinem Verhalten die Zurückhaltung auferlegt, die für das Zusammenleben auf diesem Planeten im Nuklearzeitalter angemessen ist. Nicht alle die vielen äußeren und inneren Faktoren, die für das sowjetische Verhalten von Bedeutung sind, können von uns beeinflusst werden. Aber wir sehen es als Teil unserer Verpflichtung zum Frieden an, die allmähliche Entwicklung des sowjetischen Systems in Richtung auf eine stärker pluralistische politische und wirtschaftliche Ordnung zu führen, und vor allem, dem sowjetischen Expansionismus durch andauernden und wirksamen politischen, wirtschaftlichen und militärischen Wettbewerb entgegenzutreten. […]

Während es früher unser Ziel war, die sowjetische Präsenz auf die Grenzen, die sie unmittelbar nach dem Kriege erreicht hatte, zu beschränken, muss es jetzt unser Ziel sein, unsere eigenen Ziele zu fördern, und dabei sowjetischen Herausforderungen, wenn es möglich ist, vorab zu begegnen, und wenn es nötig ist, ihnen entgegenzutreten, wo auch immer unsere Interessen von ihnen bedroht werden. […] Anders als die Politik der Eindämmung geht unsere Politik von der klaren Erkenntnis aus, dass die Sowjetunion eine Supermacht mit weltweiten Interessen ist und bleiben wird. Als Reaktion auf die Lektionen, die uns durch das Verhalten dieser Supermacht in den letzten Jahren erteilt wurden, geht unsere Politik – anders als einige Fassungen von Entspannungspolitik – von der Annahme aus, dass es wahrscheinlicher ist, dass die Sowjetunion von unseren Maßnahmen, die ihr die mit einer Aggression verbundenen Risiken verdeutlichen, eher abgeschreckt wird als durch ein zerbrechliches Netz der Interdependenz.

Unsere Politik beruht weder auf Vertrauen noch auf einem sowjetischen Sinneswandel. Sie beruht auf der Erwartung, dass die Sowjetunion, wenn sie sich der erneuerten Entschlossenheit des Westens […] gegenübersieht, Zurückhaltung als die vorteilhafteste oder auch als die einzige Option ansehen wird.

Zit. nach: Ernst-Otto Czempiel/Karl-Christoph Schweitzer, Weltpolitik der USA nach 1945, Opladen (Leske) 1984, S. 396-401.

13 c) Aus der Abschiedsrede des Präsidenten der UdSSR, Michail Gorbatschow (geb. 1931), zum Ende des Kalten Krieges (Dezember 1991):
Verehrte Landsleute! Mitbürger!

Angesichts der Situation, die nach der Gründung der Gemeinschaft Unabhängiger Staaten entstanden ist, beende ich meine Tätigkeit als Präsident der UdSSR. […]

Ich spreche zu Ihnen das letzte Mal als Präsident der UdSSR. Deshalb halte ich es für notwendig, meinen seit 1985 gegangenen Weg einzuschätzen. […]

Der Prozess der Erneuerung des Landes und der grundlegenden Veränderungen in der Weltgemeinschaft hat sich komplizierter erwiesen, als man voraussagen konnte. Trotzdem muss man das Vollbrachte gebührend einschätzen. Die Gesellschaft wurde frei. Und das in politischer und geistiger Hinsicht. Und das ist die größte Errungenschaft. Sie wird bei uns jedoch noch nicht gebührend gewürdigt. Und wahrscheinlich deshalb, weil wir es immer noch nicht gelernt haben, die Freiheit richtig zu nutzen. Trotzdem wurde eine Arbeit von historischer Bedeutung geleistet. Es wurde ein totalitäres System beseitigt, das ein weiteres Aufblühen

13 d) Verteidigungsausgaben der USA und der Sowjetunion 1965–1985

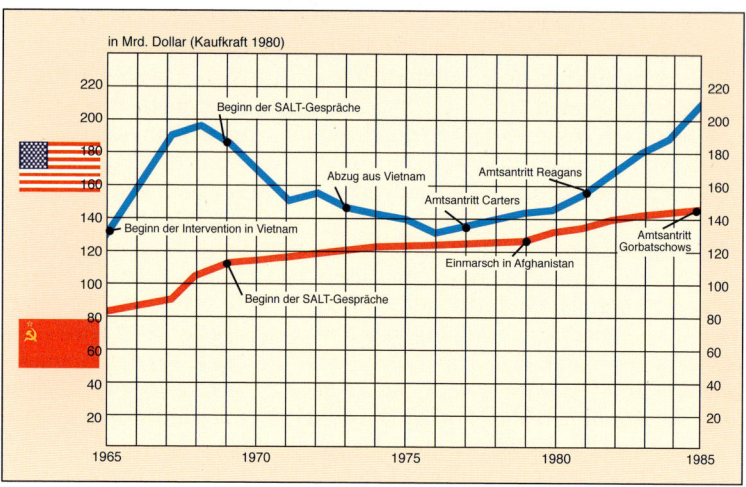

25 und Wohlergehen des Landes verhinderte. [...]

Wir leben in einer anderen Welt: Der Kalte Krieg ist vorbei. Das Wettrüsten wurde gestoppt. Die wahnsinnige Militarisierung
30 unseres Landes, die unsere Wirtschaft, das gesellschaftliche Bewusstsein und die Moral zugrunde richtete, wurde beendet. Die Gefahr eines Weltkrieges wurde beseitigt. Ich möchte noch einmal betonen, dass von mei-
35 ner Seite in der Übergangsperiode alles für eine zuverlässige Kontrolle der Kernwaffen getan wurde. Wir öffneten uns der Welt und verzichteten auf die Einmischung in fremde Angelegenheiten sowie auf den Einsatz von
40 Truppen außerhalb unseres Landes. Und man antwortete uns mit Vertrauen, Solidarität und Respekt. Wir wurden zu einer der wichtigsten Stützen bei der Umgestaltung der modernen Zivilisation auf friedlicher
45 und demokratischer Basis. Die Völker und Nationen haben die reale Freiheit erhalten, den Weg ihrer Entwicklung selbst zu bestimmen. Die Suche nach einer demokratischen Reformierung unseres Vielvölkerstaates führ-
50 te uns an die Schwelle eines neuen Unionsvertrages. Ich möchte von ganzem Herzen all jenen danken, die in all diesen Jahren mit mir für die gerechte und gute Sache eingetreten sind. Sicherlich war eine Reihe von Feh-
55 lern vermeidbar. Vieles hätte man besser machen können. Aber ich bin überzeugt, dass unsere Völker in einer aufblühenden und demokratischen Gesellschaft leben werden. Ich wünsche Ihnen alles Gute.

Zit. nach: Michail Gorbatschow, Ansprache des ehemaligen Staatspräsidenten der Sowjetunion vom 25. Dezember 1991, in: Sowjetunion heute/Wostok, Nr. 1, Februar 1992.

14 a) Benennen Sie (M13b) die Grundsätze der Außenpolitik von Präsident Ronald Reagan.
b) Vergleichen Sie sie mit der Haltung der USA, die in Dokument M13a zum Ausdruck kommt.
c) Beurteilen Sie die Außenpolitik Reagans. Ziehen Sie M13a und Statistik M13d mit heran.
15 Diskutieren Sie die Thesen Gorbatschows über das Ende des Kalten Krieges (M13c). Erörtern Sie dabei auch die nach 1989 häufig geäußerte Meinung, der Westen habe im Kalten Krieg gesiegt.

M 14 Die US-Politik unter Ronald Reagan – Anspruch und Wirklichkeit

Der Politologe Peter Lösche über Reagans „konservative Revolution" (1995):
[Der Begriff „konservativ"] bezeichnet in den USA [...] die prinzipielle Opposition gegen Eingriffe des (Bundes-)Staates in Wirtschaft und Gesellschaft und betont die Selbstständigkeit der Einzelstaaten und Kommunen
5 und zugleich die engagierte soziale Tätigkeit privater Organisationen, Verbände und Stiftungen. Konkreter: In der Sozial- und Wirt-

schaftspolitik kommt amerikanischer Konservatismus mit Schlagworten daher wie Rücknahme staatlicher Aufgaben und Ausgaben, Steuerkürzungen, ausgeglichene staatliche Haushalte, freies Spiel der Marktkräfte und Deregulation, Entbürokratisierung und Freihandel. Hinzu kommt im Bereich sozialmoralischer Fragen, der so genannten *Social Issues*, die Wiederbelebung der amerikanischen Familie und der mit ihr verbundenen Werte sowie die Rückkehr zur „guten alten Moral", nämlich für das gemeinsame morgendliche Schulgebet einzutreten, gegen Pornografie, Homosexualität, Abtreibung und Kriminalität auf den Straßen. Begrifflich verwirrend ist dann, dass „konservativ" in den internationalen Beziehungen gerade eine interventionistische Außenpolitik, eine „Politik der Stärke" und damit auch des starken Staates meint, konkret etwa Bekämpfung von Kommunismus, Sowjetunion und Terrorismus, Gegnerschaft zur Entspannungspolitik sowie Erhöhung der Verteidigungsausgaben. […] Kennzeichnend für Reagans politischen Pragmatismus war es, dass er sich in den sozialmoralischen Fragen, den *Social Issues*, etwa bei der Zulassung des morgendlichen Gebets in öffentlichen Schulen und dem Verbot der Abtreibung, demonstrativ zurückhielt. Trotz des Drängens seiner christlich-konservativen Anhänger beließ er es bei rhetorischen Bekundungen, ergriff aber keine konkreten Initiativen. Die in diesen Konfliktfragen verborgenen Emotionen hätten leicht zu einer Polarisierung führen und die Unterstützung für die Wirtschafts- und Sozialpolitik im Kongress gefährden können. In der konkreten Politik hatten also diese sozialmoralischen Fragen, die bestimmte konservative Positionen auf der Neuen Rechten charakterisieren, für Reagan geringe Priorität.

Reagans Amtszeit war durch Paradoxien gekennzeichnet: Als Konservativer hat der Präsident den größten Schuldenberg in der amerikanischen Geschichte geschaffen. Trotz prinzipieller Wendung der *Reaganomics* gegen den als „sozialistisch" verschrienen Keynesianismus ist durch die Aufrüstung ein massives Investitionsprogramm geschaffen worden, das in seiner ökonomischen Wirkung auf einen „Militärkeynesianismus" hinauslief. Während Reagan am Anfang seiner Amtszeit in der Sowjetunion noch das „Reich des Bösen" sah, stand 1987/88 die Verständigung mit diesem Land im Vordergrund. Obwohl Reagan dazu beigetragen hat, die Öffentlichkeit davon zu überzeugen, dass die Bundesregierung unfähig sei, anstehende Probleme zu lösen, hat er dennoch das Präsidentenamt wieder belebt und gezeigt, dass das politische System auf den Präsidenten reagiert. […]

Dass der konservative Anspruch, wie ihn Reagan rhetorisch brillant vertreten hat, nicht durchgesetzt wurde, zeigt sich an vielen Punkten: Der Sozialstaat des *New Deal* existiert nach wie vor, Reagans Konzept eines Neuen Föderalismus ist im Wesentlichen gescheitert. Die ganz oben auf der Tagesordnung der Neuen Rechten stehenden sozialmoralischen Fragen wurden von Reagan politisch kaum aufgenommen. In Fragen der Bürgerrechte, der Frauenemanzipation sowie der Geburtenkontrolle blieb die amerikanische Öffentlichkeit liberal.

Die Zahl der Bundesbediensteten stieg von 1980 bis 1987 um drei Prozent. […] Statt der intendierten elf Ministerien gab es am Ende der Reagan-Präsidentschaft 14. Die Bundesregierung war nicht geschrumpft, sondern gewachsen. Auch im Parteiensystem und der öffentlichen Meinung gab es in den 1980er-Jahren keinen konservativen Umschwung: Die Demokratische Partei beherrschte das Repräsentantenhaus und die Mehrzahl der Einzelstaaten.

Peter Lösche, Ronald W. Reagan 1981–1989. Präsident der konservativen Revolution?, in: Jürgen Heideking (Hg.), Die amerikanischen Präsidenten, München (C. H. Beck) 1995, S. 396 und 406 f.

16 a) Klären Sie fremde Begriffe in Text M14.
b) Skizzieren Sie den Gedankengang des Autors Lösche zur Reagan-Ära in M14.
c) Erörtern Sie mithilfe der Definition von „konservativ" in M14 (Z. 1 ff.), inwiefern man das Programm und die Regierungspraxis von Reagan als konservativ bezeichnen kann.
17 Referat: Erörtern Sie anhand gegenwärtiger Entwicklungen in den USA, inwieweit Prozesse aus der Reagan-Ära fortwirken.
18 Zeichnen Sie eine Karikatur zur Entwicklung der USA unter Reagan.

Weiterführende Arbeitsanregungen zur USA seit 1968

„Politik auf der Straße": Soziale Bewegungen in Europa und den USA

1 Die Antivietnamkriegsbewegung in Europa – eine Bilddokumentation
Der Vietnamkrieg brachte auch in Europa eine starke Friedensbewegung hervor.
a) Untersuchen Sie die Entstehung, Mittel und Ausdrucksformen, Argumente und Forderungen dieser Friedensbewegung in Europa (einschließlich Deutschland).
b) Suchen Sie vor allem nach ihren Plakaten und Parolen.

2 Gegen den Irakkrieg 2003 – eine Ausstellung
Der Irakkrieg der US-Regierung unter Präsident George W. Bush hat 2003 überall auf der Welt Friedensaktivisten auf die Straße gebracht.
a) Untersuchen Sie, wo und in welcher Form sich Proteste in den USA, Europa und anderen Ländern und Kontinenten entwickelt haben.
b) Recherchieren Sie im Internet, nutzen Sie auch die (Internet-)Archive von Tageszeitungen.

3 Die '68er-Bewegung in Deutschland – eine Textreportage
Das Jahr 1968 war nicht nur in der Geschichte der USA, sondern auch für Westeuropa einschließlich der Bundesrepublik ein wichtiges Datum, da in dieser Zeit die „68er-Bewegung" entstand.
a) Untersuchen Sie Ursachen, Formen und Folgen der Bewegung in der Bundesrepublik.
b) Arbeiten Sie Gemeinsamkeiten und Unterschiede zur 68er-Bewegung in den USA heraus.

Literaturhinweise
Zu Aufgabe 1 und 2:
James Mann (Hg.), Peace Signs. The Anti-War-Movement Illustrated, Zürich (Edition Olms) 2004.
Zu Aufgabe 3:
Ingrid Gilcher-Holtey, Die 68er-Bewegung. Deutschland – Westeuropa – USA, 2. Aufl., München (C. H. Beck) 2003.

M 15 Plakat, USA, 1917

M 16 Plakat, USA, ca. 1969

11 Ausblick: Die USA am Beginn des 21. Jahrhunderts

Herausforderung 1: Der 11. September 2001 und der internationale Terrorismus

Am 11. September 2001 steuerten islamistische Terroristen zwei von ihnen entführte US-Passagiermaschinen in die Türme des New Yorker **World Trade Centers** und eine weitere in das US-Verteidigungsministerium. Die Mordanschläge kosteten ca. 3000 Menschen das Leben. Die Anschläge gingen auf das Konto des aus Saudi-Arabien stammenden und in Afghanistan residierenden **Osama bin Laden** und die von ihm gegründete islamistische Terrorgruppe **Al Qaida**; diese hatte bereits 1998 Bombenanschläge auf die US-Botschaften in Nairobi (Kenia) und Daressalam (Tansania) verübt. Die Regierung unter **George W. Bush** (Präs. seit 2001) reagierte mit einem Krieg gegen **Afghanistan** (Okt./Nov. 2001; gestützt von UNO und NATO) und einer neuen Sicherheitsstrategie. Zudem dienten die Anschläge der Regierung Bush als Anlass, nach einer unilateral gefällten Entscheidung im März 2003 mit Großbritannien und einer „Koalition der Willigen" den vom Diktator Saddam Hussein beherrschten **Irak** anzugreifen.

„Nichts wird mehr so sein wie früher", lautete einer der häufigsten Kommentare zum 11. September. Ob die Ereignisse dieses Tages eine „Zeitenwende" in der Weltpolitik waren, werden die Historiker erst viel später bestimmen können. Doch so viel lässt sich schon jetzt feststellen: Der 11. September, der eine neue Eskalationsstufe in der Geschichte des internationalen Terrorismus markiert, war und ist für die Weltmacht USA eine neue Herausforderung. Die Gegner sind außerhalb staatlicher Organisationsformen agierende Gruppen, die im Untergrund in informellen Netzwerken und mit Selbstmordattentätern arbeiten. Sie sind potenziell allgegenwärtig, schwer zu fassen und in der Lage, auch eine Weltmacht empfindlich zu treffen. Da die Al-Qaida-Terroristen sich zudem auf die vermeintlich richtige Auslegung des Islams berufen, tritt ein weiteres Problem hinzu: Wie wird sich das Verhältnis zwischen muslimischen Ländern, insbesondere im arabischen Raum, und den USA in Zukunft entwickeln?

Herausforderung 2: Die Einwanderung

Die *White Anglo-Saxon Protestants,* die *WASPs,* haben die USA nicht nur gegründet, sondern auch ihr nationales Selbstverständnis nachhaltig bestimmt (siehe S. 17). Ausgeprägter Moralismus und der missionarische Eifer, aber auch das Freiheitsverständnis oder der Individualismus der Amerikaner wären ohne die *WASPs* so nicht entstanden. Doch seit den 1960er-Jahren und verstärkt seit der Wende vom 20. zum 21. Jahrhundert wird in den USA die Frage diskutiert, ob und inwieweit diese Prägung der nationalen Identität verloren geht. Die Debatte ist eng verbunden mit der Einwanderung. In den letzten Jahrzehnten kamen immer mehr Asiaten, vor allem aber **Hispanics** legal und illegal ins Land. Prognosen deuten an, dass die Weißen ab der Mitte des 21. Jahrhunderts nicht mehr die Mehrheit der US-Amerikaner stellen. Wie verändern solche Entwicklungen das nationale Selbstverständnis und die Politik der USA?

Herausforderung 3: Wirtschaftliche Stärke und internationale Abhängigkeit

Der US-Handelsbeauftragte Robert Zoellick erklärte nach dem 11. September 2001: „Ökonomische Stärke im In- und Ausland ist die Grundlage der harten wie der sanften Macht Amerikas. Frühere Feinde haben Amerika als Hort der Demokratie kennen gelernt, die heutigen Feinde werden erfahren, dass Amerika der wirtschaftliche Motor für Freiheit, Möglichkeiten und Entwicklung ist." Gewiss beruht die US-Macht auch auf ihrer dynamischen Volkswirtschaft. Doch wie konkurrenzfähig ist diese international? Sind die Haushalts- und Außenhandelsdefizite bedrohlich? Leben die USA auf Pump, sind sie ökonomische „Trittbrettfahrer" der Welt?

Ausblick

M1 Wirtschaft und Gesellschaft der USA seit Ende des Kalten Krieges (1990–2003)

	Bevölkerung (Mio.)	Bruttoinlandsprodukt (BIP) (Mrd. $)[1]	Menschen am Rande und unter der Armutsgrenze (%)	Arbeitslosigkeit (%)[2]	Bundeshaushalt			Überschuss/Defizit[3] (in % des BIP)	Handelsbilanz (Mrd. $)[3]	Preisindex für Benzin (1982 = 100)
					insgesamt (Mrd. $)	Verteidigung (Mrd. $)	Gesundheit (Mrd. $)			
1990	250	5803	18,0	5,6	1253	299	58	−3,9	−394[4]	79
1995	267	7401	18,5	5,6	1516	272	115	−2,2	−96	64
1998	276	8782	17,0	4,5	1653	269	131	0,8	−165	53
1999	279	9274	16,2	4,2	1702	275	141	1,3	−263	65
2000	282	9825	15,7	4,0	1789	295	155	2,2	−378	95
2001	286	10082	16,1	4,7	1864	306	172	1,2	−363	91
2002	289	10446	*	5,8	2011	349	197	−1,6	−421	83
2003	291	10397	16,9	6,0	2140	376	223	−3,6	−497	*

1 nominal   2 Erwerbstätige über 16 Jahre   3 −: Defizit   4 1992   * keine Angaben vorh.

Zusammengestellt vom Verfasser nach: US-Census Bureau (www.census.gov; 14. Dezember 2004); www.staatsverschuldung.de/usadef.htm (27. Dezember 2004).

M2 Die Stellung der USA in der Welt seit Ende des Kalten Krieges (Stand: 2004)

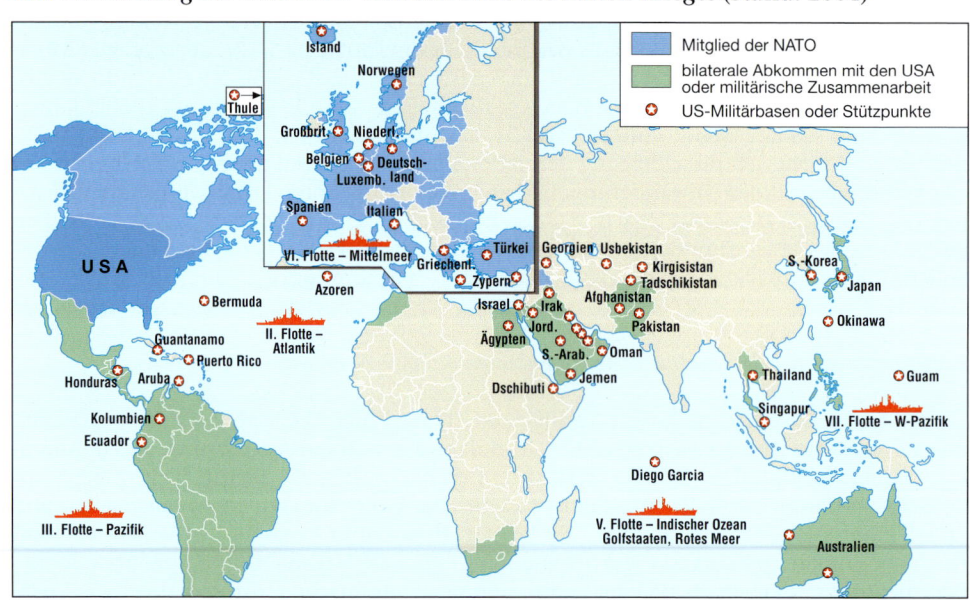

M 3 Zbigniew Brzezinski (geb. 1928), Politologe und 1977–1981 Sicherheitsberater von US-Präsident Jimmy Carter, in einem Resümee über die Weltmacht USA (1997)

Kurz, Amerika steht in den vier entscheidenden Domänen globaler Macht unangefochten da: seine weltweite Militärpräsenz hat nicht ihresgleichen, wirtschaftlich gesehen bleibt es die Lokomotive weltweiten Wachstums, selbst wenn Japan und Deutschland in einigen Bereichen eine Herausforderung darstellen mögen (wobei freilich keines der beiden Länder sich der anderen Merkmale einer Weltmacht erfreut); es hält seinen technologischen Vorsprung in den bahnbrechenden Innovationsbereichen, und seine Kultur findet trotz einiger Missgriffe nach wie vor weltweit, vor allem bei der Jugend, unübertroffen Anklang. All das verleiht den Vereinigten Staaten von Amerika eine politische Schlagkraft, mit der es kein anderer Staat auch nur annähernd aufnehmen könnte. Das Zusammenspiel dieser vier Kriterien ist es, was Amerika zu der einzigen globalen Supermacht im umfassenden Sinne macht.

Zbigniew Brzezinski, Die einzige Weltmacht. Amerikas Strategie der Vorherrschaft (1997), Frankfurt/M. (Fischer) 2002, S. 44.

M 4 Der Soziologe Michael Mann über die Rolle der USA in der Weltwirtschaft (2003)

Die USA bleiben zwar weiterhin der wichtigste wirtschaftliche Motor des weltweiten Wachstums, doch heute ist das mehr dem ungeheuren Konsum der US-Bürger als der Führungsrolle des amerikanischen produzierenden Gewerbes geschuldet. Es gibt einen leichten Vorsprung im Bereich der Kommunikations- und Biotechnologie, doch nicht im Anlagen- und Maschinenbau insgesamt. In ihrem gesamten Industrie- und Handelsvolumen sind die USA einer von drei ungefähr gleichauf liegenden Wirtschaftsblöcken, dabei auf gleicher Höhe mit der Europäischen Union und mit kleinem Vorsprung vor Japan/Ostasien. In Körperschaften wie der Welthandelsorganisation (WTO), der Gruppe der G8-Staaten und anderen globalen Organisationen wirtschaftlicher Koordination ist es den USA heute unmöglich, im Alleingang zu handeln.

Der Niedergang des Kommunismus stärkte die konkurrierenden Blöcke mehr als die USA. Die wirtschaftlichen Verbindungen Russlands mit Europa sind enger als mit den USA. 2002 wickelte Russland 37 Prozent seines Handels mit der EU, nur fünf Prozent mit den USA ab. Letztere lagen sogar noch hinter den jeweiligen Anteilen zweier EU-Länder, nämlich Deutschlands und der Niederlande. Aus den USA kommen 16 Prozent der ausländischen Investitionen in Russland, etwas weniger als aus Deutschland und entsprechend viel weniger als aus der EU insgesamt. Die wichtigsten Partner Chinas sind Firmen von im Ausland lebenden Chinesen im übrigen Asien, dann Japan, während die USA und die EU gleichauf auf Rang drei liegen. Die ehemaligen kommunistischen Mächte haben engere Beziehungen zu ihren Nachbarn als zu den USA. Deshalb muss man die Führungsrolle in Industrie und Handel genauer als eine des „Nordens" bezeichnen. […]

Es ist der Finanzsektor, der die USA in einer eigenen Liga spielen lässt. Obwohl das Land den Goldstandard 1973 aufgab, bleibt der Dollar die globale Leitwährung. Die Umsätze der Wallstreet machen beinahe zwei Drittel des Börsenhandels weltweit aus. […] Ein Großteil der Rücklagen und Währungsreserven anderer Staaten sind Dollar. […] Die USA sind die größte Schuldnernation; ein Zeichen der Stärke und nicht der Schwäche, denn es gibt ihnen einen einzigartigen Grad an finanzieller Bewegungsfreiheit. […] Ausländische Investoren stellen den größten Teil des Kapitals hinter der militärischen Schlagkraft der USA. Was wäre für die Amerikaner komfortabler?

Doch kann das nur funktionieren, solange der Rest der Welt nicht unzufrieden mit den USA ist. […] Ausländische Investoren würden die USA und den Dollar verlassen, wenn sie ihr Vertrauen zur US-Ökonomie oder in die Fähigkeit der US-Regierung verlören, weltweit wirtschaftliche und geopolitische Stabilität zu garantieren.

Michael Mann, Die ohnmächtige Supermacht. Warum die USA die Welt nicht regieren können, Übers. Thomas Atzert, Frankfurt/M. (Campus) 2003, S. 69 f.

M 5 Die Bevölkerungsentwicklung in den USA seit Ende des Kalten Krieges

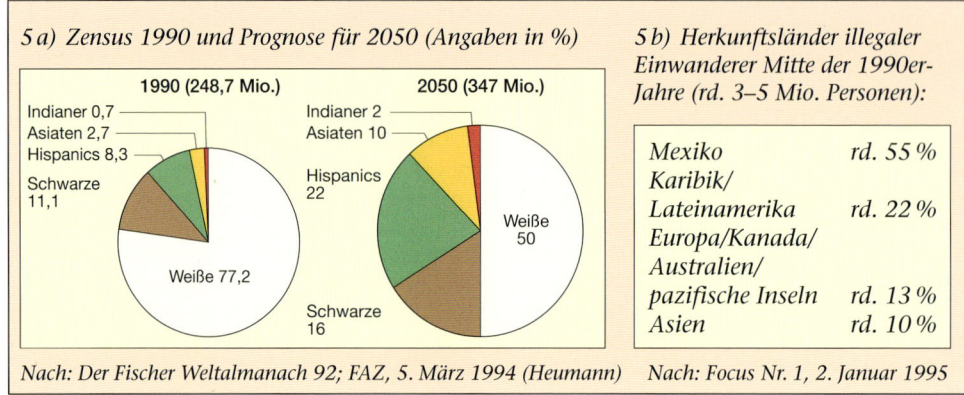

Nach: Der Fischer Weltalmanach 92; FAZ, 5. März 1994 (Heumann) Nach: Focus Nr. 1, 2. Januar 1995

M 6 Der Politologe Samuel P. Huntington über Einwanderung und nationale Identität in den USA (2004)

[Das Amerika der Zukunft: …].

Zweitens: Durch den massiven Zustrom spanischsprachiger Einwanderer seit 1965 könnten sich die USA sprachlich (in Englisch und Spanisch) und kulturell (in Angelsächsisch und Hispanisch) immer stärker spalten, eine Zweiteilung, die die alte rassische Spaltung der amerikanischen Gesellschaft in Schwarz und Weiß ersetzen könnte. Wichtige Teile der USA, insbesondere in Südflorida und im Südwesten, wären dann kulturell und sprachlich primär hispanisch geprägt, während im übrigen Amerika beide Kulturen und Sprachen koexistieren würden. Kurz gesagt, die Vereinigten Staaten würden ihre kulturelle und sprachliche Einheit verlieren und sich wie Kanada, die Schweiz oder Belgien zu einer zweisprachigen Gesellschaft mit zwei Kulturen entwickeln.

Drittens: Durch die verschiedenen Kräfte, die die amerikanische Leitkultur herausfordern, könnten die von Geburt weißen Amerikaner zu einer Wiederbelebung des eigentlich verworfenen und diskreditierten rassischen und ethnischen Konzepts der amerikanischen Identität und zur Schaffung einer amerikanischen Gesellschaft provoziert werden, die Menschen aus anderen rassischen und ethnischen Gruppen ausschließen, ausweisen oder unterdrücken würde. Historische und zeitgenössische Erfahrungen lassen vermuten, dass diese Reaktion bei einer ehemals dominanten ethnisch-rassischen Gruppe sehr wahrscheinlich ist, wenn sie sich durch Machtzuwachs anderer Gruppen bedroht fühlt. Durch diese Reaktion könnte ein rassisch intolerantes Land mit starken Konflikten zwischen den Bevölkerungsgruppen entstehen.

Viertens: Amerikaner aller Rassen und Ethnien könnten versuchen, die amerikanische Leitkultur wiederzubeleben. Dies würde ein erneutes Engagement für ein tief religiöses, vorwiegend christliches Amerika bedeuten, das mehrere religiöse Minderheiten mit einschließt, einem angloprotestantischen Wertesystem folgt, Englisch als Landessprache hat, das europäische kulturelle Erbe pflegt und sich den Grundsätzen des amerikanischen Credos verpflichtet fühlt. Die Religion ist bis heute ein zentrales, wenn nicht das zentrale Element der amerikanischen Identität. […] Überwältigende Mehrheiten sowohl der weißen als auch der schwarzen und hispanischen Amerikaner sind Christen. In einer Welt, in der die Kultur und insbesondere die Religion auf allen Kontinenten die Loyalitäten, Bündnisse und Antagonismen der Menschen bestimmt, könnten die Amerikaner ihre nationale Identität und ihr Nationalziel wieder in ihrer Kultur und Religion finden.

Samuel P. Huntington, Who are we?, Übers. Holger Fließbach, Hamburg (Europa Verlag) 2004, S. 37.

M 7 Der 11. September 2001

7 a) Der Politologe Stephan Bierling beschreibt die Auswirkungen des 11. September (2003):
„Heute hat das Pearl Harbor des 21. Jahrhunderts stattgefunden", notierte George W. Bush am Abend des 11. September 2001 in sein Tagebuch. In der Tat bedeuteten die Terroranschläge gegen die Zwillingstürme des Welthandelszentrums in New York und das Pentagon mit über 3000 Toten für die amerikanische Außenpolitik einen ähnlich tiefen Einschnitt wie der Angriff Japans am 7. Dezember 1941. Mehr noch: Seit 1814, als die Briten Washington verwüsteten, hatten die USA auf ihrem Staatsgebiet keine Zerstörung durch eine ausländische Macht mehr erfahren. Der psychologische Schock über den Verlust der Unverwundbarkeit saß tief. Politiker, Öffentlichkeit und Medien in Amerika sahen in den Anschlägen nicht wie die Europäer primär einen terroristischen Akt, sondern vielmehr eine Kriegserklärung islamischer Fundamentalisten. Von einem Tag auf den anderen wandelten sich die Vereinigten Staaten von einem „zurückhaltenden Sheriff", der die weltweiten Herausforderungen nur zögernd annahm, zu einem entschlossenen Akteur, der seine gesamte Außenpolitik dem Ziel der Bekämpfung des internationalen Terrorismus unterordnete. Dabei definierte Washington sowohl die Inhalte seiner Außenpolitik neu als auch das Verhältnis zu den weltpolitischen Partnern und Rivalen. Wie im Kalten Krieg die Qualität der Beziehungen der USA zu einem anderen Staat primär davon abhing, wie er sich zur Sowjetunion stellte, so richtet sich die Regierung Bush seither danach, ob ein Staat den amerikanischen „Krieg" gegen den Terrorismus unterstützt oder nicht. Diese Neujustierung der US-Außenpolitik verändert auch die Struktur der internationalen Beziehungen fundamental: [...] Seit dem 11. September 2001 inszeniert George W. Bush, der an internationalen Angelegenheiten bis dato wenig interessierte Präsident, einen der dramatischsten außenpolitischen Kurswechsel in der amerikanischen Geschichte.

Stephan Bierling, Geschichte der amerikanischen Außenpolitik, München (C. H. Beck) 2003, S. 239.

M 8 Die Nationale Sicherheitsstrategie der USA vom 20. September 2002

8 a) Aus dem Geleitwort von US-Präsident George W. Bush (Präs. seit 2001, wieder gewählt 2004) zur Nationalen Sicherheitsstrategie der USA vom 20. September 2002:
Die Vereinigten Staaten erfreuen sich gegenwärtig beispielloser militärischer Stärke und eines großen wirtschaftlichen und politischen Einflusses. Indem wir unserem Erbe und unseren Grundsätzen treu bleiben, nutzen wir unsere Stärke nicht für die Durchsetzung einseitiger Vorteile. [...] Wir werden den Frieden gegen Bedrohungen durch Terroristen und Tyrannen verteidigen. [...]

Die Verteidigung unserer Nation ist die erste und wichtigste Verpflichtung der Regierung. Diese Aufgabe hat sich jetzt dramatisch verändert. In der Vergangenheit benötigten Feinde große Armeen und umfangreiche industrielle Fähigkeiten, um eine Gefahr für die Vereinigten Staaten darzustellen. Heutzutage können schemenhafte Netzwerke von Einzelpersonen großes Chaos und Leid über unser Land bringen – und es kostet sie weniger als einen einzigen Panzer. Terroristen durchdringen offene Gesellschaften

7 b) Zwei von islamistischen Terroristen entführte Flugzeuge explodieren in den Türmen des World Trade Center in New York, Fotografie, 11. September 2001

und richten moderne Technologien gegen uns.

Um mit dieser Bedrohung fertig zu werden, müssen wir jegliches uns zur Verfügung stehende Mittel anwenden: militärische Macht, verbesserte innere Sicherheit, Strafverfolgung, nachrichtendienstliche Tätigkeiten sowie energische Anstrengungen zur Unterbindung des Finanznachschubs für Terroristen. Der Krieg gegen weltweit agierende Terroristen ist eine globale Unternehmung von ungewisser Dauer. Die Vereinigten Staaten werden Nationen helfen, die im Kampf gegen den Terrorismus unsere Unterstützung brauchen. Die Vereinigten Staaten werden Länder zur Rechenschaft ziehen, die dem Terrorismus Vorschub leisten, und solche, die Terroristen Zuflucht gewähren, denn die Verbündeten des Terrors sind die Feinde der Zivilisation. Die Vereinigten Staaten und die Länder, die mit uns zusammenarbeiten, müssen Terroristen daran hindern, neue Basislager einzurichten. Gemeinsam werden wir danach streben, ihnen jeglichen Zufluchtsort zu verwehren. […]

Bei der Verteidigung des Friedens werden wir auch die historische Chance ergreifen, den Frieden zu bewahren. Die internationale Gemeinschaft hat jetzt die beste Chance seit der Entstehung der Nationalstaaten im 17. Jahrhundert, eine Welt zu schaffen, in der die Großmächte in Frieden konkurrieren, statt sich fortwährend auf einen Krieg vorzubereiten. Die Großmächte der Welt befinden sich jetzt auf derselben Seite – geeint durch die gemeinsame Bedrohung durch terroristische Gewalt und Chaos. Die Vereinigten Staaten werden auf der Basis dieser gemeinsamen Interessen auf die Förderung globaler Sicherheit hinarbeiten. Wir werden zunehmend durch gemeinsame Werte geeint. Russland befindet sich inmitten eines hoffnungsvollen Übergangsprozesses und strebt eine demokratische Zukunft und eine Partnerschaft im Krieg gegen den Terrorismus an. In China entdecken führende Politiker, dass wirtschaftliche Freiheit die einzige Quelle nationalen Wohlstands ist. Mit der Zeit werden sie feststellen, dass gesellschaftliche und politische Freiheit die

M9 Friedensdemonstration in Washington, Ende September 2001, Fotografie

einzige Quelle nationaler Größe ist. Die Vereinigten Staaten werden das Streben nach Demokratie und wirtschaftlicher Offenheit in beiden Ländern unterstützen, denn dies sind die besten Voraussetzungen für innere Stabilität und internationale Ordnung. Wir werden Aggressionen anderer Großmächte mit Nachdruck entgegentreten, auch wenn wir ihr friedvolles Streben nach Wohlstand, Handel und kulturellem Fortschritt begrüßen.

Schließlich werden die Vereinigten Staaten die Gunst der Stunde nutzen, um die Vorzüge der Freiheit in der ganzen Welt zu verbreiten. Wir werden uns aktiv dafür einsetzen, die Hoffnung auf Demokratie, Entwicklung, freie Märkte und freien Handel in jeden Winkel der Erde zu tragen. Die Ereignisse am 11. September 2001 haben uns gelehrt, dass schwache Staaten wie Afghanistan eine ebenso große Gefahr für unsere nationalen Interessen darstellen können wie starke Staaten.

8b) Auszug aus der Nationalen Sicherheitsstrategie der USA vom 20. September 2002:
Wir werden Terrororganisationen durch folgende Maßnahmen zerschlagen und zerstören: [...]
– Verteidigung der Vereinigten Staaten, des amerikanischen Volkes und unserer nationalen und internationalen Interessen, indem wir Bedrohungen ausmachen und ausschalten, bevor sie unsere Grenzen erreichen. Die Vereinigten Staaten werden sich ständig um die Unterstützung der internationalen Organisationen bemühen, werden aber auch nicht zögern zu handeln, wenn es notwendig werden sollte, unser Recht auf Selbstverteidigung wahrzunehmen, indem wir präemptiv¹ gegen solche Terroristen vorgehen und sie davon abhalten, dass sie unserem Volk und unserem Land Schaden zufügen.

M8a und b zit. nach: Blätter für deutsche und internationale Politik, 2002, Heft 11, S. 1391 ff., und Heft 12, S. 1506 f.

1 Nicht zu verwechseln mit präventiv bzw. Präventivkriegen, bei denen der Angreifer einer unmittelbar bevorstehenden Aggression zuvorkommt. Bei einem Präemptivschlag geht der Angreifer gegen eine Macht vor, die in Zukunft für ihn gefährlich werden könnte.

M 10 Straßenplakate in Teheran/Iran zur Folter an irakischen Insassen im US-Militärgefängnis in Abu Ghraib/Irak, Fotografie, 2004

M 11 Die USA nach dem 11. September 2001 – eine Stellungnahme aus Indien

Aus einem international viel beachteten Artikel der indischen Schriftstellerin Arundhati Roy (geb. 1960) vom 28. September 2001:
Gegen wen kämpft Amerika? In seiner Rede vor dem Kongress bezeichnete Präsident Bush die Feinde Amerikas als „Feinde der Freiheit". [...]

Aus strategischen, militärischen und ökonomischen Gründen muss die amerikanische Öffentlichkeit unbedingt davon überzeugt werden, dass Freiheit und Demokratie und der *American way of life* bedroht sind. In der gegenwärtigen Atmosphäre von Trauer, Empörung und Wut ist derlei leicht zu vermitteln. Wenn das tatsächlich stimmt, stellt sich jedoch die Frage, warum die Anschläge den Symbolen der wirtschaftlichen und militärischen Macht Amerikas galten. Warum nicht der Freiheitsstatue? Könnte es sein, dass die finstere Wut, die zu den Anschlägen führte, nichts mit Freiheit und Demokratie zu tun hat, sondern damit, dass amerikanische Regierungen genau das Gegenteil unterstützt haben – militärischen und wirtschaftlichen Terrorismus, Konterrevolution, Militärdiktaturen, religiöse Bigotterie und unvorstellbaren Genozid (außerhalb Amerikas)?

Ausblick

Für die trauernden Amerikaner ist es gewiss schwer, mit Tränen in den Augen auf die Welt zu schauen und eine Haltung zu bemerken, die ihnen vielleicht als Gleichgültigkeit erscheint. Doch es handelt sich nicht um Gleichgültigkeit. Es ist eine Ahnung, ein Nicht-Überraschtsein. Es ist eine alte Erkenntnis, dass jede Saat irgendwann auch aufgeht. Die Amerikaner sollten wissen, dass der Hass nicht ihnen gilt, sondern der Politik ihrer Regierung. Ihnen kann unmöglich entgangen sein, dass ihre außergewöhnlichen Musiker, ihre Schriftsteller, Schauspieler, ihre phänomenalen Sportler und ihre Filme überall auf der Welt beliebt sind. Wir alle waren bewegt von dem Mut und der Würde der Feuerwehrleute, der Rettungskräfte und der gewöhnlichen Büroangestellten in den Tagen und Wochen nach den Anschlägen. […]

Die bevorstehende Operation wird angeblich zur Aufrechterhaltung amerikanischer Werte durchgeführt. […]

Die Regierung Amerikas, und wohl Regierungen überall auf der Welt, werden die Kriegsatmosphäre als Vorwand benutzen, um Meinungsfreiheit und andere Bürgerrechte einzuschränken, Arbeiter zu entlassen, ethnische und religiöse Minderheiten zu schikanieren, Haushaltseinsparungen vorzunehmen und viel Geld in die Militärindustrie zu stecken. Und wozu? Präsident Bush kann die Welt ebenso wenig „von Übeltätern befreien", wie er sie mit Heiligen bevölkern kann. Es ist absurd, wenn die US-Regierung auch nur mit dem Gedanken spielt, der Terrorismus ließe sich mit noch mehr Gewalt und Unterdrückung ausmerzen. Der Terrorismus ist ein Symptom, nicht die Krankheit. Der Terrorismus ist in keinem Land zu Hause. Er ist ein supranationales, weltweit tätiges Unternehmen wie Coke oder Pepsi oder Nike. Beim geringsten Anzeichen von Schwierigkeiten brechen Terroristen die Zelte ab und ziehen, genau wie die Multis, auf der Suche nach besseren Möglichkeiten mit ihren „Fabriken" von Land zu Land. […]

Unlängst sagte jemand, dass, wenn es Osama bin Laden nicht gäbe, die Amerikaner ihn erfinden müssten. In gewissem Sinne haben sie ihn tatsächlich erfunden. Er gehörte zu den Kämpfern, die 1979 nach Afghanistan gingen, als die CIA mit den Operationen begann. Osama bin Laden zeichnet sich dadurch aus, dass er von der CIA hervorgebracht wurde und vom FBI gesucht wird. […]

Wer ist Osama bin Laden aber wirklich? Ich möchte es anders formulieren: Was ist Osama bin Laden? Er ist das amerikanische Familiengeheimnis. Er ist der dunkle Doppelgänger des amerikanischen Präsidenten. Der brutale Zwilling alles angeblich Schönen und Zivilisierten. […] Inzwischen werden sich die beiden auch in der Sprache immer ähnlicher. Jeder bezeichnet den anderen als „Kopf der Schlange". Beide berufen sich auf Gott und greifen gern auf die Erlösungsrhetorik von Gut und Böse zurück. […]

Präsident Bushs Ultimatum an die Völker der Welt – „Entweder ihr seid für uns, oder ihr seid für die Terroristen" – offenbart eine unglaubliche Arroganz. Kein Volk will diese Wahl treffen, kein Volk braucht diese Wahl zu treffen und keines sollte gezwungen werden, sie zu treffen.

Arundhati Roy, Wut ist der Schlüssel. Ein Kontinent brennt – Warum der Terrorismus nur ein Symptom ist, in: Frankfurter Allgemeine Zeitung, 28. September 2001. Zit. nach: http://home.t-online.de/home/gplatzdasch/a_roy.htm (16. Dezember 2004).

---

1 🏃 Arbeiten Sie anhand von M1–M6 Merkmale der US-Geschichte seit Ende des Kalten Krieges heraus (arbeitsteilige Gruppenarbeit).
2 a) Beschreiben Sie (M7a, b) die Wirkungen der Terroranschläge vom 11. September 2001 auf die USA. Erläutern Sie dabei den Vergleich mit Pearl Harbor in M7a.
b) Untersuchen Sie die politische Reaktion der Regierung Bush auf die Anschläge (M8a, b).
c) Erläutern Sie vor dem Hintergrund der Reaktion der Bush-Regierung die Fotos M9, M10.
d) Erörtern Sie anhand von M11, wie einige Vertreter des nicht-westlichen Auslands auf den Anschlag reagierten.
3 🏃 Schlussdebatte: Diskutieren Sie die Frage, ob die Position von Roy (M11) „antiamerikanisch" ist (siehe Themensonderseite 13).
4 🏃 „Die USA in zehn Jahren – ein Szenario." Entwickeln Sie (Gruppenarbeit) Szenarien über die USA in zehn Jahren. Berücksichtigen Sie Faktoren aus Politik, Wirtschaft, Gesellschaft. Begründen Sie Ihre Thesen aus Ihren Kenntnissen zur USA-Geschichte (insb. dieses Kapitels).

„English Lesson" – Die USA, Europa und die neue Weltordnung am Beginn des 21. Jahrhunderts

Zum „täglichen Brot" der Historikerinnen und Historiker gehört der Umgang mit englischen Texten. Denn in der Geschichtsforschung wie in anderen Wissenschaften setzt sich das Englische immer mehr als *lingua franca* durch. Insbesondere bei Themen zur internationalen Politik sind wichtige Quellen und Texte meist nur in Englisch zugänglich.

M 12 Robert Kagan, amerikanischer Politologe, über Europa und die USA (2003)

Das Buch von Kagan erschien Anfang 2003, d. h. unmittelbar vor Beginn des Krieges der USA gegen den Irak:

It is time to stop pretending that Europeans an Americans share a common view of the world, or even that they occupy the same world. On the all-important question of
5 power – the efficacy of power, the morality of power, the desirability of power – American and European perspectives are diverging. Europe is turning away from power, or to put it a little differently, it is moving beyond
10 power into a self-contained world of laws and rules and transnational negotiation and cooperation. It is entering a post-historical paradise of peace and relative prosperity, the realization of Immanuel Kant's „perpetual
15 peace"[1].
   Meanwhile, the United States remains mired in history, exercising power in an anarchic Hobbesian[2] world where international laws und rules are unreliable, and
20 where true security and the defense and promotion of a liberal order still depend on the possession and use of military might. That is why on major strategic and international questions today, Americans are from Mars
25 and Europeans are from Venus: They agree on little and understand one another less and less. And this state of affairs is not transitory – the product of one American election or one catastrophic event. The reasons
30 for the transatlantic divide are deep, long in development, and likely to endure. When it comes to setting national priorities, determining threats, defining challenges, and fashioning and implementing foreign and
35 defense policies, the United States and Europe have parted ways.

Robert Kagan: Of Paradise and Power. America and Europe in the New World Order, New York (Alfred A. Knopf) 2003, S. 1.

1 Gemeint ist die Friedensutopie des deutschen Philosophen Immanuel Kant (1724–1804). In seiner 1795 erschienenen Schrift „Zum ewigen Frieden" vertrat er die Auffassung, dass die Demokratien zum friedlichen Interessenausgleich neigten. In der Gegenwart wird unter Berufung auf Kant oft die These vertreten, dass Demokratien nicht gegeneinander Krieg führten.
2 Der englische Philosoph Thomas Hobbes (1588–1679) vertrat die Auffassung, dass alle Menschen von Natur aus eigensüchtig seien und nur ein starker Staat den Kampf aller gegen alle verhindern könne. Hier wird diese Philosophie auf die internationale Staatenwelt übertragen, in der wegen des Fehlens einer Zentralgewalt alle Nationen ihren Vorteil suchten, was zur Anarchie führe.

5 a) Lesen Sie den Text von Kagan (M12). Bedenken Sie, dass nicht jeder fremdsprachige Text eine Wort-für-Wort-Übersetzung erfordert. Dies ist meist nur bei zentralen Quellentexten erforderlich. Häufig, vor allem bei Sekundärliteratur, reicht es, die Hauptgedanken zu erfassen. In einem solchen Fall muss nicht jedes unbekannte Wort nachgeschlagen werden.
b) Fassen Sie die zentralen Thesen des amerikanischen Politologen Kagan zusammen. Benennen und übersetzen Sie die zentralen Begriffe.
6 In einer Stellungnahme zu Kagan schreibt der Politologe und Botschafter a. D. Hans Arnold 2003: „[Kagan] hat Recht: eine einheitliche Weltmacht EU-Europa, die auch nur entfernt der Weltmacht USA ähneln könnte, wird es zumindest noch für sehr lange Zeit nicht geben können, und die EU-Europäer wären gut beraten, bei ihren Planungen diesem ihrem eigenen Willen und dem sicher nicht anderen Willen von demnächst insgesamt 27 EU-Staaten Rechnung zu tragen." Diskutieren Sie.

Zur Wiederholung und Abiturvorbereitung

1 a) Benennen Sie Ereignisse und Entwicklungen aus der Kolonialzeit der USA, die zur Ausbildung einer liberal-demokratischen Gesellschaftsordnung geführt haben. Begründen Sie Ihre Auswahl.
b) Erörtern Sie die Folgen einer „eurozentristischen" Sicht auf die Geschichte der USA (Kapitel 2).

2 a) Untersuchen Sie den Prozess der Loslösung der Neuenglandkolonien von Großbritannien.
b) Setzen Sie sich mit der Stellung der Präsidenten in der US-Verfassung auseinander. Berücksichtigen Sie dabei die Entstehungsgeschichte der Verfassung (Kapitel 3).

3 Analysieren Sie, ausgehend von den Begriffen *Spirit of the Frontier, Manifest Destiny, American Dream,* das Selbstverständnis der US-Nation, wie es sich im 19. Jh. herausgebildet hat (Kapitel 4, 5).

4 Erläutern Sie Ursachen und Folgen des Bürgerkrieges für die US-Gesellschaft (Kapitel 4).

5 Untersuchen Sie die Auswirkungen der Hochindustrialisierung und des liberalen Wirtschaftsdenkens auf Politik und Gesellschaft der USA nach dem Ende des Bürgerkrieges (Kapitel 5).

6 Bestimmen Sie den Stellenwert der Einwanderung für die Geschichte der USA (Kapitel 7).

7 Zeigen Sie an Beispielen aus der US-Geschichte des 19. Jh., inwieweit es eine Spannung zwischen den Menschen- und Bürgerrechten und der sozialen Realität gegeben hat (Kapitel 2, 7).

8 Nehmen Sie Stellung zu der These, die US-Gesellschaft sei ein „Schmelztiegel" (Kapitel 5, 7, 11).

9 a) Benennen Sie die wichtigsten Schritte der USA auf dem Weg zur Weltmacht vor 1917.
b) Setzen Sie sich mit dem Widerspruch von imperialistischer Politik und demokratisch-antikolonialem Anspruch der USA auseinander (Kapitel 6).

10 Bestimmen Sie das Ausmaß, in dem Politik, Wirtschaft und Gesellschaft der USA vom Ausgang des Ersten Weltkriegs beeinflusst worden sind (Kapitel 8).

11 Bewerten Sie die Weltwirtschaftkrise seit 1929 und die *New-Deal*-Politik im Hinblick auf die Veränderungen der grundlegenden Strukturen der amerikanischen Gesellschaft (Kapitel 8).

12 Ordnen Sie alle Materialien aus Kapitel 9 einer Gattung zu (Sekundärtext, Statistik, Textquelle usw.). Ziehen Sie zur genaueren Unterscheidung der Textquellen Methodensonderseite 50 heran.

13 Die USA im Kalten Krieg: a) Erläutern Sie die wichtigsten Stationen und Ereignisse; gehen Sie dabei auch auf die innenpolitischen Folgen des Antikommunismus in den USA ein (Kapitel 9).

14 Setzen Sie sich mit der Bedeutung des Vietnamkrieges für die USA auseinander (Kapitel 10).

15 Untersuchen Sie an einem Beispiel die Herausforderungen der USA am Beginn des 21. Jh.

16 Erläutern Sie an einem Beispiel (Religion, Außenpolitik, soziale Sicherheit) Gemeinsamkeiten und Unterschiede zwischen den USA und Europa (Kapitel 1; Sonderseiten 25 ff., 120 f., 152 f., 205).

M 1 Übersicht zum Umgang mit schriftlichen Quellen

„Wiedergeben, einordnen, beurteilen" – Arbeitsaufträge in der Abiturklausur

Anforderungsbereich I – Wiedergeben von Sachverhalten aus einem abgegrenzten Gebiet und im gelernten Zusammenhang unter rein reproduktivem Benutzen geübter Arbeitstechniken, z. B.:
nennen, aufzählen: zielgerichtet Informationen zusammentragen, ohne sie zu kommentieren;
bezeichnen, schildern, skizzieren: historische Sachverhalte, Probleme oder Aussagen erkennen und zutreffend formulieren;
aufzeigen, beschreiben, zusammenfassen, wiedergeben: historische Sachverhalte unter Beibehaltung des Sinnes auf Wesentliches reduzieren.

Anforderungsbereich II – selbstständiges Erklären, Bearbeiten, Ordnen bekannter Inhalte und das angemessene Anwenden gelernter Inhalte und Methoden auf andere Sachverhalte, z. B.:
analysieren, untersuchen: Materialien oder historische Sachverhalte kriterienorientiert bzw. aspektgeleitet erschließen;
begründen, nachweisen: Aussagen (z. B. Urteil, These, Wertung) durch Argumente stützen, die auf historischen Beispielen und anderen Belegen gründen;
charakterisieren: historische Sachverhalte in ihren Eigenarten beschreiben und diese dann unter einem bestimmten Gesichtspunkt zusammenfassen;
einordnen: historische Sachverhalte in einen historischen Zusammenhang stellen;
erklären: historische Sachverhalte duch Wissen und Einsichten in einen Zusammenhang (Theorie, Modell, Regel, Gesetz, Funktionszusammenhang) einordnen und begründen;
erläutern: wie „erklären", aber durch zusätzliche Informationen und Beispiele verdeutlichen;
herausarbeiten: aus Materialien bestimmte historische Sachverhalte herausfinden, die nicht explizit genannt werden, und Zusammenhänge zwischen ihnen herstellen;
gegenüberstellen: wie „skizzieren", aber zusätzlich argumentierend gewichten;
widerlegen: Argumente dafür anführen, dass eine Behauptung zu Unrecht aufgestellt wird.

Anforderungsbereich III – reflexiver Umgang mit neuen Problemstellungen, den eingesetzten Methoden und gewonnenen Erkenntnissen, um zu eigenständigen Begründungen, Folgerungen, Deutungen und Wertungen zu gelangen, z. B.:
beurteilen: den Stellenwert historischer Sachverhalte in einem Zusammenhang bestimmen, um ohne persönlichen Wertebezug zu einem begründeten Sachurteil zu gelangen;
bewerten, Stellung nehmen: wie „beurteilen", aber zusätzlich mit Offenlegen und Begründen eigener Wertmaßstäbe, die Pluralität einschließen und zu einem Werturteil führen, das auf den Wertvorstellungen des Grundgesetzes basiert;
entwickeln: Analyseergebnisse synthetisieren, um zu einer eigenen Deutung zu gelangen;
sich auseinander setzen, diskutieren: zu einer historischen Problemstellung oder These eine Argumentation entwickeln, die zu einer begründeten Bewertung führt;
prüfen, überprüfen: Aussagen (Hypothesen, Behauptungen, Urteile) an historischen Sachverhalten auf ihre Angemessenheit hin untersuchen;
vergleichen: auf der Grundlage von Kriterien historische Sachverhalte problembezogen gegenüberstellen, um Gemeinsamkeiten, Unterschiede, Teilidentitäten, Ähnlichkeiten, Abweichungen oder Gegensätze zu beurteilen.

Die folgenden Arbeitsaufträge verlangen Leistungen aus **Anforderungsbereich I, II und III:**
interpretieren: Sinnzusammenhänge aus Quellen erschließen und eine begründete Stellungnahme abgeben, die auf einer Analyse, Erläuterung und Bewertung beruht;
erörtern: Argumente auf ihren Wert und ihre Stichhaltigkeit hin abwägend prüfen und auf dieser Grundlage eine eigene Stellungnahme entwickeln; die Erörterung setzt eine Analyse voraus;
darstellen: historische Entwicklungszusammenhänge und Zustände mithilfe von Quellenkenntnissen und Deutungen beschreiben, erklären und beurteilen.

Grundwissen Daten

Nordamerika vor der britischen Kolonisierung
ca. 200 000–15 000 v. Chr. Evtl. Siedlung von Menschen aus Ozeanien oder Eurasien.
ca. 15 000–9000 v. Chr. Nomaden wandern aus Sibirien auf einer Landbrücke nach Alaska und besiedeln Amerika; in Nordamerika leben ca. 1000 indianische Völker.
ca. 3000 v. Chr. Erste Ackerbaukulturen im Südwesten der heutigen USA.
um 1000 Erkundung der amerikanischen Nordostküste unter dem Wikinger Leif Erikson.
1000–1500 Bäuerliche Kultur am Mississippi (die Stadt Cahokia hat zeitweise 20 000 Einw.).
15./16. Jh. Gründung der Irokesen-Liga, einer Vereinigung von fünf (ab 1715: sechs) Indianervölkern; die Liga wird zur führenden politischen Macht des Nordostens.
1492 Kolumbus landet auf der Bahamainsel Guanahani.
1497/98 John Cabot erkundet in britischem Auftrag zweimal die Küste Neufundlands.
1513 Der Spanier Juan Ponce de León entdeckt Florida.
1565 Die Spanier gründen die Siedlung St. Augustine in Florida
1585 Erster Versuch einer permanenten britischen Siedlung (gescheitert).

Die britische Kolonialzeit in Nordamerika (17./18. Jahrhundert)
1607 **Jamestown/Virginia:** erste dauerhafte britische Siedlung in Nordamerika.
17./18. Jh. Beginn der Zerstörung der Indianerkulturen durch die weißen Siedler.
1619 Niederländische Schiffe bringen die ersten schwarzen Sklaven nach Neuengland; Anstieg bis 1770 auf ca. 450 000 (von ca. 2,5 Mio. Einw.).
1620 41 Puritaner fliehen vor den Repressalien der anglikanischen Kirche über die Niederlande nach Nordamerika; Unterzeichnung eines Vertrages, demzufolge Regierung und Gesetze nur aus gemeinsamen Beschlüssen hervorgehen sollen: *Mayflower Compact;* Gründung der Siedlung *Plymouth Plantation*.
1692 Hexenprozesse in Salem/Massachusetts: 20 Personen zum Tode verurteilt.
1732 Gründung von Georgia als letzte der 13 späteren Gründungskolonien der USA.
1754–1763 *French and Indian War* in Nordamerika: bringt Großbritannien (gegenüber Frankreich) die koloniale Vorherrschaft in Nordamerika.

Von der Unabhängigkeit bis zum Ersten Weltkrieg (Ende 18. Jh. bis 1918)
1764 Proteste in Neuengland gegen neue britische Einfuhrzölle (auf Zucker, Kaffee, Textilien u. a.).
1765 Britisches Stempelsteuergesetz (März); Proteste des Stempelsteuerkongresses in New York (Okt.): „*no taxation without representation*" (Gesetz 1766 aufgehoben).
1767 Townshendgesetz: neue britische Einfuhrzölle auf Glas, Blei, Farbe, Papier, Tee.
1770 Boston-Massaker: Zusammenstöße zwischen Bürgern und britischen Truppen. Importboykotte führen zur Aufhebung der Zölle mit Ausnahme des Teezolls.
1773 *Boston Tea Party:* Aus Protest gegen den britischen Teezoll werfen als Indianer verkleidete Bostoner die Teeladung eines Schiffes ins Wasser.
1774 Das britische Parlament beschließt Strafmaßnahmen gegen Neuengland. Erster Kontinentalkongress in Philadelphia (Sept./Okt.): Unterbindung des Handels mit dem Mutterland.
1775 Beginn des Zweiten Kontinentalkongresses (Mai); er endet 1777 (Nov.) mit der Unterzeichnung der *Articles of Confederation:* Die ehemaligen 13 Kolonien beschließen die Gründung eines Staatenbundes (der letzte Staat ratifiziert 1781).
1775–1783 Amerikanischer Unabhängigkeitskrieg.
1776 **Unabhängigkeitserklärung;** Menschenrechtserklärung in der Präambel.
1778 Frankreich erkennt als erster Staat die USA an.
1783 Großbritannien erkennt die USA an.

1787	**US-Verfassung** (ratifiziert 1788): Der Staatenbund wird zum Bundesstaat; Männerzensuswahlrecht; 1789 ergänzt durch die *Bill of Rights* (1.–10. Verfassungszusatz; ratifiziert 1791).
1789–1797	George Washington erster Präsident der USA.
1803	Erwerb des Gebietes zwischen Mississippi und den Rocky Mountains von Frankreich *(Louisiana Purchase)* verdoppelt das Staatsgebiet der USA.
1804–1806	Clark-Lewis-Expedition über die Rocky Mountains zum Pazifik.
1808	Der US-Kongress beschließt ein Sklaveneinfuhrverbot.
1812–1814	„Zweiter" Unabhängigkeitskrieg: die USA erklären Großbritannien, u. a. wegen Handelsbeschränkungen, den Krieg und versuchen, Kanada zu erobern.
1820	„Missouri-Kompromiss": Im Zuge der Aufnahme neuer Staaten erfolgt eine geografische Abgrenzung zwischen Sklaven haltenden und sklavenfreien Staaten.
1823	**Monroe-Doktrin** zur Außenpolitik: u. a. keine weitere europäische Expansion auf dem amerikanischen Kontinent, Nichteinmischung der USA in Europa.
1829–1837	Andrew Jackson US-Präsident *(Jacksonian Democracy):* allgemeines Männerwahlrecht statt Zensusmännerwahlrecht, Bewegung gegen Sklaverei; frühe Arbeiterparteien, Gewerkschaften; Antialkohol- und Frauenwahlrechtsbewegungen.
ab 1840er	Industrielle Revolution (in den Nordstaaten). – Erste Einwanderungswelle.
1846–1848	**Krieg gegen Mexiko:** Mexiko verliert Kalifornien und New Mexico an die USA (heutige US-Staaten Arizona, Nevada, California, Utah; Teile von New Mexico, Colorado, Wyoming).
1848	Goldfunde in Kalifornien locken Abenteurer aus der ganzen Welt an *(Gold rush).*
1859	Erste Ölbohrung (in Pennsylvania).
1860–1890	Widerstände der Indianer werden in vielen Kriegen gebrochen, die Überlebenden in Reservate abgedrängt (1924: alle Indianer erhalten die US-Bürgerschaft).
1861–1865	Abraham Lincoln US-Präsident: Sezession der Südstaaten löst den **Bürgerkrieg** aus (Konföderation der Südstaaten gegen die Union), Sieg der Union.
1865	**Abschaffung der Sklaverei** (13. Verfassungszusatz).
1868	Männerwahlrecht für Schwarze (14. Verfassungszusatz).
1869	Erste transkontinentale Eisenbahnlinie.
1873	Wirtschaftseinbruch („Panik von 1873").
ab 1870er	Hochindustrialisierung; extreme wirtschaftliche Konzentration; Kartelle, Trusts.
1890	Das Siedlungsgebiet der USA gilt als erschlossen: Ende der *Frontier*-Bewegung.
1896	Der Entscheid *„Separate but equal"* des Obersten Bundesgerichts schreibt die Benachteiligung der Schwarzen fest.
1898	**Spanisch-Amerikanischer Krieg.**
1899/1900	Die USA fordern eine *Open door policy* in China.
um 1900	Beginn der Massenkonsumgesellschaft (wird zum Vorbild von Industriestaaten).
1901–1909	Theodore Roosevelt US-Präsident; Neuinterpretation der Monroe-Doktrin 1904: Anspruch der USA, als Polizeimacht in lateinamerikanischen Staaten aufzutreten. Die USA werden zweitstärkste Seemacht der Welt.
1905–1916	US-Interventionen (Dom. Republik, Kuba, Nicaragua, Mexiko, Haiti); Ende des Protektorats über Kuba 1934, aber Erhalt der Basis Guantanamo bis heute.
1913–1921	Woodrow Wilson US-Präsident.
1914	Eröffnung des Panamakanals.
1914–1918	Erster Weltkrieg.
1917	**Eintritt der USA in den Ersten Weltkrieg**; USA stärkste Wirtschaftsmacht. – Oktober-Revolution in Russland: Beginn der ideologischen Herausforderung durch die kommunistische Sowjetunion (bis 1990).
1918	**Wilsons „14 Punkte":** Friedensprogramm zur Errichtung einer liberal-kapitalistischen Weltordnung; Gründung eines Völkerbundes, Ende von Kolonialismus und Imperialismus.

Zwischenkriegszeit und Zweiter Weltkrieg (1919–1945)

1919/20	US-Kongress lehnt Versailler Vertrag und damit US-Beitritt zum Völkerbund ab.
1920	Einführung des Frauenwahlrechts (19. Verfassungszusatz).
1922–1929	Großer Wirtschaftsaufschwung in den USA.
1929	Börsenkrach in den USA (Okt.); Beginn der **Weltwirtschaftskrise**.
ab 1933	*New Deal:* Reformprogramm von US-Präsident Franklin D. Roosevelt (Präs. 1933–1945) zur Überwindung der Wirtschaftskrise.
1935	*Social Security Act:* bedeutet für die USA den Übergang zum Sozialstaat.
1937	„Quarantäne"-Rede Roosevelts: Abkehr der USA vom Isolationismus.
1939–1945	Zweiter Weltkrieg.
1941	Roosevelt verkündet seine **„Four Freedoms"** (Jan.). – **Atlantik-Charta** (Aug.): Roosevelt (USA) und Churchill (Großbritannien) legen Prinzipien der internationalen Politk fest. – **Eintritt der USA in den Zweiten Weltkrieg** (Dez.) nach dem japanischen Angriff auf Pearl Harbor/Hawaii. Die USA hatten sich 1939 zunächst neutral erklärt, aber schon ab Okt. 1939 Großbritannien unterstützt.
1945	Abwürfe der ersten Atombomben durch die USA über den japanischen Städten Hiroshima und Nagasaki (Aug.) beenden den Zweiten Weltkrieg.

Die USA seit 1945

1946–1990	Zeitalter des „Kalten Krieges" zwischen den westlichen Staaten unter Führung der USA und den kommunistischen Staaten unter Führung der UdSSR.
1947	Eindämmungspolitik gegenüber der UdSSR (Truman-Doktrin); Marshallplan.
1949	Gründung der NATO.
1950–1953	Koreakrieg.
1950–1954	Intensivierung der antikommunistischen Hetzkampagnen (McCarthy).
1957	Eisenhower-Doktrin. – „Sputnik-Schock" in den USA.
1961–1963	John F. Kennedy (Demokrat) US-Präsident (1963 ermordet): *New-Frontier-*Programm; Ziele: u. a. staatliche Eingriffe in die Wirtschaft, soziale Gerechtigkeit.
1962	**Kubakrise:** ausgelöst durch die Stationierung sowjetischer Mittelstreckenraketen auf Kuba (seit 1959 von Fidel Castro regiert).
1964–1973	**Vietnamkrieg** der USA.
1964/65	Bürgerrechtsgesetze: Aufhebung aller Benachteiligungen der Schwarzen; Beginn der Studentenbewegung und der Antivietnamkriegsbewegung.
1968	Ermordung von Martin Luther King; Ermordung von Robert Kennedy.
1969	US-Astronauten landen als erste Menschen auf dem Mond.
1974	Watergate-Affäre um US-Präsident Nixon: erster Rücktritt eines US-Präsidenten.
1979/80	Besetzung der US-Botschaft in Teheran/Iran.
1981–1989	Ronald Reagan (Republikaner) US-Präsident: konservative Wende, Aufrüstung.
1989/90	Ende des Kalten Krieges.
1991	Golfkrieg: Nach dem Überfall des Iraks auf Kuwait führten die USA (gestützt durch die UNO) Krieg gegen den Irak.
1993–2001	Bill Clinton (Demokrat) US-Präsident; Haushaltssanierung; Intervention der USA und der Europäer im Kosovokonflikt (1999).
seit 2001	George W. Bush (Republikaner) US-Präsident (Wiederwahl: Nov. 2004).
2001	**11. September:** islamistische Terroranschläge auf das US-Verteidigungsministerium und das New Yorker World Trade Center; Krieg gegen Afghanistan (gestützt durch UNO und NATO; Okt./Nov.) und Sturz des islamistischen Talibanregimes.
2002	**Neue Sicherheitsstrategie der USA** unter Präsident Bush als Antwort auf den internationalen Terrorismus (Recht auf „präemptive" Kriegführung; Sept.).
2003	Unilateraler Krieg der USA, Großbritanniens und einer „Koalition der Willigen" gegen den Irak, Sturz des irakischen Diktators Saddam Hussein.

Grundwissen Begriffe

American Dream: Der Begriff kam in der Zeit nach dem Ersten Weltkrieg auf und bezeichnet die unbegrenzten Möglichkeiten, die die US-amerikanische Gesellschaft mit ihrer Chancengleichheit bereithält. Jeder Einzelne hat nach US-amerikanischem Verständnis die Möglichkeit, persönliche Initiativen zu entfalten, um materiellen Wohlstand und gesellschaftliches Ansehen zu erlangen. Ausgeblendet wird die tatsächliche Benachteiligung von Indianern, Schwarzen, Frauen und anderen Gruppen.

Antiamerikanismus: Der Begriff bezieht sich auf solche politisch-sozialen Haltungen, Einstellungen und Bewegungen, die grundsätzlich alle Werte und Normen ablehnen, die in ihren Augen „typisch amerikanisch" sind. Der Antiamerikanismus kritisiert die USA also nicht punktuell, z. B. eine bestimmte politische Maßnahme, sondern verurteilt das gesamte politische, wirtschaftliche, gesellschaftliche und kulturelle Verhalten dieser Nation. Das schließt die Ablehnung der US-amerikanischen Politik gegenüber fremden Kulturen, Ländern, Völkern und Rechtsauffassungen mit ein.

Big Business: Großunternehmen, -banken und Unternehmenszusammenschlüsse, die aufgrund ihrer Kapitalkraft die Macht besitzen, Regierung und Parlament zu beeinflussen.

Bill of Rights siehe *Virginia Bill of Rights*

Checks and Balances (wörtl.: Kontrollen und Gegengewichte): Bezeichnung für das US-amerikanische Verständnis vom System der Gewaltenteilung. Demnach werden Exekutive, Legislative und Judikative – Präsident/Regierung, Kongress (Senat und Repräsentantenhaus) und Oberstes Bundesgericht – als voneinander unabhängige, aber nicht als absolut getrennte Bereiche betrachtet. Durch ein umfassendes System der Kontrollen und Gegengewichte beeinflussen sie sich wechselseitig.

Demokratie (griech. *demokratein* = Herrschaft des Volkes): Demokratie ist eine Regierungsform, in der der Wille des Volkes ausschlaggebend ist. Die moderne Form der Demokratie entwickelte sich in den europäischen Nationalstaaten als mittelbare oder repräsentative Demokratie, das heißt, die Herrschaft wird nicht direkt vom Volk ausgeübt, sondern durch vom Volk gewählte Repräsentanten, die Abgeordneten. Kennzeichen der modernen freiheitlichen Demokratie sind: Garantie der Menschenrechte, allgemeines, gleiches, geheimes und freies Wahlrecht, Gewaltenteilung, Parlamente, Mehrparteiensystem, Minderheitenschutz.

Frontier-Bewegung (engl. *frontier* = Grenze): In der US-Geschichte bezeichnet der Begriff den Grenzbereich, der die von Weißen besiedelten Gebiete des Ostens von den unerschlossenen Gebieten des Westens trennt. Mit *Frontier-*Bewegung ist das ständige Vorrücken dieses Grenzbereichs nach Westen gemeint (dauerte von der Gründung der ersten Siedlung 1607 bis 1890). Im 19. Jh. werden vor allem drei *Frontiers* unterschieden: 1. die *„trapper frontier"* der Jäger, Fallensteller und Wissenschaftler, die die Wildnis erforschen; 2. die *Frontier* der Cowboys, Goldgräber und Holzfäller, die den Trappers folgen und die das Bild vom „Wilden Westen" prägen; 3. die *„farming frontier"* der Millionen Farmer, die schließlich das Land mit modernen Anbaumethoden bearbeiten und verändern. Die *Frontier*-Bewegung prägte das nationale Selbstverständnis der USA. Vom *Spirit of the Frontier* wird im übertragenen Sinne bis heute gesprochen, um neue Ziele zur Vervollkommnung der Gesellschaft zu charakterisieren (z. B. das *New-Frontier*-Programm von US-Präsident John F. Kennedy Anfang der 1960er-Jahre).

Fundamentalismus: Der Begriff entstand in den 1920er-Jahren in den USA als Bezeichnung für eine Richtung in der protestantischen Theologie, die sich gegen Verwissenschaftlichung, Liberalisierung und Modernisierung sowie bestimmte *„fundamentals"* einsetzte. Hierzu gehören die (weit gehend) wörtliche Auslegung der Bibel bzw. die Ablehnung der historisch-kritischen Methode der Bibelauslegung. Damit steht der Fundamentalismus im Gegensatz zur modernen Theologie, die die Wahrheit der christlichen Botschaft für jede Generation neu deuten will. Fundamentalistische Strömungen im Sinne des dogmatischen Festhaltens an der reinen Lehre gibt es in allen Religionen (siehe Islamismus). In der neueren Forschung wird der Begriff aber auch zur Charakterisierung von politisch-sozialen Bewegungen verwendet, die die Orientierung der modernen Zivilisation an Rationalität, Aufklärung und Individualität ablehnen und zurück zu einer patriarchalischen Ordnung wollen. Persönliche Autorität soll mehr zählen als allgemeine Regeln. Die Emanzipation der Frauen bekämpfen alle Fundamentalisten. Ihre Politik zeichnet sich durch

Kompromisslosigkeit sowie absolute und unbedingte Haltungen aus, die den Keim der Gewaltbereitschaft in sich tragen.

Imperialismus: Im neuzeitlichen Verständnis bedeutet Imperialismus zunächst die Ausdehnung der Herrschaft eines Staates über andere Länder durch Eroberung, Annexion und Durchdringung; eine seiner Formen ist der Kolonialismus (siehe Kolonialismus). Mit Bezug auf die Zeit seit der Hochindustrialisierung (um 1900) bedeutet Imperialismus ein ausgeprägtes, in verschiedenen Formen auftretendes, zugleich wirtschaftliches und politisches Ausnutzungs- und Abhängigkeitsverhältnis zwischen industriell weit fortgeschrittenen und wirtschaftlich wenig entwickelten Staaten und Regionen (besonders in Afrika und Asien). Vor allem die Zeit zwischen 1880 und 1918 gilt als Epoche des Imperialismus.

Industrialisierung/Industrielle Revolution: Der von dem englischen Sozialreformer Arnold Toynbee (1852–1883) verbreitete Begriff der Industriellen Revolution bezeichnet die erste Phase der Industrialisierung, die in England um 1770 einsetzte (in Deutschland von ca. 1840 bis 1870, in den USA seit den 1840er-Jahren). Sie stellt die Anschubphase eines tief greifenden wirtschaftlichen und gesellschaftlichen Wandlungsprozesses dar, der bis heute nicht abgeschlossen ist (Industrialisierung). Im Mittelpunkt stehen die Einführung und Fortentwicklung der industriellen Produktionsweise (neue Energiequellen, Maschinen, Fabrik, Arbeitsteilung auf zunehmend wissenschaftlicher Grundlage, Wachstum des Sozialprodukts); ferner die Umverteilung der Erwerbstätigen von der Landwirtschaft in das Gewerbe und den Dienstleistungsbereich. Bestimmten mechanische Webstühle, Dampfschiffe, Kohle- und Eisentechnologie im Wesentlichen die „erste" Industrielle Revolution, werden die Einführung der Chemie- und Elektroindustrie sowie die Erfindung des Verbrennungsmotors auch als „zweite" Industrielle Revolution bezeichnet, die Einführung der Raumfahrt und Computertechnologie als „dritte" Industrielle Revolution.

Interventionspolitik: Intervention bezeichnet allgemein das diplomatische, wirtschaftliche und/oder militärische Eingreifen eines oder mehrerer Staaten in die Angelegenheiten anderer Staaten. In der US-Geschichte sind damit die Bestrebungen der Regierung gemeint, seit Ende des 19. Jh. die wirtschaftlichen und finanziellen Interessen von Banken und Großunternehmen vor allem in den Ländern Zentralamerikas durch militärische Eingriffe zu sichern.

Islamismus: Bezeichnung für fundamentalistische Strömungen im Islam, die sich radikal gegen die Lebensformen des Westens wenden, die Einheit von Staat und Religion fordern und das Rechtsverständnis der Scharia (der islamischen Gesetze) allgemein verbindlich machen wollen. Das schließt die Anwendung der im Koran beschriebenen Körperstrafen mit ein. Zwar wird die Verbesserung der materiellen Lebensformen durch die Übernahme der naturwissenschaftlich-technischen Errungenschaften der europäisch-westlichen Zivilisation durchaus befürwortet, aber die Ausrichtung des Denkens und Handelns an Rationalität, Aufklärung und Individualität abgelehnt.

Kalter Krieg: westlicher Epochenbegriff für die Zeit zwischen 1946 und 1990/91, in der die Welt weit gehend in zwei Lager eingeteilt war: die westlichen Demokratien unter Führung der USA (NATO-Staaten; Gründung der NATO im Jahre 1949) auf der einen und die kommunistischen Staaten unter der Führung der UdSSR (Warschauer-Pakt-Staaten; Gründung des Warschauer Paktes im Jahre 1955) auf der anderen Seite.

Keynesianismus: Bezeichnung für eine bestimmte Wirtschaftspolitik, die von dem englischen Wirtschaftswissenschaftler John Maynard Keynes (1883–1946) entwickelt und Mitte der 1930er-Jahre vorgestellt und erprobt wurde. Der Staat erhält nach dieser Lehre die Aufgabe, Wirtschaftskrisen durch Steuerung der gesamtwirtschaftlichen Nachfrage zu begegnen. Dem Staat fällt also die Aufgabe zu, Schwankungen der privaten Nachfrage auszugleichen. Wenn z. B. Unternehmen und Haushalte zu wenige Güter kaufen, soll der Staat mit eigener Nachfrage, z. B. durch den Bau von Straßen, einspringen. Ausdrücklich empfiehlt der Keynesianismus dabei die Verschuldung des Staates („deficit spending").

Kolonialismus: Errichtung von Handelsstützpunkten und Siedlungskolonien in militärisch und politisch schwächeren Ländern (vor allem Asien, Afrika und Amerika) sowie deren Inbesitznahme durch überlegene Staaten (insbesondere Europas) seit dem 16. Jh. Die Kolonialstaaten verfolgten vor allem wirtschaftliche und machtpolitische Ziele.

Laisser-faire-**Wirtschaft** (frz. *laisser faire* = machen lassen): Wirtschaftsordnung, die nach dem Grundsatz des uneingeschränkten Gewährenlassens funktioniert und bei der sich der Staat nicht in wirtschaftliche Angelegenheiten einmischt.

Manifest Destiny (wörtl.: offensichtliche Bestimmung): Bezeichnung für das zivilisatorische Sendungsbewusstsein der Amerikaner, dem der puritanische Auserwähltheitsglauben zu Grunde liegt. Konkret meint der Mitte des 19. Jahrhunderts geprägte Begriff die Bestimmung der Amerikaner, das Land bis zum Pazifik zu erschließen. Der Begriff wird Ende des 19. Jh. zur Begründung imperialistischer Politik und der Vorherrschaft der USA auf dem Kontinent herangezogen; er gehört zum nationalen Selbstverständnis der USA.

Massenkonsumgesellschaft: Form der kapitalistischen Industrie- und Wohlstandsgesellschaft seit der Wende von 19. zum 20. Jh., zuerst in den USA. Die zentralen Merkmale sind hohe Massenkaufkraft und Massenproduktion von Verbrauchs- und Gebrauchsgütern. Weil in einer solchen Gesellschaft die Befriedigung der Grundbedürfnisse (Lebensmittel) weit gehend gesichert ist, bestimmen in ihr vorwiegend Besitz oder Nichtbesitz von bestimmten Konsumgütern (z. B. Autos, Markenkleidung) das Prestige der Individuen.

Menschen- und Bürgerrechte: Der durch die Aufklärung verbreitete und in der Amerikanischen Revolution (1775–1783) und in der Französischen Revolution 1789 mit Verfassungsrang ausgestattete Begriff besagt, dass jeder Mensch unantastbare Rechte besitzt, die der Staat achten muss; so z. B. das Recht auf Leben, Glaubens- und Meinungsfreiheit, Versammlungs- und Vertragsfreiheit, Freizügigkeit, persönliche Sicherheit, Eigentum und Widerstand im Fall der Verletzung von Menschenrechten. Im 19. und 20. Jh. wurden auch soziale Menschenrechte, besonders von sozialdemokratisch-sozialistischer Seite, formuliert, so das Recht auf Arbeit, soziale Sicherheit und Bildung.

Modernisierung: Prozess der Entwicklung einer Gesellschaft; er bezieht sich auf den Übergang von der Agrar- zur Industriegesellschaft und ist meistens verbunden mit dem in der Aufklärung entwickelten Fortschrittsbegriff. Kennzeichen der Modernisierung sind: Verstädterung, Säkularisierung, Rationalisierung, Erhöhung des technischen Standards (Produktion von Gütern mit Maschinen), permanentes wirtschaftliches Wachstum, Ausbau und Verbesserung der technischen Infrastruktur (Verkehrswege, Massenkommunikationsmittel), Verbesserung des Bildungsstandes der Bevölkerung (Alphabetisierung, allgemeine Schulpflicht, Wissenschaft), räumliche und soziale Mobilität, Parlamentarisierung und Demokratisierung, Nationalstaatsbildung. Wegen seiner Verbindung mit dem Fortschrittsbegriff ist der Begriff Modernisierung politisch und wissenschaftlich umstritten. Zum einen, weil als Maßstab der jeweilige Entwicklungsstand der westlichen Zivilisation gilt, zum anderen, weil die „Kosten", vor allem ökologische Probleme, bisher wenig berücksichtigt wurden.

Monroe-Doktrin: Teil der Jahresbotschaft des Präsidenten James Monroe (Präs. 1817–1825) an den Kongress 1823. Sie legt die Ziele der US-Außenpolitik fest: 1. Nord- und Südamerika dürfen nicht mehr Ziel europäischer Expansion sein; 2. das politische System der Alten Welt ist von dem der USA wesensverschieden; 3. bestehender europäischer Kolonialbesitz in Amerika bleibt unangetastet; 4. die USA mischen sich nicht in die Angelegenheiten europäischer Staaten und deren Kriege ein. Die Doktrin wird zum Leitmotiv der USA in der internationalen Politik. Der unter 1. formulierte Schutzanspruch wurde seit Ende des 19. Jahrhunderts zur Rechtfertigung zahlreicher US-Interventionen in Lateinamerika benutzt.

New Deal: Der Begriff kennzeichnet die 1933 eingeleitete Wirtschafts- und Reformpolitik von US-Präsident Franklin D. Roosevelt (Präs. 1933–1945), mit der er auf die Weltwirtschaftskrise (seit 1929) reagierte. Die US-Wirtschaft sollte durch Arbeitsbeschaffungsmaßnahmen, Stabilisierung des Bankensystems, Abbau der Überproduktion in Industrie und Landwirtschaft, Steigerung der Nachfrage und Arbeitszeitverkürzungen wieder belebt werden. Ab 1935 legte die zweite Phase des *New Deal* die Grundlagen für ein Sozialversicherungssystem. Die Wirkung dieser Politik muss differenziert beurteilt werden: Der tatsächliche wirtschaftliche Aufschwung hielt sich in Grenzen, doch wurde der *New Deal* als politisches Reformprogramm von der Bevölkerung akzeptiert.

Open door policy (wörtl.: Politik der offenen Tür): Der Begriff charakterisiert die Politik der USA Ende des 19. Jh., die darauf abzielt, sich im Wettbewerb mit den europäischen Großmächten gleichen Zugang und gleiche Handelsmöglichkeiten auf dem chinesischen Markt zu sichern. Nach dem Ersten Weltkrieg ist damit allgemein der freie Zugang aller Staaten zu allen Märkten gemeint, um wirtschaftliches Wachstum und internationale Kooperation zu garantieren. Dabei gehen die US-amerikanischen Führungseliten von der Überzeugung aus, dass sich die USA aufgrund ihres Wirtschaftspotenzials im internationalen Wettbewerb als überlegen erweisen werden. Die daraus resultierende Dominanz der USA wird auch als „Imperialismus der offenen Tür" *(Open-Door-*Imperialismus) bezeichnet.

Protektionismus: Bez. für wirtschaftspolitische Maßnahmen eines Staates zur Abwehr ausländischer Konkurrenz; steht im Gegensatz zur liberalen Freihandelspolitik.

Puritaner: Bezeichnung für Mitglieder einer kirchlichen Reformbewegung in England seit Mitte des 16. Jahrhunderts. Die Puritaner wandten sich gegen alle katholischen Reste im Anglikanismus, traten für eine strikte Trennung von Kirche und Staat, für Toleranz und Gewissensfreiheit ein und kämpften für ein einfaches, gottgefälliges Leben. Nach ihrer Trennung von der anglikanischen Staatskirche wanderte ein Teil von ihnen über die Niederlande in die nordamerikanischen Kolonien aus. In England gelangten sie 1649 mit Cromwell an die Macht und versuchten ihre Grundsätze politisch durchzusetzen; nach 1660 wurden die Puritaner in England erneut verfolgt.

Rassentrennung: Der Begriff bezeichnet die Ausgrenzung bestimmter ethnischer Gruppen aus einer Gesellschaft. Nach der Aufhebung der Sklaverei in den USA (1865) blieben die Schwarzen in den USA eine gesellschaftlich benachteiligte Minderheit. Trotz formaler Gleichberechtigung, herbeigeführt durch Urteile des Obersten Bundesgerichts (1954, 1968, 1969), ist die tatsächliche Gleichstellung bis heute nicht voll erreicht.

Revolution: Am Ende einer Revolution steht der tief greifende Umbau eines Staates und/oder Gesellschaft, also nicht nur ein Austausch von Führungsgruppen. Revolutionen sind erstens bewusst angestrebte und erfahrene Umwälzungen, die auf umfassenden politisch-gesellschaftlichen Wandel zielen. Zweitens werden sie von dem Bewusstsein getragen, dass die Umgestaltung der Verhältnisse zu einem Fortschritt der Menschheit führt. Drittens werden Revolutionen häufig durch gewaltsame Aktionen ausgelöst, die offen Widerstand gegen die bestehende Ordnung leisten. Klassische Beispiele sind die Amerikanische Revolution (1775–1783), die Französische Revolution 1789 und die Oktober-Revolution in Russland 1917. Revolutionen müssen aber nicht gewaltsam verlaufen, wie die friedliche Revolution in der DDR 1989 verdeutlicht.

Sezession (lat. = Austritt): Sieben der 15 Sklaven haltenden Südstaaten traten aus der Union der Vereinigten Staaten aus, gründeten im März 1861 die „Konföderierten Staaten von Amerika" und lösten dadurch den Bürgerkrieg (Sezessionskrieg) aus. Im Hintergrund stand die wirtschaftliche und soziale Auseinanderentwicklung von Nord- und Südstaaten: Der Norden profitierte von der Industrialisierung und war geprägt von Gleichheitsvorstellungen; auch befürwortete er eine starke Stellung der Bundesregierung und benötigte für die Farmwirtschaft keine Sklaven. Der Süden hingegen war geprägt von der aristokratischen Mentalität der Pflanzerfamilien, profitierte von der billigen Sklavenarbeit auf den Plantagen und pochte auf die Rechte der Einzelstaaten. Die Überwindung des Bürgerkriegs hat den Prozess der US-amerikanischen Nationsbildung mit beeinflusst.

Spirit of the Frontier siehe *Frontier*-Bewegung.

Unabhängigkeitserklärung (1776): Erklärung der 13 englischen Kolonien in Amerika zur vollständigen Loslösung vom britischen Mutterland. Die Präambel beinhaltete erstmals in der Geschichte eine Erklärung der Menschenrechte.

Virginia Bill of Rights: Nach der Unabhängigkeitserklärung (1776) erließen die meisten US-Staaten neue Verfassungen und nahmen eine *Bill of Rights* auf (Grundrechtekatalog). Die berühmteste war die *Virginia Bill of Rights* vom Juni 1776. Denn sie bildete die Vorlage für den Grundrechtekatalog, der 1789 der US-Verfassung hinzugefügt und 1791 ratifiziert wurde (= 1. bis 10. Verfassungszusatz: Glaubens-, Rede-, Presse-, Versammlungsfreiheit; Unverletzlichkeit der Person, der Wohnung, des Eigentums; Recht auf Verteidigung).

Weltwirtschaftskrise: Sie wurde 1928/29 in den USA ausgelöst durch Aktienspekulation, Nachfragestagnation und Überproduktion und führte im Oktober 1929 zum Zusammenbruch der New Yorker Börse. New York hatte nach dem Ersten Weltkrieg London als Weltfinanzmarkt abgelöst. Tiefpunkt der Krise war 1932. Ihre wesentlichen Folgen bestanden in der Zerstörung des internationalen Finanzsystems, Vermögensverlusten, hoher Arbeitslosigkeit und politischer Systemkrisen in allen Industrieländern.

Grundwissen Personen und Personenregister

Acheson, Dean Gooderham (1893–1971), US-amerik. Jurist, Politiker (Demokrat); 1945–1949 Staatssekretär im Außenmin.; beteiligt an der Truman-Doktrin (1947), dem Marshallplan (1947), der Gründung von UNO (1945) und NATO (1949); 1949–1953 Außenmin. *163*

Adams, Abigail (1744–1818), geb. Smith; verh. mit John Adams; stammte aus einer wohlhabenden Puritanerfamilie in Massachusetts. Geprägt von den Ideen der Aufklärung, setzte sie sich im Briefwechsel mit ihrem Mann für die Gleichberechtigung der Frau ein. *56*

Adams, John (1735–1826), geb. und gest. in Braintree/Massachusetts, Vater von John Quincy Adams; absolvierte 1755 das Harvard College; Rechtsanwalt, Schriftsteller; schrieb im August 1765 anonym vier Artikel in der *Boston Gazette* über den Konflikt zwischen Individualrechten und Herrschaftsrechten; Delegierter des 1. (1774) und 2. Kontinentalkongresses (1775 bis 1777), Mitunterzeichner der Unabhängigkeitserklärung (1776), Hauptautor der Verfassung von Massachusetts (1780); 1778–1788 Reisen als US-Diplomat in Europa; schloss zusammen mit Franklin den „Frieden von Paris" (1783); US-Vizepräs. unter Washington; US-Präs. 1797–1801 (*Federalist*). *43, 51, 53*

Armstrong, Louis Daniel (1901–1971), geb. in New Orleans; Jazzmusiker (Trompete, Gesang); gab 1944 als erster schwarzer Jazzmusiker ein Konzert in der *Metropolitan Opera*. Autobiografie (s. Literaturverzeichnis). *136, 222*

Bradford, William (1590–1657), geb. in England, gest. in Massachusetts; einer der „Pilgerväter" von 1620; Gouverneur von Plymouth; verfasste eine Chronik über die Neuenglandkolonien „Chronik der Pilger". *15*

Brzezinski, Zbigniew (geb. 1928), US-amerik. Politologe und Politiker poln. Herkunft; 1977–1981 Sicherheitsberater unter Carter. *199*

„Buffalo Bill" (1846–1917), Künstlername von William Fredrick Cody; kämpfte im Bürgerkrieg (1861–1865) und in den Indianerkriegen auf Seiten der Union, belieferte 1867/68 die Arbeiter der *Kansas Pacific Railroad* mit Büffelfleisch; gründete den ersten Wild-West-Zirkus. *136*

Bush, George Walker (geb. 1946), US-amerik. Politiker (Republikaner), Sohn von US-Präs. George Bush; Tätigkeiten in der Öl- und Gasindustrie; 1995–2000 Gouverneur von Texas; US-Präs. seit 2001 (Wiederwahl 2004); verkündete nach dem 11. September 2001 den „Krieg gegen den Terrorismus". *10, 197, 201–204, 225*

Byrnes, James Francis (1879–1972), US-amerik. Jurist, Politiker (Demokrat); 1931–1941 Senator; 1945–1947 Außenmin. unter Truman. *159*

Carmichael, B. Stokely (1941–1998), geb. in Trinidad, wanderte 1952 in die USA ein, starb in Guinea; seit 1961 in der Bürgerrechtsbewegung; nach einer Verhaftung 1966 hielt er seine berühmte *Black-Power*-Rede; trat für eine vollständige Ablehnung der Werte der US-amerik. Gesellschaft ein, kritisierte den gewaltlosen Protest von Martin Luther King und wurde zum Anführer der *Black-Power*-Bewegung *16, 41*

Carnegie, Andrew (1835–1919), US-amerik. Großindustrieller, geb. in Schottland, gest. in Massachusetts; erwarb mit der Stahlproduktion große Vermögen; wissenschaftliche und soziale Stiftungen (*Carnegie Hall*). *83*

Clinton, William Jefferson („Bill"; geb. 1946), US-amerik. Jurist und Politiker (Demokrat); 1979 bis 1981, 1983–1993 Gouverneur von Arkansas; 1993–2001 US-Präs.; Karlspreis der Stadt Aachen 2000. Autobiografie (s. Literaturverzeichnis). *24, 222, 225*

Conant, Charles Arthur (1861–1915), Wirtschaftsjournalist, Finanzexperte; Finanzberater der US-Präs. McKinley, Th. Roosevelt, Taft und Wilson; Mitherausgeber von *Wall Street Journal* und des *Banking Magazine*. *112*

Davis, Jefferson (1808–1889), US-amerik. Politiker, Präsident der Konföderierten (Süd-)Staaten von Amerika im Sezessionskrieg 1861–1865. *66*

Disney, Walter Elias („Walt"; 1901–1966), US-amerik. Zeichentrickfilmregisseur, -autor und -produzent; kreierte 1928 die Figur „Mickey Mouse"; 1926 Gründung der *Walt Disney Studios* (ab 1929: *Walt Disney Productions*); 1955 Einrichtung des Vergnügungsparks Disneyland in Anaheim bei Los Angeles. *137*

Du Bois, William Edward Burghardt (1868–1963); US-amerik. Wirtschaftswissenschaftler; Bürgerrechtler; 1959 Lenin-Preis der Sowjetunion; 1961 Beitritt zur Kommunistischen Partei der USA; 1963 Staatsbürger Ghanas. *39*

Dylan, Bob (eigentlich Robert Zimmermann; geb. 1941), US-amerik. Sänger; wurde in den 1960er-Jahren zur Galionsfigur der US-amerik. Protest- und Friedensbewegung. *187*

Eisenhower, Dwight David (1890–1969), US-amerik. General und Politiker; seit 1942 Oberbefehlshaber der US-Truppen in Europa, Befehlshaber der NATO-Streitkräfte in Europa

1950 bis 1952; 1953–1961 US-Präs.; beendete den Koreakrieg (1953); 1957 „Eisenhower-Doktrin": stärkeres Engagement der USA gegen den Kommunismus im Nahen Osten. *16, 161, 170*

Eugenides, Jeffrey (geb. 1960), US-amerik. Schriftsteller; lebt heute in Berlin; sein Debütroman *„The Virgin Suicides"* wurde 2000 verfilmt; Pulitzer-Preis für *„Middlesex"* 2003. *98 f.*

Fitzhugh, George Stuart (1806–1881), geb. in Virginia, gest. in Texas, US-amerik. Jurist; publizierte pseudowissenschaftliche Pamphlete zur Rechtfertigung der Sklaverei (1854 *„Sociology for the South or The Failure of Free Society",* 1857 *„Cannibals All! or Slaves Without Masters").* 34

Ford, Henry (1863–1947), US-amerik. Industrieller; gründete 1903 die *Ford Motor Company;* Einführung der Fließbandarbeit; einer der erfolgreichsten Autohersteller der Welt. *84, 90 f., 98*

Franklin, Benjamin (1706–1790), US-amerik. Politiker, Naturforscher (siehe S. 63). *5, 53, 57, 222*

Fulbright, James William (1905–1995), US-amerik. Politiker (Demokrat); 1942–1947 Mitglied des Repräsentantenhauses; 1945–1975 Senator; 1959–1974 Vorsitzender des Außenpolitischen Ausschusses des US-Senats; entwarf 1946 das Fulbright-Programm (Studenten- und Dozentenaustausch mit dem Ausland). *183*

Hamilton, Alexander (1755–1804), geb. in Britisch-Westindien; US-amerik. Jurist, Offizier, Politiker; nahm am Unabhängigkeitskrieg (1775–1783) teil; 1787 Mitglied der verfassunggebenden Versammlung; 1789–1795 unter Washington erster Finanzmin. der USA. Zu seiner zukunftsweisenden Finanz-, Zoll- und Währungspolitik *(Hamiltonian System)* gehörte auch die Gründung der US-Bank (1791). Unterstützte bei den Präsidentschaftswahlen 1800 seinen früheren Widersacher Jefferson. *56*

Hay, John Milton (1838–1905), US-amerik. Politiker und Schriftsteller; Außenmin. 1898–1905 unter McKinley und Th. Roosevelt; Vertreter einer imperialistischen US-Politik; um Annäherung an Großbritannien bemüht; erwarb für die USA Vorrechte für den geplanten Panamakanal. *113*

Hoover, Herbert Clark (1874–1964), US-amerik. Politiker (Republikaner); leitete nach dem Ersten Weltkrieg das amerik. Hilfswerk für die Not leidenden Gebiete Europas; 1921–1928 Handelsmin, 1929–1932 US-Präs.; setzte 1931 zur Abmilderung der Weltwirtschaftskrise einen Zahlungsaufschub für Reparationen und Kriegsschulden durch (Hoover-Moratorium); nach dem Zweiten Weltkrieg Leiter des Hilfskomitees für Europa und Asien. *145 f.*

Hopper, Edward (1882–1967), US-amerik. Maler; Darstellung von Gebäuden und verloren wirkenden Menschen mit harten Lichtkontrasten. *176, 222*

Hutchinson, Anne (1591–1643), 1634 von England nach Massachusetts ausgewandert; hielt in Boston/Massachusetts gesellschaftliche Treffen ab; war bereits in England beeinflusst von dem puritanischen Prediger John Cotton, der die Bedeutung des Gnadenbundes im Gegensatz zum Bund der guten Werke hervorhob; im Rahmen der sog. Antinomier-Krise wurde sie 1637 wegen Verleumdung der Geistlichkeit aus der Kolonie verbannt. 1638 zog sie mit ihrer Familie auf die Insel Aquidneck im heutigen Rhode Island. Nach dem Tod ihres Ehemannes (1642) ging sie nach Long Island Sound. *22*

Jackson, Jesse Louis (geb. 1941), US-amerik. Politiker (Demokrat); wurde zu einer der wichtigsten Führungspersönlichkeiten in der amerik. Bürgerrechtsbewegung; bewarb sich 1984 und 1988 bei den Demokraten um die Nominierung als Präsidentschaftskandidat. *16*

Jefferson, Thomas (1743–1826), US-amerik. Politiker; Anwalt, Gutsbesitzer, Abgeordneter in Virginia; 1775 Delegierter des Kontinentalkongresses; Verfasser der Unabhängigkeitserklärung (1776); 1779–1781 Gouverneur von Virginia: Trennung von Kirche und Staat und Einrichtung öffentlicher Schulen; 1783/84 Kongressabgeordneter; 1785–1789 US-Gesandter in Paris; 1789 Außenmin. unter Washington, stand in Gegensatz zu Hamiltons Finanzpolitik, trat aus Protest zurück; Begründer der Partei der *Democratic-Republican;* 1797–1801 US-Vizepräs. unter John Adams; US-Präs. 1801–1809: Ankauf von Louisiana (1803), Gründung der *University of Virginia* (1819). *44, 53, 72, 178*

Johnson, Lyndon Baines (1908–1973), US-amerik. Politiker (Demokrat); seit 1961 US-Vizepräs. unter Kennedy, nach dessen Ermordung US-Präs. (1963–1969); Programm der *Great Society,* Bürgerrechtsgesetze; zunehmende Ablehnung wegen des Vietnamkriegs. *161, 182*

Kennan, George Frost (geb. 1904), US-amerik. Historiker und Diplomat; 1934–1937 und 1944–1946 Diplomat in Moskau; 1947–1949 Leiter der Planungsabteilung des Außenministeriums, entwarf das Konzept der Eindämmung *(Containment)* gegenüber der UdSSR; 1952 kurze Zeit Botschafter in Moskau. Autobiografie (s. Literaturverzeichnis). *164, 221*

Kennedy, John Fitzgerald (1917–1963), US-amerik. Politiker (Demokrat); Kongressabgeordneter 1947–1953; Senator 1953–1960, US-Präs. 1961–1963: leitete umfangreiche Sozialreformen ein (Sozial-, Krankenversicherung, Bürgerrechtsgesetze, Bildungswesen); Beilegung der Kubakrise (1962); wollte die Entspannung zwischen den Supermächten fördern und die Entwicklungshilfe verbessern; 1963 ermordet. *160f., 171f., 177, 222, 225*

King, Martin Luther (1929–1968), US-amerik. Baptistenpfarrer, Bürgerrechtler; Gründer der Bürgerrechtsorganisation *Southern Christian Leadership Conference (SCLC);* kämpfte nach dem Vorbild Gandhis mit den Mitteln des passiven Widerstands; erster großer Erfolg: Aufhebung der Rassentrennung in öffentlichen Verkehrsmitteln von Montgomery/Alabama (1956); Organisation zahlreicher Demonstrationen, u. a. des „Marsches auf Washington" (1963). Friedensnobelpreis 1964. *16, 40, 179, 222*

Kissinger, Henry Alfred (geb. 1923), geb. in Deutschland, 1938 Emigration in die USA, Politologe, Politiker (Republikaner); 1969–1975 Sicherheitsberater; 1973–1977 Außenmin. unter Nixon und Ford; erreichte Entspannung im Verhältnis zur UdSSR, förderte Annäherung an China und Beendigung des Vietnamkrieges; erreichte durch Pendeldiplomatie nach dem Jom-Kippur-Krieg (1973) Truppenentflechtungsabkommen zwischen Israel und Ägypten bzw. Syrien. Friedensnobelpreis 1973. Karlspreis der Stadt Aachen 1987. *120, 138, 159*

Lincoln, Abraham (1809–1865), US-amerik. Jurist und Politiker (Republikaner); Gegner der Sklaverei; US-Präs. 1861–1865; im Bürgerkrieg (1861–1865) Proklamierung der Sklavenbefreiung in den Südstaaten (1863); 1865 Wiederaufbauprogramm für den Süden; 1865 von einem Südstaatler erschossen. *66, 77, 80, 178, 225*

Madison, James (1751–1836), US-amerik. Politiker; US-Präs. 1809–1817; hatte großen Einfluss auf die Verfassung der USA (1787). *57*

Mahan, Alfred T. (1840–1914), US-amerik. Marineoffizier und -historiker; Präsident der Amerikanischen Historischen Gesellschaft; Hauptwerk „Der Einfluss der Seekriegführung auf die Geschichte" (1890); betonte die Bedeutung einer starken Flotte für die Weltmachtstellung eines Staates, inspirierte damit die Flottenrüstung der USA. *101*

Malcom X (Malcolm Little; 1925–1965); US-amerik. Bürgerrechtler; sein Vater wurde vermutlich von Mitgliedern einer dem Ku-Klux-Klan nahe stehenden Gruppierung *(Black Legion)* ermordet; konvertierte nach mehreren Gefängnisaufenthalten zum Islam und wurde einer der führenden Prediger der *Nation of Islam*; befürwortete Gewalt als politisches Mittel; wandte sich später von der *Nation of Islam* ab; von einem Unbekannten erschossen. *16*

Marshall, George C. (1880–1959), US-amerik. General und Politiker; 1939–1945 Stabschef der US-Army; 1947–1949 Außenmin., 1950/51 Verteidigungsmin.; erhielt für die Politik des nach ihm benannten Marshallplans zum Wiederaufbau Europas den Friedensnobelpreis. *160, 165*

McCarthy, Joseph Raymond (1908–1957), US-amerik. Politiker (Republikaner), Senator seit 1947; intensivierte 1950–1954 antikommunistische Hetzkampagnen als Mitglied (und zeitweise Vorsitzender) des *„Permanent Subcommittee on Investigations"* des *„Senate Committee on Government Operations"*. *160, 173ff.*

McCarthy, Mary Therese (1912–1989), US-amerik. Schriftstellerin; prangerte in Romanen und Essays Missstände der amerik. Gesellschaft an; enge Freundschaft und Briefwechsel mit der deutschen Philosophin Hannah Arendt. *175*

McKinley, William (1843–1901), US-amerik. Politiker (Republikaner); setzte 1890 die bis dahin höchsten Schutzzölle durch; US-Präs. 1897 bis 1901: Annexion von Hawaii (1898); Spanisch-Amerikanischer Krieg (1898); Annexion von Puerto Rico, Guam, Philippinen. *108, 116*

McNamara, Robert Strange (geb. 1916), US-amerik. Politiker (Demokrat), 1961–1968 Verteidigungsmin.; trug zur Ausweitung des Vietnamkriegs bei; 1968–1981 Präsident der Weltbank. Selbstkritischer Rückblick auf den Vietnamkrieg (s. Literaturverzeichnis). *184*

Melville, Herman (1819–1891), US-amerik. Schriftsteller; autobiografische Seeromane und von der Südsee inspirierte Werke. *72*

Monroe, James (1758–1831), US-amerik. Politiker *(Democratic-Republican);* US-Gesandter in Frankreich 1794–1796; 1799–1802 und 1811 Gouverneur von Virginia; 1803–1807 Gesandter in Großbritannien; 1811–1817 Außenmin., 1814/15 auch Kriegsmin.; US-Präs. 1817–1825: Ankauf von Florida (1819), Monroe-Doktrin (1823). *101, 104*

Nixon, Richard Milhouse (1913–1994), US-amerik. Jurist und Politiker (Republikaner); Seeoffizier im Zweiten Weltkrieg; 1947–1950 Kongressabgeordneter, 1951/52 Senator für Kalifornien, an antikommunistischen Hetzkampagnen beteiligt; kandidierte im Wahlkampf 1952 neben Eisenhower für das Amt des US-Vizepräs.; 1953–1960 US-Vizepräs. unter Eisenhower; US-Präs. 1969– 1974: Waffenstillstand mit Vietnam 1973; besuchte als erster US-Präs. 1972 die UdSSR und China; Rücktritt 1974 nach Watergate-Affäre. *179*

Paine, Thomas (1737–1809), geb. in England, 1774 Auswanderung nach Nordamerika, gest.

in New York; Politiker und Publizist; trat in seinen Schriften, u. a. *„The Commonsense Addressed to the Inhabitants of America"* (1776), für die Unabhängigkeit der USA ein; kämpfte seit 1786 in England für die Französische Revolution; floh 1792 nach Frankreich und wurde dort Mitglied des französischen Konvents. *44, 49*

Powell, Colin Luther (geb. 1937), US-amerik. General und Politiker (Republikaner); 1989–1993 Vorsitzender der Vereinigten Stabschefs; 2001 bis 2005 Außenmin. unter Bush. *38*

Reagan, Ronald (1911–2004), US-amerik. Schauspieler, Politiker (Republikaner); US-Präs. 1981 bis 1989; zunächst kompromisslose Politik gegenüber der UdSSR; Aufrüstung, später aber am Abbau der Blockkonfrontation beteiligt; hohe Staatsverschuldung. *180, 190–195, 225*

Rice, Condoleezza (geb. 1954), US-amerik. Politologin und Politikerin (Republikaner); 2001–2005 Sicherheitsberaterin, seit 2005 Außenmin. unter Bush. *38*

Rockefeller, John Davison (1839–1937), US-amerik. Unternehmer; gründete 1862 eine Erdölfirma, aus der 1870 die *Standard Oil Company of Ohio* hervorging (1882 *Standard Oil Trust;* musste 1892 wieder aufgelöst werden; Nachfolger: *Standard Oil Company New Jersey*, seit 1972: *Exxon Corporation);* Forschungsstiftungen. *84, 89 f., 92, 100*

Roosevelt, Anna Eleanor (1884–1962); verh. mit Franklin D. Roosevelt; betrieb eine eigenständige Politik; 1947–1951 Präsidentin der UN-Menschenrechtskommission. *158*

Roosevelt, Franklin Delano (1882–1945), US-amerik. Jurist, Politiker (Demokrat); 1933–1945 US-Präs.: innenpolitisches Reformprogramm *(New-Deal)*, ab 1937 auch außenpolitische Orientierung; gab 1939 zugunsten der Westmächte die Neutralität der USA im Zweiten Weltkrieg auf; 1941: Rede *„The Four Freedoms"*. Proklamierung einer demokratisch privatkapitalistischen Weltordnung in der Atlantik-Charta (1941). *135, 140, 146 ff., 159, 178, 222, 225*

Roosevelt, Theodore (1858–1919), US-amerik. Politiker (Republikaner); erlangte Popularität als Anführer eines Freiwilligenregiments („Rauhe Reiter") im Krieg 1898; 1901 US-Vizepräs. unter McKinley; 1901–1909 US-Präs.: kämpfte gegen Trusts und Kartelle, war aber ein Vertreter der Expansion (Kontrolle des Panamakanals); bewirkte 1903 die Lösung Panamas von Kolumbien, um den begonnenen Kanal fertig stellen zu können. *102 f., 105, 113, 122*

Shays, Daniel (1747–1825), nordamerik. Farmer aus Massachusetts; Veteran des Unabhängigkeitskrieges; führte 1786/87 einen Aufstand verarmter Bauern an *(Shay's Rebellion;* niedergeschlagen). *44*

Shultz, George Pratt (geb. 1920), US-amerik. Wirtschaftswissenschaftler und Politiker (Republikaner); 1968–1970 Arbeitsmin., 1972–1974 Finanzmin.; 1974–1980 Industriemanager; 1982–1989 Außenmin. unter Reagan. *192*

Stevenson, Adlai E. (1900–1965), Kandidat der Demokraten in den Präsidentschaftswahlkämpfen 1952 und 1956. *175*

Truman, Harry S. (1884–1972), US-amerik. Politiker (Demokrat); US-Präs. 1945–1953; suchte seit 1947 der sowj. Expansion mit der Eindämmungspolitik *(Containment)* entgegenzutreten (Truman-Doktrin); veranlasste den Eintritt der USA in den Koreakrieg 1950. *157, 159–165*

Turner, Frederick Jackson (1861–1932), US-amerik. Historiker; betonte die Bedeutung der *Frontier* für die Entwicklung von Gesellschaft und Staat in den USA. *70 f.*

Washington, Booker Taliaferro (1856–1915), US-amerik. Pädagoge; förderte mit diversen Projekten Erziehung und Bildung der Schwarzen. *39*

Washington, George (1732–1797), nordamerik. Pflanzer; Oberbefehlshaber der Truppen der aufständischen Kolonien gegen England; organisierte die nordamerik. Milizen mithilfe europäischer Berufsoffiziere (F. W. von Steuben, La Fayette); siegte im Unabhängigkeitskrieg gegen England 1777 bei Princeton, zwang die Engländer 1781 zur Kapitulation von Yorktown; 1787 Präs. des Verfassungskonvents, 1789 erster US-Präs. (bis 1789); 1797 Ablehnung einer dritten Wiederwahl, seither ist die Amtszeit der US-Präs. auf zwei Perioden begrenzt; gilt als Begründer der Unabhängigkeit der USA. *43 f., 53, 58 f., 101, 141, 178, 225*

Williams, Roger (um 1603–1683), nordamerik. Geistlicher und Staatsmann; da seine tolerante Haltung auf den Widerstand der puritanischen Orthodoxie in Massachusetts stieß, gründete er 1636 die Kolonie Providence. *22*

Wilson, Thomas Woodrow (1856–1924), US-amerik. Politiker (Demokrat); US-Präs. 1913–1921; plädierte 1918 für das Selbstbestimmungsrecht der Völker („14 Punkte"); erwirkte 1919 die Gründung des Völkerbundes, der US-Kongress lehnte aber den Beitritt der USA ab; scheiterte mit seinen Plänen für eine Nachkriegsordnung. Friedensnobelpreis 1919. *118 f., 122, 139*

Winthrop, John (1588–1649), geb. in England, 1630 Auswanderung nach Massachusetts; Gouverneur von Massachusetts; sein Tagebuch ist ein wichtiges Dokument für die Geschichte der puritanischen Neuenglandkolonien im 17. Jh. *15, 22*

Facharbeiten: Methodische Tipps und Beispiele für Gegenstandsbereiche

Facharbeiten haben das Ziel, in wissenschaftliche Arbeitsweisen einzuführen. Ihr Umfang sollte in der Regel 8 bis 12 maschinenschriftliche Seiten nicht überschreiten. Der Gegenstand einer Facharbeit ist immer auf eine Fragestellung bezogen und besitzt eine in sich geschlossene Argumentation. Von den allgemeinen Arbeitsschritten sollten die Schritte 1 bis 3 von dem Betreuer/der Betreuerin begleitet werden, die Schritte 4 bis 7 sind selbstständig zu erarbeiten:

1 Thema formulieren (als Problemstellung) und Ziele der Arbeit bestimmen
2 Materialien sichten
3 Quellenbelegstellen und Literaturhinweise zitieren
4 Materialien gliedern
5 Materialien unter Beachtung der fachspezifischen Methoden auswerten
6 Die Argumentation aufbauen und entwickeln: Fragestellung(en), Methode(n) der Bearbeitung, Untersuchung (ggf. mit ungelösten Problemen und offenen Fragen), Ergebnis(se)
7 Die Arbeit gliedern und formal gestalten (z. B. textillustrierende oder -stützende Materialien einbauen). Die Gliederung sollte in jedem Fall folgende Elemente enthalten:
a) Deckblatt mit Thema, b) Inhaltsverzeichnis, c) Einleitung, d) Hauptteil, e) Ergebnisse, f) Verzeichnis der benutzten Quellen und Literatur

Praktische Hilfen zur Planung und Durchführung der Facharbeit
Werner Braukmann, Die Facharbeit, Berlin (Cornelsen) 2001.
Gerd Brenner, Die Facharbeit. Von der Planung zur Präsentation, Berlin (Cornelsen) 2002.

Vorschläge für Gegenstandsbereiche (Literatur-/Internethinweise: siehe S. 220f.)
1 Die ersten Spuren der Besiedlung Nordamerikas
2 Die Mayflower-Pilger und ihre Flucht nach Nordamerika 1620
3 Geschichte einer amerikanischen Eliteuniversität (z. B. Harvard, Princeton, Yale usw.)
4 Aus Neu-Amsterdam wird New York (Geschichte einer amerikanischen Stadt)
5 Die Lewis Clark Expedition 1804–1806: neue Wege der Westexpansion?
6 Der Bau der Eisenbahnen in den USA
7 Die USA im Western (Beispiel eines Westernfilms)
8 Die Indianer Nordamerikas und das Massaker der US-Armee bei Wounded Knee 1890
9 Thomas A. Edison – der Erfinder der Glühbirne als US-Held?
10 Arbeiter und Arbeiterbewegung in den USA um 1900
11 Rassismus in den USA – die Geschichte des Ku-Klux-Klans
12 Bau und Geschichte des Panamakanals
13 Amerikas Kolonialkrieg auf den Philippinen 1899–1902
14 Der US-Stützpunkt Guantanamo auf Kuba – ein Spiegel amerikanischer Geschichte?
15 Als die Bilder laufen lernten – die Geschichte der Hollywood-Filmindustrie
16 Die USA im Spiegel des Malers Edward Hopper (1882–1967)
17 Franklin D. Roosevelt – die private Biografie
18 Was wusste die US-Regierung vom Überfall der Japaner auf Pearl Habor 1941?
19 Die US-amerikanische Besatzung in Deutschland nach dem Zweiten Weltkrieg.
20 Entwicklung der deutsch-amerikanischen Beziehungen nach 1945
21 Die USA seit 1945 in Karikaturen
22 John F. Kennedy – ein US-Präsident zwischen Mythos und Realität
23 Martin Luther King – ein Leben für das Bürgerrecht
24 Die Rolle der USA bei der deutschen Vereinigung 1989/90
25 Die USA unter Präsident Clinton – eine neue Politik nach dem Ende des Kalten Krieges?
26 Der Irakkrieg 2003 – Amerikas zweites „Vietnam"?
27 Die Darstellung ausgewählter Epochen der US-Geschichte in alten und neuen Schulbüchern

Fachliteratur, Internethinweise, Hilfsmittel für Referate, Projekte, Facharbeiten

Lexika, Handbücher, Chroniken, Materialsammlungen zur USA
Adams, Willi Paul/Lösche, Peter (Hg.), Länderbericht USA. Geschichte, Politik, Geografie, Wirtschaft, Gesellschaft, Kultur, 3. Aufl., Bonn 1998.
Praxis Geschichte, Heft 6, 1997: Nordamerika 1756–1917.
Sautter, Udo, Lexikon der amerikanischen Geschichte, München 1997 (TB).
Sautter, Udo, Die Vereinigten Staaten. Daten, Fakten, Dokumente, Tübingen 2000.
Schambeck, Herbert, u.a. (Hg.), Dokumente zur Geschichte der Vereinigten Staaten von Amerika, Berlin 1993.
Ullrich, Volker/Rudloff, Felix, Der Fischer Weltalmanach USA, Frankfurt/M. 2004 (TB).
Wasser, Hartmut (Hg.), USA. Wirtschaft, Gesellschaft, Politik, 4. Aufl., Opladen 2000 (TB).

US-Statistiken
www.census.gov (Internetseite des Statistischen Bundesamtes der USA)

US-Geschichte in Karikaturen
www.archives.gov/research_room/arc/index.html (Button „Search", Stichwort „Berryman") (Internetseite mit rd. 100 Karikaturen von Clifford K. Berryman aus dem Zeitraum 1890 bis 1949).
www.loc.gov/rr/print/swann/herblock/one.html (Internetseite mit Karikaturen von Herbert Block zur US-Geschichte des 20. Jh.)

Politisches System der USA
Hübner, Emil, Das politische System der USA. Eine Einführung, 5. Aufl., München 2003 (TB).
Informationen zur politischen Bildung, Heft 283: Politisches System der USA, Bonn 2004.
Tocqueville, Alexis de, Über die Demokratie in Amerika (1835), Stuttgart 1985 (TB).
www.house.gov
www.senate.gov
www.whitehouse.gov (Homepages des Repräsentantenhauses, des Senats und des Weißen Hauses, mit aktuellen und historischen Informationen; in Engl.).

Religion in den USA
Prätorius, Rainer „In God We Trust." Religion und Politik in den USA, München 2003 (TB).

Wirtschaft in den USA
Holtfrerich, Carl-Ludwig (Hg.), Wirtschaft USA. Strukturen, Institutionen und Prozesse, 2. Aufl., München 2000.

Gesamtdarstellungen zur Geschichte der USA
Adams, Willi Paul, Die USA vor 1900, München 2000.
Adams, Willi Paul, Die USA im 20. Jahrhundert, München 2000.
Adams, Willi Paul (Hg.), Die Vereinigten Staaten von Amerika, 18. Aufl., Frankfurt/M. 1999 (TB).
Bender, Peter, Weltmacht Amerika. Das neue Rom, München 2005 (TB).
Bierling, Stephan, Geschichte der amerikanischen Außenpolitik. Von 1917 bis zur Gegenwart, München 2003 (TB).
Dippel, Horst, Geschichte der USA, 6. Aufl., München 2003.
GEO-Epoche, Heft 11: Amerikas Weg zur Weltmacht 1498–1898, Hamburg 2004.
Heideking, Jürgen, Geschichte der USA (1996), Bearb. Christof Mauch, Tübingen 2003 (TB).
Heideking, Jürgen/Nünning, Vera, Einführung in die amerikanische Geschichte, München 1998.
Johnson, Robert D., Washington, 20. Januar 1961. Der amerikanische Traum, München 1999 (TB).
Junker, Detlef, „Power and Mission." Was Amerika antreibt, 2. Aufl., Freiburg/Br. 2003.
Raeithel, Gert, Geschichte der nordamerikanischen Kultur, 3 Bde., Weinheim 1987–1989.
Sautter, Udo, Geschichte der Vereinigten Staaten von Amerika, 6. Aufl., Stuttgart 1998.
Schäfer, Peter, Alltag in den Vereinigten Staaten. Von der Kolonialzeit bis zur Gegenwart, Graz 1998.
Schmidt, Gustav, Geschichte der USA, Darmstadt 2004.

Internetseiten und CD-ROMs zur Geschichte der USA allgemein
memory.loc.gov (Internetseite der Library of Congress mit Bildquellen, Tonquellen, Karten und Textquellen zur US-Geschichte; in Engl.).
usa.usembassy.de/geschichte.htm (Internetseite der deutschen Botschaft der USA mit Überblicksdarstellungen und Quellen zur US-Geschichte; in Engl. und Deutsch).
www.loc.gov/rr/record
www.mediathek.ac.at/service/links_histor.html
www.hist.net/links/audio-quellen.html (Internetseiten, die zu englischsprachigen Tondokumenten aus der US-Geschichte führen).
www.ukans.edu/carrie/docs/amdocs_index.html (Internetseite der University of Kansas mit Quellen zur US-Geschichte seit 1400; in Engl.).
Schanno, Gunnar, 20th Century Speeches. A Collection of Speeches from Britain and the USA, Berlin 2001 (CD-ROM mit Begleitheft).

US-Präsidenten
Heideking, Jürgen (Hg.), Die amerikanischen Präsidenten. 42 historische Portraits von George Washington bis George W. Bush, 3. Aufl., München 2002.

Nordamerika vor 1607/Indianer
Arens, Werner/Braun, Hans-Martin, Die Indianer Nordamerikas. Geschichte, Kultur, Religion, München 2004 (TB).
GEO-Epoche, Heft 4: Die Indianer Nordamerikas, Hamburg 2000.
Willmann, Urs, Erst Schwarze, dann Rote. Anthropologen behaupten, die Idianer seien nicht die Ureinwohner Amerikas, in: Die Zeit, Nr. 38, 16. September 1999 *(www.zeit.de).*

Britische Kolonialzeit in Nordamerika
Shorto, Russell, New York – Insel in der Mitte der Welt. Wie die Stadt der Städte entstand, Reinbek 2004.

Amerikanische Revolution
Dippel, Horst, Die Amerikanische Revolution 1763–1787, Frankfurt/M. 1985 (TB).

Lewis-Clark-Expedition
Wasser, Hartmut, Der Westen ruft. Vor zweihundert Jahren brachen Lewis und Clark auf, in: Neue Zürcher Zeitung, 14. Mai 2004 *(www.nzz.ch).*
Lewis, Meriwether/Clark, William: Tagebuch der ersten Expedition zu den Quellen des Missouri, sodann über die Rocky Mountains zur Mündung des Columbia in den Pazifik und zurück ... 1804–1806, Frankfurt/M. 2003.

Einwanderung in die USA
Hamm, Margot, u. a., „Good Bye Bayern – Grüß Gott America." Auswanderung aus Bayern nach Amerika seit 1683, Darmstadt 2004 (Ausstellungskatalog).
Helbich, Wolfgang, u. a. (Hg.), Briefe aus Amerika. Deutsche Auswanderer schreiben aus der Neuen Welt 1830–1930, München 1998.

Sezessionskrieg (1861–1865)
Carocci, Giampiero, Kurze Geschichte des amerikanischen Bürgerkriegs, Berlin 1997 (TB).
www.civilwarhome.com/timeline.htm (umfangreiche interaktive Zeitleiste zum Sezessionskrieg mit Text- und Bilddokumenten und weiterführenden Links; in Engl.).

Weltmacht USA um 1900
Schumacher, Frank, Wie Amerikas Kolonialkrieg auf den Philippinen, 1899 bis 1902, in einen Albtraum mündete, in: Die Zeit, Nr. 27, 27. Juni 2002 *(www.zeit.de).*
Schmidt, Thomas, Der Kampf um den Panamakanal, in: Die Zeit, Nr. 51, 16. Dezember 1999 *(www.zeit.de).*

Zwischenkriegszeit und Zweiter Weltkrieg
rs6.loc.gov/fsowhome.html (Internetseite der Library of Congress, Farm Security Administration: Office of War Information Collection, mit Bildern zur US-Geschichte 1935–1945; in Engl.).
newdeal.feri.org (Internetseite des New Deal Network mit Bild- und Textdokumenten; in Engl.)
Stinnett, Robert B., Pearl Harbor. Wie die US-Regierung den Angriff provozierte und 2476 US-Bürger sterben ließ, Frankfurt/M. 2003.

Kalter Krieg
Steininger, Rolf, Der Kalte Krieg, Frankfurt/M. 2003 (TB).
Stöver, Bernd, Der Kalte Krieg, München 2003.
Kennan, George F., Memoiren eines Diplomaten, München 1982 (TB).

Vietnamkrieg
Frey, Marc, Geschichte des Vietnamkriegs. Die Tragödie in Asien und das Ende des amerikanischen Traums, 7. Aufl., München 2004 (TB).
McNamara, Robert S./VanDeMark, Brian, Vietnam. Das Trauma einer Weltmacht (1995), Hamburg 1996.

Irakkrieg 2003
Aust, Stefan/Schnibben, Cordt, Irak. Geschichte eines modernen Krieges, München 2004 (TB).
Reeb, Hans-Joachim, Der Irak-Krieg: Auftakt einer neuen Sicherheitspolitik?, in: Wochenschau II, Nr. 3/4, 2004, S. 99–108.

Deutsch-amerikanische Beziehungen
Schild, Georg, Deutsch-amerikanische Beziehungen. Beilage „aktuell" der Informationen zur politischen Bildung, Bonn 2003 *(www.bpb.de).*

Die USA und Europa
Kagen, Robert, Macht und Ohnmacht. Amerika und Europa in der neuen Weltordnung, München 2003 (TB).
Sonderheft Merkur: Europa oder Amerika? Zur Zukunft des Westens, hg. von Karl Heinz Bohrer/Kurt Scheel, Stuttgart 2000.

Schwarze in den USA/Bürgerrechtsbewegung
Franklin, John Hope/Moss jr., Alfred A., Von der Sklaverei zur Freiheit. Die Geschichte der Schwarzen in den USA, Berlin 1999.
Finzsch, Norbert, u. a., Von Benin nach Baltimore. Die Geschichte der African Americans, Hamburg 1999.

Frauen/Frauenbewegung in den USA

Flexner, Eleanor, Hundert Jahre Kampf. Die Geschichte der Frauenrechtsbewegung in den Vereinigten Staaten, Frankfurt/M. 1978.
www.legacy98.org (Internetseite zur amerikanischen Frauenbewegung ab 1848; in Engl.).
www.binghamton.edu/~womhist (Internetseite mit Quellen zur Frauenbewegung und zu sozialen Bewegungen in den USA 1830–1930; in Engl.).

Arbeiter/Arbeiterbewegung in den USA

Froner, Philip S./Schultz, Reinhard, Das andere Amerika. Geschichte, Kunst und Kultur der amerikanischen Arbeiterbewegung, Berlin 1986 (Ausstellungsbuch).

Westernfilme

Kiefer, Bernd/Grob, Norbert (Hg.), Filmgenres. Western, Stuttgart 2003 (TB).

Louis Armstrong

Armstrong, Louis, Mein Leben in New Orleans. Autobiografie, Zürich 1985
Brenner, Hans-Georg, Louis Armstrong, Reinbek 1962.

Bill Clinton

Clinton, Bill, Mein Leben, München 2004.

Benjamin Franklin

Benjamin Franklin, Autobiografie. Nachwort von Klaus Harpprecht, München 2003 (TB).

Edward Hopper

Renner, Rolf G., Hopper, Köln 1999.
Strand, Mark, Über Gemälde von Edward Hopper, München 2004.

John F. Kennedy

Etges, Andreas (Hg.), John F. Kennedy, Berlin 2003 (Ausstellungskatalog).
Etges, Andreas, John F. Kennedy, München 2003 (TB).

Martin Luther King

King, Martin Luther, Ich habe einen Traum, hg. von Hans-Eckehard Bahr, Düsseldorf 2003.
Presler, Gerd, Martin Luther King, Reinbek 1984 (TB).
Waldschmidt-Nelson, Britta, Gegenspieler. Martin Luther King – Malcolm X, Frankfurt/M. 2000 (TB).

Franklin D. Roosevelt

Posener, Alan, Franklin Delano Roosevelt, Reinbek 1999 (TB).
www.fdrlibrary.marist.edu/ (Internetseite der Bibliothek der Franklin-Roosevelt-Stiftung; in Engl.).

Methodentraining Geschichte

Bauer, Volker, u. a. (Hg.), Methodenarbeit im Geschichtsunterricht, Berlin 1998.
Kolossa, Bernd, Methodentrainer Gesellschaftswissenschaften. Sekundarstufe II, Berlin 2000.

Geschichtsatlanten

dtv-Atlas zur Weltgeschichte, 2 Bde., 32. Aufl., München 2004 (TB).
Der große Ploetz, 32. Aufl., Freiburg u. a. 2005.
Putzger Historischer Weltatlas, 103. Aufl., Berlin 2001.

Sachregister

Fettdruck: Erläuterungen im Grundwissen Begriffe S. 211 f.

Afroamerikaner 14, 16, 32 ff., 66
American Dream 83, 151, **211**
American way of life 5, 138
Amerikanische Revolution 5, 43 ff., 61 f.
Amerikanisierung 5, 13
Anglikanische Kirche 17, 25
Antiamerikanismus 5, 13, **211**
Antikommunismus 160, 173 ff., 210
Antivietnamkriegsbewegung 188 f., 196, 210
Arbeiter 96, 124, 129 f., 139
Arbeitslosigkeit 143, 177
Articles of Confederation 44, 56, 208
Atlantik Charta (1941) 156, 210
Atombombe 141, 157, 210
Außenhandelsdefizit 197 f.
Außenpolitik 101 ff., 120 ff., 154 ff., 180, 192 ff., 205

Big Business 84, 139, **211**
Bill of Rights 14, 44, 52, 209, **214**
Black Panthers 16
Black-Power-Bewegung 16, 41
Boston Tea Party 43, 48, 208
Bretton Woods 159
Bürgerkrieg (1861–1865) 64, 66, 76 ff., 209
Bürgerrechtsgesetze 16, 210

Checks and Balances 57, **211**
Chicago 94 f.
Clark-Lewis-Expedition (1804–1806) 209
Coca Cola 94, 124, 178
Containment siehe Eindämmungspolitik

Demokratie 75, 139, 159, **211**
Disneyland 137

Eigentum 30
Eindämmungspolitik 160, 210
Einwanderung 5, 84, 123 ff., 138, 197, 200, 209
Eisenbahnen 83 f.
Eisenhower-Doktrin 170, 210
„11. September 2001" 5, 197, 201 ff., 210

Entspannungspolitik 180
Erster Weltkrieg (1914–1918) 5, 103, 118 f., 139 f., 196, 209
Europa 5, 11, 25 f., 120 ff., 140, 152 f., 205

Fair Deal 161
Flagge 64, 82
Fortschrittsglaube 75, 84
„Four-Freedoms"-Rede 135, 155 f., 210
Frauen 56, 124, 130 ff., 158, 210
Freiheitsstatue 7, 82
Frieden von Paris (1783) 44
Friedensbewegung 179, 202
Frontier-Bewegung 15, 66 ff., 70 ff., 101, **211**
Fundamentalismus 6, **211**

Gesellschaft 114 ff., 84, 94 ff, 123 ff., 175 ff., 198
Globalisierung 5
Gold rush 209
Golfkrieg (1991) 180, 210
Great Society 161
Großbritannien 43 ff., 103, 208, 210

Handel 101 ff., 159
Hexenprozesse 15, 208
Hispanics 14, 197
Hollywood 138, 173, 178

Imperialismus 101 ff., 116 f., 209, **212**
Indianer 14 f., 28 ff., 67 ff., 208
Industrialisierung/Industrielle Revolution 5, 83 ff., 161, 209, **212**
Informal Empire 103
Interventionspolitik 101 f., **212**
Irakkrieg (2003) 196, 203, 210
Islamismus 6, 197, 201, **212**
Isolationismus 101, 139, 141, 154 f.

Jacksonian Democracy 209
Jamestown 14, 208
Jazz 136

Kalter Krieg 159 ff., 168 f., 179 f., 193, 210, **212**
Keynesianismus **212**
Kirche, 25 ff.

Kolonialismus 14, 18, 101, **212**
Kolonialzeit 14 ff., 208
Konföderierte Staaten 66
Kongress 55
Kontinentalkongress
– Erster (1774) 43, 208
– Zweiter (1775–1777) 43, 52, 208
Koreakrieg 160, 210
Kuba 103, 108 ff., 209 f.
Kubakrise (1962) 160, 171 f., 210
Ku-Klux-Klan 16, 35

Laizzer-faire-Wirtschaft **212**
Las Vegas 137
Lateinamerika 101 ff., 114 f., 209
Löhne 96
Louisiana-Purchase (1803) 64, 209

Manifest Destiny 66, 72 f., 101, **212**
Marsch auf Washington 16, 40
Marshallplan 160, 165 f.
Massaker bei Wounded Knee 15
Massenkonsumgesellschaft 84, 94 ff., 124, 209, **213**
Mayflower 14, 19
Menschen- und Bürgerrechte 5, 52 f., **213**
Mexikanisch-Amerikanischer Krieg (1846–1848) 105 ff.
Mexiko 64, 103, 105 ff., 209
Missouri-Kompromiss (1820) 77, 209
Moderne/Modernisierung 5, **213**
Mondlandung 210
Monroe-Doktrin 101, 104 f., 209, **213**

Nachbarschaft 134
Nation 64 ff.
Nationalhymne 82
Native Americans siehe Indianer
NATO 210
New Deal 140 ff., 147 ff., 210, **213**
New Freedom 139
New Frontier 161, 177, 210

New Right 180
New York 5, 96, 100, 197, 201
Nordstaaten 16, 66, 76, 209

Oberstes Bundesgericht 16, 36f., 55, 178
One World 159
Open door policy 103, 112f., 209, **213**

Panamakanal 209
Parteien 60f., 225
Pearl Harbor 141, 210
Philippinen 103
Plymouth 14, 42, 208
Präsident 55
Protektionismus **213**
Protestbewegungen 187f.
Puritaner/Puritanismus 15, 22ff., 83, 208, **213**

„**Q**uarantäne"-Rede (1937) 155, 210

Rassentrennung 16, 36ff., **214**
„*Reaganomics"* 180
Religion 25f.
Repräsentantenhaus 55
Reservate 15, 29, 209
Revolution **214**

„**S**chmelztiegel" 123, 128
Senat 55
„*Separate-but-equal"*-Urteil 16, 36, 209
Sezession **214**
Sezessionskrieg siehe Bürgerkrieg
Shay's Rebellion (1786) 44
Sherman Anti-Trust-Gesetz (1890) 93
Sklaverei/Sklavenbefreiung 16, 32ff., 66, 208, 209
Sozialpolitik/Sozialstaat 140ff., 148ff., 152f., 210
Spanisch-Amerikanischer Krieg (1898) 108ff., 209
Spirit of the Frontier 66, 161, **214**
Staatsbürgerschaft 66
Staatsverschuldung 180, 191
Stempelsteuerkongress (1765) 43, 47, 208
Studentenbewegung 179, 188f., 210
Südstaaten 16, 66, 76, 209

Terrorismus 5, 197, 210
Thanksgiving 28
Truman-Doktrin 165
Turner-Thesen 70f.
Tuskegee Institute 39

Unabhängigkeitserklärung (1776) 44, 53f., 208
Unabhängigkeitskrieg 44f., 208
Union 66, 209
Universitäten 15

Vereinte Nationen (UNO) 159, 210
Verfassung 44, 55, 209
„14 Punkte" 118., 209
Vietnamkrieg 179 ff., 210
Virginia Bill of Rights siehe *Bill of Rights*
Völkerbund 141, 154, 209f.

Wahlrecht 55, 209 f.
Washington 5, 44, 55, 145, 178
Washingtoner Konferenz (1921/22) 141
Watergate-Skandal 179, 210
Weltwirtschaftskrise (seit 1929) 140, 144f., 210, **214**
„Wilder Westen" 68ff., 136
Wirtschaft 83ff., 139f., 143f., 187, 197ff., 209

Zweiter Weltkrieg (1939–1945) 135, 139ff., 156ff., 210

Bildquellenverzeichnis: action press/Utrecht, Robinaction press: U3/Bild 6; akg-images: S. 73/M9b, 196/M15 (Jean-Pierre Verné); Amon Carter Museum, Brininstool Collection, Fort Worth, Texas: S. 130; AP: S. 183, U3/Bild 3; Archives of Rutherford: S. 35/M29; Besler Verlag, Stuttgart/Zürich: S. 95/12c; Bettmann-Archiv: S. 109; Bibliographisches Institut: S. 15, 17; Bild, Axel Springer Verlag: S. 160; Bildarchiv Preußischer Kulturbesitz: S. 78/14c; Buffalo Bill Historical Center, Cody/Wyoming: S. 136/M10; Chicago Historical Society: S. 94/M12a, 95/12d, 148; CINETEXT Bild- und Textarchiv: S. 6/M2; Cliché Bibliothèque nationale de France, Paris: S. 63/M21; CORBIS: S. 22 (© Bettmann), 28 (© Bettmann), 41 (© Bettmann), 65 (© Francis G. Mayer), 79/14d (© Bettmann), 79/14e, 96/14b (© Bettmann), 96/14c, 102, 108 (© Bettmann), 122/M23 (© Underwood & Underwood), 122/M24 (© Bettmann), 132, 133, 137/M13 (© Jan Butchofsky-Houser); Courtesy the Chicago Conservation Center, Photograph by Peter J. Schulz: Titelbild; © Culver Pictures: S. 136/M12, 145; Der Spiegel, Hamburg: S. 171/13c; Deutscher Bundestag: S. 7/M4; Estate of Norman Rockwell: S. 135; FDR Library: S. 158; Fine Arts Museums of San Francisco: S. 59/17b; Foto dpa: S. 6/M1, 7/M3, 201, 202; Foto Hans-Dieter Gelfert: S. 25, 137/M14; Harding, „Eagle", New York: S. 154; Hirshorn Museum a. Sculpture Garden, Smithonian Institution, Washington DC: S. 176/M18; Historical Pictures/Stock, Montage Inc.: S. 136/M11; Gerhard Mester/CCC,www.c5.net: S. 27; Museum Ludwig: S. 186; Myers News-Press: S. 192; Foto Uwe Pahnke: S. 29/M20; Douglas M. Parker/© VG Bild-Kunst, Bonn 2015: S. 70; Peter Newarks Pictures: S. 196/M16; © Photography by Frances Benjamin Johnson (Foto: Universität Tübingen): S. 39; picture-alliance/akg-images: S. 32; picture-alliance/dpa, © dpa-Bildarchiv: S. 31, 203; Plimoth: S. 42; Prisma online: S. 189; Punch Cartoon Library, London: S. 77; © M. P. Rice, Washington, DC: U3/Bild 2; Stiftung Deutsche Kinemathek: S. 68; Süddeutscher Verlag Bilderdienst: S. 91, 174, 182; The Art Institute of Chicago: S. 124; The Detroit Trusts of Art: S. 59; The Ford Motor Company: S. 176/M17; © The Granger Collection: S. 74; The Image Works/Bob Daemmrich: S. 82 o.; The Library of Congress, Washington: S. 78/14b, 84, U3/Bild 1, U3/Bild 4, U3/Bild 5; Time Magazin: S. 63/M20; The New York Public Library: S. 92; Topham Picturepoint: S. 151; Topham Picture Source: S. 144; Ullsteinbild/© The Granger Collection: S. 46, 48; UPI/Bettmann Newsphotos: S. 190/12b, 12c; Verlagsarchiv: S. 19/M4a, M4b, 29/M19, 121, 171/13c, 176/M19; Virginia State Capitol, Richmond: S. 59/17c; Vis-à-Vis-Reiseführer Washington 2001: S. 178 r.; www.loc.gov/rr/print/swann/herblock/images: S. 44; aus: Bailey, The American Pageant: S. 96/M14a, 185; Ulf Biedermann, Ein amerikanischer Traum, 1985: S. 94/M12b; Benjamin Franklin, Autobiographie, Beck, München 2003: S. 54; Philip S. Foner, Reinhard Schultz, Das andere Amerika, Elephantenpress: S. 37, 110; Geo Epoche 14/2004: S. 118; Robert Hughes, Bilder von Amerika, Karl Blessing Verlag, 1997: S. 100; Magazin „Krokodil": S. 166; Nigel Smith, The USA 1970–1980: S. 178l.